Martin Steinrücke

Fuzzy Sets und ihre konzeptionelle Anwendung in der Produktionsplanung

Martin Steinrücke

Fuzzy Sets und ihre konzeptionelle Anwendung in der Produktionsplanung

Mit einem Geleitwort von
Prof. Dr. Otto Rosenberg

DUV Springer Fachmedien Wiesbaden GmbH

Die Deutsche Bibliothek – CIP-Einheitsaufnahme

Steinrücke, Martin:
Fuzzy Sets und ihre konzeptionelle Anwendung in der Produktionsplanung / Martin Steinrücke. Mit einem Geleitw. von Otto Rosenberg.
(DUV : Wirtschaftswissenschaft)
Zugl.: Paderborn, Univ., Diss., 1996 u.d.T.: Steinrücke, Martin: Fuzzy Sets und ihre konzeptionelle Anwendung in algorithmischen und wissensbasierten Ansätzen zur Unterstützung der Produktionsplanung.
ISBN 978-3-8244-0342-4 ISBN 978-3-663-10119-2 (eBook)
DOI 10.1007/978-3-663-10119-2

Lektorat: Monika Mülhausen

Gedruckt auf chlorarm gebleichtem und säurefreiem Papier

ISBN 978-3-8244-0342-4

Geleitwort

Die modellgestützte Planung von Produktionen ist seit vielen Jahren Gegenstand theoretischer wie praktischer Bemühungen. Eine Schwäche vieler Konzepte ist die nicht problemadäquate Abbildung realer Entscheidungssituationen. Damit sind die im Rahmen dieser Ansätze zu ermittelnden Lösungen nur beschränkt praktisch umsetzbar. Herr Steinrücke entwickelt durch geeignete Nutzung von Eigenschaften und Ergebnissen unscharfer Mengen vielversprechende Ansätze zur Beseitigung dieser Defizite.

Hierzu beschäftigt er sich auf sehr hohem theoretischem Niveau mit unscharfen Mengen, beweist auf der Grundlage des ZADEHschen Erweiterungsprinzips Verknüpfungsregeln für unscharfe Zahlen und spezifiziert in umfassender Weise die Bedingungen, die für ihre Anwendung gegeben sein müssen. Die Ausführungen beeindrucken durch Originalität und Stringenz.

Auf dieser Grundlage wird zum einen ein Modell zur operativen integrierten Produktionsprogramm- und Beschaffungsplanung formuliert und darauf aufbauend eine Heuristik zur Lösung dieses Planungsproblems entwickelt. Zum anderen werden unscharfe Produktionsregeln konstruiert, die im Rahmen eines wissensbasierten Ansatzes zur Steuerung von Produktionen eingesetzt werden.

Die vorliegende Arbeit stellt einen bemerkenswerten Beitrag zur Absicherung und Weiterentwicklung der Fuzzy-Set-Theorie dar und macht beispielhaft deutlich, wie auf ihrer Grundlage innovative Lösungen für komplexe praktische Produktionsprobleme erzielt werden können.

PROF. DR. OTTO ROSENBERG

Vorwort

Die vorliegende Arbeit wurde im Dezember 1996 von der Wirtschaftswissenschaftlichen Fakultät der Universität-Gesamthochschule Paderborn als Dissertation angenommen. Deshalb möchte ich mich an dieser Stelle bei all den Personen bedanken, die zum Gelingen der Arbeit beigetragen haben.

Mein Dank gilt insbesondere Herrn Prof. Dr. Otto Rosenberg, der neben der Übernahme des Erstgutachtens in vielen kritischen Diskussionen wertvolle Anregungen gab. Weiterhin sei Frau Prof. Dr. Leena Suhl gedankt, die sich im Rahmen ihres Zweitgutachtens intensiv mit meiner Arbeit auseinandergesetzt hat.

Überdies bedanke ich mich bei den Mitarbeitern am Lehrstuhl für Produktionswirtschaft für ihre stete Hilfsbereitschaft sowie bei den studentischen Hilfskräften für die gewissenhafte Erstellung aller Abbildungen.

Darüber hinaus ist es mir eine angenehme Pflicht, meinen langjährigen Studienfreunden Dr. Thomas Hering und Dr. Roland Rollberg für ihr engagiertes Korrekturlesen und einige Verbesserungsvorschläge zu danken.

Hohe Anerkennung gebührt meinen Eltern Karl Heinz und Irmgard Steinrücke, die meinen schulischen und universitären Werdegang immer mit großem Interesse verfolgt und mich jederzeit unterstützt haben. Ihnen widme ich diese Arbeit.

MARTIN STEINRÜCKE

Inhaltsverzeichnis

Abkürzungsverzeichnis XIV

Symbolverzeichnis XVI

1 Einleitung 1

1.1 Problemstellung und Aufbau der Arbeit 1

1.2 Grundbegriffe der Fuzzy-Set-Theorie 4

2 Die Bedeutung der Entscheidungstheorie in unternehmerischen Entscheidungssituationen 9

2.1 Vorbemerkungen 9

2.2 Der Aktionenraum in einer Entscheidungssituation 10

2.3 Der Zustandsraum in einer Entscheidungssituation 12

2.4 Die Auswahl einer Handlungsalternative 21

3 Fuzzy Sets in der linearen Optimierung 31

3.1 Eine Präferenzordnung bildende Präferenzrelationen 31

3.2 Zur Erweiterung klassischer Entscheidungssituationen auf der Grundlage unscharfer Entscheidungen nach BELLMAN und ZADEH 33

3.3 Entscheidungstheoretische Einordnung unscharfer linearer Vektormaximummodelle 36

3.4 Theoretische Grundlagen im Zusammenhang mit der unscharfen linearen Optimierung 40

3.4.1 Verschiedene Definitionen des Begriffs Funktionale Effizienz 40

3.4.2 Ergebnistransformationen als Grundlage für Aussagen über objektive und subjektive Zielsysteme 44

3.4.3 Der Zusammenhang zwischen der Existenz eines Zielkonflikts und der Ausprägung einer funktional effizienten Lösung 47

3.4.4 Der Zusammenhang zwischen dem Niveau einer optimalen unscharfen Entscheidung und dem Zielkonflikt eines Vektormaximumproblems 49

3.5 Zur Explizierung einer erweiterten Präferenzstruktur durch die Formulierung von Zugehörigkeitsfunktionen 53

3.5.1 Erläuterungen zur Vorgehensweise 53

3.5.2 Der Ansatz von ZIMMERMANN zur unscharfen linearen Optimierung 56

3.5.3 Die Verwendung nichtlinearer Zugehörigkeitsfunktionen 59

3.5.3.1 Anforderungen an nichtlineare Zugehörigkeitsfunktionen für eine algorithmische Ermittlung optimaler unscharfer Entscheidungen 59

3.5.3.2 Ausgewählte Grundtypen nichtlinearer Funktionen 61

3.5.3.3 Zugehörigkeitsfunktionen mit konvexem Verlauf 63

3.5.3.4 Zugehörigkeitsfunktionen mit konkavem Verlauf 65

3.5.3.5 Zugehörigkeitsfunktionen mit ertragsgesetzlichem Verlauf 66

3.5.4 Zusammenfassende Beurteilung der Zugehörigkeitsfunktionen 68

3.5.4.1 Lineare Zugehörigkeitsfunktionen 68

3.5.4.2 Konvexe Zugehörigkeitsfunktionen 69

3.5.4.3 Konkave Zugehörigkeitsfunktionen 72

3.5.4.4 Ertragsgesetzliche Zugehörigkeitsfunktionen 74

4 Algorithmische Entscheidungsunterstützung der operativen Produktionsprogrammplanung 77

4.1 Die unterschiedlichen Stufen der Produktionsprogrammplanung 77

4.1.1 Strategische Produktionsprogrammplanung 77

4.1.2 Taktische Produktionsprogrammplanung 81

4.1.3 Operative Produktionsprogrammplanung 86

4.2 Ein Konzept zur algorithmischen Unterstützung der operativen Produktionsprogrammplanung 91

4.2.1 Ein klassischer LO-Ansatz zur Produktionsprogrammplanung 91

4.2.1.1 Formulierung eines linearen Optimierungsmodells 91

4.2.1.2 Erläuterungen zu dem linearen Optimierungsmodell 92

4.2.1.3 Prämissen des linearen Optimierungsmodells 93

4.2.1.3.1 Absatzmarktbezogene Prämissen 93

4.2.1.3.2 Prämissen im Bereich der Produktion 96

4.2.1.3.3 Beschaffungsmarktbezogene Prämissen 99

4.2.1.3.4 Bereichsübergreifende Prämissen 100

4.2.2 Eine Heuristik zur simultanen Bestimmung des Produktionsprogramms und der Faktorzukaufsmengen 102

4.2.2.1 Vorüberlegungen zur Konzeption der Heuristik 102

4.2.2.2 Algorithmus der Heuristik 103

4.2.2.2.1 Datenfeldanalyse 103

4.2.2.2.2 Modellendogene Bestandteile der Heuristik 105

4.2.2.3 Beurteilung der Heuristik 112

5 Das Erweiterungsprinzip als Grundlage für die Verknüpfung unscharfer Daten 115

5.1 Die Definition des Erweiterungsprinzips nach ZADEH 115

5.2 Ein parametrisches Konzept zur Darstellung unscharfer Daten 118

5.3 Theoretische Grundlagen zur unscharfen Arithmetik 121

5.3.1 Allgemeine theoretische Grundlagen 122

5.3.2 Spezielle theoretische Grundlagen 131

5.4 Die Anwendung des Erweiterungsprinzips auf mathematische Verknüpfungen 145

5.4.1 Erläuterungen zur Vorgehensweise und allgemeine Definitionen 145

5.4.2 Erweiterte Addition unscharfer Zahlen 149

5.4.3 Erweiterte Subtraktion unscharfer Zahlen 160

5.4.4 Erweiterte Multiplikation zwischen positiven unscharfen Zahlen 168

5.4.4.1 Exakte Zugehörigkeitsfunktionen 169

5.4.4.1.1 Rechter Teilast einer verknüpften unscharfen Zahl 169

5.4.4.1.2 Linker Teilast einer verknüpften unscharfen Zahl 172

5.4.4.2 Approximative Zugehörigkeitsfunktionen 183

5.4.4.3 Überblick über analoge Rechnungen 191

5.4.5 Erweiterte Division zwischen positiven unscharfen Zahlen 192

5.4.5.1 Exakte Zugehörigkeitsfunktionen 193

5.4.5.1.1 Rechter Teilast einer verknüpften unscharfen Zahl 193

5.4.5.1.2 Linker Teilast einer verknüpften unscharfen Zahl 199

5.4.5.2 Approximative Zugehörigkeitsfunktionen 206

5.4.5.2.1 Rechter Teilast einer verknüpften unscharfen Zahl 206

5.4.5.2.2 Linker Teilast einer verknüpften unscharfen Zahl 209

5.4.5.3 Überblick über analoge Rechnungen 216

6 Fuzzy Sets in wissensbasierten Ansätzen zur Ablaufplanung 217

6.1 Eingrenzung des Untersuchungsgegenstands 217

6.2 Unscharfe Produktionsregeln als Grundlage der approximativen Inferenz 219

6.2.1 Linguistische Variable 219

6.2.2 Aggregationsoperatoren 221

6.2.3 Plausibilitätsziffern 223

6.3 Approximative Inferenz 224

6.3.1 Aufstellen einer Regelmenge 224

6.3.1.1 Entscheidungsrelevante Kriterien 224

6.3.1.2 Bestimmung linguistischer Terme 226

6.3.1.3 Berechnung von Plausibilitätsziffern 227

6.3.2 Festlegung von Basisvariablen 228

6.3.3 Ermittlung der aktuellen Werte einer Basisvariablen 231

6.3.4 Berechnung einer Warteschlangendisziplin 235

6.4 Beurteilung der approximativen Inferenz 242

7 Schlußbetrachtung 243

Anhang 247

Anhang 1 Analoge Formulierungen zu Lemma 5.13 247

Anhang 2 Analoge Formulierung zu Theorem 1 254

Anhang 3 Analoge Formulierung zu Theorem 2 256

Anhang 4 Ermittlung des linken Teilastes einer additiv verknüpften unscharfen Zahl 259

Anhang 5 Ermittlung des rechten Teilastes einer subtraktiv verknüpften unscharfen Zahl 264

Anhang 6	Approximative Ermittlung des rechten Teilastes einer multiplikativ verknüpften unscharfen Zahl	268
Anhang 7	Beispiel zu Fußnote 56 aus Kapitel 5	272
Anhang 8	Erweiterte Multiplikation zwischen negativen unscharfen Zahlen	274
Anhang 9	Erweiterte Multiplikation zwischen negativen und positiven unscharfen Zahlen	294
Anhang 10	Erweiterte Division negativer unscharfer Zahlen	314
Anhang 11	Erweiterte Division zwischen negativen und positiven unscharfen Zahlen	338
Anhang 12	Regelmenge zur Reihenfolgeplanung	362
Anhang 13	Multiplikative und subtraktive Verknüpfung zwischen einem Skalar und einem LR-Intervall	369

Literaturverzeichnis 371

Abkürzungsverzeichnis

bzw.	beziehungsweise
CIM	Computer Integrated Manufacturing
d.h.	das heißt
EDV	Elektronische Datenverarbeitung
etc.	et cetera
f.	folgende
FE	Faktoreinheiten
GE	Geldeinheiten
Hrsg.	Herausgeber
IE	Industrial Engineering
KOZ	kürzeste Operationszeit
LO	lineare Optimierung
LP	lineare Programmierung
MADM	multiple attribute decision making
max	maximiere, Maximum
ME	Mengeneinheiten
min	minimiere, Minimum
MODM	multiple objective decision making
MS	Management Science
o.B.d.A.	ohne Beschränkung der Allgemeinheit
OR	Operations Research
PPS	Produktionsplanung und -steuerung
q.e.d.	quod erat demonstrandum
RoI	Return on Investment
S.	Seite
SGE	strategische Geschäftseinheit
Sp.	Spalte
TDM	tausend Deutsche Mark
u.a.	und andere

u.d.N.	unter den Nebenbedingungen
VDI	Verein Deutscher Ingenieure
vgl.	vergleiche
z.B.	zum Beispiel

Symbolverzeichnis

$\mathbb{N}$	Menge der natürlichen Zahlen
$\mathbb{R}$	Körper der reellen Zahlen
$\mathbb{R}_+^{\geq 0}, \mathbb{R}_+^{> 0}, \mathbb{R}_-^{\leq 0}, \mathbb{R}_-^{< 0}$	Menge der nicht-negativen, positiven, nicht-positiven, negativen reellen Zahlen
$A \setminus B$	mengentheoretische Differenz zwischen den Mengen A und B
$A \subset B$	A ist eine echte Teilmenge von B
$A \subseteq B$	A ist eine Teilmenge von B
$A \times B$	kartesisches Produkt der Mengen A und B
$\varnothing$	leere Menge
$\sim$	Unschärfesymbol
$\mu_{\tilde{A}}$	Zugehörigkeitsfunktion der unscharfen Menge $\tilde{A}$
$\wedge$	logische und-Verknüpfung
$\forall$	Allquantor
$\exists$	Existenzquantor
$f \equiv g$	Identität der Funktionen f und g
$\lVert \; \rVert$	allgemeine Norm

Für die Addition, Subtraktion, Multiplikation und Division unscharfer Zahlen werden die aus der klassischen Mathematik bekannten Verknüpfungszeichen verwendet. Alle weiteren in dieser Arbeit benutzten Symbole (Mengenvereinigung, Implikation etc.) werden als bekannt vorausgesetzt.

1 Einleitung

1.1 Problemstellung und Aufbau der Arbeit

Eine notwendige Rahmenbedingung der langfristigen Unternehmenssicherung ist die effektive Gestaltung der betrieblichen Leistungserstellung. Wegen der Vielfalt denkbarer Produktionsstrukturen kann es keine allgemein anerkannte Systematik geben, welche die Erfüllung dieses Zieles garantiert. Deshalb ist es sinnvoll, auf der Grundlage einer produktionswirtschaftlichen Situationsbeschreibung Schwerpunkte in der Produktionsplanung zu erkennen und diesen eine angemessene Entscheidungsunterstützung zukommen zu lassen.

Produktionstypen lassen sich anhand verschiedener Merkmale charakterisieren. Der Grad der Variabilität einer Produktionsaufgabe beschreibt Anzahl und Vorhersehbarkeit sich ändernder Anforderungen und wird maßgeblich von der Intensität der Beziehung zwischen einem Unternehmen und dessen Marktpartnern auf der Absatzseite beeinflußt. In der Tendenz nimmt die Planungssicherheit bei sich intensivierender Marktpartnerschaft ab, so daß die Fähigkeit zur schnellen Reaktion auf Impulse von seiten des Absatzmarktes stark ausgeprägt sein muß. Die operative Produktionsprogrammplanung beschränkt sich in der beschriebenen Situation weitgehend auf Entscheidungen über die Annahme oder die Ablehnung eines Auftrags, während gleichzeitig Aspekte der **Ablaufplanung** an Bedeutung gewinnen. Ein Beispiel hierfür ist die **auftragsorientierte Einzel- oder Kleinserienfertigung**, die oft nach dem Verrichtungsprinzip organisiert ist. Dagegen liegt bei Produktion für den anonymen Markt tendenziell eine stabile Planungssituation vor, in der eine kurzfristige Angleichung der Produktmerkmale an Kundenwünsche entfällt. Die weitgehend homogenen Güter erstellt man in **Massen- oder Serienfertigung**, die meist nach dem Fließprinzip organisiert ist.[1] In dieser Situation ist der Aufwand für die Ablaufplanung eher gering,[2] während die **Produktionsprogrammplanung** auf Markterhebungen aufbaut und wegen einer Vielzahl von Optionen an Bedeutung gewinnt.

Es stellt sich nun die Frage, wie man im Rahmen der jeweils als wesentlich herausgearbeiteten Teilbereiche der Produktionsplanung dem Ziel einer möglichst effektiven Leistungserstellung näherkommt. Das wird möglich, indem das Erfahrungswissen der Mitarbeiter in Entscheidungsprozessen genutzt wird. Sofern diese zeitkritisch sind, liegt es nahe, dieses Wissen auf EDV-Anlagen abzubilden. Die Verbindung von menschlichem Erfahrungswissen und hoher Informationsverarbeitungsgeschwindigkeit elektronischer Rechner ermöglicht die Theorie der unscharfen Mengen (englisch: fuzzy set theory), die auf einen Fachartikel von ZADEH aus dem Jahre 1965 zurückgeht.[3] Ausgangspunkt dieser Theorie ist die Feststellung, daß in realen Situationen eine exakte Abgrenzung von Objekten, Aussagen, Bewertungen etc. meist nicht

---

1 Vgl. *G. Wäscher*, (1993), S. 87.

2 Vgl. *K. Mertins / R. Albrecht / V. Steinberger*, (1992), S. 17.

3 Vgl. *L.A. Zadeh*, (1965).

möglich ist. Deshalb können reale Systemzustände sehr viel genauer über unscharfe Mengen abgebildet werden, denen ein Element auch graduell angehören kann und die deshalb den klassischen Mengenbegriff als Sonderfall enthalten.[4] Am häufigsten kommt die Fuzzy-Set-Theorie in algorithmischen und in wissensbasierten Ansätzen zur Entscheidungsunterstützung zur Anwendung.[5] Während die **Produktionsprogrammplanung** eines Unternehmens mit einem anonymen Absatzmarkt durch die LO **algorithmisch** unterstützt werden kann, fehlen für die **Ablaufplanung** einer auftragsorientierten Fertigung im Regelfall brauchbare Algorithmen, so daß sich hier der Einsatz **wissensbasierter Systeme** anbietet. Aus dieser Grundüberlegung hat sich die vorliegende Gliederung der Arbeit wie folgt entwickelt: In den Kapiteln 4 bzw. 6 steht die Erweiterung algorithmischer bzw. wissensbasierter Ansätze durch Berücksichtigung unscharfer Mengen im Vordergrund. Dagegen behandeln die Kapitel 3 bzw. 5 theoretische Grundlagen im Zusammenhang mit dem jeweils nachfolgenden Kapitel.

Als Grundlage dieser Systematik wird in dem allgemeinen **Kapitel 2** analysiert, inwieweit die klassische Entscheidungstheorie unabhängig von ihrer Bedeutung bei der prinzipiellen Strukturierung von Entscheidungssituationen konkrete Planungsprobleme unterstützen kann. Dabei wird von einer Synthese zwischen der normativen und der deskriptiven Entscheidungstheorie ausgegangen. Die Prämissen hinsichtlich der konstituierenden Elemente jeder Entscheidungssituation werden jeweils in getrennten Unterpunkten offengelegt. Ein Schwerpunkt liegt auf der idealtypischen Nachzeichnung der Voraussetzungen, die für eine objektive Ermittlung von Zustandswahrscheinlichkeiten erfüllt sein müssen. Es wird ein Anforderungskatalog erstellt, mit dem die weiteren Ausführungen in einer für den Leser nachvollziehbaren Weise strukturiert werden. Auf die Ergebnisse wird in Kapitel 6 zurückgegriffen, obwohl dort ein Vergleich zwischen der Möglichkeits- und der Wahrscheinlichkeitstheorie ausgeklammert bleibt, um nicht den Rahmen der Arbeit zu sprengen. Anhand bekannter Erklärungsansätze menschlichen Verhaltens wird gezeigt, inwieweit eine Präzisierung unscharfer Zielvorstellungen möglich ist.

In linearen Planungsmodellen kann man prinzipiell alle Punktgrößen durch unscharfe Mengen ersetzen. Die Fuzzyfizierung von Restriktions- und Zielfunktionskoeffizienten wird in dieser Arbeit ausgeklammert, weil diese Problematik für den ersten Schwerpunkt in **Kapitel 3** ohne Bedeutung ist.[6] Im Hinblick auf die Anwendungskonzeption in Kapitel 4 werden lineare sowie verschiedene Grundtypen nichtlinearer Zugehörigkeitsfunktionen hinsichtlich mehrerer Kriterien beurteilt. Die Berücksichtigung nichtlinearer Zugehörigkeitsfunktionen erweist sich als sinnvoll, weil neben der Grundbedingung algorithmischer Effizienz ein Funktionsverlauf durch Parametervariation an veränderte Umweltsituationen angepaßt werden kann. Einen weiteren Schwerpunkt bilden die dargelegten Zusammenhänge zwischen der funktionalen Effizienz einer Alternative, der Existenz eines Zielkonflikts und dem Niveau einer optimalen unscharfen Entscheidung. Weil sich nachgewiesene Eigenschaften, wie z.B. die Existenz einer effizienten

4 Vgl. Abschnitt 1.2.

5 Hierzu vgl. *H.J. Zimmermann*, (1993a), S. 37 - 55.

6 Hierzu vgl. *J. Wolf*, (1988a), S. 49 - 84, *H. Rommelfanger / R. Hanuscheck / J. Wolf*, (1989), S. 34 - 44.

Alternative, sowohl auf einen objektiven Ergebnisraum als auch auf einen subjektiven Nutzenraum beziehen können, wird in einem vorgezogenen Abschnitt analysiert, unter welchen Bedingungen für einen der Räume geltende Aussagen auf den jeweils anderen Raum übertragen werden können.

In **Kapitel 4** steht nach der Darstellung wesentlicher Inhalte der strategischen, taktischen und operativen Produktionsprogrammplanung die Anwendung von Fuzzy Sets in einer operativen Planungssituation im Vordergrund. Weil eine Vielzahl inhaltlicher Anwendungen denkbar ist, wird hier exemplarisch in Abwandlung der Make-or-buy-Problematik die Frage eines kurzfristigen Zukaufs von Produktionsfaktoren erörtert. Es wird zuerst ein klassischer LO-Ansatz formuliert, der als Grundlage der Heuristik dient. Eine Fuzzyfizierung aller Restriktionen ist in der Regel nicht sinnvoll; deshalb zeigt die Heuristik, wie man die *Methodik* der unscharfen LO in einen Entscheidungsprozeß *einbinden* kann. Unter Verwendung einer speziellen nichtlinearen Zugehörigkeitsfunktion wird dann über Plausibilitätsüberlegungen eine Verbindung zur Nutzwertanalyse hergestellt. Das ermöglicht die Berücksichtigung qualitativer Aspekte in einem quantitativen Modell zur Entscheidungsunterstützung.

Das von ZADEH entwickelte Erweiterungsprinzip ist eines der grundlegendsten Konzepte in der Fuzzy-Set-Theorie. Damit können Begriffe der klassischen Mathematik um den Aspekt der Unschärfe erweitert und somit allgemeiner gefaßt werden.[7] In **Kapitel 5** wird gezeigt, wie man unter Verwendung dieses Prinzips die Addition, Subtraktion, Multiplikation und Division unscharfer Daten durchführt. Die Verknüpfung unscharfer Komponenten ist in Kapitel 6 für eine konzeptionelle Erweiterung der wissensbasierten Unterstützung der Reihenfolgeplanung wichtig. Darüber hinaus sind insbesondere in der Projektplanung mit unscharfen Zeitgrößen die erweiterte Addition und die erweiterte Subtraktion von Bedeutung. Zusätzlich müssen unscharfe Größen (z.B. unscharfe Anfangs- und Endzeitpunkte eines Vorgangs) miteinander verglichen werden, so daß man unscharfe Vergleichsrelationen definieren muß. Dieser Aspekt ist im Rahmen der vorliegenden Arbeit nicht von Bedeutung und bleibt deshalb unberücksichtigt.[8] Weil man eine Vielzahl unscharfer Daten fertigungsbegleitend miteinander verknüpfen muß, ist der Aspekt rechnerischer Effizienz wichtig. Diese kann nur dann erzielt werden, wenn man die erweiterten Operationen EDV-gestützt durchführt. Dazu bietet sich eine parametrisierte Darstellung unscharfer Daten an.[9] Deshalb werden für die vorgenannten Verknüpfungen von unscharfen Daten in dieser Darstellungsform allgemeingültige Formeln hergeleitet. Programmierungstechnische Aspekte bleiben unberücksichtigt.

---

7 Vgl. *H.J. Zimmermann*, (1991a), S. 53.

8 Hierzu vgl. *C. Rabetge*, (1991), S. 74 - 82, *J. Wolf*, (1988b), S. 953 - 957.

9 Hierzu vgl. Abschnitt 5.2 und S. 144.

Kapitel 6 konzentriert sich auf die Einsatzmöglichkeiten unscharfer Mengen in der wissensbasierten Unterstützung der Ablaufplanung bei auftragsorientierter Fertigung. Ausgangspunkt der Überlegungen sind mindestens zwei Aufträge, die um die frei werdende Kapazität einer Arbeitsstation konkurrieren und hinsichtlich relevanter Aspekte der Maschinenbelegung beurteilt werden. Unter Abwägung dieser Kriterien wird in einem schlußfolgerungsähnlichen Entscheidungsprozeß über die Belegung einer Arbeitsstation befunden. In dieser Situation kann man menschliches Verhalten in unscharfen Produktionsregeln näherungsweise abbilden. Deren Verwendung ist aber mit Unwägbarkeiten verbunden, die in verbalen Zustandsbeschreibungen und in unscharfen Produktionsregeln selbst liegen. Die Verarbeitung solcher Unwägbarkeiten charakterisiert das Verfahren der approximativen Inferenz, das formal beschrieben und an einem Beispiel verdeutlicht wird. Dadurch erkennt man, an welchen Stellen subjektive Größen in das Verfahren einfließen, dessen Beurteilung den Abschluß dieses Kapitels bildet.

1.2 Grundbegriffe der Fuzzy-Set-Theorie

Der zentrale Begriff der unscharfen Menge wird wie folgt definiert:

Definition (Unscharfe Menge)

Es sei eine Grundmenge X und eine darauf definierte Funktion $\mu_{\tilde{A}} : X \rightarrow R$ gegeben. Dann bezeichnet man die Menge $\tilde{A} := \{ (x; \mu_{\tilde{A}}(x)) \mid x \in X \}$ als unscharfe Menge auf der Grundmenge X.[10]

Anmerkungen:

1. In der vorstehenden Definition wird der Begriff der klassischen Menge verwendet. Auf eine präzise Definition dieses Begriffs wird verzichtet, da es sich um ein noch nicht befriedigend gelöstes Problem der mathematischen Grundlagenforschung handelt.[11]

2. Die Funktion $\mu_{\tilde{A}} : X \rightarrow R$ gibt für jedes $x \in X$ den Grad der Zugehörigkeit zu der unscharfen Menge $\tilde{A}$ an und wird deshalb auch als Zugehörigkeitsfunktion bezeichnet. Weil eine unscharfe Menge hierdurch direkt beschrieben wird, verwendet man beide Begriffe synonym.

---

10 Vgl. *L.A. Zadeh*, (1965), S. 339.

11 Vgl. *G. Fischer*, (1986), S. 27.

3. Der Zugehörigkeitsgrad eines Elements zu einer unscharfen Menge läßt sich aber am besten beschreiben, wenn man eine im Wertebereich $\mathrm{R}_{+}^{\geq 0}$ beschränkte Zugehörigkeitsfunktion auf das Intervall $[\,0\,;1\,]$ normiert. Die Randpunkte *eins* bzw. null beschreiben die vollständige Zugehörigkeit bzw. vollständige Nicht-Zugehörigkeit eines Elements zu einer unscharfen Menge, während alle Elemente mit einem Wert innerhalb des Einheitsintervalls graduell einer unscharfen Menge angehören. Diese Vorgehensweise ist in der Literatur weit verbreitet und wird im folgenden zugrunde gelegt. Die Vorstellung einer strikten Einteilung in Zugehörigkeit und Nicht-Zugehörigkeit ist wegen der charakteristischen Zugehörigkeitsfunktion darin als Sonderfall enthalten.[12]

In dieser Arbeit verwendete Eigenschaften unscharfer Mengen werden in der Literatur wie folgt definiert:

Definition (Normierte unscharfe Menge)

Eine auf einer Grundmenge X definierte Zugehörigkeitsfunktion $\mu_{\tilde{A}} : X \rightarrow \mathrm{R}$ ist genau dann normiert, wenn gilt: $\sup\limits_{x \in X} \{ \mu_{\tilde{A}}(x) \} = 1$

Definition (Konvexe unscharfe Menge)

Es sei auf einer Grundmenge X eine unscharfe Menge $\tilde{A}$ gegeben. Weiterhin definiere man eine α-Niveaumenge $\Gamma_\alpha := \{ x \in X \mid \mu_{\tilde{A}}(x) \geq \alpha \}$. Die unscharfe Menge $\tilde{A}$ ist genau dann konvex, wenn die (scharfen) α-Niveaumengen Γ_α, $0 < \alpha \leq 1$, im klassischen Sinne konvex sind.[13]

Satz 1.1:

Auf einer Grundmenge X sei eine unscharfe Menge $\tilde{A}$ gegeben. Diese ist genau dann konvex, wenn für alle $x, y \in X$ gilt:

$$\mu_{\tilde{A}}(\lambda x + (1 - \lambda) y) \geq \min \{ \mu_{\tilde{A}}(x)\,;\, \mu_{\tilde{A}}(y) \}, 0 \leq \lambda \leq 1$$

12 Auf die Verwendung allgemeinerer Strukturen wie distributiver Verbände (z.B. BOOLsche Algebra, halbgeordnete Halbringe) wird hier nicht eingegangen. Hierzu vgl. *J.A. Goguen*, (1967), S. 145 - 174.

13 Vgl. *L.A. Zadeh*, (1965), S. 346 f.

Beweis zu Satz 1.1:

Es ist die folgende Äquivalenz zu zeigen:

Für alle x, y $\in$ X gilt:

$\mu_{\tilde{A}}(\lambda \cdot x + (1-\lambda) \cdot y) \geq \min\{\mu_{\tilde{A}}(x)\,;\,\mu_{\tilde{A}}(y)\}, 0 \leq \lambda \leq 1$

$\Leftrightarrow$

Für alle $\alpha \in]\,0;1\,]$ gilt folgende Implikation:

$x \in \Gamma_\alpha \;\wedge\; y \in \Gamma_\alpha \;\Rightarrow\; \lambda \cdot x + (1-\lambda) \cdot y \in \Gamma_\alpha, 0 \leq \lambda \leq 1$

"$\Rightarrow$"

Es sei ein beliebiges $\alpha \in]\,0;1\,]$ gegeben, für das gelte: $x \in \Gamma_\alpha$ und $y \in \Gamma_\alpha$

Nach Definition bedeutet das: $\mu_{\tilde{A}}(x) \geq \alpha$ und $\mu_{\tilde{A}}(y) \geq \alpha$

Daraus folgt: $\min\{\mu_{\tilde{A}}(x)\,;\,\mu_{\tilde{A}}(y)\} \geq \alpha$

Aus der Voraussetzung folgt dann: $\mu_{\tilde{A}}(\lambda \cdot x + (1-\lambda) \cdot y) \geq \alpha, 0 \leq \lambda \leq 1$

Nach Definition bedeutet das: $\lambda \cdot x + (1-\lambda) \cdot y \in \Gamma_\alpha, 0 \leq \lambda \leq 1$

"$\Leftarrow$"

Annahme:

Es gebe x, y $\in$ X und ein $\lambda \in [\,0;1\,]$, so daß gilt:

$\mu_{\tilde{A}}(\lambda \cdot x + (1-\lambda) \cdot y) < \min\{\mu_{\tilde{A}}(x)\,;\,\mu_{\tilde{A}}(y)\}$

O.B.d.A. gelte: $\mu_{\tilde{A}}(x) \leq \mu_{\tilde{A}}(y)$

Annahmegemäß folgt daraus: $\mu_{\tilde{A}}(\lambda \cdot x + (1-\lambda) \cdot y) < \mu_{\tilde{A}}(x)$

Deshalb findet man ein $\alpha \in]\,0;1\,]$, für das gilt:

$\mu_{\tilde{A}}(\lambda \cdot x + (1-\lambda) \cdot y) < \alpha \leq \mu_{\tilde{A}}(x)$

Also gilt nach Definition: $x \in \Gamma_\alpha$, $y \in \Gamma_\alpha$ und $\lambda \cdot x + (1-\lambda) \cdot y \notin \Gamma_\alpha$

Das steht im Widerspruch zur Voraussetzung.

Q.e.d.

Anmerkungen:

1. Den Beweis der Rechts-Links-Richtung kann man auch direkt führen.[14]

2. Der klassische Begriff der Konvexität einer Menge ist ein Sonderfall der vorstehenden Definition, wie man leicht an der ursprünglichen sowie der abgeleiteten Definition aus Satz 1.1 erkennt.

Zur Verbindung unscharfer Mengen wird in der Literatur eine Vielzahl von Aggregationsoperatoren vorgeschlagen. Dabei unterscheidet man zwischen t-Normen, t-Conormen und den mittelnden Operatoren. Während t-Normen bzw. t-Conormen den mengentheoretischen Durchschnitt bzw. die mengentheoretische Vereinigung abbilden, stellen mittelnde Operatoren Konvexkombinationen von Durchschnitts- und Vereinigungsoperatoren dar und sind deshalb zur situativen Anpassung an menschliches Aggregationsverhalten besser geeignet als mengentheoretische Aggregationsoperatoren.[15] Beispiele für letztere sind:

Minimumoperator: $\mu_{\tilde{A} \cap \tilde{B}}(x) := \min \{ \mu_{\tilde{A}}(x) \,;\, \mu_{\tilde{B}}(x) \}$

Produktoperator: $\mu_{\tilde{A} \cap \tilde{B}}(x) := \mu_{\tilde{A}}(x) \cdot \mu_{\tilde{B}}(x)$

Maximumoperator: $\mu_{\tilde{A} \cup \tilde{B}}(x) := \max \{ \mu_{\tilde{A}}(x) \,;\, \mu_{\tilde{B}}(x) \}$

Algebraische Summe: $\mu_{\tilde{A} \cup \tilde{B}}(x) := 1 - \big(1 - \mu_{\tilde{A}}(x)\big) \cdot \big(1 - \mu_{\tilde{B}}(x)\big)$[16]

In die Klasse der mittelnden Operatoren sind z.B. der von WERNERS vorgeschlagene Fuzzy-und-Operator bzw. der Fuzzy-oder-Operator einzuordnen. Diese werden wie folgt definiert:

$$\mu_{und}(x) := \gamma \cdot \min_{p=1(1)m} \mu_p(x) + \frac{(1-\gamma)}{m} \cdot \sum_{p=1}^{m} \mu_p(x)$$

$$\mu_{oder}(x) := \gamma \cdot \max_{p=1(1)m} \mu_p(x) + \frac{(1-\gamma)}{m} \cdot \sum_{p=1}^{m} \mu_p(x)$$ [17]

---

14 Hierzu vgl. *L.A. Zadeh*, (1965), S. 347.

15 Zu einer grundsätzlichen Klassifizierung von Aggregationsoperatoren vgl. *D. Dubois / H. Prade*, (1982), *H.J. Zimmermann*, (1993a), S. 15 - 28.

16 Vgl. *L.A. Zadeh*, (1965), S. 340 - 344, *H.J. Zimmermann*, (1992a), S. 2.

17 Vgl. *B. Werners*, (1984), S. 187.

2 Die Bedeutung der Entscheidungstheorie in unternehmerischen Entscheidungssituationen

2.1 Vorbemerkungen

In der Entscheidungstheorie gibt es mit der normativen und der deskriptiven Vorgehensweise zwei unterschiedliche Ansatzpunkte. Im Mittelpunkt der **deskriptiven Entscheidungstheorie** steht die *Beschreibung realen Entscheidungsverhaltens*. Darauf aufbauend analysiert man, warum sich ein Entscheidungsträger in einer konkreten Situation wie beschrieben verhält. Mit einem deskriptiven Ansatz verfolgt man also das Ziel, empirisch fundierte Prognosen zukünftigen Entscheidungsverhaltens zu liefern.[1] Hingegen besteht das Wesensmerkmal der **normativen Entscheidungstheorie** in der Entwicklung situationsbezogener Regeln, welche die Auswahl einer zieloptimalen Handlungsalternative ermöglichen. Entscheidungsregeln müssen axiomatisch definierte Rationalitätspostulate erfüllen, die als Beurteilungsmaßstab für das Entscheidungsverhalten herangezogen werden.[2] Im Unterschied zur deskriptiven Entscheidungstheorie steht hier eine *formale Charakterisierung des Rationalverhaltens* im Vordergrund.

Die Aufgabe der Betriebswirtschaftslehre als angewandte Wissenschaft besteht insbesondere darin, für reale Entscheidungssituationen normative Entscheidungsmodelle zu entwickeln. Diesem Anspruch kann sie nur durch eine gleichzeitige Berücksichtigung der deskriptiven und der normativen Entscheidungstheorie gerecht werden, indem sie erfahrungswissenschaftliche Aussagen über Zielsysteme, Handlungsalternativen und deren Konsequenzen ableitet, die als Bezugsrahmen für die Entwicklung normativer Entscheidungsmodelle dienen.[3]

Es stellt sich die Frage, inwieweit eine derartige Synthese beider Richtungen in praktischen Entscheidungssituationen gelingen kann. Einen Ansatzpunkt zur Beantwortung dieser Frage liefert das Grundmodell der betriebswirtschaftlichen Entscheidungstheorie. Danach besteht ein Entscheidungsfeld aus einem Aktionen- und einem Zustandsraum sowie einer Ergebnisfunktion, welche die Konsequenzen einer Handlungsalternative bei Eintreten eines Zustands ermittelt.[4] Entsprechend den vorstehenden Ausführungen werden zuerst Probleme im Zusammenhang mit der Ermittlung sinnvoller Handlungsalternativen und relevanter Zustände erörtert, um darauf aufbauend die Problematik der Auswahl *einer* Handlungsalternative zu erläutern. Zuerst soll noch kurz auf die Problematik des Rationalitätspostulats eingegangen werden.

---

1 Vgl. *C. Schneeweiß*, (1991), S. 85.

2 Vgl. *F. Eisenführ*, (1978), S. 435.

3 Vgl. *G. Bamberg / A.G. Coenenberg*, (1992), S. 10 f.

4 Vgl. ebenda, S. 14.

Aufgrund der begrenzten menschlichen Informationsverarbeitungskapazität ist die Umwelt für einen Entscheidungsträger zu komplex, um in all ihren Wirkungszusammenhängen simultan erfaßt werden zu können. Das erzwingt eine Reduzierung der erkannten Komplexität durch Konzentration auf die wesentlichen Einflußfaktoren. Neben dem inhaltlichen Problem einer möglichen Fehlselektion besteht im Rahmen einer arbeitsteiligen Bewältigung von Problemen zusätzlich eine Gefahr darin, aufgrund von Informationsasymmetrien bewußt gesteuerte Informationen zu verarbeiten. Der Katalog an Störfaktoren könnte beliebig erweitert werden. Die Forderung nach objektiver Rationalität, die nur auf der Grundlage einer vollständigen und realitätsgetreuen Erfassung der Umwelt erfüllt werden kann, muß also vor dem Hintergrund einer pragmatisch orientierten Sichtweise zur Forderung nach subjektiver Rationalität abgeschwächt werden. Darunter versteht man ein formal rationales Verhalten hinsichtlich eines gegebenen Informationsstandes.[5] Ein Vorteil der Modellierung von Entscheidungssituationen liegt einerseits in der gedanklichen Strukturierung eines Problems und andererseits in der Transparenz einer Entscheidungsfindung, die bei lückenloser Dokumentation der Modellkonstruktion sowie der verarbeiteten Informationen zumindest intersubjektiv nachprüfbar wird.

2.2 Der Aktionenraum in einer Entscheidungssituation

Vor dem Hintergrund einer Zeit*punkt*betrachtung, die Suche nach möglichen Handlungsalternativen ist also beendet, muß für einen Aktionenraum das Prinzip der vollkommenen Alternativenstellung erfüllt sein. Danach wird genau *eine* Alternative ergriffen, die zum Ausschluß aller anderen Aktionen führt (Exklusionsprinzip).[6] Ein Alternativenraum besteht aus Einzelaktionen und/oder ganzen Aktionsprogrammen. Einzelaktionen schließen sich gegenseitig aus und können in unterschiedlichen Aktionsprogrammen gleichzeitig enthalten sein. Weil genau *eine* Alternative ergriffen werden muß, führt dies wegen des Rationalitätspostulats zu der Notwendigkeit, möglichst alle zielrelevanten Aktionen zu erfassen. Man berücksichtigt deshalb auch Unterlassungsalternativen, wenngleich diese nur im Zusammenhang mit jeweils einer anderen Handlungsalternative formuliert werden können. Weiterhin ist der Umfang der Informationsgewinnung ein selbständig zu lösendes Problem. Aus Gründen der Informationsökonomie wird sich ein Entscheidungsträger niemals objektiv rational im obigen Sinne verhalten können.

Das wird insbesondere im Rahmen der strategischen Planung deutlich. Dort muß man Grundsatzentscheidungen über Inhalt und Ausmaß vorzunehmender Umwelt- und Unternehmensanalysen sowie eine Auswahl zwischen strategischen Optionen treffen.[7] Die hier interessierende inhaltliche Komponente einer strategischen Handlungsalternative wird über-

---

5 Vgl. *G. Bamberg / A.G. Coenenberg*, (1992), S. 4.

6 Vgl. ebenda, S. 14 f.

7 Zu diesem Problembereich vgl. *H. Kreikebaum*, (1991).

wiegend durch qualitative Faktoren beschrieben. Da eine kontinuierliche Variation der quantitativen Elemente einer strategischen Handlungsalternative praktisch nicht möglich ist, sieht sich ein Entscheidungsträger bei der Formulierung *globaler* Aktionsprogramme prinzipiell einer unendlichen, aber abzählbaren[8] Anzahl möglicher Aktionen gegenüber. Diese wird in der Praxis durch Aufgabendekomposition und dann auf dezentraler Ebene durch das Zusammenwirken von qualitativ-strukturellem Erfahrungswissen, unternehmerischer Intuition und eher rationalen Überlegungen auf eine endliche Menge durchführbarer Alternativen begrenzt. Durch die Vorgabe eines Alternativenraumes wird also insbesondere mit Bezug auf die strategische Planung das Problem der Alternativensuche und -begrenzung gezielt ausgeblendet.

Im Rahmen der operativen Planung, die auf den Vorgaben einer strategischen und taktischen Planung aufbaut, gilt für den Fall der expliziten Vorgabe einer endlichen Menge von Alternativen dieselbe Kritik, wenngleich das Problem der Alternativensuche und -begrenzung insbesondere wegen der Erstellung operativer Teilpläne für einzelne Funktionsbereiche nicht so ausgeprägt auftritt wie bei der strategischen Planung. Tendenziell stehen quantitative Überlegungen im Vordergrund, und ein Problem ist leichter strukturierbar. Weiterhin sind Planungssituationen denkbar, in denen keine Alternativensuche erforderlich ist, weil durch ein vorgegebenes Restriktionensystem eine endliche oder eine unendliche, aber überabzählbare Anzahl möglicher Aktionsprogramme vorgegeben ist. Für den letzten Fall liegt ein Kontinuum realisierbarer Alternativen vor. Ein Beispiel liefert die operative Produktionsprogrammplanung, die mit der LO unterstützt werden kann.[9] Durch die Vorgabe eines Alternativenraumes werden menschliche Präferenzen bezüglich unterschiedlicher Restriktionsausprägungen in der Regel nicht hinreichend genau abgebildet. In der Realität sucht ein Entscheidungsträger einen Ausgleich zwischen verschiedenen Ziel- und Restriktionsniveaus. Dieser Sachverhalt kann durch ein klassisches Entscheidungsmodell nicht hinreichend genau abgebildet werden.[10]

---

8 Jede unendliche Menge ist entweder abzählbar oder überabzählbar. Als Beispiel betrachte man die Menge der natürlichen Zahlen (unendlich und abzählbar) sowie die Menge der reellen Zahlen (unendlich und überabzählbar). Hingegen ist jede endliche Menge abzählbar. Zur Definition des Begriffs der Abzählbarkeit einer Menge vgl. *O. Forster*, (1983), S. 52 f.

9 Für beliebig teilbare Produkte ermittelt man so eine modelloptimale Lösung. Die Voraussetzung beliebiger Teilbarkeit ist jedoch nur von theoretischem Interesse, weil selbst bei der Fertigung leitungsgebundener Stoffe die Meßgenauigkeit der Produktionsmenge nicht beliebig erhöht werden kann. Wenn eine Rundung auf die kleinste meß- und produzierbare Einheit erforderlich wird, so führt das unter Umständen zum Optimalitätsverlust. Selbst bei der Produktion von Stückzahlen verzichtet man in der Regel auf die Ganzzahligkeitsbedingungen für die Strukturvariablen, weil eine existierende Optimallösung in vertretbarer Zeit nicht ermittelt werden kann. Zu Lösungsdefekten vgl. *D. Adam*, (1993a), S. 10 f.

10 Vgl. *W. Rödder / H.J. Zimmermann*, (1977), S. 11.

2.3 Der Zustandsraum in einer Entscheidungssituation

Die Menge aller nach Inhalt und Ausmaß für möglich gehaltenen Alternativen wird maßgeblich von einem Zustandsraum beeinflußt. Ein Entscheidungsträger kann auf zukünftige Entwicklungen und damit auf einen Zustandsraum als einem realitätsnahen Abbild zukünftiger Ereignisse nur begrenzten Einfluß ausüben.[11] Aus der Zielsetzung der normativen Betriebswirtschaftslehre ergibt sich die inhaltliche Notwendigkeit, diesen vollständig formulieren zu müssen, damit genau *ein* explizit formulierter Zustand eintritt. Dabei beschreibt man jeden für möglich gehaltenen Zustand mehrdimensional durch eine bestimmte Konstellation relevanter Umweltfaktoren, die durch Ereignisse in der Vergangenheit, Gegenwart und Zukunft bedingt sein können.[12]

Im Zusammenhang mit der strategischen Planung läßt sich jeder Zustand sowohl durch globale externe Umweltfaktoren (z.B. gesetzliche, ökonomische, ökologische, technologische und sozio-kulturelle Rahmenbedingungen) als auch durch die interne Unternehmenssituation (z.B. Werte und Grundeinstellungen der Mitarbeiter, Potentiale und Lücken, Stärken und Schwächen) approximativ erfassen.[13] Da die beschreibenden Merkmale eines allgemeinen Zustands in der Tendenz qualitativer Natur sind und die quantitativen Deskriptoren in der Praxis nicht mit beliebig großer Genauigkeit erfaßt werden können, sieht sich ein Unternehmen im Prinzip einer abzählbar unendlichen Anzahl von Zuständen gegenüber. Vor dem Hintergrund einer Problemstellung wird diese Anzahl durch Annahmen über die Problemrelevanz einzelner Umweltfaktoren auf eine endliche Menge denkbarer Zustände begrenzt. Eine Gefahr besteht also darin, einerseits im Rahmen einer allgemeinen Zustandsbeschreibung wichtige Einflußfaktoren nicht zu erkennen und andererseits im Zuge der Reduktion der Umweltkomplexität von relevanten Faktoren zu abstrahieren. Durch die Vorgabe als relevant erachteter Zustände klammert man also das Problem aus, diese in einem vorgelagerten Prozeß erfassen zu müssen. Doch gerade in der Phase strategischer Planung gewinnt dieses Problem dadurch an Bedeutung, daß ganz bewußt auch subjektiv weniger bedeutende Zustände berücksichtigt werden sollten, weil gerade diese bestandskritisch werden können. Zu diesem Zweck wird in der Praxis unter anderem die Szenario-Analyse eingesetzt.[14]

Bei der Unterstützung der operativen Planung durch lineare Planungsmodelle repräsentieren eine vorgegebene Konstellation von Zielfunktions- und Restriktionskoeffizienten sowie der Begrenzungsvektor der rechten Seiten genau *einen* Zustand, und zwar unabhängig davon, ob

---

11 Bei der in der Entscheidungstheorie vorgenommenen Einteilung in einen Aktionen- und einen Zustandsraum erkennt man eine Ähnlichkeit zur Portfolioanalyse. Unabhängig von den konkreten Ausprägungen wird eine Portfoliomatrix durch eine beeinflußbare und eine nicht oder nur indirekt vom Unternehmen beeinflußbare Dimension aufgespannt. Vgl. *H. Meffert*, (1986), S. 67.

12 Vgl. *G. Bamberg / A.G. Coenenberg*, (1992), S. 16 f.

13 Zu einer möglichen Ausgestaltung der vorgenannten Faktoren vgl. *H. Kreikebaum*, (1991), S. 32 - 45.

14 Zur Szenario-Analyse vgl. ebenda, S. 93 - 95.

die rechten Seiten durch Punktwerte oder durch unscharfe Mengen beschrieben werden. Im letzten Fall wird ein kontinuierlicher Übergang von vollständiger Zufriedenheit bis zur vollständigen Unzufriedenheit bezüglich der mit zulässigen Alternativen erzielbaren Ergebnisausprägungen modelliert. Das Problem der Zustandsermittlung reduziert sich hier auf die Festlegung von endlichen Ober- und Untergrenzen für die Intervalle der als unsicher eingeschätzten Koeffizienten. Dann sieht sich das Unternehmen einer überabzählbaren Anzahl möglicher Zustände gegenüber, die sich wegen der beschränkten Meßbarkeit auf eine abzählbar endliche Anzahl von Zuständen reduziert.

Weiterhin wird durch die Betrachtung eines vorgegebenen Zustandsraumes das bekannte Problem, einen Mittelweg zwischen einer zu vereinfachten Beschreibung und einer isomorphen Abbildung der Realität zu finden, als gelöst angesehen,[15] wenn auch die letztgenannte Vorgehensweise gerade gegen das Abstraktionsprinzip verstößt und deshalb immer ausscheidet. Je genauer ein möglicher Zustand beschrieben wird, d.h. je größer die Anzahl der relevanten Umweltfaktoren ist, um so eher werden dadurch Unsicherheiten im Zustandsraum erfaßt. Der geringste Informationsstand bezüglich der Entwicklung eines Umweltfaktors determiniert den Grad der Unsicherheit, dem sich ein Entscheidungsträger im Hinblick auf einen möglichen Zustand ausgesetzt sieht.

Bei vollständiger Sicherheit ist dem Entscheidungsträger das Eintreten genau *eines* Umweltzustands bekannt.[16] Folglich können alle relevanten Deskriptoren nur durch vergangene und/ oder gegenwärtige Ereignisse beschrieben werden. Ein zukünftiger Zustand ist also identisch mit einem bekannten gegenwärtigen Zustand. Hierbei handelt es sich offensichtlich um eine Idealisierung, die nur in wenigen Situationen gerechtfertigt erscheint, z.B. beim Abschluß langfristiger Lieferverträge, mittels derer die Preise für eine vereinbarte Abnahmemenge eines Produkts festgelegt sind. Im Rahmen der inhaltlichen Planung (z.B. Sensitivitätsanalyse oder Alternativplanung) stellt die Annahme vollständiger Sicherheit aber nur einen ersten notwendigen Schritt im Umgang mit der Unsicherheit dar.

Unsicherheitssituationen lassen sich allgemein wie folgt charakterisieren:

- Zukünftige Ereignisse werden durch mindestens *einen* relevanten Umweltfaktor beeinflußt. Die Unvorhersehbarkeit zukünftiger Ereignisse bedingt also die Unsicherheit über das Eintreten eines Zustands.

---

15 Zum optimalen Komplexionsgrad vgl. *R. Hanuscheck*, (1986), S. 67 - 69.

16 Vgl. *G. Bamberg / A.G. Coenenberg*, (1992), S. 39. Dort wird eine Sicherheitssituation durch die *zusätzliche* Forderung nach Eindeutigkeit jeder Handlungskonsequenz definiert. Das impliziert aber die Annahme einer *vollständigen* Zustandsbeschreibung, die eine Berücksichtigung *aller* Umweltfaktoren mit *marginalem* Einfluß auf die Handlungskonsequenz erfordert. Das ist nicht möglich. Deshalb wird diesem erweiterten Verständnis einer Sicherheitssituation nicht gefolgt. Zu Bewertungsdefekten vgl. *D. Adam*, (1993a), S. 12 f.

- Einem Entscheidungsträger fehlt ex ante die Information, ob mindestens *ein* relevanter Umweltfaktor durch zukünftige Ereignisse beschrieben sein wird. Ein realisierter, aber dem Entscheidungsträger unbekannter Zustand begründet ebenso eine Unsicherheitssituation wie ein de facto zukünftiger Zustand.

In einer Unsicherheitssituation ist dem Entscheidungsträger also bekannt, daß von mindestens zwei möglichen Zuständen genau *einer* eintreten wird. Das erfordert bei der Beschreibung verschiedener Zustände deren paarweise scharfe Abgrenzung, die in der Praxis aus folgenden Gründen nicht möglich ist:

- Viele quantitativ erfaßbare Umweltfaktoren werden verbal beschrieben und unterliegen dadurch intrinsischer Unschärfe. Darunter versteht man die inhaltliche Ungenauigkeit verbaler Äußerungen.[17] Diese entsteht durch Begriffe, die in bezug auf eine zu beschreibende Umwelt mehrdeutig sein können, wie z.B. "niedrige Kosten", "günstiger Wechselkurs".[18] Wesentliche Ursache für intrinsische Unschärfe ist also die Darstellung der Realität durch eine Sprache, die allein aus sich heraus nicht unscharf sein kann.[19] Das führt zur Kontextabhängigkeit verwendeter Begriffe und Attribute und ermöglicht eine effiziente zwischenmenschliche Kommunikation.

- Für eine *exakte* inhaltliche Beschreibung qualitativer Umweltfaktoren benötigt man sehr viele Deskriptoren, die dem Menschen wegen seiner begrenzten Informationsverarbeitungskapazität nicht alle bewußt sein können. Deshalb bedient man sich einer Klasse von ähnlichen Objekten, die subjektiven, von Mensch zu Mensch verschiedenen Kategorien entsprechen. Dabei bedient man sich verbaler Ausdrücke, wie z.B. "gutes Betriebsklima", "fähige Mitarbeiter".[20] Die Angabe scharf formulierter Grenzen der Zugehörigkeit zu einer solchen Kategorie spiegelt menschliches Denkverhalten nur unzureichend wider und ist einem Entscheidungsträger im allgemeinen nicht möglich.[21] Informationale Unschärfe kann auch durch einen Informationsmangel hervorgerufen werden, wenn ein Zustand durch zu prognostizierende Umweltfaktoren beschrieben wird.

Mögliche Zustände werden also durch eine Sprache nur annähernd erfaßt und unscharf gegeneinander abgegrenzt. Vom theoretischen Standpunkt aus gibt es keine genaue Definition

---

17 Vgl. *H.J. Zimmermann*, (1993a), S. 4.

18 Vgl. *H.M. Hersh / A. Caramazza*, (1976), S. 257.

19 Vgl. *A. Geyer-Schulz*, (1986), S. 41.

20 Vgl. *H.J. Zimmermann*, (1987), S. 344.

21 Vgl. *H.J. Zimmermann / P. Zysno*, (1985), S. 149.

eines Begriffs, wenn die Grundbausteine einer Sprache nicht endlich sind.[22] Bei der Vorgabe eines Zustandsraumes wird von diesem Problem abstrahiert.

Man unterscheidet weiterhin nach dem zunehmenden Grad der Unsicherheit zwischen einer Risikosituation, in der Eintrittswahrscheinlichkeiten für alle Zustände gegeben sind, und einer Ungewißheitssituation, in der diese Information fehlt.[23]

Eine Risikosituation läßt sich als Zufallsexperiment deuten, in welchem jedes Ereignis einem antizipierten Zustand entspricht. Nach einem Vorschlag von KOLMOGOROFF definiert man ein Zufallsexperiment mit Bezug zur Maßtheorie wie folgt:[24]

Definition (Zufallsexperiment)

Ein Zufallsexperiment ist ein Tripel (Ω, S, P), für das gilt:

1. Ω ist eine nicht-leere Menge.

2. S ist eine σ - Algebra über Ω. Im einzelnen müssen folgende Eigenschaften erfüllt sein:

   α) $\Omega \in S$

   β) $E \in S \Rightarrow E^c \in S$

   γ) $E_n \in S, n \in \mathbf{N} \Rightarrow \bigcup_{n=1}^{\infty} E_n \in S$

3. P ist ein Wahrscheinlichkeitsmaß auf S, so daß die Abbildung $P : S \to \mathbf{R}$ folgende Eigenschaften besitzt:

   α) Nichtnegativität: $P(E) \geq 0, E \in S$

   β) σ-Additivität:

   Für alle Folgen $(E_n)_{n \in \mathbf{N}}$ in S mit $E_i \cap E_j = \emptyset, i \neq j$, gilt:

---

22 Vgl. *A. Geyer-Schulz*, (1986), S. 38.

23 Vgl. *L. Kruschwitz*, (1995), S. 251.

24 Zu der ursprünglichen sowie der nachstehenden heute üblichen Axiomatik vgl. *D. Plachky*, (1981), S. 24. Auf das weniger bekannte Wahrscheinlichkeitsmodell von KOOPMAN, das nicht auf Mengen, sondern auf Aussagen der klassischen Logik beruht, wird hier nicht eingegangen. Hierzu vgl. *H. Hamacher*, (1978), S. 38 - 45.

$$P\left(\sum_{n=1}^{\infty} E_n\right) = \sum_{n=1}^{\infty} P(E_n)$$

γ) Normiertheit: $P(\Omega) = 1$

Die einzelnen Modellelemente lassen sich wie folgt interpretieren:

Zu 1.

Ω entspricht dem sicheren Ereignis (= Zustandsraum). Das bedeutet:

Jedes Element $\omega \in \Omega$ ($\omega \notin \Omega$) ist *möglich* (*nicht möglich*). Daraus ergibt sich die formale Notwendigkeit einer vollständigen Zustandsraumbeschreibung.

Zu 2.

Aufgrund der Unlösbarkeit des Maßproblems kann nicht jeder Teilmenge von Ω eine positive Wahrscheinlichkeit zugeordnet werden, weil das Wahrscheinlichkeitsmaß nicht-negativ und σ-additiv ist.[25] Deshalb ist die *Wahrscheinlichkeit* eines Ereignisses eine hinreichende, aber nicht notwendige Bedingung für die *Möglichkeit* dieses Ereignisses. Dieser Zusammenhang wird von ZADEH wie folgt formuliert:

"...what is possible may not be probable, and what is improbable need not be impossible."[26]

Aufgrund der Unlösbarkeit des Maßproblems fordert man für den Definitionsbereich eines Wahrscheinlichkeitsmaßes die Eigenschaften einer σ-Algebra S:

2α) Dem sicheren Ereignis Ω muß man eine Wahrscheinlichkeit zuordnen können.

2β) Wenn man einem Ereignis E eine Wahrscheinlichkeit zuordnen kann, so gilt das auch für das Komplementärereignis E^c.

2γ) Sofern einer abzählbaren Anzahl von Ereignissen eine Wahrscheinlichkeit zugeordnet werden kann, gilt das auch für die Vereinigung dieser Ereignisse.

Zu 3.

Die inhaltliche Bedeutung der Eigenschaften ist klar.

---

25 Vgl. *D. Plachky*, (1981), S. 5 - 8.

26 *L.A. Zadeh*, (1987a), S. 370.

Die im folgenden interessierenden diskreten Zufallsexperimente werden durch ein Tripel $(\Omega, \mathcal{P}(\Omega), P)$ definiert, wobei die Menge $\mathcal{P}(\Omega)$ eine spezielle σ - Algebra darstellt.[27] Um die Eigenschaften 3α) - 3γ) zu gewährleisten, definiert man eine Wahrscheinlichkeitsverteilung[28] P durch eine Wahrscheinlichkeitsfunktion $p : \Omega \rightarrow \mathrm{R}$ mit den Eigenschaften $p(\omega) \geq 0, \omega \in \Omega$, und $\sum_{\omega \in \Omega} p(\omega) = 1$ wie folgt:

$$P(E) := \sum_{\omega \in E} p(\omega), E \in \mathcal{P}(\Omega) \qquad \textbf{(2.1)}$$

Für ein endliches Zufallsexperiment ergibt sich deshalb statt der σ - Additivität die allgemein schwächere, aber hier gleichbedeutende Eigenschaft der endlichen Additivität. Es gilt dann:

$$P\left(\sum_{i=1}^{n} E_i\right) = \sum_{i=1}^{n} P(E_i)$$

Weiterhin läßt sich jede Wahrscheinlichkeitsverteilung P durch genau *eine* Wahrscheinlichkeitsfunktion $p(\omega) := P(\{\omega\})$ beschreiben, und nach (2.1) ergibt sich aus jeder Wahrscheinlichkeitsfunktion p genau *eine* Wahrscheinlichkeitsverteilung P.[29]

Die vorstehende formal-axiomatische Definition eines Zufallsexperiments löst nicht das Problem der *Ermittlung* einer Wahrscheinlichkeitsfunktion auf einem Zustandsraum. Man unterscheidet hierbei eine objektive von einer subjektiven Bestimmung von Zustandswahrscheinlichkeiten.[30] Alle Zustände beschreibt man durch unterschiedliche Ausprägungen der situativ relevanten Umweltfaktoren. Eine objektive Ermittlung der Zustandswahrscheinlichkeiten ist an die nachstehenden Bedingungen geknüpft, deren vollständige Erfüllung in der vorgegebenen Reihenfolge überprüft wird. Die Nichterfüllung einer der Bedingungen führt zur Nichterfüllung aller nachfolgenden Bedingungen.

1. Für alle relevanten Umweltfaktoren mit qualitativer Ausprägung lassen sich quantitative Ersatzkriterien formulieren.

2. Für alle relevanten Umweltfaktoren können Wahrscheinlichkeitsfunktionen auf dem Raum der entsprechenden Ausprägung objektiv ermittelt werden.

---

27 Es gilt $\mathcal{P}(\Omega) := \{ T \mid T \subset \Omega \}$.

28 In Anlehnung an den literaturüblichen Sprachgebrauch wird im folgenden ein diskretes Wahrscheinlichkeitsmaß als Wahrscheinlichkeitsverteilung bezeichnet.

29 Vgl. *D. Plachky / L. Baringhaus / N. Schmitz*, (1983), S. 44 - 51.

30 Vgl. *G. Bamberg / A.G. Coenenberg*, (1992), S. 66 f.

3. Wenn Umweltfaktoren unscharf beschrieben werden, dann lassen sich objektiv Wahrscheinlichkeiten für deren Eintreten bestimmen.

4. Es besteht Unabhängigkeit zwischen den endlich bzw. abzählbar unendlich vielen Umweltfaktoren.

Zur 1. Bedingung:

Zuerst ist zu prüfen, ob man quantitative und kardinal meßbare Ersatzkriterien bestimmen kann. Beispielsweise ist in Zeiten einer entspannten Arbeitsmarktlage eine geringe Personalfluktuation ein guter Indikator für ein positives Betriebsklima. Weil nur die *Mehrzahl* aller qualitativen Umweltfaktoren durch quantitative Größen formulierbar ist,[31] muß im Einzelfall geprüft werden, ob diese Bedingung tatsächlich immer erfüllt wird. Weiterhin tritt insbesondere das Problem auf, aus mehreren graduell geeigneten Kriterien *eines* unter Berücksichtigung situativer Bedingungen auswählen zu müssen, so daß hier subjektive Überlegungen einfließen.

Zur 2. Bedingung:

Wenn alle Ausprägungen in quantitativer und/oder quantifizierter Form vorliegen, kann man Wahrscheinlichkeitsfunktionen bestimmen. Die Ermittlung von Wahrscheinlichkeiten ist objektiv, wenn man den klassischen und/oder den statistischen Wahrscheinlichkeitsbegriff zugrunde legen kann.[32]

Der klassische LAPLACEsche Wahrscheinlichkeitsbegriff läßt sich wie folgt beschreiben:

Es sei $P(A)$ die Eintrittswahrscheinlichkeit eines Ereignisses A in einem Zufallsexperiment, so bestimmt man diese wie folgt:

$$P(A) := \frac{\text{Anzahl der für A günstigen Fälle}}{\text{Anzahl aller } \textit{gleichwahrscheinlichen} \text{ Fälle}}$$

31 Vgl. *N.H. Paysen*, (1992), S. 46 f.

32 Vgl. *J. Bleymüller / G. Gehlert / H. Gülicher*, (1985), S. 28.

Zwei Ereignisse betrachtet man dann als gleichwahrscheinlich, wenn es keinen Grund zu der Annahme gibt, eines der Ereignisse werde eher eintreten.[33] Dieser Wahrscheinlichkeitsbegriff ist vor dem Hintergrund eines konstruierten und in natürlicher Weise vorgegebenen Ereignisraumes entstanden (z.B. Glücksspiele). Eine unternehmerische Risikosituation läßt sich durch diesen Wahrscheinlichkeitsbegriff in der Regel nicht realitätsnah beschreiben, weil sich die Annahme der Gleichwahrscheinlichkeit im günstigsten Fall erst als *Ergebnis* einer Wahrscheinlichkeitsermittlung bestätigt. Nur die (endliche) Anzahl möglicher Ausprägungen der Umweltfaktoren determiniert deren Eintrittswahrscheinlichkeit. Aus theoretischer Sicht hat sich dieser Wahrscheinlichkeitsbegriff schon deshalb nicht durchsetzen können, weil die LAPLACEsche Wahrscheinlichkeitsverteilung ausschließlich rationale Zahlen in dem Intervall $[\,0;1\,]$ annehmen kann. Für bestimmte geometrische Zufallsexperimente findet man aber Wahrscheinlichkeitsfunktionen, die auf der Basis des LAPLACEschen Denkprinzips ermittelt werden, aber in den Bereich der nicht-rationalen Zahlen des Intervalls $[\,0;1\,]$ abbilden. Hierfür steht das BUFFONsche Nadelproblem.[34]

Nach dem statistischen VON MISESschen Wahrscheinlichkeitsbegriff besteht ein Zufallsexperiment aus einer langen Folge voneinander unabhängiger Versuche.[35] Die Wahrscheinlichkeit $P(A)$ des Ereignisses A wird als Grenzwert der relativen Häufigkeit des Auftretens von A definiert. Es sei $h_n(A)$ die Anzahl des Ereignisses A bei n Versuchen, dann gilt:

$$P(A) := \lim_{n \to \infty} \frac{h_n(A)}{n}$$ [36]

Die Umweltdynamik steht jedoch gleichen oder ähnlichen Systembedingungen, wie man sie häufig bei Laborversuchen in den Naturwissenschaften vorfindet, entgegen. Dagegen sind unternehmerische Entscheidungssituationen in der Regel von *einmaligem* Charakter. Damit werden die Anwendungsvoraussetzungen des statistischen Wahrscheinlichkeitsbegriffs nicht erfüllt, weil es sich um ein sehr großes, im Idealfall unendlich oft zu wiederholendes Zufallsexperiment handeln müßte. Vielmehr finden statistische Methoden nur dann erfolgreich Verwendung, wenn "großzahlige Experimente" vorliegen (z.B. in der statistischen Qualitätskontrolle, im Versicherungswesen). In den meisten unternehmerischen Risikosituationen lassen sich auf diesem Wege die Wahrscheinlichkeitsfunktionen der Umweltfaktoren nicht ermitteln. Aus theoretischer Sicht hat sich der statistische Wahrscheinlichkeitsbegriff wegen

---

33 Vgl. *J. Bleymüller / G. Gehlert / H. Gülicher*, (1985), S. 27. Eine Definition des LAPLACE-Experiments und der LAPLACEschen Wahrscheinlichkeitsverteilung findet sich bei *D. Plachky / L. Baringhaus / N. Schmitz*, (1983), S. 30.

34 Vgl. *D. Plachky / L. Baringhaus / N. Schmitz*, (1983), S. 42 - 44.

35 Die experimentelle Unabhängigkeit der Versuche interpretiert man als stochastische Unabhängigkeit in dem entsprechenden mathematischen Modell. Vgl. ebenda, S. 93.

36 Vgl. *J. Bleymüller / G. Gehlert / H. Gülicher*, (1985), S. 27.

zu großer Schwierigkeiten bei der axiomatischen Behandlung nicht durchgesetzt. Durch das **Schwache Gesetz der großen Zahlen** von BERNOULLI wird dieser Begriff aber präzisiert und so nachträglich teilweise gerechtfertigt.[37]

Vor einem wirtschaftsnahen Hintergrund lassen sich also in vielen Situationen keine objektiven Wahrscheinlichkeiten im oben beschriebenen Sinne ermitteln. Dennoch werden Wahrscheinlichkeiten oft aus Vergangenheitswerten bestimmt. Damit unterstellt man eine Zeitstabilität, die im direkten Widerspruch zur Umweltdynamik steht. Der Realitätsgehalt dieser Annahme, der insbesondere bei der strategischen Planung eher gering sein wird, bestimmt den Grad an Objektivität. Der Übergang vom höheren Informationsstand einer objektiv zu dem einer subjektiv gegebenen Wahrscheinlichkeit ist *hier* fließend. Eine *vollständig objektive* Wahrscheinlichkeitsermittlung für *alle* Umweltfaktoren ist in der Regel nicht möglich.

Zur 3. Bedingung:

Für jeden unscharf beschriebenen Umweltfaktor $\tilde{E}$ mit korrespondierender Zugehörigkeitsfunktion $\mu_{\tilde{E}} : \Omega \rightarrow [0;1]$ und einer Wahrscheinlichkeitsfunktion $p : \Omega \rightarrow \mathrm{R}$ läßt sich die Wahrscheinlichkeit $P(\tilde{E})$ wie folgt bestimmen:

$$P(\tilde{E}) := \sum_{\omega \in \Omega} \mu_{\tilde{E}}(\omega)\, p(\omega)$$ [38]

Diese Wahrscheinlichkeit ist nur dann objektiv, wenn man zusätzlich zur Erfüllung der 2. Bedingung (man hat also eine Wahrscheinlichkeitsfunktion $p : \Omega \rightarrow \mathrm{R}$ objektiv bestimmt) eine Zugehörigkeitsfunktion findet, welche die intrinsische bzw. informationale Unschärfe verwendeter Attribute erfaßt. Ein Entscheidungsträger kann jedoch nicht in der Lage sein, die vielfältigen, oft undurchschaubaren kognitiven Denkprozesse in einem ersten Schritt vollständig zu verbalisieren, um anschließend die Sprache durch die Modellierung mittels Zugehörigkeitsfunktionen vollständig zu erfassen.[39]

---

37 Vgl. *D. Plachky / L. Baringhaus / N. Schmitz*, (1983), S. 159 f.

38 Vgl. *K. Asai / H. Tanaka / T. Okuda*, (1977), S. 186, *M. Delgado / S. Moral*, (1987), S. 311, *L.A. Zadeh*, (1968). Eine axiomatische Fundierung der aufgezeigten Verbindung zwischen der klassischen Wahrscheinlichkeitstheorie und der Fuzzy-Set-Theorie findet sich bei *P. Smets*, (1982). Aus dieser Definition erhält man als Spezialfall die Definition der Wahrscheinlichkeit eines scharf formulierten Ereignisses E.

39 Vgl. *H.J. Zimmermann*, (1983), S. 202.

Zur 4. Bedingung:

Falls ein Entscheidungsträger dennoch zur objektiven Bestimmung der Wahrscheinlichkeitsfunktionen aller relevanten unscharfen Umweltfaktoren in der Lage ist, müssen diese zu einer mehrdimensionalen Wahrscheinlichkeitsfunktion auf dem Zustandsraum verdichtet werden. Nur unter der realitätsfernen Annahme der Unabhängigkeit aller Umweltfaktoren ist das unproblematisch.[40]

Diese disaggregierte Sichtweise verdeutlicht, daß jede der vorgenannten Bedingungen für sich allein die Unmöglichkeit einer objektiven Ermittlung von Zustandswahrscheinlichkeiten begründet. Berücksichtigt man zusätzlich, daß diese idealisierte Erfassung einer Risikosituation im Sinne einer objektiven Ermittlung von Zustandswahrscheinlichkeiten nur *einen* Bestandteil eines zeitkritischen Entscheidungsprozesses bildet, so ist die praktische Irrelevanz unmittelbar ersichtlich. Die Grenze zwischen objektiver und subjektiver Ermittlung der Zustandswahrscheinlichkeiten kann *hier* scharf gezogen werden. Unterstellt man dennoch objektive Wahrscheinlichkeiten, dann liegt eine Gefahr darin, ein mathematisches Problem elegant zu lösen, für das es keine ökonomische Entsprechung gibt.

Zweckdienlich ist nur die Formulierung eines mathematischen Modells auf der Grundlage einer ökonomischen Problemstellung.[41] Deshalb bestimmt man in praktischen Entscheidungssituationen subjektive Zustandswahrscheinlichkeiten auf der Basis einer eher summarischen Zustandsbeschreibung.[42] Dabei ist es formal unerheblich, welchen Informationsgehalt die in einem Entscheidungsmodell berücksichtigten Wahrscheinlichkeiten besitzen. Nur inhaltlich ist es wichtig, diese explizit als subjektive Wahrscheinlichkeiten zu kennzeichnen. Die Grenze zwischen dem höheren Informationsstand einer subjektiven Wahrscheinlichkeit und einer Ungewißheitssituation ist fließend, weil sich ein Entscheidungsträger in der Situation befindet, einer Information über Zustandswahrscheinlichkeiten nach subjektivem Empfinden einen Glaubwürdigkeitsgrad zwischen vollständiger Ablehnung und vollständiger Annahme der Information zuweisen zu müssen.

2.4 Die Auswahl einer Handlungsalternative

Nach der Bestimmung sinnvoller Aktionen und möglicher Zustände muß man sich für *eine* der Handlungsalternativen entscheiden. Eine Voraussetzung für einen rationalen Wahlakt ist ein Zielsystem, das alle Präferenzrelationen und die verfolgten Ziele enthält.[43] Die Aktions-

40 Vgl. *D. Plachky / L. Baringhaus / N. Schmitz*, (1983), S. 89 f. und S. 165 - 171.

41 Vgl. *H. Müller-Merbach*, (1977), S. 15 f.

42 Auf Möglichkeiten und Probleme der Ermittlung subjektiver Zustandswahrscheinlichkeiten wird hier nicht eingegangen. Hierzu vgl. *G. Bamberg / A.G. Coenenberg*, (1992), S. 68 - 70.

43 Vgl. ebenda, S. 26 f.

Zustandsmatrix erweitert sich also um die dritte Dimension der Zielgrößen.[44] Vollständigkeit und Transitivität der Präferenzordnungen bilden hierbei eine weitere Grundlage für rationale Entscheidungen und sind notwendige und nach DEBREU fast hinreichende Bedingungen für die numerische Darstellbarkeit der Präferenzen durch eine Nutzenfunktion,[45] wobei die *formale* Existenz derselben nicht die Frage beantwortet, *ob* ein Individuum eine solche besitzt.[46] In einem ersten Schritt werden also für alle Aktionsprogramme deren Ergebniskonsequenzen in bezug auf die verfolgten Teilziele und bei Existenz einer entsprechenden Nutzenfunktion die korrespondierenden Nutzenwerte bestimmt. Das erfordert in einem vorgelagerten Prozeß die Bestimmung aller maßgeblichen Zielinhalte.[47] Zwischen zwei Zielgrößen können die folgenden logischen Zielbeziehungen bestehen:[48]

Bei Zielkomplementarität werden durch die Umsetzung einer Handlungsalternative die Zufriedenheitsgrade bezüglich beider Ziele erhöht. Unter symmetrischer Komplementarität versteht man eine gegenseitige Zielabhängigkeit, während eine asymmetrische Komplementarität durch einen Ursache-Wirkungszusammenhang erklärt wird. Als Beispiel hierfür steht das Du-Pont-System mit dem RoI als der zentralen finanzwirtschaftlichen Zielsetzung. Ein steigender Kapitalumschlag bewirkt ceteris paribus einen höheren RoI, während die Umkehrung im allgemeinen nicht gilt.[49]

Bei Zielindifferenz wird durch die Realisierung einer Handlungsalternative der Zufriedenheitsgrad eines Zieles erhöht, während dieser für die andere Zielgröße unverändert bleibt.

Im Fall der Zielkonkurrenz verändert die Realisierung einer Aktion die Zufriedenheitsgrade beider Ziele in verschiedene Richtungen. Eine rationale Alternativenwahl erfordert hier in einem zweiten Schritt die Aggregation der auf die Teilziele bezogenen Präferenzordnungen. Nach dem ARROWschen Unmöglichkeitstheorem kann aus transitiven und vollständigen Präferenzordnungen der Mitglieder eines Entscheidungsgremiums eine das Entscheidungsgremium repräsentierende Präferenzordnung nicht gewonnen werden, sofern der Aggregationsmechanismus die Bedingungen der kollektiven Rationalität, der Einstimmigkeit, der Unabhängigkeit von irrelevanten Alternativen und des Diktaturverbots erfüllen soll.[50] Die beschriebene Situation einer Interessenaggregation innerhalb eines Entscheidungsgremiums läßt sich analog

---

44 Im folgenden wird nur eine Sicherheitssituation und ein Mehrzielsystem unterstellt.

45 Vgl. *G. Bamberg / A.G. Coenenberg*, (1992), S. 32. Zur Existenz von Nutzenfunktionen vgl. *R. Henn / O. Opitz*, (1970), S. 30 - 51, hier insbesondere den Existenzsatz der Nutzentheorie auf S. 37.

46 Vgl. *W. Dinkelbach*, (1982), S. 135.

47 Hierzu vgl. *H. Corsten / B. Meier*, (1983), *H. Corsten*, (1988), *H. Strebel*, (1981).

48 Vgl. *G. Bamberg / A.G. Coenenberg*, (1992), S. 46 - 48. Die nachstehenden Zielbeziehungen lassen sich bei kardinaler Zielertragsmessung durch Interdependenzkoeffizienten quantifizieren. Dazu vgl. *G. Reiter*, (1995), S. 262 f.

49 Vgl. *L. Perridon / M. Steiner*, (1995), S. 530 - 532.

50 Vgl. *G. Bamberg / A.G. Coenenberg*, (1992), S. 208 - 211.

auf die Problematik der Mehrzielentscheidung eines Individuums übertragen. Da Transitivität und Vollständigkeit von Präferenzordnungen notwendige Voraussetzungen für die Existenz korrespondierender Nutzenfunktionen sind, können diese also nicht zu einer Gesamtnutzenfunktion aggregiert werden.

Wegen dieser Schwierigkeiten soll eine Verbindung zwischen den Zielbeziehungen und dem Effizienzbegriff von Handlungsalternativen hergestellt werden. Die Art der Zielbeziehung hängt maßgeblich von den Handlungsalternativen ab, deren Auswirkungen miteinander verglichen werden sollen, so daß zwischen gleichen Zielpaaren situationsbedingt verschiedene Zielbeziehungen auftreten können. Gedanklich bewirkt in diesem Vergleich eine Handlungsalternative einen (fiktiven) Status quo, welcher eine Vergleichsbasis für die Beurteilung der anderen Aktion bildet. In Anlehnung an den KOOPMANSschen Effizienzbegriff kann man deshalb wie folgt definieren:

Definition (K-Effizienz einer Handlungsalternative)

Gegeben seien m Ziele $Z_1, Z_2, \ldots Z_m$ und ein Aktionenraum A. Weiterhin beziffere e_{ip} das *Ergebnis* einer Handlungsalternative $a_i \in A$ bezüglich eines Zieles Z_p, $p \in \{1, 2, \ldots m\}$. Eine Handlungsalternative $a_i \in A$ ist genau dann K-effizient bezüglich eines Aktionenraumes A und der Ziele Z_p, $p \in \{1, 2, \ldots m\}$, wenn es keine Alternative $a_q \in A$ mit den folgenden Eigenschaften gibt:

- Für alle $p \in \{1, 2, \ldots m\}$ gilt: $e_{qp} \geq e_{ip}$
- Für mindestens *ein* $p \in \{1, 2, \ldots m\}$ gilt: $e_{qp} > e_{ip}$ [51]

Der Begriff der K-Effizienz ist nur dann sinnvoll, wenn bei allen Zielen eine höhere Ergebnisausprägung immer einen höheren Ergebnisnutzen bedingt. Diese Annahme wird in der Regel nicht erfüllt. Insbesondere die Notwendigkeit ökologisch verträglicher Produktionsentscheidungen steht dem entgegen. Als Beispiel hierfür betrachte man ein Ein-Produkt-Unternehmen, dessen Produktion mit dem Ausstoß eines unerwünschten Gutes verbunden ist. Hier wird eine realisierte K-effiziente Handlungsalternative immer dominiert, wenn eine Produktionserhöhung des gewünschten Gutes möglich ist. Diese Situation läßt sich analog auf eine Volkswirtschaft übertragen, in der die Internalisierung negativer externer Effekte gesetzlich nicht vorgeschrieben ist. Weil die Realität viele gesamt- sowie einzelwirtschaftliche Beispiele liefert, die dieser Annahme widersprechen, ist die folgende Definition der Effizienz einer Handlungsalternative in Anlehnung an den von BAMBERG und COENENBERG allgemeiner formulierten Effizienzbegriff sinnvoll:

---

51 Vgl. *A. Charnes / W.W. Cooper*, (1961), S. 295.

Definition (Effizienz einer Handlungsalternative)

Gegeben seien m Ziele $Z_1, Z_2, \ldots Z_m$ und ein Aktionenraum A. Weiterhin beziffere u_{ip} den *Nutzen* einer Handlungsalternative $a_i \in A$ bezüglich eines Zieles Z_p, $p \in \{1, 2, \ldots m\}$. Eine Handlungsalternative $a_i \in A$ ist genau dann effizient bezüglich eines Aktionenraumes A und der Ziele Z_p, $p \in \{1, 2, \ldots m\}$, wenn es keine Alternative $a_q \in A$ mit den folgenden Eigenschaften gibt:

- Für alle $p \in \{1, 2, \ldots m\}$ gilt: $u_{qp} \geq u_{ip}$
- Für mindestens *ein* $p \in \{1, 2, \ldots m\}$ gilt: $u_{qp} > u_{ip}$ [52]

Bei einer *streng* monoton wachsenden Transformation vom Ergebnis- in den Nutzenraum sind K-Effizienz und Effizienz einer Handlungsalternative gleichbedeutend.

Ein Zielpaar ist im Hinblick auf zwei Handlungsalternativen genau dann komplementär oder indifferent, wenn man sich einer (fiktiven) Konstellation von Zufriedenheitsgraden gegenübersieht, die durch eine in der Gegenwartsperspektive ineffiziente Aktion hervorgerufen wurde (werden kann). Die Durchführung einer dominierenden Aktion führt bei mindestens *einer* Zielgröße zu einem höheren Zufriedenheitsgrad, ohne diesen bezüglich des anderen Zieles zu verschlechtern. Solche Situationen sind praktisch ohne Bedeutung.

Ein Zielpaar ist hinsichtlich des Vergleichs zweier Aktionen genau dann konfliktär, wenn jeweils *eine* der Aktionen bezüglich *eines* Zielkriteriums dominiert, so daß beide Aktionen effizient sind. Ein weiteres Postulat ökonomischen Handelns besteht dann in der Auswahl einer Alternative, die bezüglich *aller* zulässigen Aktionen effizient ist. Die Stärke eines Zielkonflikts hängt neben dem inhaltlichen Umfang der Aktions*programme* wesentlich von den unterstellten Höhenpräferenzrelationen ab. Bei der Zieloptimierung wird ein höheres (niedrigeres) Ergebnisniveau *immer* besser bewertet. Bei der Formulierung von Anspruchs-

---

52 Vgl. *G. Bamberg / A.G. Coenenberg*, (1992), S. 48. Diese nutzentheoretische Interpretation des Effizienzbegriffs wurde erstmals von dem italienischen Nationalökonomen PARETO (1848 - 1923) verwendet. Danach ist eine Wohlstandssituation genau dann paretooptimal, wenn es nicht gelingt, die Situation mindestens *eines* Wirtschaftssubjekts zu verbessern, ohne zugleich die Situation mindestens *eines* Wirtschaftssubjekts zu verschlechtern. In der Wohlfahrtsökonomik ist diese eingeschränkte Vorteilhaftigkeitsaussage im Sinne einer Mindestanforderung notwendig, weil ein interpersoneller Nutzenvergleich und eine Aggregation zu einer gesamtwirtschaftlichen Nutzenfunktion nicht möglich ist. Das Verteilungsproblem bleibt deshalb ungelöst. Vgl. *E. Helmstädter*, (1983), S. 225 - 228, *J. Schumann*, (1992), S. 256 - 258 und S. 271 f. Eine paretooptimale Situation ist nicht notwendig gerecht im Sinne eines moralisch wertenden Selbstverständnisses, weil auch eine krasse Ungleichverteilung von Gütern ein Paretooptimum bilden kann. Aus der Menge aller gesellschaftlichen Paretooptima gilt es dann, unter Verwendung weiterer Kriterien ein globales Optimum zu finden. Die vorstehenden Ausführungen lassen sich analog auf Entscheidungssituationen mit einzelwirtschaftlichem Bezug übertragen.

niveaus gilt jedes Ergebnis ab (bis zu) einer bestimmten Höhe als zufriedenstellend, während deren Unterschreitung (Überschreitung) zur Unzufriedenheit führt.[53]

Eine optimale Ergebnishöhe läßt sich nur in einem System notwendiger und hinreichender Bedingungen definieren, so daß die Optimierungsvorschrift für eine Zielgröße nur situationsbedingt möglich ist. In operativen Entscheidungssituationen formuliert man durch die Verwendung linearer Planungsmodelle künstlich ein geschlossenes Entscheidungsfeld, so daß eine *modell*optimale Handlungsalternative ermittelt werden kann. Im Rahmen einer strategischen Planung ist eine solche Vorgehensweise wegen der fehlenden Vorhersehbarkeit künftiger Ereignisse nicht sinnvoll. Selbst wenn man für einen langfristigen, aber *begrenzten* Planungszeitraum ein optimales Aktionsprogramm ermitteln *könnte*, so ist dadurch nicht die Optimalität im Sinne einer zeitlichen Totalplanung gewährleistet, weil das Unternehmen über den Planungshorizont hinaus fortgeführt wird. Für strategische Entscheidungssituationen ist also ein offenes Entscheidungsfeld charakteristisch.[54] Die Umweltdynamik führt im Zeitablauf zu einer Veränderung des Alternativenraumes, weil aufgrund des veränderlichen Informationsstandes neue Handlungsalternativen Berücksichtigung finden, während alte Aktionsprogramme ausscheiden. Praktische Entscheidungssituationen sind also von einem permanenten Prozeß der Alternativen*suche* begleitet, der Ausdruck einer Zeit*raum*betrachtung ist und ein satisfizierendes Entscheidungsverhalten erfordert. Da eine vollständige Zustandsbeschreibung nicht möglich ist, sind die Ergebnisse einer Handlungsalternative selbst in einer Sicherheitssituation nur größenordnungsmäßig bekannt.[55] Dabei nimmt die Bandbreite möglicher Ergebnisse mit steigendem Planungshorizont naturgemäß zu. Deshalb werden Zielvorstellungen unscharf formuliert, was einerseits zur Reduzierung des Konfliktpotentials zwischen konkurrierenden Zielen beiträgt, aber andererseits die Überprüfung delegierter Zielvorgaben erschwert.

Eine Präzisierung unscharfer Zielvorstellungen kann man durch die Angabe von Anspruchsniveaus für jedes Ziel erreichen. Die *Existenz* solcher Anspruchsniveaus im Sinne einer Fühlbarkeitsschwelle läßt sich für jede Planungsphase unabhängig von einem ordinalen oder kardinalen Nutzenkonzept mit dem *Denkprinzip* des 1. GOSSENschen Gesetzes[56] wie folgt erklären. Eine Ergebniszunahme (Ergebnisabnahme) führt zu einem Nutzenzuwachs, während dieser mit zunehmendem (abnehmendem) Niveau der Ergebnisausprägung geringer wird.[57]

53 Vgl. *G. Bamberg / A.G. Coenenberg*, (1992), S. 27. Im Widerspruch zur letzten Teilaussage vgl. die realitätsnäheren Annahmen auf der folgenden Seite.

54 Hierzu vgl. *D. Adam*, (1993a), S. 76 f. und S. 167 f.

55 Vgl. Fußnote 16.

56 Hierzu vgl. *J. Schumann*, (1992), S. 48 f.

57 Die von GOSSEN für den Bereich hoher Verbrauchsmengen zugelassene Möglichkeit einer Sättigung oder einer Nutzenabnahme bei weiterhin steigendem Verbrauch kann hier ausgeschlossen werden. In der *ordinalen* Nutzentheorie kann ein Nutzenzuwachs nur durch ein positives Vorzeichen des Grenznutzens beschrieben werden, während Aussagen über Veränderungen des Grenznutzens nicht möglich. Zum Vergleich zwischen kardinalem und ordinalem Nutzenkonzept vgl. ebenda, S. 46 f. und S. 53 - 55.

Ab einer gewissen Ergebnishöhe wird eine dann marginale Nutzensteigerung subjektiv als solche nicht mehr wahrgenommen, so daß alle Ergebnisse ab (bis zu) diesem Anspruchsniveau als vollständig zufriedenstellend empfunden werden.

Hingegen widerspricht es dem menschlichen Empfinden, daß bereits eine marginale Unterschreitung (Überschreitung) eines Anspruchsniveaus zur vollständigen Unzufriedenheit führt. Deshalb ist in Annäherung an die menschliche Denkweise eine weitere Präzisierung unscharfer Zielvorstellungen sinnvoll, indem man durch Zugehörigkeitsfunktionen einen kontinuierlichen Übergang bis zur vollständigen Unzufriedenheit modelliert. Dieser Bereich wird entsprechend durch eine untere (obere) Toleranzgrenze markiert.

Wenn ein Entscheidungsträger für jedes Ziel eine Nutzenfunktion mit dem beschriebenen prinzipiellen Verlauf näherungsweise angeben kann und die (algorithmische) Ermittlung individueller Ergebnisoptima möglich ist, dann erweist sich der Optimierungsanspruch *ex post* nur für solche Ziele als zwingend erforderlich, deren ergebnisoptimale Handlungsalternative ein *schlechteres* Resultat liefert als das den Präferenzen entsprechende Anspruchsniveau und gleichzeitig eine *bessere* Ausprägung als die untere (obere) Toleranzgrenze. Anderenfalls erhöht sich die Anzahl von Handlungsalternativen, die entweder zur vollständigen Zufriedenheit oder zur vollständigen Unzufriedenheit bezüglich der verfolgten Ziele führen. Dadurch steigt die Chance zur Auflösung eines Zielkonflikts hinsichtlich der artikulierten Präferenzstruktur. Für ein Zielpaar können die folgenden Fälle auftreten:

1. Der Optimierungsanspruch hinsichtlich beider Ziele ist zwingend erforderlich. Ein Zielkonflikt existiert genau dann, wenn keine zulässige Aktion beide Ergebnisoptima realisiert. Jede effiziente Aktion führt dann bei mindestens *einer* Zielgröße zu einem suboptimalen Ergebnis.

2. Für beide Ziele ist der Optimierungsanspruch nicht zwingend erforderlich, so daß einer der folgenden Unterfälle auftritt:

2a. Beide individuellen Optima weisen *nicht schlechtere* Ergebnisausprägungen auf als das entsprechende Anspruchsniveau. Ein Zielkonflikt besteht nur dann, wenn keine zulässige Handlungsalternative vollständige Zufriedenheit für beide Ziele garantiert. Dann muß der Entscheidungsträger bei der Durchsetzung einer effizienten Aktion für mindestens *eine* Zielgröße ein schlechteres Ergebnis als das entsprechende Anspruchsniveau hinnehmen.

2b. Beide individuellen Optima ergeben *nicht bessere* Ergebniswerte als die entsprechende untere (obere) Toleranzgrenze. Jede zulässige Handlungsalternative ist formell effizient, und es existiert definitionsgemäß kein Zielkonflikt, weil alle zulässigen Handlungsalternativen zu dem hier maximal möglichen Zugehörigkeitsgrad von null führen. Aussagen über die anderen logischen Zielbeziehungen sind nicht möglich, weil kein denkbarer

Alternativenwechsel eine Veränderung der Zufriedenheitsgrade bei mindestens *einem* Zielkriterium bedingt. In diesem Fall steht der Entscheidungsträger vor keinem Wahlproblem, sofern er die artikulierte Präferenzstruktur als gültig erachtet.

2c. Ein individuelles Optimum ist *nicht schlechter* als der Ergebniswert des entsprechenden Anspruchsniveaus, während die optimale Ergebnishöhe des anderen Zieles *nicht besser* ist als die entsprechende untere (obere) Toleranzgrenze. Es existiert kein Zielkonflikt, weil die Durchführung einer effizienten Handlungsalternative zu den maximal möglichen Zugehörigkeitsgraden von null bzw. *eins* führt. Hinsichtlich dieser Präferenzstruktur werden alle effizienten Aktionen als gleichwertig angesehen.

3. *Eine* Zielgröße muß optimiert werden, während dies für das andere Ziel nicht erforderlich ist. Hier sind die nachstehenden Unterfälle denkbar:

3a. Das Optimum des letztgenannten Zieles ist *nicht besser* als die entsprechende untere (obere) Toleranzgrenze. Die Realisierung einer effizienten Aktion führt zu den maximal möglichen Zugehörigkeitsgraden von $\tau_{opt} \in \,]0;1[$ bzw. null, so daß kein Zielkonflikt entsteht. Alle effizienten Handlungsalternativen werden als gleichwertig angesehen.

3b. Das Optimum des letztgenannten Zieles weist ein *nicht schlechteres* Ergebnis auf als das entsprechende Anspruchsniveau. Ein Zielkonflikt besteht nur dann, wenn keine zulässige Handlungsalternative das Ergebnisoptimum des zuerst genannten Zieles garantiert und zugleich für die andere Zielgröße ein *nicht schlechteres* Resultat liefert als das entsprechende Anspruchsniveau. Jede effiziente Handlungsalternative führt dann zu einer Reduzierung mindestens *eines* maximal möglichen Zugehörigkeitsgrades.

Wenn ein Entscheidungsträger vor Beginn des Entscheidungsprozesses zur Angabe derartiger Nutzenvorstellungen nicht in der Lage ist, so erscheint eine Anpassung der Anspruchsniveaus an die ermittelten individuellen Optimalwerte sinnvoll. Für Entscheidungsträger mit der Fähigkeit zur vorherigen Formulierung von Nutzenfunktionen wird ein derartiger Lernprozeß *nur* bei Zielkonflikten der Fälle 1, 2a oder 3b angenommen, weil anderenfalls hierzu keine Notwendigkeit besteht. Dieser Lernprozeß läßt sich mit der Theorie kognitiver Dissonanzen erklären. Demnach erkennt ein Entscheidungsträger immer dann Unstimmigkeiten, wenn die Gegebenheiten eines Umfeldes mit den spezifischen inneren Vorstellungen nicht in Einklang zu bringen sind. Tendenziell werden ein inneres Modell bestätigende Informationen höher gewichtet als dem widersprechende Tatsachen.[58] Erst wenn ein Ausgleich zwischen inneren Vorstellungen und der Realität subjektiv als nicht realisierbar wahrgenommen wird, erfolgt eine *bewußte* Anpassung an die Gegebenheiten. Mit Bezug auf eine ex ante formulierte Präferenzstruktur führt das zu deren Anpassung an als unausweichlich erkannte Ressourcen-

58 Vgl. *W. Kirsch*, (1988), S. 42, *N. Szyperski / U. Winand*, (1974), S. 36 f.

begrenzungen. Im weiteren Verlauf wird deshalb immer von einem im vorstehenden Sinne modifizierten Anspruchsniveau ausgegangen.

Bei der Auswahl einer Handlungsalternative führt das im Zuge interaktiver Vorgehensweisen zu einer *formellen* Aufhebung eines Zielkonflikts, indem man algorithmisch mindestens *ein* Anspruchsniveau nochmals anpaßt. Das soll für die Verwendung linearer Planungsmodelle verdeutlicht werden: Ein Zielkonflikt kommt darin zum Ausdruck, daß jede bezüglich des einen Zieles optimale Handlungsalternative durch die nachträgliche Berücksichtigung des anderen Zieles, für die man im Restriktionensystem die Einhaltung eines Anspruchsniveaus modelliert, unzulässig wird. In einem interaktiven Prozeß muß man entweder die letztgenannte Zielgröße weniger restriktiv formulieren und/oder durch einen dualen Simplexschritt eine Verschlechterung der zuerst genannten ergebnisoptimalen Zielgröße hinnehmen. Unter Berücksichtigung der Nutzenfunktionen wird der Zielkonflikt nicht aufgelöst. Die vorstehende interaktive Vorgehensweise ermittelt mindestens *eine* effiziente Aktion.[59]

Jeder Entscheidungsträger ist aber an einer Vorgehensweise interessiert, die neben der Effizienz einer Lösung auch einen gewissen Ausgleich zwischen den Zufriedenheitsgraden beider Ziele gewährleistet. Berücksichtigt man zusätzlich die Tatsache, daß Entscheidungen in aller Regel auf der Basis eines Ziel*systems* getroffen werden, so daß *mehrere* Ziele jeweils paarweise konkurrierend sein können, so führt das zur Notwendigkeit einer modellendogenen Erfassung abgestufter Zufriedenheitsgrade in einem Intervall zwischen dem jeweiligen Anspruchsniveau und einer Toleranzgrenze. Eine Möglichkeit hierzu liegt in der Erweiterung klassischer Vektormaximummodelle durch eine Modellierung unscharfer Zielvorstellungen.

Ein weiteres Beispiel für eine Artenpräferenzrelation, die eine Lösung von Zielkonflikten im Sinne der Ermittlung effizienter Lösungen herbeiführt, ist die Zielgewichtung.[60] Man ermittelt eine Gesamt*nutzen*funktion durch die Addition gewichteter Teil*nutzen*funktionen, wobei sich die Summe der Gewichtungskoeffizienten zu *eins* addiert. Jede Teil*nutzen*funktion ergibt sich aus der entsprechenden Teil*ergebnis*funktion durch eine streng monoton wachsende (fallende) Transformation. Ein Spezialfall ist die approximative Bestimmung einer Teil*nutzen*funktion durch die Multiplikation einer Teil*ergebnis*funktion mit einem positiven (negativen) Skalar. Wegen der entsprechend dimensionierten Skalare besitzen alle approximativen Teil*nutzen*funktionen die gleiche Dimension, so daß deren Addition aufgrund der Dimensionslosigkeit der Gewichtungskoeffizienten inhaltlich unproblematisch ist. Wenn alle Teil*nutzen*funktionen konkav sind, dann werden durch die Maximierung einer Gesamt*nutzen*funktion über einem konvexen Alternativenraum immer effiziente Handlungsalternativen ermittelt, sofern alle Gewichtungskoeffizienten positiv sind.

---

59 Ein Nachteil interaktiver Vorgehensweisen liegt darin, mit einem Entscheidungsmodell eine Alternative, die ex ante präferiert wird, nachträglich zu rationalisieren. Zu verfahrenstechnischen Vor- und Nachteilen interaktiver Verfahren vgl. *H.J. Zimmermann / L. Gutsche*, (1991), S. 139 - 141.

60 Vgl. *G. Bamberg / A.G. Coenenberg*, (1992), S. 27.

Falls sich Teil*nutzen*funktionen nicht ermitteln lassen, kann man alle vorstehenden Überlegungen direkt auf die Teil*ergebnis*funktionen übertragen. Die Maximierung der Summe gewichteter ***dimensionsverschiedener*** Teil*ergebnis*funktionen ist zwar inhaltlich nicht interpretierbar, doch formal gerechtfertigt, weil bei Erfüllung aller vorgenannten Bedingungen eine funktional effiziente Lösung ermittelt wird. Dadurch kann man eine Verbindung zwischen der Zielgewichtung und der parametrischen Optimierung herstellen, weil die Gewichtungskoeffizienten im Zeitablauf variabel sein können.[61]

Die Bestimmung von Unsicherheitspräferenzrelationen wird immer dann erforderlich, wenn ein ***mehrdimensionaler*** Zustandsraum vorliegt. Man unterstellt eine Aktions-Zustandsmatrix, so daß das Problem der Aggregation von Teilnutzenfunktionen als gelöst angesehen wird.[62] Im Zusammenhang mit investitionstheoretischen Überlegungen interessiert nicht nur das Ergebnis einer Handlungsalternative, sondern auch der Zeitpunkt der Ergebnisverfügbarkeit. Die Existenz einer durchschnittlichen Rendite, die zwischen zwei Zeitpunkten erzielt werden kann, ermöglicht durch Auf- bzw. Abzinsung die Vergleichbarkeit zwischen zeitpunktverschiedenen Ergebnissen und unterstellt deshalb implizit eine Zeitpräferenz.[63] Auf die vorstehenden Bereiche wird im Rahmen dieser Arbeit nicht näher eingegangen werden.

61 Zur Problematik der Zielgewichtung und zur präzisen mathematischen Formulierung des Effizienztheorems vgl. *W. Dinkelbach*, (1969), S. 158 - 162. Für die Aggregation individueller Zugehörigkeitsfunktionen zu einer die Gruppenmeinung repräsentierenden Zugehörigkeitsfunktion schlägt *S. Nahmias*, (1978), S. 108 f. eine zur Zielgewichtung analoge Vorgehensweise vor.

62 Hierzu vgl. *M. Bitz*, (1981), S. 61 - 214.

63 Hierzu vgl. *H. Dyckhoff*, (1988), *T. Hering*, (1995).

3 Fuzzy Sets in der linearen Optimierung

3.1 Eine Präferenzordnung bildende Präferenzrelationen

Ein Entscheidungsträger kann eine rationale Wahlentscheidung nur auf der Grundlage vollständig und transitiv beschriebener Höhenpräferenzordnungen treffen. Unter Vollständigkeit einer hinsichtlich einer Ergebnisfunktion f_p, $p \in \{1,\dots m\}$, definierten Höhenpräferenzordnung versteht man die Fähigkeit zum paarweisen Vergleich *aller* zulässigen Handlungsalternativen. Auf der Menge der möglichen Ergebnisausprägungen muß deshalb eine binäre Relation existieren, die genau *eine* der nachstehenden Eigenschaften annimmt:

- Wenn zwischen den Zielwerten f_p^1 und f_p^2 eine schwache Höhenpräferenzrelation R_p der Form $f_p^2\ R_p\ f_p^1$ besteht, dann wird der Zielwert f_p^2 mindestens so hoch bewertet wie der Zielwert f_p^1.

- Eine starke Höhenpräferenzrelation P_p der Form $f_p^2\ P_p\ f_p^1$ besagt, daß der Zielwert f_p^2 höher eingeschätzt wird als der Zielwert f_p^1. Diese Relation wird wie folgt definiert. $f_p^2\ P_p\ f_p^1 :\Leftrightarrow$ Es gilt die Negation von $f_p^1\ R_p\ f_p^2$

- Eine Indifferenzrelation I_p der Form $f_p^2\ I_p\ f_p^1$ besagt, daß der Entscheidungsträger die Zielwerte f_p^1 und f_p^2 als gleichwertig ansieht. Über die Höhenpräferenzrelation R_p definiert man wie folgt: $f_p^2\ I_p\ f_p^1 :\Leftrightarrow f_p^2\ R_p\ f_p^1$ und $f_p^1\ R_p\ f_p^2$ [1]

Die Menge aller Höhenpräferenz- und/oder Indifferenzrelationen bezüglich einer Ergebnisfunktion f_p, $p \in \{1,\dots m\}$, bildet deren Höhenpräferenzordnung. Die Transitivität einer Höhenpräferenzordnung charakterisiert das Bewertungsverhalten eines Entscheidungsträgers im Sinne eines logischen Vorteilhaftigkeitsschlusses, welcher auf dem Raum der möglichen Ergebnisse gültig ist:

$$f_p^3\ R_p\ f_p^2 \quad \text{und} \quad f_p^2\ R_p\ f_p^1 \quad \Rightarrow \quad f_p^3\ R_p\ f_p^1$$ [2]

---

1 Vgl. *G. Bamberg / A.G. Coenenberg*, (1992), S. 205. Die Höhenpräferenzrelation P_p wird dort zusätzlich durch $f_p^2\ R_p\ f_p^1$ definiert. Dies folgt aber bereits aus der Negation der Aussage $f_p^1\ R_p\ f_p^2$.

2 Vgl. ebenda, S. 32.

Vollständigkeit und Transitivität einer Höhenpräferenzordnung garantieren hinsichtlich einer Ergebnisfunktion f_p , $p \in \{ 1,\ldots m \}$, eine konsistente Rangfolge der möglichen Ergebnisausprägungen bzw. aller zulässigen Aktionen. Sofern eine existierende Nutzenfunktion vom Entscheidungsträger nicht präzisiert werden kann, reicht unabhängig vom Skalenniveau die weniger genaue Information über die Monotonieeigenschaften der Nutzenfunktion aus, um die korrespondierende Höhenpräferenzordnung isomorph abzubilden. Das gilt nur unter der realistischen Annahme, daß eine Nutzenfunktion in Abhängigkeit der Ergebnisinhalte entweder monoton steigend oder monoton fallend verläuft. Die zu den vorgenannten Präferenzrelationen analogen Transformationsbeziehungen zwischen einem Ergebnis- und einem Nutzenraum lassen sich wie folgt präzisieren:

Man betrachte eine Menge $X \subseteq \mathsf{R}^n$ zulässiger Aktionsprogramme. Weiterhin sei das Zielsystem durch Ergebnisfunktionen $f_p : X \rightarrow \mathsf{R}$, $p \in \{ 1,\ldots m \}$ und Nutzenfunktionen $\eta_p : f_p[X] \rightarrow \mathsf{R}$, $p \in \{ 1,\ldots m \}$, beschrieben. Eine Transformation zwischen dem Ergebnis- und dem Nutzenraum ist auf einer Menge $T \subseteq X$ genau dann

- monoton steigend, wenn für alle x, y $\in$ T folgende Implikation gilt:
  $$f_p(x) < f_p(y) \;\Rightarrow\; \eta_p\big(f_p(x) \big) \leq \eta_p\big(f_p(y) \big),\; p \in \{ 1,\ldots m \}$$
- streng monoton steigend, wenn für alle x, y $\in$ T folgende Implikation gilt:
  $$f_p(x) < f_p(y) \;\Rightarrow\; \eta_p\big(f_p(x) \big) < \eta_p\big(f_p(y) \big),\; p \in \{ 1,\ldots m \}$$
- konstant, wenn für alle x, y $\in$ T folgende Implikation gilt:
  $$f_p(x) < f_p(y) \;\Rightarrow\; \eta_p\big(f_p(x) \big) = \eta_p\big(f_p(y) \big),\; p \in \{ 1,\ldots m \}$$

Anmerkungen:

1. Die Einschränkung auf monoton steigende Transformationen ist o.B.d.A. möglich, weil man jede Ergebnisfunktion, für die eine monoton fallende Transformation die Präferenzordnung eines Entscheidungsträgers beschreibt,[3] durch Multiplikation mit –1 in eine abgeleitete Ergebnisfunktion im obigen Sinne überführen kann. Im folgenden werden deshalb ausschließlich monoton steigende Transformationen unterstellt.

2. Während eine Ergebnisfunktion die *objektive* Ermittlung entsprechender Ziel- oder Restriktionsausprägungen ermöglicht, liegt einer Zugehörigkeitsfunktion $\mu_p : X \rightarrow \mathsf{R}$, $\mu_p := \eta_p \circ f_p$, ein *subjektives* Werturteil hinsichtlich der Aktionen $x \in X$ zugrunde. Im weiteren werden die Funktionen μ_p und η_p synonym verwendet.

---

3 Die Minimierung einer Zielgröße entspricht einer Höhenpräferenzrelation P_p im Sinne einer streng monoton fallenden Transformation zwischen Ergebnis- und Nutzenraum, während eine Größer-gleich-Restriktion in dem entsprechenden Minimierungsproblem eine schwache Höhenpräferenzrelation R_p im Sinne einer monoton wachsenden Transformation zum Ausdruck bringt.

3.2 Zur Erweiterung klassischer Entscheidungssituationen auf der Grundlage unscharfer Entscheidungen nach BELLMAN und ZADEH

Im Grundmodell der betriebswirtschaftlichen Entscheidungstheorie unterstellt man bei Planungssicherheit einen Alternativenraum und Ergebnisfunktionen, aus denen sich für alle zulässigen Aktivitäten die Ergebnisausprägungen der Ziele deterministisch ableiten lassen. Für mindestens *eine* Ergebnisfunktion f_p, $p \in \{ 1,\ldots,m - k \}$, existiert mindestens *einmal* die Höhenpräferenzrelation P_p, $p \in \{ 1,\ldots,m - k \}$. Eine geeignete Aggregation der resultierenden Höhenpräferenzordnungen führt dann bei mindestens *einem* Vergleich zulässiger Handlungsalternativen zu einer echten Vorteilhaftigkeitsaussage. Im Fall eines implizit definierten Alternativenraumes unterstellt man zwischen zulässigen Restriktionsausprägungen immer eine Indifferenzrelation I_p, $p \in \{ m - k + 1,\ldots,m \}$. Die Aggregation der resultierenden Höhenpräferenzordnungen liefert wegen der Einstimmigkeitsbedingung eine vollständige und transitive Ordnung bezüglich des Restriktionensystems, ohne daß echte Vorteilhaftigkeitsaussagen möglich sind. Eine Eigenschaft klassischer Entscheidungsmodelle liegt also in der asymmetrischen Berücksichtigung des Ziel- und des Restriktionensystems bei der Beurteilung von Handlungsalternativen. Während man über die Ergebnisfunktionen der Restriktionen zulässige Aktionen ermittelt, bewertet man diese anhand der aggregierten Höhenpräferenzordnungen des Zielsystems bzw. anhand *einer* Nutzenfunktion, die aus der Aggregation von aus Zielfunktionen abgeleiteten Teilnutzenfunktionen entsteht.[4]

Bei der linearen Optimierung als *dem* Vertreter klassischer Entscheidungsmodelle wird durch die explizite Formulierung eines Restriktionensystems ein Alternativenraum festgelegt, ohne daß zwischen *zulässigen Restriktionsausprägungen* starke Höhenpräferenzrelationen modelliert werden. Aufgrund fehlender Vorteilhaftigkeitsaussagen nimmt man deshalb auf dem Raum der *zulässigen Handlungsalternativen* eine Indifferenzrelation an, die in der Regel nicht den Präferenzen eines Entscheidungsträgers entspricht. Die Maximierung einer Zielfunktion mit dem Simplexalgorithmus unterstellt implizit eine starke Höhenpräferenzrelation zwischen allen *möglichen Zielausprägungen*, die nicht notwendig die Präferenzen eines Entscheidungsträgers widerspiegelt. Hieraus entsteht bei einer bijektiven (ausschließlich surjektiven) Abbildung vom Alternativen- in den entsprechenden Ergebnisraum eine starke (schwache) Höhenpräferenzrelation zwischen allen *zulässigen Handlungsalternativen*. Ein weiterer Nachteil klassischer LO-Ansätze liegt darin, daß die Berücksichtigung mehrerer Höhenpräferenzordnungen, die ausschließlich aus starken Höhenpräferenzrelationen bestehen, algorithmisch nicht möglich ist. Das führt zur Aufteilung in *ein* zu maximierendes Haupt- und zu satisfizierende Nebenziele. Letztere werden als Mindestanspruchsniveaus formuliert und im Restriktionensystem durch Größer-gleich-Nebenbedingungen modelliert. Hieraus resultiert das Problem der Bewertungsdiskontinuität an den Grenzstellen des Zulässigkeitsbereichs, weil bereits eine marginale Unterschreitung eines Mindestanspruchsniveaus als vollständig unzufriedenstellend

---

4 Vgl. *H.J. Zimmermann*, (1991a), S. 241 f.

bewertet wird. Ein weiterer Nachteil liegt darin, daß durch ex ante gesetzte Anspruchsniveaus möglicherweise das Niveau des Hauptzieles zu sehr verringert wird oder eine zulässige Handlungsalternative nicht mehr existiert.[5]

Im Gegensatz zum Grundmodell der betriebswirtschaftlichen Entscheidungstheorie werden unternehmerische Entscheidungen in der Regel auf der Basis unscharf beschriebener Ziel- und Restriktionensysteme getroffen. Beispielsweise bringt die Forderung nach "geringen Durchlaufzeiten" eine vage Zielvorstellung zum Ausdruck, während eine "mäßige Auslastung" personeller Überstundenkapazitäten bestehende Präferenzen hinsichtlich der Beanspruchung begrenzter Ressourcen nur unscharf beschreibt. Die Verwendung sprachlich mehrdeutiger Attribute bei der Formulierung von Zielvorstellungen bringt die Existenz einer Präferenzordnung zum Ausdruck. Bei der Modellierung von Entscheidungssituationen, die aufgrund vager Formulierungen schlecht strukturierbar sind, kann man prinzipiell wie folgt vorgehen:

- Die Verwendung verbaler Modelle erlaubt eine zutreffende Situationsbeschreibung, ohne daß die Anwendung mathematischer Analyse- und Lösungsmethoden möglich ist.

- Die Abbildung eines unscharf formulierten Entscheidungsfeldes in einem auf dem klassischen Mengenbegriff basierenden Modell erlaubt in vielen Fällen eine schnelle Entscheidungsunterstützung durch die Verwendung konventioneller Lösungsmethoden. Dieser Vorteil wird durch eine unzureichende Modellierung unscharf formulierter Zielvorstellungen erkauft, weil die Arbeitsweise eines elektronischen Rechners auf der zweiwertigen Logik beruht und nur begrenzt zur Verarbeitung unscharfer Informationen geeignet ist. Die Ergebnisse sind also nur bedingt verwertbar.

- Als Mittelweg bietet sich die Verwendung unscharfer Mengen an, durch die vage formulierte Präferenzen annähernd expliziert werden können. Hierdurch erzielt man einerseits eine höhere Abbildungsgenauigkeit realer Sachverhalte und nutzt andererseits den Vorteil der hohen Informationsverarbeitungskapazität elektronischer Rechner, weil unter bestimmten Voraussetzungen für derart modellierte Präferenzen eine Entscheidungsgrundlage mit dem Simplexalgorithmus ermittelt werden kann. Durch die Integration unscharfer Mengen kann also die *Methodik* der linearen Optimierung auch weiterhin genutzt werden.[6]

Die explizite Berücksichtigung von Präferenzen auf einem Raum möglicher Ergebnisausprägungen bildet die Grundlage für den Begriff der unscharfen Entscheidung nach BELLMAN und ZADEH, sofern man einen deterministischen Zusammenhang zwischen den zulässigen Handlungsalternativen und deren Konsequenzen für das Zielsystem unterstellt. Dieser Begriff wird wie folgt definiert:

---

5 Vgl. *W. Domschke / A. Drexl*, (1991), S. 46.

6 Vgl. *P. Milling*, (1982), S. 717 f., *H.J. Zimmermann*, (1979), S. 73.

Definition (Unscharfe Entscheidung)

Auf einer Menge $X \subseteq R^n$ zulässiger Handlungsalternativen seien m − k unscharfe Ziele $\tilde{Z}_1, \ldots, \tilde{Z}_{m-k}$ und k unscharfe Restriktionen $\tilde{R}_1, \ldots, \tilde{R}_k$ durch entsprechende Zugehörigkeitsfunktionen $\mu_p : X \rightarrow [\,0;1\,]$, $p = 1\,(1)\,m$, präzisiert. Eine unscharfe Entscheidung $\tilde{E}$ entspricht dem mengentheoretischen Durchschnitt aller unscharfen Ziele und Restriktionen:

$$\tilde{E} := \tilde{Z}_1 \cap \ldots \cap \tilde{Z}_{m-k} \cap \tilde{R}_1 \cap \ldots \cap \tilde{R}_k$$

Die aggregierte Zugehörigkeitsfunktion $\mu_{\tilde{E}} : X \rightarrow [\,0;1\,]$ erhält man durch Verwendung des Minimumoperators und definiert $\mu_{\tilde{E}}(x) := \min_{p=1\,(1)\,m} \left(\mu_p(x) \right)$.[7]

Die Zulässigkeit einer Handlungsalternative ist gleichbedeutend mit deren Durchsetzbarkeit. Bei Planungssicherheit existieren *objektiv* Ressourcenbegrenzungen, die vom Entscheidungsträger in einer operativen Situation als Datum hingenommen werden müssen. Die strikte Einteilung in zulässige und unzulässige Handlungsalternativen ist also unabhängig vom Problem der exakten Ermittlung bestehender Faktorbeschränkungen sinnvoll und bleibt durch die Einführung unscharfer Mengen unberührt.

Wesensmerkmal einer unscharfen Entscheidung nach BELLMAN und ZADEH ist die explizite Modellierung vage formulierter Vorstellungen über Ziel- und Restriktionsausprägungen, indem man jeweils kontextabhängig Zugehörigkeitsfunktionen *innerhalb* eines Raumes zulässiger Handlungsalternativen formuliert. Es bildet sich ein Zielsystem aus ursprünglichen und derivativen Zielsetzungen, die über den Minimumoperator zu einer unscharfen Entscheidung aggregiert werden. In diesem Zusammenhang besitzen die Zugehörigkeitsfunktionen Nutzencharakter. Mit diesem erweiterten Verständnis über menschliches Entscheidungsverhalten unterstellt man, daß ein Entscheidungsträger einen Ausgleich zwischen ursprünglichen Zielvorstellungen und der Inanspruchnahme existierender Ressourcen sucht. Es entsteht eine Symmetrie zwischen unscharfen Zielen und unscharfen Restriktionen, die einen gleichgewichtigen Einfluß auf die unscharfe Entscheidung unterstellt. Die Gleichgewichtung aller Teilziele kann durch eine situative Anpassung der entsprechenden Zugehörigkeitsfunktionen implizit aufgehoben werden, so daß die *formelle* nicht notwendigerweise als *inhaltliche* Gleichwertigkeit gedeutet werden kann. Alternativ ist eine Berücksichtigung von Zielgewichten möglich, die eine explizite Kompensation zwischen den Teilzielen zuläßt:

---

7 Vgl. *R.E. Bellman / L.A. Zadeh*, (1970), S. B-148 f. Dort wird neben dem Minimumoperator auch der Produktoperator zugelassen. Experimentelle Untersuchungen haben gezeigt, daß die vorgenannten Operatoren menschliches Aggregationsverhalten nicht hinreichend genau abbilden, aber der Minimumoperator dem Produktoperator vorzuziehen ist. Hierzu vgl. *U. Thole / H.J. Zimmermann / P. Zysno*, (1979).

$$\mu_{\tilde{E}}(x) := \sum_{p=1}^{m} \alpha_p(x)\mu_p(x) \quad \text{u.d.N.} \quad \sum_{p=1}^{m} \alpha_p(x) \equiv 1$$ [8]

Über die Zugehörigkeitsfunktion $\mu_{\tilde{E}} : X \to [0;1]$ errechnet man den Zufriedenheitsgrad eines Entscheidungsträgers bezüglich einer Handlungsalternative $x \in X$. Es entsteht auf der Menge aller zulässigen Handlungsalternativen eine vollständige und transitive Rangordnung in dem Sinne, daß $x \preceq y :\Leftrightarrow \mu_{\tilde{E}}(x) \leq \mu_{\tilde{E}}(y)$; $x, y \in X$.

Um aus einer mehrelementigen unscharfen Entscheidung eine eindeutige Handlungsalternative ableiten zu können, definiert man eine optimale unscharfe Entscheidung wie folgt:

Definition (Optimale unscharfe Entscheidung)

Unter Berücksichtigung der Bezeichnungen in der vorstehenden Definition ist jede Handlungsalternative $x' \in X$ genau dann eine optimale unscharfe Entscheidung, wenn gilt:

$$\mu_{\tilde{E}}(x') = \max_{x \in X} \min_{p=1(1)m} \left(\mu_p(x)\right)$$ [9]

Dadurch wird eine Maximierung des Zielerreichungsgrades hinsichlich eines unscharf beschriebenen Zielsystems möglich. Eine hinreichende Bedingung für die Eindeutigkeit einer optimalen unscharfen Entscheidung ist die strenge Konvexität von $\mu_{\tilde{E}}$. Sofern mehrere optimale unscharfe Entscheidungen existieren, entscheidet man sich für eine effiziente Alternative.

3.3 Entscheidungstheoretische Einordnung unscharfer linearer Vektormaximummodelle

Wenn in einem Unternehmen *ein* Entscheidungsträger genau *ein* Ziel verfolgt (z.B. Gewinnmaximierung), so kann man unter der Annahme eines bekannten deterministischen Wirkungsmechanismus eine vollständige Rangordnung aller Handlungsalternativen ermitteln. Realistische Entscheidungssituationen sind hingegen von dem Umstand geprägt, daß *ein* Entscheidungsträger mehrere Ziele verfolgt oder daß man im Zuge der Demokratisierung von Entscheidungsprozessen in einem Gremium mehrerer Entscheidungsträger, die jeweils *ihre* individuellen Interessen vertreten, einen Kompromiß finden muß. Für derartige intra- oder interpersonelle Konfliktsituationen läßt sich eine vollständige Rangordnung zwischen den erwogenen Handlungsalternativen in bezug auf ein gegebenes Zielsystem nicht so leicht bestimmen wie im Idealfall einer eindimensionalen Zielsetzung.

---

8 Vgl. *H. Bandemer / S. Gottwald*, (1995), S. 84, *R.E. Bellman / L.A. Zadeh*, (1970), S. B-150.

9 Vgl. *R.E. Bellman / L.A. Zadeh*, (1970), S. B-149 f.

Ein interpersoneller Zielkonflikt liegt beispielsweise dann vor, wenn in einem Unternehmen mit Werkstattfertigung für den anonymen Markt einerseits große Losgrößen gefertigt werden sollen, um Kostendegressionseffekte auszunutzen, und andererseits eine breite Palette verschiedener Varianten angestrebt wird, um in einem gesättigten Markt Wettbewerbsnachteile zu vermeiden. Diese Situation ist kennzeichnend für die Schwierigkeit eines Kompromisses im Spannungsfeld zwischen einer produktions- und zugleich marktorientierten Unternehmensführung. Ein intrapersoneller Zielkonflikt ergibt sich beispielsweise im Rahmen der Ablaufplanung, deren Erlös- und Kostenwirkungen nicht oder nur schwer erfaßbar sind. Deshalb unterstellt man einen Zusammenhang zwischen den vorgenannten ökonomischen Zielen und den abgeleiteten technischen Ersatzzielen einer geringen Durchlaufzeit und einer hohen Kapazitätsauslastung. Nach dem Dilemma der Ablaufplanung sind diese Ziele bei Werkstattfertigung nicht miteinander vereinbar, weil man bei gegebener Fertigungsgeschwindigkeit geringe Durchlaufzeiten nur über niedrige Zwischenlagerzeiten erreicht, diese aber in der Tendenz nicht mit einer hohen Kapazitätsauslastung vereinbar sind.[10] Die Liste möglicher Zielkonflikte in einem hierarchischen Zielsystem mit dem obersten Gebot der langfristigen Unternehmenssicherung ließe sich beliebig fortführen.

Zielkonflikte versucht man durch Multi-Attribut-Entscheidungen (MADM) oder durch Multi-Objective-Entscheidungen (MODM) zu lösen. Bei MADM-Verfahren steht die *Auswahl* einer Handlungsalternative aus einer abzählbar endlichen Menge explizit formulierter Alternativen im Vordergrund, so daß man der Forderung nach Realisierung einer "besten" Aktion nur mit dem Auffinden einer vollständigen Rangordnung aller Handlungsalternativen entsprechen kann. Bei der Selektion einer Alternative wird zumeist eine Kompensation zwischen den maßgebenden quantitativen und qualitativen Zielen zugelassen, wobei die Austauschrelationen zwischen den Zielen vom bisher erreichten Zielniveau abhängen.[11]

Im Rahmen von MODM-Verfahren geht man von einem stetigen Lösungsraum mit einer überabzählbaren Anzahl von Alternativen aus, die implizit durch ein wohldefiniertes System von Restriktionen gegeben sind. Ohne vorherige Kenntnis der zulässigen Handlungsalternativen läßt sich dann mit einem geeigneten Algorithmus eine in bezug auf ein gegebenes quantitatives Zielsystem "optimale" Handlungsalternative *errechnen*. Die Bestimmung einer vollständigen Rangordnung auf dem Raum der zulässigen Handlungsalternativen ist hier nicht notwendig. Wegen der Optimierung bezüglich quantifizierbarer Zielfunktionen spricht man auch von Vektoroptimummodellen.[12] Durch Multiplikation zu minimierender Zielfunktionen mit -1 wird ein Vektoroptimummodell in ein äquivalentes Vektormaximummodell überführt.

---

10 Vgl. *E. Gutenberg*, (1983), S. 216.

11 Auf MADM-Verfahren wird im Rahmen dieser Arbeit nicht eingegangen. Zu diesem Bereich vgl. etwa *C.L. Hwang / K. Yoon*, (1981) oder *H.J. Zimmermann / L. Gutsche*, (1991), S. 34 - 95. Einen Überblick über unscharfe MADM-Verfahren bieten *S.J. Chen / C.L. Hwang*, (1992), S. 289 - 486.

12 Vgl. *H.J. Zimmermann / L. Gutsche*, (1991), S. 25.

Eine Lösung im Rahmen eines solchen Modells ist nur dann erforderlich, wenn ein korrespondierendes Vektormaximum*problem* existiert. Das ist nur dann der Fall, wenn die individuellen Optima von mindestens zwei Zielfunktionen durch identische Handlungsalternativen nicht erzielt werden können. Nur diese Entscheidungssituation ist von ökonomischer Bedeutung und läßt sich wie folgt präzisieren:

Definition (Nicht auflösbarer Zielkonflikt eines Vektormaximummodells)

Man betrachte einen kompakten und metrischen Raum $X \subseteq R^n$ zulässiger Alternativen und darauf definierte stetige Funktionen $\mu_p : X \rightarrow R,\ p \in \{1,\dots m\}$. Ein Zielkonflikt in bezug auf $\text{"}\max_{x \in X}\text{"} \ (\mu_1(x), \mu_2(x),\dots \mu_m(x))$ ist genau dann nicht auflösbar, wenn keine Alternative $y \in X$ existiert, so daß gilt: $\mu_p(y) = \max_{x \in X} \mu_p(x),\ p \in \{1,\dots m\}$.[13]

In diesem Fall existiert ein Vektormaximumproblem.

Durch die Modellierung verbaler Unschärfen[14] hinsichtlich mehrerer Teilziele und Restriktionen entsteht genau dann ein Vektormaximumproblem, wenn eine Präferenzordnung auf der Basis konfliktärer Zugehörigkeitsfunktionen vorliegt. Eine Möglichkeit besteht darin, eine optimale unscharfe Entscheidung im Sinne von BELLMAN und ZADEH zu bestimmen. Diese läßt sich über ein Ersatzmodell ermitteln, wie Satz 3.1 zeigt.

Satz 3.1:

Durch ein Restriktionensystem sei eine Menge $X \subseteq R^n$ zulässiger Alternativen beschrieben. Weiterhin betrachte man beliebige Funktionen $\mu_p : X \rightarrow R,\ p \in \{1,\dots m\}$, sowie das nachstehende Modell:

$$\begin{aligned} &\max \lambda \\ &\text{u.d.N.} \\ &\lambda \le \mu_p(x)\ ,\quad p = 1\,(1)\,m \\ &x \in X \end{aligned} \qquad \textbf{(3.1)}$$

13 Durch die Verwendung des vorstehenden Terminus unterstellt man implizit, daß für ein $x \in X$ das Maximum in $\mu_p[\,X\,]$ angenommen wird. Das ist nur für stetige Funktionen gewährleistet, die auf einem kompakten und metrischen Raum definiert sind. Vgl. *O. Forster*, (1984), S. 22. Eine Menge $X \subseteq R^n$ ist genau dann kompakt, wenn sie abgeschlossen und beschränkt ist. Zur Definition des Kompaktheitsbegriffs sowie zur vorgenannten Schlußfolgerung vgl. *O. Forster*, (1984), S. 18 - 21.

14 Hierzu vgl. S. 14

Die Lösungsmenge von (3.1) ist hinsichtlich der Komponente x *identisch* mit der Menge der optimalen unscharfen Entscheidungen im Sinne von BELLMAN und ZADEH und liefert mit dem optimalen λ-Wert das Niveau der optimalen unscharfen Entscheidung.

Beweis zu Satz 3.1:

- Sei ein 2-Tupel $(x';\lambda') \in X \times \mathbb{R}$ eine Lösung von (3.1).

  $\Rightarrow \lambda' = \min\limits_{p=1(1)m} \left(\mu_p(x')\right)$

  Annahme: $\lambda' > \min\limits_{p=1(1)m} \left(\mu_p(x')\right)$. Mindestens *eine* Restriktion wird verletzt.

  Annahme: $\lambda' < \min\limits_{p=1(1)m} \left(\mu_p(x')\right)$. Man findet mindestens *ein* $\lambda \in \mathbb{R}$, so daß:

  $\lambda' < \lambda \le \min\limits_{p=1(1)m} \left(\mu_p(x')\right)$. Widerspruch zur Maximierung der Hilfsvariable λ.

  Für alle 2-Tupel $(x;\lambda) \in X \times \mathbb{R}$ mit $\lambda := \min\limits_{p=1(1)m} \left(\mu_p(x)\right)$ gilt dann:

  $\lambda \le \lambda'$ oder gleichbedeutend $\min\limits_{p=1(1)m} \left(\mu_p(x)\right) \le \min\limits_{p=1(1)m} \left(\mu_p(x')\right)$

  Deshalb erhält man: $\min\limits_{p=1(1)m} \left(\mu_p(x')\right) = \max\limits_{x \in X} \min\limits_{p=1(1)m} \left(\mu_p(x)\right)$

  Damit ist $x' \in X$ eine optimale unscharfe Entscheidung.

- Sei $x' \in X$ eine optimale unscharfe Entscheidung.

  Dann ist $\min\limits_{p=1(1)m} \left(\mu_p(x)\right) \le \min\limits_{p=1(1)m} \left(\mu_p(x')\right),\ x \in X$ **(3.2)**

  Ein 2-Tupel $(x;\lambda) \in X \times \mathbb{R}$ *kann* nur dann eine Lösung von (3.1) sein, wenn $\lambda = \min\limits_{p=1(1)m} \left(\mu_p(x)\right)$. Mit (3.2) ergibt sich also $\lambda \le \lambda'$. Deshalb ist das 2-Tupel $(x';\lambda') \in X \times \mathbb{R}$ eine Lösung von Modell (3.1).

Q.e.d.

Das Vektormaximummodell (3.1) ist genau dann linear, wenn zusätzlich zur linearen Zielfunktion λ der Restriktionenraum die Struktur eines konvexen Polyeders besitzt und die Zugehörigkeitsfunktionen einen linearen Verlauf vorweisen.[15] In diesem Fall läßt sich eine optimale unscharfe Entscheidung ohne explizite Kenntnis der zulässigen Alternativen mit dem Simplexalgorithmus errechnen. In bezug auf den Zeitpunkt der Verarbeitung von Präferenzinformationen sind unscharfe lineare Vektormaximummodelle unter den MODM-Verfahren mit A-priori-Verarbeitung von Präferenzinformationen einzuordnen, wenn ein Entscheidungsträger alle Zugehörigkeitsfunktionen vor der Errechnung einer Kompromißalternative angeben kann. Anderenfalls ist die Artikulation derartiger Präferenzen auf der Basis errechneter Individualoptima sinnvoll.[16] Die zuletzt genannte Vorgehensweise kann als erster Schritt im Rahmen einer interaktiven Variation von Zugehörigkeitsfunktionen interpretiert werden, so daß unscharfe lineare Vektormaximummodelle in diesem Fall den MODM-Verfahren mit progressiver Verarbeitung von Präferenzinformationen zugeordnet werden können.[17] In bezug auf den Informationsstand des Entscheidungsträgers unterstellt man bei Verwendung unscharfer linearer Vektormaximummodelle eine Entscheidungssituation bei Sicherheit,[18] weil man durch unterschiedliche, nicht notwendigerweise zielsetzungsgerechte Aktionsprogramme die Beanspruchung der rechten Seiten in einem Intervall graduierter Zufriedenheit *steuern* kann. Deshalb handelt es sich um eine beeinflußbare und damit nicht zufallsbedingte Größe.

3.4 Theoretische Grundlagen im Zusammenhang mit der unscharfen linearen Optimierung

3.4.1 Verschiedene Definitionen des Begriffs Funktionale Effizienz

Die Bedeutung des Effizienzbegriffs liegt insbesondere in der Reduktion der Komplexität eines Planungsproblems, weil eine Entscheidung nur unter Berücksichtigung der effizienten Handlungsalternativen getroffen werden muß. Der Effizienzbegriff bezieht sich immer auf ein gegebenes Zielsystem und einen bestimmten Alternativenraum, so daß durch die Veränderung der vorstehenden Rahmenbedingungen eine effiziente Aktion ineffizient werden kann und vice versa.[19] Man unterstellt also eine Zeitpunktbetrachtung. Gemäß dem von BELLMAN und

15 Der Begriff lineare Abbildung wird bei *G. Fischer*, (1986), S. 60 präzisiert. Eine genaue Definition des Begriffs konvexes Polyeder findet sich bei *G.B. Dantzig*, (1966), S. 176.

16 Vgl. S. 27 f.

17 Auf andere MODM-Verfahren wird im Rahmen dieser Arbeit nicht eingegangen. Zu diesem Bereich vgl. *C.L. Hwang / A.S.M. Masud*, (1979), *H.J. Zimmermann / L. Gutsche*, (1991), S. 97 - 201, *H. Isermann*, (1979), S. 11 - 20. Einen Überblick über unscharfe MODM-Verfahren bieten *Y.J. Lai / C.L. Hwang*, (1994), S. 139 - 262. Interaktive Verfahren zur unscharfen Optimierung sind bei *J. Brunner*, (1994), S. 117 - 196, *E.J. Correa-Guzman*, (1984), S. 44 - 50, *B. Werners*, (1984), S. 119 - 153 und S. 194 - 214.

18 Vgl. *H.J. Zimmermann*, (1984), S. 601.

19 Zu einem Beispiel vgl. *H. Isermann*, (1979), S. 5.

ZADEH geprägten Begriff der unscharfen Entscheidung werden die Ergebnisausprägungen von Zielen und Restriktionen über kontextabhängig formulierte Zugehörigkeitsfunktionen in den Nutzenraum abgebildet, wodurch bei der Bewertung von Handlungsalternativen eine Symmetrie zwischen Zielen und Restriktionen geschaffen wird. Diese Sichtweise legt es nahe, den Effizienzbegriff auf Zugehörigkeitsfunktionen zu beziehen. Grundsätzlich besteht dabei die Möglichkeit, eine Definition nach CHARNES und COOPER (→ Definition 1) oder in Anlehnung an DINKELBACH (→ Definition 2) vorzunehmen:

Definition 1 (Funktionale Effizienz eines Aktionsprogramms)

Gegeben seien m Ziele $Z_1, Z_2, \dots Z_m$ und eine Menge $X \subseteq R^n$ zulässiger Alternativen. Der aus jeder Alternative $x \in X$ resultierende Teilnutzen werde über die Zugehörigkeitsfunktionen $\mu_p : X \to [0;1]$, $p \in \{1,\dots m\}$, ermittelt. Eine Aktion $y \in X$ ist genau dann funktional effizient bezüglich einer Menge $X \subseteq R^n$ und der Zugehörigkeitsfunktionen $\mu_1, \mu_2, \dots \mu_m$, wenn für alle Aktionen $x \in X \setminus \{y\}$ die folgende Implikation Gültigkeit besitzt:

- $\mu_p(x) \geq \mu_p(y) \Rightarrow \mu_p(x) = \mu_p(y),\ p \in \{1,\dots m\}$ [20] **(3.3)**

Eine zu (3.3) äquivalente Implikation lautet dann:

- $\mu_p(x) \neq \mu_p(y) \Rightarrow \mu_p(x) < \mu_p(y),\ p \in \{1,\dots m\}$ **(3.4)**

Definition 2 (Funktionale Effizienz eines Aktionsprogramms)

Gegeben seien m Ziele $Z_1, Z_2, \dots Z_m$ und eine Menge $X \subseteq R^n$ zulässiger Alternativen. Der aus jeder Alternative $x \in X$ resultierende Teilnutzen werde über Zugehörigkeitsfunktionen $\mu_p : X \to [0;1]$, $p \in \{1,\dots m\}$ ermittelt. Eine Aktion $y \in X$ ist genau dann funktional effizient bezüglich einer Menge $X \subseteq R^n$ und der Zugehörigkeitsfunktionen $\mu_1, \mu_2, \dots \mu_m$, wenn es keine Alternative $x \in X \setminus \{y\}$ mit den folgenden Eigenschaften gibt:

- Für alle $p \in \{1,\dots m\}$ gilt: $\mu_p(x) \geq \mu_p(y)$ **(3.5)**
- Für mindestens *ein* $p \in \{1,\dots m\}$ gilt: $\mu_p(x) > \mu_p(y)$ [21] **(3.6)**

Für die weiteren Untersuchungen ist es sinnvoll, für die ursprüngliche Definition 2 eine gleichbedeutende positive Definition des Effizienzbegriffs zu finden, mit der zu erfüllende Anforderungen an einen Alternativenraum formuliert werden.

20 Vgl. *A. Charnes / W.W. Cooper*, (1961), S. 321.

21 Vgl. *W. Dinkelbach*, (1969), S. 153 und die inhaltlich gleichbedeutende Definition auf S. 24

Satz 3.2:

Gegeben seien m Ziele $Z_1, Z_2, \ldots Z_m$ und eine Menge $X \subseteq R^n$ zulässiger Alternativen. Der aus einer Alternative $x \in X$ resultierende Teilnutzen werde über Zugehörigkeitsfunktionen $\mu_p : X \rightarrow [\,0;1\,]$, $p \in \{\,1,\ldots m\,\}$, ermittelt. Eine Aktion $y \in X$ ist genau dann funktional effizient bezüglich einer Menge $X \subseteq R^n$ und der Zugehörigkeitsfunktionen $\mu_1, \mu_2, \ldots \mu_m$, wenn für alle Alternativen $x \in X \setminus \{\,y\,\}$ mindestens *eine* der folgenden Eigenschaften erfüllt wird:

- Für mindestens *ein* $p \in \{\,1,\ldots m\,\}$ gilt: $\mu_p(x) < \mu_p(y)$ **(3.7)**
- Für alle $p \in \{\,1,\ldots m\,\}$ gilt: $\mu_p(x) \leq \mu_p(y)$ **(3.8)**

Die Aussage ist sofort klar. Der Beweis beider Richtungen kann indirekt geführt werden.

Einen Zusammenhang zwischen den vorstehenden Definitionen stellt Satz 3.3 her:

Satz 3.3:

Es sei eine Menge $X \subseteq R^n$ zulässiger Handlungsalternativen und Zugehörigkeitsfunktionen $\mu_p : X \rightarrow [\,0;1\,]$, $p \in \{\,1,\ldots m\,\}$, gegeben. Alle gemäß Definition 1 funktional effizienten Handlungsalternativen sind auch im Sinne von Definition 2 funktional effizient, während die Umkehrung im allgemeinen nicht gilt:

Beweis zu Satz 3.3:

Für eine Alternative $y \in X$ gilt im Vergleich zu allen Aktionen $x \in X \setminus \{\,y\,\}$:

- $\mu_p(x) < \mu_p(y)$, $p \in I_{x,y}$ mit $I_{x,y} \subseteq \{\,1,\ldots m\,\}$
- $\mu_p(x) \geq \mu_p(y)$, $p \in \{\,1,\ldots m\,\} \setminus I_{x,y}$

Wenn $y \in X$ funktional effizient ist nach Definition 1, dann gilt bezüglich aller $x \in X \setminus \{\,y\,\}$ die Eigenschaft (3.8), und zwar wegen der Implikation (3.3). Damit liegt funktionale Effizienz gemäß Definition 2 vor.

Setzt man umgekehrt hinsichtlich aller $x \in X \setminus \{\,y\,\}$ die Eigenschaft (3.8) voraus, dann ist $y \in X$ funktional effizient nach Definition 1.

Eine Alternative $y \in X$ ist also genau dann funktional effizient im Sinne von Definition 1, wenn in bezug auf alle $x \in X \setminus \{\,y\,\}$ die Eigenschaft (3.8) erfüllt wird.

Findet man also mindestens *ein* $x \in X \setminus \{ y \}$, für das *ausschließlich* die Eigenschaft (3.7) erfüllt wird, dann ist $y \in X$ in jedem Fall nicht funktional effizient nach Definition 1, kann aber funktional effizient sein gemäß Definition 2.

Q.e.d.

Den Beweis der Links-Rechts-Richtung kann man unter Verwendung von Definition 2 auch indirekt führen.

Die Definition nach CHARNES und COOPER läßt für jede Handlungsalternative eine Effizienzaussage zu, weil durch den Vergleich mit anderen Aktionen immer der Bedingungsteil in (3.3) und/oder (3.4) erfüllt wird. Auch wenn "... direct comparisons (or choices) cannot be made when $\mu_p(x) > \mu_p(y)$ for some p and $\mu_j(x) < \mu_j(y)$ for some $j \neq p$"[22], so sind die vorstehenden ineffizienten Handlungsalternativen sowohl partiell dominierend als auch partiell dominiert. Wegen der Forderung nach Komplexitätsreduktion eines Planungsproblems werden bereits im ersten Schritt eines Auswahlverfahrens *alle* ineffizienten Aktionen *aussortiert*. Ein Auswahlproblem entsteht aber gerade dadurch, daß in einem *Zielsystem* dominierende Alternativen nicht existieren, so daß man aus der Menge sowohl partiell dominierender als auch partiell dominierter Aktionen *auswählen* muß. Deshalb wird dieser Effizienzbegriff im weiteren nicht mehr verfolgt.

Die Effizienzdefinition nach DINKELBACH nimmt Bezug auf eine betriebswirtschaftliche Entscheidungssituation und entspricht der ursprünglich wohlfahrtsökonomischen Definition einer nach PARETO benannten "optimalen" Güterverteilung in einer Volkswirtschaft.[23] Außerdem ist bei Verwendung dieser Definition die plausible Forderungen nach Ausschluß der in bezug auf ein Zielsystem dominierten Alternativen gleichbedeutend mit dem Postulat der Selektion ineffizienter Aktionen. Im weiteren wird deshalb Definition 2 verwendet.

Gemäß Satz 3.1 repräsentiert der Lösungsraum von (3.1) alle optimalen unscharfen Entscheidungen. Deshalb soll kurz beschrieben werden, wie man im Fall linearer Zugehörigkeitsfunktionen mit dem Simplexalgorithmus aus einer mehrdeutigen Menge optimaler unscharfer Entscheidungen eine funktional effiziente Handlungsalternative ermittelt. Alle optimalen unscharfen Entscheidungen besitzen den gleichen schlechtesten Zielerreichungsgrad. Sofern die Menge der optimalen unscharfen Entscheidungen nicht effiziente Lösungen enthält, ermittelt man jene Alternativen, die alle anderen Lösungen bezüglich des zweitschlechtesten Zielerreichungsgrades dominieren. Durch die stufenweise Fortführung dieser Vorgehensweise erhält man nach spätestens m Iterationen eine nicht notwendigerweise eindeutige Menge effizienter Handlungsalternativen, deren Zielerreichungsgrade in jeder Stufe gleich bewertet

22 *A. Charnes / W.W. Cooper*, (1961), S. 321. Die Bezeichnungen im Zitat wurden der hier verwendeten Notation angepaßt.

23 Vgl. Fußnote 52 auf S. 24

wurden. Durch Anwendung des Simplexalgorithmus erkennt man in jeder Stufe anhand der Zielfunktionskoeffizienten im Optimaltableau, welches Kriterium bindend ist. In der nächsten Stufe schränkt man die Menge der zulässigen Alternativen ein, indem man für dieses Kriterium den in der Vorstufe errechneten Zielerreichungsgrad als Mindestanspruchsniveau berücksichtigt.[24]

3.4.2 Ergebnistransformationen als Grundlage für Aussagen über objektive und subjektive Zielsysteme

Ergebnisfunktionen bilden die *objektive* Komponente eines Zielsystems und unterstellen wegen der deterministischen Ermittlung punktgenauer Ergebniswerte eine Sicherheitssituation im engeren Sinn. Über Präferenzrelationen wird eine *subjektive* Bewertung der möglichen Ergebnisausprägungen in einem Zielsystem vorgenommen. Diese gedankliche Trennung[25] im Grundmodell der betriebswirtschaftlichen Entscheidungstheorie erlaubt es, sowohl das Streben nach einer optimalen Ergebnisausprägung als auch ein satisfizierendes Verhalten als Nutzenmaximierung zu interpretieren, weil Nutzenvorstellungen entweder ex ante artikuliert und/oder im Zuge eines Lernprozesses angepaßt werden.[26] Im folgenden wird geklärt, unter welchen Voraussetzungen Aussagen hinsichtlich des subjektiven Zielsystems auf das objektive Zielsystem identisch übertragen werden können und vice versa.

Satz 3.4:

Es sei eine Menge $X \subseteq R^n$ zulässiger Aktionsprogramme gegeben. Im weiteren besitze der Entscheidungsträger ein objektives Zielsystem $f_p : X \rightarrow R,\ p \in \{1,\ldots m\}$, und ein subjektives Zielsystem $\eta_p : f_p[X] \rightarrow R,\ p \in \{1,\ldots m\}$, das über die Zugehörigkeitsfunktionen $\mu_p := \eta_p \circ f_p,\ p \in \{1,\ldots m\}$, zu einer subjektiven Bewertung aller zulässigen Handlungsalternativen $x \in X$ führt.

1. Bei einer *streng* monoton wachsenden Transformation vom Ergebnis- in den Nutzenraum ist eine Alternative $y \in X$ im Hinblick auf den Aktionenraum $X \subseteq R^n$ genau dann funktional effizient bezüglich der Zugehörigkeitsfunktionen $\mu_1, \mu_2, \ldots \mu_m$, wenn diese Eigenschaft auch in bezug auf die Ergebnisfunktionen $f_1, f_2, \ldots f_m$ gilt.

---

24 Vgl. *B. Werners*, (1984), S. 91 - 107, insbesondere S. 101 - 104. Die theoretischen Grundlagen zu dieser Vorgehensweise finden sich bei *F.A. Behringer*, (1970), (1977) und (1981).

25 Vgl. *G. Bamberg / A.G. Coenenberg*, (1992), S. 33 f.

26 Vgl. S. 27 f.

2. Bei einer monoton wachsenden Transformation vom Ergebnis- in den Nutzenraum folgt aus einem Zielkonflikt hinsichtlich des subjektiven Zielsystems ein Zielkonflikt in bezug auf das objektive Zielsystem, während die Umkehrung nur für *streng* monoton wachsende Transformationen gilt.

Beweis zu Satz 3.4:

Bei einer streng monoton wachsenden Transformation vom Ergebnis- in den Nutzenraum gilt für alle $p \in \{ 1,\ldots m \}$ die folgende Implikation:

- $f_p(x) < f_p(y) \Rightarrow \mu_p(x) < \mu_p(y);\ x, y \in X$

Oder gleichbedeutend:

- $\mu_p(x) \geq \mu_p(y) \Rightarrow f_p(x) \geq f_p(y);\ x, y \in X$

Bei einer monoton wachsenden Transformation vom Ergebnis- in den Nutzenraum gilt für alle $p \in \{ 1,\ldots m \}$ die folgende Implikation:

- $f_p(x) < f_p(y) \Rightarrow \mu_p(x) \leq \mu_p(y);\ x, y \in X$

Oder gleichbedeutend:

- $\mu_p(x) > \mu_p(y) \Rightarrow f_p(x) \geq f_p(y);\ x, y \in X$

Zur 1. Aussage:

Eine Alternative $y \in X$ ist genau dann funktional effizient in bezug auf die Menge $X \subseteq R^n$ und das objektive Zielsystem $f_1, f_2, \ldots f_m$, wenn jede Alternative $x \in X \setminus \{ y \}$ mindestens *eine* der folgenden Eigenschaften erfüllt:

- Für mindestens *ein* $p \in \{ 1,\ldots m \}$ ist $f_p(x) < f_p(y)$ **(3.9)**
- Für alle $p \in \{ 1,\ldots m \}$ erhält man $f_p(x) \leq f_p(y)$ **(3.10)**

Eine Alternative $y \in X$ ist genau dann funktional effizient in bezug auf die Menge $X \subseteq R^n$ und das subjektive Zielsystem $\mu_1, \mu_2, \ldots \mu_m$, wenn jede Alternative $x \in X \setminus \{ y \}$ mindestens *eine* der folgenden Eigenschaften erfüllt:

- Für mindestens *ein* $p \in \{ 1,\ldots m \}$ ist $\mu_p(x) < \mu_p(y)$ **(3.11)**
- Für alle $p \in \{ 1,\ldots m \}$ erhält man $\mu_p(x) \leq \mu_p(y)$ **(3.12)**

"⇒"

Es sei eine hinsichtlich des objektiven Zielsystems funktional effiziente Handlungsalternative $y \in X$ gegeben. Man betrachte eine beliebige Alternative $x \in X \setminus \{ y \}$. Diese erfülle

1. *ausschließlich* (3.9). Eine streng monoton wachsende Transformation führt zu (3.11).

2. *ausschließlich* (3.10). Für eine monoton wachsende Transformation folgt (3.12).

3. beide Eigenschaften. Für eine monoton wachsende Transformation folgt daraus (3.11) und/oder (3.12).

"⇐"

Es sei eine hinsichtlich des subjektiven Zielsystems funktional effiziente Handlungsalternative $y \in X$ gegeben. Man betrachte eine beliebige Alternative $x \in X \setminus \{ y \}$. Diese erfülle

1. *ausschließlich* (3.11). Eine monoton wachsende Transformation führt dann zu (3.9). Annahme: Es gelte $f_p(x) \geq f_p(y)$, $p \in \{ 1,\dots m \}$. Für jede monoton wachsende Transformation folgt ein Widerspruch zu (3.11).

2. *ausschließlich* (3.12). Jede streng monoton wachsende Transformation führt zu (3.10). Angenommen es existiere mindestens *ein* $p \in \{ 1,\dots m \}$ mit $f_p(x) > f_p(y)$. Eine streng monoton wachsende Transformation ergibt einen Widerspruch zu (3.12).

3. beide Eigenschaften. Für eine monoton wachsende Transformation folgt (3.9) und/oder (3.10).

Zur 2. Aussage:

- Es sei ein Zielkonflikt bezüglich des subjektiven Zielsystems gegeben.

  Annahme: Es besteht hinsichtlich des objektiven Zielsystems kein Zielkonflikt, d.h. $\exists\ y \in X$, so daß $\forall\ p \in \{ 1,\dots m \}$ gilt: $f_p(y) \geq f_p(x)$, $x \in X$

  Da die Transformation monoton wachsend ist, folgt:

  $\exists\ y \in X$, so daß $\forall\ p \in \{ 1,\dots m \}$ gilt: $\mu_p(y) \geq \mu_p(x)$, $x \in X$

  Das ist ein Widerspruch zur Voraussetzung.

- Es sei ein Zielkonflikt hinsichtlich des objektiven Zielsystems gegeben.

  Annahme: Es besteht hinsichtlich des subjektiven Zielsystems kein Zielkonflikt, d.h. $\exists\ y \in X$, so daß $\forall\ p \in \{1,\ldots m\}$ gilt: $\mu_p(y) \geq \mu_p(x),\ x \in X$

  Da die Transformation *streng* monoton wachsend ist, folgt:

  $\exists\ y \in X$, so daß $\forall\ p \in \{1,\ldots m\}$ gilt: $f_p(y) \geq f_p(x),\ x \in X$

  Das steht im Widerspruch zur Voraussetzung.

Q.e.d.

Die vorstehenden Ausführungen zeigen, daß bei gegebenen Transformationsbeziehungen die entsprechenden Existenzaussagen hinsichtlich eines subjektiven Zielsystems immer auf das zugrundeliegende objektive Zielsystem übertragen werden können, während die Umkehrung nicht in jedem Fall gilt. Die weiteren Ausführungen konzentrieren sich deshalb auf subjektive, jeweils über Zugehörigkeitsfunktionen beschriebene Zielsysteme.

3.4.3 Der Zusammenhang zwischen der Existenz eines Zielkonflikts und der Ausprägung einer funktional effizienten Lösung

In diesem Abschnitt wird ein Zusammenhang zwischen einem Zielkonflikt und einer funktional effizienten Lösung aufgezeigt. Es wird sowohl die ursprüngliche Definition der Funktionaleffizienz als auch die bedeutungsgleiche Umformulierung aus Satz 3.2 benötigt. Es ergeben sich die folgenden Zusammenhänge:

Satz 3.5:

Man betrachte eine Menge $X \subseteq R^n$ zulässiger Alternativen und Funktionen $\mu_p : X \rightarrow R$, $p \in \{1,\ldots m\}$.

1. Es existiert genau dann kein Zielkonflikt, wenn mindestens *eine* Alternative $y \in X$ durch die Erfüllung von (3.8) funktional effizient ist.

2. Ein Zielkonflikt existiert genau dann, wenn *jede* zulässige Alternative entweder ***ausschließlich*** (3.7) erfüllt oder nicht funktional effizient ist.

3. Wenn *alle* Aktionen $y \in X$ nicht funktional effizient sind, dann liegt ein Zielkonflikt vor, während die Umkehrung im allgemeinen nicht gilt.

4. Wenn *alle* Aktionen $y \in X$ wegen der *ausschließlichen* Erfüllung von (3.7) funktional effizient sind, dann liegt ein Zielkonflikt vor, während die Umkehrung im allgemeinen nicht gilt.

Beweis zu Satz 3.5:

Zur 1. Aussage:

Es existiert kein Zielkonflikt hinsichtlich $\text{"}\max_{x \in X}\text{"} \; (\mu_1(x), \mu_2(x), \ldots \mu_m(x))$

$\Leftrightarrow \; \exists \; y \in X$, so daß $\mu_p(y) = \max_{x \in X} \mu_p(x), \; p \in \{1, \ldots m\}$

$\Leftrightarrow \; \exists \; y \in X$, so daß $\forall \; x \in X$ gilt: $\mu_p(x) \leq \mu_p(y), \; p \in \{1, \ldots m\}$

$\Leftrightarrow \; \exists \; y \in X$, so daß $\forall \; x \in X \setminus \{y\}$ gilt: $\mu_p(x) \leq \mu_p(y), \; p \in \{1, \ldots m\}$

Mindestens *ein* $y \in X$ ist also durch die Erfüllung von (3.8) funktional effizient.

Zur 2. Aussage:

Es existiert ein Zielkonflikt hinsichtlich $\text{"}\max_{x \in X}\text{"} \; (\mu_1(x), \mu_2(x), \ldots \mu_m(x))$

$: \Leftrightarrow$ Es existiert kein $y \in X$, so daß $\mu_p(y) = \max_{x \in X} \mu_p(x), \; p \in \{1, \ldots m\}$

$\Leftrightarrow \; \forall \; y \in X \; \exists \; p \in \{1, \ldots m\}$ mit $\mu_p(y) < \max_{x \in X} \mu_p(x)$

$\Leftrightarrow \; \forall \; y \in X \; \exists$ 2-Tupel $(x; p) \in X \setminus \{y\} \times \{1, \ldots m\}$ mit $\mu_p(y) < \mu_p(x)$

Damit liegt für jedes $y \in X$ ein Verstoß gegen (3.8) vor. Mithin ist jedes $y \in X$ entweder funktional effizient durch die ausschließliche Erfüllung von (3.7) oder nicht funktional effizient.

Zur 3. Aussage:

Es seien alle $y \in X$ nicht funktional effizient. Dann existiert mindestens *ein* $x \in X \setminus \{y\}$, für das die folgenden Eigenschaften gelten:

- Für alle $p \in \{1, \ldots m\}$ gilt: $\mu_p(x) \geq \mu_p(y)$ **(3.13)**

- Für mindestens *ein* $p \in \{1, \ldots m\}$ gilt: $\mu_p(x) > \mu_p(y)$ **(3.14)**

Zu (3.14) ist äquivalent:

$$\forall\ y \in X \quad \exists\ p \in \{ 1,\ldots m \} \text{ mit } \mu_p(y) < \max_{x \in X} \mu_p(x) \tag{3.15}$$

Damit liegt ein Zielkonflikt vor. Die Umkehrung gilt nicht, weil man von (3.15) nicht auf die Gültigkeit von (3.13) schließen kann.

Zur 4. Aussage:

Für alle $y \in X$ gelten die folgenden Eigenschaften:

- Für mindestens *ein* $p \in \{ 1,\ldots m \}$ gilt: $\mu_p(x) < \mu_p(y),\ x \in X \setminus \{y\}$ **(3.16)**
- Für mindestens *ein* $p \in \{ 1,\ldots m \}$ gilt: $\mu_p(x) > \mu_p(y),\ x \in X \setminus \{y\}$ **(3.17)**

Aus (3.17) folgt (3.15) und damit ein Zielkonflikt. Die Umkehrung gilt nicht, weil man von (3.15) weder auf (3.16) noch auf (3.17) schließen kann.

Q.e.d.

3.4.4 Der Zusammenhang zwischen dem Niveau einer optimalen unscharfen Entscheidung und dem Zielkonflikt eines Vektormaximumproblems

In diesem Abschnitt wird ein Zusammenhang zwischen dem Niveau einer optimalen unscharfen Entscheidung und der Existenz eines Zielkonflikts des korrespondierenden Vektormaximumproblems hergestellt. Man unterscheidet die folgenden Fälle:

1. Fall: Die maximalen Werte von mindestens zwei Zugehörigkeitsfunktionen sind nicht identisch.

2. Fall: Die maximalen Werte aller Zugehörigkeitsfunktionen sind identisch.

Zum 1. Fall:

Ein Zusammenhang läßt sich durch Satz 3.6 wie folgt beschreiben.

Satz 3.6:

Es seien beliebige Funktionen $\mu_p : X \to \mathsf{R}$, $p \in \{ 1,\ldots m \}$, gegeben. Weiterhin existiere ein m-Tupel $(\theta_1,\ldots\theta_m) \in \mathsf{R}^m$ mit $\theta_p := \max_{x \in X} \left(\mu_p(x) \right)$, $p \in \{ 1,\ldots m \}$. Das 2-Tupel $(x';\lambda') \in X \times \mathsf{R}$ sei eine optimale unscharfe Entscheidung. Dann gelten die folgenden Implikationen:

1. $\lambda' < \min_{p=1(1)m} (\theta_p) \Rightarrow$ Es existiert ein Zielkonflikt $\Rightarrow \lambda' < \max_{p=1(1)m} (\theta_p)$

2. $\lambda' = \max_{p=1(1)m} (\theta_p) \Rightarrow$ Es existiert kein Zielkonflikt $\Rightarrow \lambda' = \min_{p=1(1)m} (\theta_p)$

Die Umkehrungen gelten im allgemeinen nicht.

Beweis zu Satz 3.6:

Zur 1. Aussage:

Unter Ausnutzung von Satz 3.1 erhält man:

$$\lambda' = \min_{p=1(1)m} \big(\mu_p(x') \big) < \min_{p=1(1)m} (\theta_p)$$

$\Leftrightarrow$ $\forall x \in X$ gilt: $\min_{p=1(1)m} \big(\mu_p(x) \big) < \min_{p=1(1)m} (\theta_p)$

$\Rightarrow$ $\forall x \in X \; \exists \; p \in \{ 1,\ldots m \}$, so daß gilt: $\mu_p(x) < \theta_p$

$\Leftrightarrow$ Es existiert kein $x \in X$, so daß $\forall \, p \in \{ 1,\ldots m \}$ gilt: $\mu_p(x) = \theta_p$

$\Rightarrow$ $\forall x \in X$ gilt: $\min_{p=1(1)m} \big(\mu_p(x) \big) < \max_{p=1(1)m} (\theta_p)$

$\Leftrightarrow$ Für die optimale unscharfe Entscheidung $(x'; \lambda') \in X \times \mathrm{R}$ gilt:

$$\lambda' = \min_{p=1(1)m} \big(\mu_p(x') \big) < \max_{p=1(1)m} (\theta_p)$$

Die Umkehrungen sind im allgemeinen nicht möglich, wie die Beispiele 1 und 2 belegen.

Zur 2. Aussage:

Es sei $\max_{x \in X} \big(\mu_{\hat{p}}(x) \big) := \min_{p=1(1)m} (\theta_p)$

Dann ist $\lambda' = \min_{p=1(1)m} \big(\mu_p(x') \big) \le \mu_{\hat{p}}(x') \le \min_{p=1(1)m} (\theta_p) \le \max_{p=1(1)m} (\theta_p)$

Deshalb gilt die zweite Implikationskette. Das läßt sich auch unter Ausnutzung von Satz 3.1 wie folgt beweisen:

$$\lambda' = \max_{p=1(1)m} (\theta_p)$$

$$\Leftrightarrow \quad \min_{p=1(1)m} \left(\mu_p(x') \right) = \max_{p=1(1)m} \left(\max_{x \in X} \left(\mu_p(x) \right) \right)$$

$$\Rightarrow \quad \text{Für } x' \in X \text{ ist } \mu_p(x') = \max_{x \in X} \left(\mu_p(x) \right),\ p \in \{ 1, \dots m \}$$

$$\Rightarrow \quad \min_{p=1(1)m} \left(\mu_p(x') \right) = \min_{p=1(1)m} \left(\max_{x \in X} \left(\mu_p(x) \right) \right)$$

$$\Leftrightarrow \quad \lambda' = \min_{p=1(1)m} (\theta_p)$$

Die Umkehrungen sind im allgemeinen nicht möglich, wie die Beispiele 1 und 2 zeigen.

Beispiel 1:

Man betrachte einen Definitionsbereich $X := \{ x, x' \}$ sowie die Zugehörigkeitsfunktionen $\mu_p : X \to R$, $p \in \{ 1, 2 \}$, die wie folgt definiert sind:

$\mu_1(x) := 0{,}3 \qquad \mu_1(x') := 0{,}6$

$\mu_2(x) := 0{,}9 \qquad \mu_2(x') := 0{,}7$

Es liegt ein Zielkonflikt bezüglich "$\max_{x \in X}$" $(\mu_1(x), \mu_2(x))$ vor, aber für die optimale unscharfe Entscheidung $(x'; \lambda')$ gilt $\lambda' = \min(\theta_1, \theta_2)$.

Beispiel 2:

Man betrachte einen Definitionsbereich $X := \{x, x'\}$ sowie die Zugehörigkeitsfunktionen $\mu_p : X \to R$, $p \in \{ 1, 2 \}$, die wie folgt definiert sind:

$\mu_1(x) := 0{,}3 \qquad \mu_1(x') := 0{,}6$

$\mu_2(x) := 0{,}4 \qquad \mu_2(x') := 0{,}8$

Für die optimale unscharfe Entscheidung $(x'; \lambda')$ gilt $\lambda' < \max(\theta_1, \theta_2)$, aber es existiert kein Zielkonflikt.

Q.e.d.

Zum 2. Fall:

Sofern die individuellen Optima aller Zielfunktionen identisch sind, ergibt sich der folgende Zusammenhang:

Satz 3.7:

Es seien beliebige Funktionen $\mu_p : X \to \mathbf{R}$, $p \in \{ 1,\dots m \}$, gegeben. Es existiere ein $\theta \in \mathbf{R}$ mit $\theta := \max_{x \in X} \left(\mu_p(x) \right)$, $p \in \{ 1,\dots m \}$. Ein 2-Tupel $(x' ; \lambda') \in X \times \mathbf{R}$ sei eine optimale unscharfe Entscheidung. Dann gilt folgende Äquivalenz:

$\lambda' < \theta \quad \Leftrightarrow \quad$ Es existiert ein Zielkonflikt bezüglich "$\max_{x \in X}$" $\left(\mu_1(x), \mu_2(x),\dots \mu_m(x) \right)$

Beweis zu Satz 3.7:

Es ist $\theta = \theta_p$, $p \in \{ 1,\dots m \}$. Die Aussage folgt deshalb direkt aus der 1. Implikationskette von Satz 3.6. Unabhängig davon ist der Beweis auch unter Ausnutzung von Satz 3.1 wie folgt möglich:

Es besteht ein Zielkonflikt bezüglich "$\max_{x \in X}$" $\left(\mu_1(x), \mu_2(x),\dots \mu_m(x) \right)$

$:\Leftrightarrow$ Es existiert kein $x \in X$, so daß $\forall\, p \in \{ 1,\dots m \}$ gilt: $\mu_p(x) = \theta$

$\Leftrightarrow$ $\forall\, x \in X \;\; \exists\, p \in \{ 1,\dots m \}$, so daß gilt: $\mu_p(x) < \theta$

$\Leftrightarrow$ $\forall\, x \in X$ gilt: $\min_{p = 1 (1) m} \left(\mu_p(x) \right) < \theta$

$\Leftrightarrow$ Für das 2-Tupel $(x' ; \lambda') \in X \times \mathbf{R}$ gilt: $\lambda' = \min_{p = 1 (1) m} \left(\mu_p(x') \right) < \theta$

Q.e.d.

Wenn die Anfangsbedingungen der 1. oder 2. Implikationskette gelten, dann ist ein allgemeingültiger Schluß auf die Existenz oder Nicht-Existenz eines Zielkonflikts möglich. Unter der Bedingung $\lambda' = \min_{p = 1 (1) m} (\theta_p) < \max_{p = 1 (1) m} (\theta_p)$ geht das nicht, wie die oben ausgeführten Beispiele 1 und 2 belegen.

3.5 Zur Explizierung einer erweiterten Präferenzstruktur durch die Formulierung von Zugehörigkeitsfunktionen

3.5.1 Erläuterungen zur Vorgehensweise

Über Zugehörigkeitsfunktionen bestimmt man für ein Objekt den Grad der Zugehörigkeit zu einer unscharfen Menge und erhält als Spezialfall den auf der binären Logik aufbauenden klassischen Mengenbegriff. Eine semantische Interpretation von Zugehörigkeitsgraden ist also nur kontextabhängig möglich, weil man erst den inhaltlichen Bezug zu einer dem Wesen nach unscharfen Menge herstellen muß.[27] Entscheidungen trifft man unter Berücksichtigung unscharf artikulierter Vorstellungen über Ziel- und Restriktionsausprägungen, so daß nach dem Verständnis von BELLMAN und ZADEH für jede Handlungsalternative ein Grad der Zugehörigkeit zur Menge der vollständig zufriedenstellenden Handlungsalternativen ermittelt wird. *Hier* besitzen Zugehörigkeitsfunktionen Nutzencharakter.[28]

Die Frage nach der *Ermittlung* von Zugehörigkeitsfunktionen, welche die Präferenzen eines Entscheidungsträgers angemessen beschreiben, wird durch den Begriff der (optimalen) unscharfen Entscheidung nicht beantwortet. Der Verlauf von Zugehörigkeitsfunktionen ist kontextabhängig festzulegen.[29] Deshalb sind allgemeingültige Vorteilhaftigkeitsaussagen für *einen* Funktionstyp nicht möglich. Um zumindest eine praktische Entscheidungshilfe zu bieten, werden im folgenden einige Vor- und Nachteile verschiedener Klassen von Zugehörigkeitsfunktionen dargestellt. Dabei werden drei Schwerpunkte gesetzt:

1. Weil Entscheidungsprozesse in der Regel zeitkritisch sind, stellt sich die Frage nach der **Lösungseffizienz** bei der Modellierung verschiedener Zugehörigkeitsfunktionen.

2. Weiterhin ist der inhaltliche Aspekt der durch verschiedene Zugehörigkeitsfunktionen erzielten **Abbildungsgenauigkeit menschlicher Präferenzen** von großer Bedeutung. Diese sind interpersonell verschieden, im Zeitablauf variabel und können zeitpunktbezogen nur annähernd über Zugehörigkeitsfunktionen expliziert werden. Deshalb kann es *nicht* um eine *exakte* Erfassung menschlicher Präferenzen gehen, sondern nur um die Beurteilung der mit Zugehörigkeitsfunktionen erzielten Abbildungsgenauigkeit bekannter wirtschaftswissenschaftlicher und psychologischer Erklärungsansätze, wie z.B. des 1. GOSSENschen Gesetzes, des klassischen Ertragsgesetzes sowie der Theorie kognitiver Dissonanzen.

---

27 Vgl. *H.J. Zimmermann*, (1983), S. 206.

28 Vgl. Abschnitt 3.2.

29 Vgl. *M. Zeleny*, (1984), S. 302 - 304.

3. Die Verwendung des Minimumoperators läßt keine Kompensation zwischen verschiedenen Zielen zu, weil nur die schlechtesten Zielerreichungsgrade als Auswahlkriterium herangezogen werden. Deshalb wird untersucht, inwieweit durch Parametervariationen der Zugehörigkeitsfunktionen eine implizite **Gewichtung im Zielsystem** vorgenommen werden kann. Diese liegt nur dann vor, wenn eine Parameterveränderung das Grenznutzenniveau an *allen* Stellen des Definitionsbereichs in *eine* Richtung verändert. Dadurch wird sichergestellt, daß sich die absolute Nutzenveränderung mit der Durchführung einer Alternative unabhängig vom bestehenden Ergebnisniveau in jedem Fall stärker verändert als vor der Parametervariation.

Im folgenden wird zwischen linearen und nichtlinearen Zugehörigkeitsfunktionen als Möglichkeit zur Abbildung menschlicher Präferenzen unterschieden. Für die Bestimmung eines eindeutigen Funktionsverlaufs ist die Angabe von Ergebniswerten c_p^u und/oder c_p^o notwendig, deren inhaltliche Charakterisierung in Abschnitt 3.5.2 stellvertretend für die dann noch folgenden Abschnitte vorgenommen wird. Bei der Beurteilung der Abbildungsgenauigkeit menschlicher Präferenzen sind diese Grenzen von Bedeutung, so daß *eine* plausible Vorgehensweise zur Ermittlung von Unter- und Obergrenzen mit dem nachstehenden Beispiel demonstriert werden soll.[30]

Beispiel 3: (Berechnung der Ober- und Untergrenzen von Zugehörigkeitsfunktionen)

Man betrachte einen Alternativenraum $X \subset \mathsf{R}^2$, dessen maximale Ausdehnung durch die Restriktionenwerte mit dem Zugehörigkeitsgrad null festgelegt ist. Darauf sei ein Vektormaximummodell $\underset{x \in X}{\text{"max"}} \; (f_1(x), f_2(x))$ wie folgt gegeben:

$$\max f_1(x) \; ; \; f_1(x_1 ; x_2) := x_1 + 2x_2$$

$$\max f_2(x) \; ; \; f_2(x_1 ; x_2) := 4x_1 + 2x_2$$

u.d.N.

$$x_1 + x_2 \leq [(8 \,/\, 1{,}0) \; ; \; (9{,}8 \,/\, 0{,}4) \; ; \; (10 \,/\, 0)]$$

$$x_1 \geq 4$$

$$3x_1 + 4x_2 \leq [(28 \,/\, 1{,}0) \; ; \; (33 \,/\, 0{,}6) \; ; \; (35 \,/\, 0)]$$

$$x_2 \geq 0$$

30 Das Beispiel ist *J. Brunner*, (1994), S. 127 - 129 entnommen.

Eine Grundlage für die Ermittlung sinnvoller Ober- und Untergrenzen bildet die Berechnung der folgenden klassischen LO-Ansätze:

LO_1 Die Zielfunktion f_1 wird unter *voller* Ausschöpfung der Restriktionsgrenzen maximiert.
$\Rightarrow \left(x_1^{opt} \;/\; x_2^{opt} \;/\; f_1^{opt} \right) = (4 \;/\; 5{,}75 \;/\; 15{,}5)$

LO_2 Die Zielfunktion f_2 wird unter *voller* Ausschöpfung der Restriktionsgrenzen maximiert.
$\Rightarrow \left(x_1^{opt} \;/\; x_2^{opt} \;/\; f_2^{opt} \right) = (10 \;/\; 0 \;/\; 40)$

LO_3 Die Zielfunktion f_1 wird unter Berücksichtigung der schlechtesten Grenzwerte mit vollständiger Zufriedenheit maximiert.
$\Rightarrow \left(x_1^{opt} \;/\; x_2^{opt} \;/\; f_1^{opt} \right) = (4 \;/\; 4 \;/\; 12)$

LO_4 Die Zielfunktion f_2 wird unter Berücksichtigung der schlechtesten Grenzwerte mit vollständiger Zufriedenheit maximiert.
$\Rightarrow \left(x_1^{opt} \;/\; x_2^{opt} \;/\; f_2^{opt} \right) = (8 \;/\; 0 \;/\; 32)$

Die **unterste Grenze vollständiger Zufriedenheit** entspricht dem jeweiligen individuellen Optimum bei voller Ausschöpfung der Restriktionsgrenzen, weil dieses Ergebnisniveau in keinem Fall verbessert werden kann. Die Lösungen von **LO_1** und **LO_2** liefern:

$$c_1^o = 15{,}5 \quad \text{und} \quad c_2^o = 40$$

Die Ermittlung einer **Akzeptanzgrenze** beruht auf dem Prinzip der Einschränkung eines Wertebereichs durch kreuzweises Einsetzen der optimalen Handlungsalternativen.[31] Beim Vergleich der für f_p resultierenden Ergebnisse bei Durchführung *aller* wie vorstehend ermittelten Handlungsalternativen entscheidet man sich für das schlechteste Ergebnisniveau als Repräsentant der Akzeptanzgrenze. Die für das p-te Ziel optimale Alternative kann deshalb ex ante ausgeschlossen werden. Unter Berücksichtigung der Alternativen in **LO_2** bis **LO_4** bzw. **LO_1**, **LO_3**, **LO_4** errechnet sich c_1^u bzw. c_2^u wie folgt:

$$c_1^u = \min\left(12 \;/\; 10 + 2 \cdot 0 \;/\; 8 + 2 \cdot 0 \right) = 8$$

$$c_2^u = \min\left(32 \;/\; 4 \cdot 4 + 2 \cdot 5{,}75 \;/\; 4 \cdot 4 + 2 \cdot 4 \right) = 24$$

Die Vernachlässigung der Alternativen in **LO_2** bzw. **LO_1** ist im allgemeinen nicht angebracht, weil bei völlig entgegengesetzter Zielsetzung die bezüglich eines Zieles optimale Handlungsalternative in bezug auf die andere Zielsetzung die schlechtesten Ergebniswerte hervorrufen kann. Das belegt ein Beispiel bei WERNERS.[32]

---

31 Dieses Prinzip findet sich bereits bei *W. Dinkelbach*, (1962), S. 741 f.

32 Vgl. *B. Werners*, (1984), S. 87 f.

3.5.2 Der Ansatz von ZIMMERMANN zur unscharfen linearen Optimierung

Unter Verwendung des von BELLMAN und ZADEH geprägten Begriffs einer (optimalen) unscharfen Entscheidung hat ZIMMERMANN einen Ansatz zur Berücksichtigung unscharfer Größen in der linearen Optimierung entwickelt. Dieser baut ursprünglich auf der klassischen linearen Optimierung auf, wonach *eine* Zielfunktion unter Berücksichtigung eines konvexen Raumes zulässiger Handlungsalternativen zu optimieren ist.[33] Wegen der Symmetrie zwischen Zielen und Restriktionen wird dieser Ansatz im folgenden auf der Basis des nachstehenden linearen Vektormaximummodells formuliert.

$$\text{"max"} \quad (f_1(x_1, \ldots x_n), \ldots\ldots f_{m-k}(x_1, \ldots x_n))$$

u.d.N.

$$f_p(x_1, \ldots x_n) \geq c_p, \; p = m - k + 1 \,(1)\, m$$

$$x_i \in \mathbb{R}_+^{\geq 0}, \; i = 1 \,(1)\, n$$

Anmerkungen:

1. Durch die Bezeichnung "max" wird ein Vektormaximumproblem im Sinne der Existenz eines nicht auflösbaren Zielkonflikts angedeutet.

2. Ein Maximierungsproblem entsteht durch Faktorbegrenzungen, die mit Kleiner-gleich-Restriktionen modelliert werden. Die in Abschnitt 3.1 aus Vereinfachungsgründen getroffene Konvention der ausschließlichen Berücksichtigung monoton wachsender Transformationen durch Multiplikation der entsprechenden Ergebnisfunktionen mit −1 wird hier beibehalten. Die abgeleiteten Restriktionsausprägungen sind also nur indirekt interpretierbar.

In der Realität werden Vorstellungen über Ziel- und/oder Restriktionsausprägungen in der Regel unscharf formuliert: Beispielsweise soll unter Berücksichtigung "annehmbarer" Faktorverbräuche ein "vorzeigbarer" Gewinn erwirtschaftet werden. Den Ausgangspunkt einer Modellierung von in dieser Weise artikulierten Vorstellungen bildet die Angabe von Ober- und Untergrenzen für Ergebnisausprägungen. Durch diese teilweise Präzisierung wird eine unscharfe Aussage operationalisiert, indem man fordert:

"Suche eine Alternative $x \in \mathbb{R}^n$, so daß unter Beachtung der Nichtnegativitätsbedingungen aller Strukturvariablen gilt: $f_p(x) \geq [\, c_p^u \,;\, c_p^o \,], \; p \in \{ 1, \ldots m \}$."

---

33 Vgl. *H.J. Zimmermann*, (1991a), S. 248 - 254.

Eine unscharfe Kleiner-gleich-Restriktion ist wie folgt zu verstehen:

Ein Ergebniswert c_p^u sollte möglichst nicht überschritten werden. Wenn das aber dennoch erforderlich sein sollte, dann darf der Ergebniswert c_p^o keinesfalls überschritten werden. Hier liegt es nahe, das Niveau c_p^u als oberste Grenze vollständiger Zufriedenheit zu interpretieren, während das Niveau c_p^o die Akzeptanzgrenze ist. Diese wird im Fall einer *ursprünglichen* Restriktion durch *objektiv* bestehende Begrenzungen bestimmt, während der Wert c_p^u ein *subjektiv* bestimmtes Niveau darstellt. Bei den aus zu minimierenden Zielfunktionen *abgeleiteten* Nebenbedingungen legt man *beide* Grenzen *subjektiv* fest, beispielsweise mit einer algorithmischen Unterstützung analog zur Vorgehensweise in Beispiel 3.

Analog deutet man eine unscharfe Größer-gleich-Restriktion folgendermaßen:

Eine Zielvorgabe c_p^o sollte möglichst überschritten werden. Falls das nicht realisierbar ist, darf der Ergebniswert c_p^u keinesfalls unterschritten werden. Es ist naheliegend, das Ergebnisniveau c_p^o als unterste Grenze vollständiger Zufriedenheit zu deuten, während die Ausprägung c_p^u die Akzeptanzgrenze markiert. Letztere wird im Fall einer *ursprünglichen* Restriktion durch *objektiv* bestehende Begrenzungen bestimmt, während die Vorgabe c_p^o eine *subjektive* Größe darstellt. Bei den aus zu maximierenden Zielfunktionen *abgeleiteten* Restriktionen legt man *beide* Grenzen *subjektiv* fest.

Die Annahme vollständiger Unzufriedenheit bei Realisierung der Zielgröße c_p^u ist inhaltlich abzulehnen, weil das zu einer Gleichbewertung zwischen dem akzeptierten Ergebnisniveau c_p^u und allen nicht akzeptierten Ergebnisausprägungen führt. Andererseits wird durch die Stetigkeit einer Funktion η_p die sinnvolle Forderung der Nutzentheorie, daß marginale Änderungen eines Ergebnisniveaus nicht zu Bewertungssprüngen führen dürfen, erfüllt.[34] Also ist die Bewertung der Ergebnishöhe c_p^u mit dem Wert null entgegen dem vorstehenden Einwand zwingend erforderlich, weil man anderenfalls unter der Annahme einer kontinuierlichen Ergebnisvariation einer überabzählbaren Anzahl nicht akzeptierter Werte aus einer linksseitigen Umgebung von c_p^u positive Nutzenwerte zuweisen müßte. Es gilt:

$$\mu_p\left(f_p^{-1}\left(\left\{c_p^o\right\}\right)\right) = \eta_p(c_p^o) = 1 \quad \text{und} \quad \mu_p\left(f_p^{-1}\left(\left\{c_p^u\right\}\right)\right) = \eta_p(c_p^u) = 0$$

Unter der Annahme eines linearen Verlaufs im Intervall $\left[\, c_p^u ; c_p^o \,\right]$ ist die Zugehörigkeitsfunktion des p-ten Zieles eindeutig festgelegt:

34 Vgl. *K.D. Schwab*, (1983), S. 29.

$$\mu_p(x) = \eta_p(f_p(x)) = \begin{cases} 0 & ; \; f_p(x) < c_p^u \\ \dfrac{f_p(x) - c_p^u}{c_p^o - c_p^u} & ; \; c_p^u \leq f_p(x) < c_p^o \\ 1 & ; \; f_p(x) \geq c_p^o \end{cases}$$

Nach Satz 3.1 kann man optimale unscharfe Entscheidungen über folgendes lineare Modell bestimmen:

$\max \lambda$

u.d.N.

$\lambda \cdot (c_p^o - c_p^u) - f_p(x_1,\dots x_n) + c_p^u \leq 0, \; p = 1\,(1)\,m$

$\lambda \geq 0$

$x_i \in R_+^{\geq 0}, \; i = 1\,(1)\,n$

Anmerkungen:

1. Scharf formulierte Restriktionen ($c_p^u = c_p^o$) können als Spezialfall der Unschärfe im vorstehenden LO-Ansatz problemlos eingebunden werden.

2. Faktorbeschränkungen muß ein Entscheidungsträger als Datum hinnehmen, so daß eine Akzeptanzgrenze festgelegt ist. Es gilt: $c_p = c_p^u$, $p \in \{ m - k + 1, \dots m \}$. Deshalb wird die Menge $X \subset R^n$ der zulässigen Handlungsalternativen durch das obige Restriktionensystem abgebildet, weil wegen $\lambda \geq 0$ folgt:

   $f_p(x_1, \dots x_n) \geq c_p, \; p \in \{ m - k + 1, \dots m \}$

3. Schon aus der im Vergleich zur Vorgehensweise in Beispiel 3 allgemeineren Bedingung, daß die ergebnisoptimale Handlungsalternative von mindestens *einem* Ziel zur vollständigen Zufriedenheit führt, d.h. es existiert mindestens *ein* $p \in \{ 1, \dots m \}$, so daß $\mu_p\left(x_p^{opt} \right) = 1$, folgt $\min\limits_{p = 1\,(1)\,m} \left(\mu_p(x) \right) \leq 1, \; x \in X$, und damit $\lambda^{opt} \leq 1$. Deshalb ist unter der vorgenannten Bedingung die Restriktion $\lambda \leq 1$ redundant.

3.5.3 Die Verwendung nichtlinearer Zugehörigkeitsfunktionen

3.5.3.1 Anforderungen an nichtlineare Zugehörigkeitsfunktionen für eine algorithmische Ermittlung optimaler unscharfer Entscheidungen

Eine grundlegende Anforderung an nichtlineare Zugehörigkeitsfunktionen ergibt sich mit dem folgenden Satz:[35]

Satz 3.8:

Durch ein Restriktionensystem sei eine Menge $X \subseteq \mathbb{R}^n$ zulässiger Alternativen beschrieben. Der Entscheidungsträger besitze ein subjektives Zielsystem aus den Zugehörigkeitsfunktionen $\mu_p : X \rightarrow \mathbb{R}$, $p \in \{ 1, \ldots m \}$, und es gebe eine streng monoton steigende Transformationsfunktion $T : D \rightarrow \mathbb{R}$, $D := \bigcup_{p=1}^{m} \mu_p[X]$. Man betrachte die nachfolgenden Modelle:

$$
\begin{aligned}
&\max \lambda \\
&\text{u.d.N.} \\
&\lambda \leq \mu_p(x),\ p = 1\,(1)\,m \\
&x \in X
\end{aligned}
\qquad \textbf{(3.18)}
$$

$$
\begin{aligned}
&\max \alpha \\
&\text{u.d.N.} \\
&\alpha \leq \left(T \circ \mu_p \right)(x),\ p = 1\,(1)\,m \\
&x \in X
\end{aligned}
\qquad \textbf{(3.19)}
$$

Ein 2-Tupel $(x' ; \lambda') \in X \times \mathbb{R}$ ist genau dann eine Lösung von (3.18), wenn das 2-Tupel $(x' ; \alpha') \in X \times \mathbb{R}$ eine Lösung von (3.19) darstellt.

35 Vgl. *B. Werners*, (1984), S. 143 f., *H.J. Zimmermann*, (1992b), S. 107 f.

Beweis zu Satz 3.8:

"$\Rightarrow$"

Ein 2-Tupel $(x' ; \lambda') \in X \times \mathbf{R}$ sei eine Lösung von (3.18). Nach Satz 3.1 ist die Alternative $x' \in X$ eine optimale unscharfe Entscheidung in bezug auf die Zugehörigkeitsfunktionen μ_p, $p \in \{ 1, \ldots m \}$, so daß nach Definition gilt:

$$\min_{p = 1 (1) m} \left(\mu_p(x) \right) \leq \min_{p = 1 (1) m} \left(\mu_p(x') \right), \; x \in X$$

Weil die Transformationsfunktion T monoton wachsend ist, erhält man:

$$\min_{p = 1 (1) m} \left(\left(T \circ \mu_p \right)(x) \right) \leq \min_{p = 1 (1) m} \left(\left(T \circ \mu_p \right)(x') \right), \; x \in X$$

Mit der Alternative $x' \in X$ liegt also eine optimale unscharfe Entscheidung bezüglich der Funktionen $T \circ \mu_p$, $p \in \{ 1, \ldots m \}$, vor. Dann ist nach Satz 3.1 das 2-Tupel $(x' ; \alpha')$ mit $\alpha' := \min_{p = 1 (1) m} \left(\left(T \circ \mu_p \right)(x') \right)$ eine Lösung von (3.19).

"$\Leftarrow$"

Ein 2-Tupel $(x' ; \alpha') \in X \times \mathbf{R}$ sei eine Lösung von (3.19). Dann gilt:

$$\min_{p = 1 (1) m} \left(\left(T \circ \mu_p \right)(x) \right) \leq \min_{p = 1 (1) m} \left(\left(T \circ \mu_p \right)(x') \right), \; x \in X$$

Die Transformationsfunktion T ist *streng* monoton wachsend, so daß gilt:

$$\min_{p = 1 (1) m} \left(\mu_p(x) \right) \leq \min_{p = 1 (1) m} \left(\mu_p(x') \right), \; x \in X$$

Mit der Alternative $x' \in X$ liegt also eine optimale unscharfe Entscheidung bezüglich der Zugehörigkeitsfunktionen μ_p, $p \in \{ 1, \ldots m \}$, vor. Dann ist nach Satz 3.1 durch das 2-Tupel $(x' ; \lambda')$ mit $\lambda' := \min_{p = 1 (1) m} \mu_p(x')$ eine Lösung von (3.18) gegeben.

Q.e.d.

Nur für den praktisch relevanten Nachweis der Rechts-Links-Richtung benötigt man die restriktivere Einschränkung der *strengen* Monotonie. Wenn man also *eine* streng monoton wachsende Transformationsfunktion T findet, die *alle* Zugehörigkeitsfunktionen in lineare Funktionen $T \circ \mu_p$ transformiert, dann können mit dem Simplexalgorithmus die optimalen unscharfen Entscheidungen hinsichtlich einer durch nichtlineare Zugehörigkeitsfunktionen gegebenen Präferenzordnung ermittelt werden.

3.5.3.2 Ausgewählte Grundtypen nichtlinearer Funktionen

Wenn man die Präferenzordnung eines Entscheidungsträgers über nichtlineare Zugehörigkeitsfunktionen approximativ abbilden will, dann ist die grundsätzliche Klassifizierung anhand qualitativer Merkmale, d.h. insbesondere des Krümmungs- und Grenzwertverhaltens, sinnvoll. Darauf aufbauend können durch Phasenverschiebungen und Verknüpfungen Zugehörigkeitsfunktionen entwickelt werden.

Definition (Exponentialfunktion)

Die Abbildung $exp : \mathbb{R} \rightarrow \mathbb{R}_{+}^{>0}$ mit $z \rightarrow exp(z) := \sum_{k=0}^{\infty} \frac{z^k}{k!}$ bezeichnet man als Exponentialfunktion. Die EULERsche Zahl e definiert man mit der Exponentialreihe wie folgt:

$$e := exp(1) = \sum_{k=0}^{\infty} \frac{1}{k!} = 2{,}718\ 281\ 828\ 459 \pm \frac{2}{10^{12}}$$ [36]

Durch Nachrechnen ergeben sich die folgenden Eigenschaften der Exponentialfunktion:

1. $exp(0) = 1$ und $exp'(z) = z,\ z \in \mathbb{R}$

2. Die Exponentialfunktion verläuft streng konvex auf $\mathbb{R}$. Es gelten folgende Grenzwerte:

$$\lim_{z \to \infty} exp(z) = \infty \quad \text{und} \quad \lim_{z \to -\infty} exp(z) = 0^{(+)}$$

Die Exponentialfunktion bildet die oben genannten Bereiche bijektiv ab, so daß die folgende Definition des natürlichen Logarithmus naheliegt:

Definition (Natürlicher Logarithmus)

Die Abbildung $ln := exp^{-1} : \mathbb{R}_{+}^{>0} \rightarrow \mathbb{R}$ bezeichnet man als natürlichen Logarithmus.[37]

Analog ergeben sich die folgenden Eigenschaften des natürlichen Logarithmus:

1. $ln(1) = 0$ und $ln'(z) = \frac{1}{z},\ z \in \mathbb{R}_{+}^{>0}$

---

36 Vgl. *O. Forster*, (1983), S. 45 f.

37 Vgl. ebenda, S. 73.

2. Der natürliche Logarithmus verläuft streng konkav auf $R_+^{>0}$ und besitzt dort folgendes Grenzwertverhalten:

$$\lim_{z \to \infty} ln(z) = \infty \text{ und } \lim_{z \to 0^{(+)}} ln(z) = -\infty$$

Auf der Exponentialfunktion bauen die folgenden Definitionen auf:

Definition (Logistische Funktion)

Die Abbildung $\ell : R \to]0;1[$ mit $z \to \ell(z) := \dfrac{1}{1 + exp(-a(z-b))}$ und den Parametern $a, b \in R$ ist die logistische Funktion.[38]

Durch Nachrechnen ergeben sich nachstehende Eigenschaften der logistischen Funktion:

1. $\ell(b) = \frac{1}{2}$ und $\ell'(b) = \frac{1}{4}a$
2. Punktsymmetrie zu $(b / \ell(b))$
3. Wenn $a \neq 0$, dann liegt an der Stelle $z = b$ ein Wendepunkt.

   Im Fall $a > 0$ ist die logistische Funktion streng konvex im Intervall $]-\infty; b[$ und streng konkav im Intervall $]b; \infty[$. Es gelten folgende Grenzwerte:

   $$\lim_{z \to \infty} \ell(z) = 1^{(-)} \text{ und } \lim_{z \to -\infty} \ell(z) = 0^{(+)}$$

   Im Fall $a < 0$ ist die logistische Funktion streng konkav im Intervall $]-\infty; b[$ und streng konvex im Intervall $]b; \infty[$. Hier gelten folgende Grenzwerte:

   $$\lim_{z \to \infty} \ell(z) = 0^{(+)} \text{ und } \lim_{z \to -\infty} \ell(z) = 1^{(-)}$$

Definition (Tangens hyperbolicus)

Die Abbildung $tanh: R \to]-1;1[$ mit $z \to tanh(z) := \dfrac{exp(z) - exp(-z)}{exp(z) + exp(-z)}$

nennt man Tangens hyperbolicus.[39]

---

38 Vgl. *J. Schwarze*, (1990), S. 142 f.

39 Vgl. *O. Forster*, (1983), S. 64 und S. 108.

Der Tangens hyperbolicus ergibt sich aus einem Sonderfall der logistischen Funktion, weil für die Parameter a = 2 und b = 0 gilt: $tanh(z) = 2\ell(z) - 1,\ z \in R$. Entsprechend können die folgenden Eigenschaften des Tangens hyperbolicus abgeleitet werden:

1. $tanh(0) = 0$ und $tanh'(0) = 1$

2. Symmetrie zum Ursprung.

3. An der Stelle z = 0 liegt ein Wendepunkt. Die Funktion verläuft streng konvex im Intervall $]-\infty;0[$ sowie streng konkav im Intervall $]0;\infty[$. Weiterhin zeigt der Tangens hyperbolicus folgendes Grenzwertverhalten:

   $$\lim_{z \to \infty} tanh(z) = 1^{(-)} \quad \text{und} \quad \lim_{z \to -\infty} tanh(z) = -1^{(+)}$$

3.5.3.3 Zugehörigkeitsfunktionen mit konvexem Verlauf

Wenn Höhenpräferenzordnungen über konvexe Zugehörigkeitsfunktionen artikuliert werden sollen, dann bietet sich unter Berücksichtigung einer Normierung der individuell optimalen Ergebnisausprägungen auf den Nutzenwert *eins* die folgende Funktionsvorschrift an:

$$\eta_p : f_p(x) \to \eta_p(f_p(x)) := exp(\delta_p f_p(x) - \delta_p c_p^o),\ \delta_p > 0 \quad \textbf{(3.20)}$$

Die Funktion besitzt folgenden Prinzipverlauf:

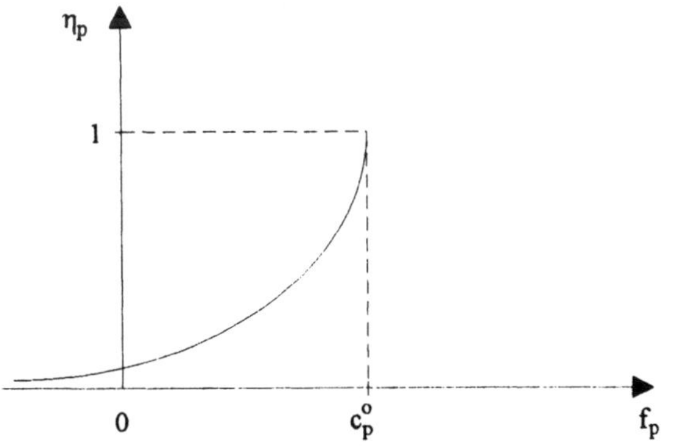

Alle optimalen unscharfen Entscheidungen werden nach Satz 3.1 durch den Lösungsraum des folgenden Modells repräsentiert:

$$\max \lambda$$

u.d.N.

$$\lambda \leq exp\left(\delta_p f_p(x) - \delta_p c_p^o\right),\ p = 1\,(1)\,m$$

$$x \in X$$

Für alle 2-Tupel $(x; p) \in X \times \{1, \ldots m\}$ ist $\mu_p(x) > 0$. Mit einer optimalen unscharfen Entscheidung $x' \in X$ erhält man wegen $\lambda' = \min_{p=1\,(1)\,m} \left(\mu_p(x')\right)$ immer $\lambda' > 0$. Im weiteren ist auch die Bedingung $\lambda \leq 1$ redundant.[40]

Über die streng monoton wachsende Transformationsfunktion $T : \mathbb{R}_+^{>0} \to T(y) := ln\, y$ erzeugt man aufgrund der Assoziativität der Verknüpfungsoperation $\circ$ [41] eine Abbildung $T \circ \mu_p : \mathbb{R}^n \to (T \circ \mu_p)(x) = \delta_p f_p(x) - \delta_p c_p^o$. Nach Satz 3.8 ermittelt man über das folgende lineare Ersatzprogramm eine optimale unscharfe Entscheidung bezüglich der vorgenannten Höhenpräferenzordnungen:

$$\max \alpha$$

u.d.N.

$$\alpha \leq \delta_p f_p(x) - \delta_p c_p^o,\ p = 1\,(1)\,m$$

$$x \in X$$

Nur für $\delta_i = \delta_j$ und $c_i^o - c_i^u = c_j^o - c_j^u$, $i, j \in \{1, \ldots m\}$, $i \neq j$, sind die streng monoton wachsenden $T_p : \mathbb{R}_+^{>0} \to T_p(y) := \dfrac{\delta_p^{-1}\, ln\, y + c_p^o - c_p^u}{c_p^o - c_p^u}$ identisch, so daß man nach Satz 3.8 mit $T_p \circ \mu_p : \mathbb{R}^n \to (T_p \circ \mu_p)(x) = \dfrac{f_p(x) - c_p^u}{c_p^o - c_p^u}$ die Äquivalenz zum Ansatz von ZIMMERMANN erhält.

---

40 Vgl. die Begründung auf S. 58.

41 Zum Beweis dieser Eigenschaft vgl. *G. Fischer*, (1986), S. 30.

3.5.3.4 Zugehörigkeitsfunktionen mit konkavem Verlauf

Wenn ein Entscheidungsträger seine Höhenpräferenzordnungen durch konkave Zugehörigkeitsfunktionen erfaßt und für einen unteren Toleranzwert c_p^u vollständige Unzufriedenheit durch einen Nutzenwert null modelliert werden soll, dann bietet sich die nachstehende Funktionsvorschrift an:

$$\eta_p : f_p(x) \rightarrow \eta_p\left(f_p(x) \right) := \tanh\left(\delta_p f_p(x) - \delta_p c_p^u \right), \; \delta_p > 0 \qquad \textbf{(3.21)}$$

Die Funktion ist im relevanten Bereich konkav und besitzt in R den folgenden Prinzipverlauf:

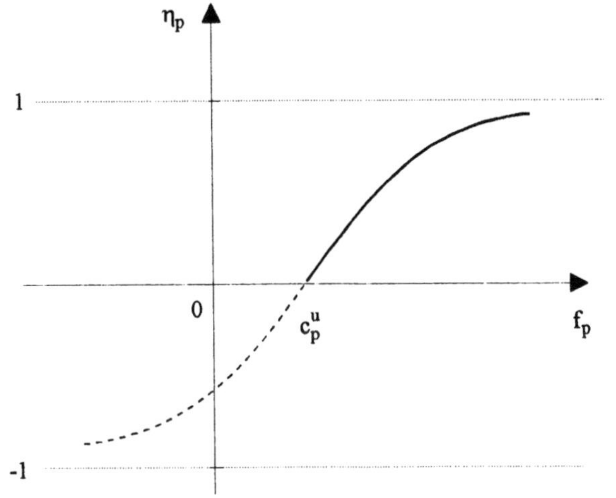

Die optimalen unscharfen Entscheidungen entsprechen nach Satz 3.1 dem Lösungsraum des folgenden nichtlinearen Modells:

max λ

u.d.N.

$$\lambda \leq 1 - \frac{2}{\exp\left(2\delta_p f_p(x) - 2\delta_p c_p^u\right) + 1}, \; p = 1\,(1)\,m$$

$x \in X$

Für jedes 2-Tupel $(x; p) \in X \times \{1, \ldots m\}$ ist $\mu_p(x) < 1$. Deshalb erhält man mit einer optimalen unscharfen Entscheidung $x' \in X$ wegen $\lambda' = \min_{p = 1 (1) m} \left(\mu_p(x') \right)$ immer $\lambda' < 1$. Wegen $X \subseteq R^n$ ist auch die Bedingung $\lambda \geq 0$ redundant.

Über die streng monoton wachsende Funktion $T : [0;1[\rightarrow T(y) := ln\left(\frac{1+y}{1-y}\right)$ erhält man aufgrund der Assoziativität der Verknüpfungsoperation $\circ$ eine Abbildung $T \circ \mu_p : R^n \rightarrow \left(T \circ \mu_p\right)(x) = 2\left(\delta_p f_p(x) - \delta_p c_p^u\right)$. Wegen Satz 3.8 errechnet man über das folgende lineare Ersatzprogramm eine optimale unscharfe Entscheidung bezüglich der vorgenannten Höhenpräferenzordnungen:

$$\max \alpha$$

u.d.N.

$$\alpha \leq 2\left(\delta_p f_p(x) - \delta_p c_p^u\right), \; p = 1 (1) m$$

$$x \in X$$

Nur für $\delta_i (c_i^o - c_i^u) = \delta_j (c_j^o - c_j^u)$, $i, j \in \{1, \ldots m\}$, $i \neq j$, sind die Transformationsfunktionen $T_p : [0;1[\rightarrow T_p(y) := \frac{1}{2\delta_p (c_p^o - c_p^u)} ln\left(\frac{1+y}{1-y}\right)$ identisch und nach Satz 3.8 zeigt man mit $T_p \circ \mu_p : R^n \rightarrow \left(T_p \circ \mu_p\right)(x) = \frac{f_p(x) - c_p^u}{c_p^o - c_p^u}$ die Äquivalenz zum Ansatz von ZIMMERMANN.

3.5.3.5 Zugehörigkeitsfunktionen mit ertragsgesetzlichem Verlauf

In Anlehnung an das aus der Produktionstheorie bekannte Ertragsgesetz kann man auch einen abwechselnd konvexen und dann konkaven Funktionsverlauf als Ausdrucksform menschlicher Präferenzen unterstellen.[42] Hier bietet sich die Explizierung der Präferenzen durch die folgende Funktionsvorschrift **(3.22)** an, die von LEBERLING vorgeschlagen wird:[43]

42 Im Hinblick auf das Steigungsverhalten besteht nur in einem Teilbereich prinzipielle Übereinstimmung zwischen dem Verlauf einer Zugehörigkeitsfunktion und dem einer substitutionalen Produktionsfunktion, weil dort eine Steigerung der Faktoreinsatzmenge ab einem bestimmten Niveau zu einer Reduzierung des Outputs führt. Vgl. z.B. *D. Adam*, (1993b), S. 161 f., *E. Helmstädter*, (1983), S. 119.

43 Vgl. *H. Leberling*, (1981), S. 112, Leberling, (1983), S. 408.

$$\eta_p : f_p(x) \to \eta_p\big(f_p(x)\big) := \frac{1}{2}\,tanh\Big(\delta_p\, f_p(x) - \frac{1}{2}\delta_p\,(c_p^u + c_p^o)\Big) + \frac{1}{2}\,,\ \delta_p > 0$$

Es ergibt sich der folgende prinzipielle Funktionsverlauf:

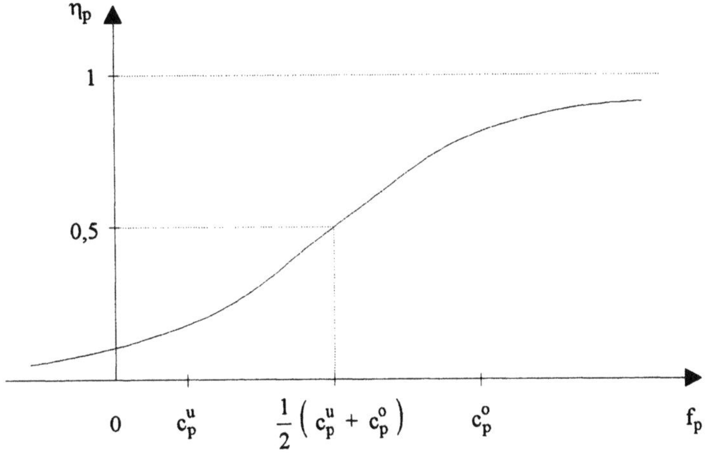

Das führt zum nachstehenden Modell zur Ermittlung optimaler unscharfer Entscheidungen:

max λ

u.d.N.

$$\lambda \leq \frac{1}{1 + exp\ (\delta_p\,(c_p^u + c_p^o - 2\,f_p(x)))}\ ,\ p = 1\,(1)\,m$$

$x \in X$

Für jedes 2-Tupel $(x;p) \in X \times \{1,\ldots m\}$ ist $0 < \mu_p(x) < 1$. Deshalb folgt mit einer optimalen unscharfen Entscheidung $x' \in X$ wegen $\lambda' = \min_{p=1(1)m}\big(\mu_p(x')\big)$ immer $0 < \lambda' < 1$.[44]

44 Vgl. *H. Leberling*, (1981), S. 114.

Über die streng monoton wachsende Funktion $T:]0;1[\rightarrow T(y) := ln\left(\frac{y}{1-y}\right)$ erhält man aufgrund der Assoziativität der Verknüpfungsoperation $\circ$ eine Abbildung $T \circ \mu_p : \mathsf{R}^n \rightarrow (T \circ \mu_p)(x) = \delta_p\left(2\, f_p(x) - c_p^u - c_p^o\right)$ und errechnet nach Satz 3.8 über das nachstehende lineare Ersatzprogramm die optimalen unscharfen Entscheidungen:

max α

u.d.N.

$\alpha \leq \delta_p\left(2\, f_p(x) - c_p^u - c_p^o\right),\ p = 1\,(1)\, m$

$x \in X$

Nur für $\delta_i\,(c_i^o - c_i^u) = \delta_j\,(c_j^o - c_j^u),\ i,j \in \{1,\ldots m\},\ i \neq j$, sind die Transformationsfunktionen $T_p:]0;1[\rightarrow T_p(y) := \frac{1}{2\,\delta_p\,(c_p^o - c_p^u)}\, ln\left(\frac{y}{1-y}\right) + \frac{1}{2}$ identisch.

Mit der Abbildung $T_p \circ \mu_p : \mathsf{R}^n \rightarrow (T_p \circ \mu_p)(x) = \frac{f_p(x) - c_p^u}{c_p^o - c_p^u}$ und Satz 3.8 erkennt man die Äquivalenz zum Ansatz von ZIMMERMANN.

3.5.4 Zusammenfassende Beurteilung der Zugehörigkeitsfunktionen

3.5.4.1 Lineare Zugehörigkeitsfunktionen

1. Es läßt sich direkt ein lineares Ersatzmodell aufstellen, das mit dem Simplexalgorithmus gelöst werden kann. Das Kriterium der Lösungseffizienz ist damit erfüllt.

2. Das 1. GOSSENsche Gesetz unterstellt mit steigendem/fallendem Niveau einen abnehmenden Grenznutzen und wird deshalb durch lineare Zugehörigkeitsfunktionen, die einen konstanten Grenznutzen abbilden, nicht präzise wiedergegeben. Dennoch läßt sich hiermit die Existenz eines Anspruchsniveaus im Sinne einer untersten Grenze vollständiger Zufriedenheit sinnvoll begründen,[45] so daß dieser Erklärungsansatz in bezug hierauf mit hinreichender Genauigkeit abgebildet wird.

---

45 Vgl. S. 25 f.

3. Das klassische Ertragsgesetz wird durch lineare Zugehörigkeitsfunktionen bestenfalls in einem Kernbereich um den Wendepunkt annähernd erfaßt. Lineare Zugehörigkeitsfunktionen verwendet man aber nicht aufgrund der Annahme, hiermit menschliche Präferenzen zutreffend abbilden zu können, sondern wegen der Einsicht, daß eine stärkere Strukturierung des Problems nicht möglich ist.[46]

4. Die in Beispiel 3 geschilderte Vorgehensweise zur Ermittlung der Werte c_p^o bzw. c_p^u berücksichtigt objektive Ressourcenbeschränkungen. Das Ergebnisniveau c_p^o bzw. jeder nicht akzeptierte Ergebniswert wird als vollständig zufriedenstellend bzw. vollständig nicht zufriedenstellend eingestuft. Dieses Bewertungsverhalten ist Ausdruck eines Lernprozesses gemäß der Theorie kognitiver Dissonanzen. Andererseits liegt ein Nachteil in der Gleichbewertung zwischen der Akzeptanzgrenze c_p^u und den nicht akzeptierten Ergebnissen. Dieser Nachteil ist aber wegen der Restriktion $\lambda \geq 0$ ohne Bedeutung.

5. Jede zulässige Veränderung der Parameter c_p^u und/oder c_p^o führt zu einer impliziten Gewichtsveränderung im Zielsystem, wie die Grenznutzenfunktion verdeutlicht:

$$\frac{d\eta_p}{d(f_p(x))} = \frac{1}{c_p^o - c_p^u}$$

Durch eine Verringerung von c_p^o und/oder Erhöhung von c_p^u steigt das Niveau der Grenznutzenfunktion im *gesamten Intervall* der zulässigen Ergebnisausprägungen. Der Entscheidungsträger muß dieses Ziel bei der Entscheidungsfindung stärker beachten, weil *jede* zulässige Variation eines Ergebnisniveaus zu einer stärkeren Veränderung des Zielerreichungsgrades führt als vor der Parametervariation. Also wird das p-te Ziel ceteris paribus im Zielsystem stärker gewichtet. Dabei muß man beachten, daß bei einer ursprünglichen Restriktion eine Variation der Akzeptanzgrenze c_p^u nur in *eine* Richtung möglich ist, um die Durchsetzbarkeit einer Alternative zu gewährleisten.

3.5.4.2 Konvexe Zugehörigkeitsfunktionen

Es wird hier ein konvexer Funktionsverlauf gemäß (3.20) vorausgesetzt.

1. Das nichtlineare Ersatzmodell ist äquivalent zu einem LO-Ansatz. Mit der Angabe eines Grenzwertes c_p^o und eines Parameters δ_p kann eine optimale unscharfe Entscheidung problemlos berechnet werden, ohne daß die entsprechende Präferenzstruktur expliziert werden muß. Damit ist das Kriterium der Lösungseffizienz erfüllt.

---

46 Vgl. *J. Wolf*, (1988a), S. 42.

2. Konvexe Zugehörigkeitsfunktionen bilden das 1. GOSSENsche Gesetz nicht ab, weil mit steigenden/fallenden Ergebniswerten der Grenznutzen steigt.

3. Das klassische Ertragsgesetz wird durch konvexe Zugehörigkeitsfunktionen nur dann präzise abgebildet, wenn die optimale Ergebnisausprägung höchstens auf dem Niveau des Wendepunktes liegt.

4. Dem Ergebnisniveau c_p^o wird der Zielerreichungsgrad *eins* zugewiesen. Man unterstellt damit einen Lernprozeß im Sinne der Theorie kognitiver Dissonanzen. Weiterhin ist es vorteilhaft, daß der Akzeptanzgrenze c_p^u immer ein positiver Zielerreichungsgrad zugewiesen wird, der durch eine Erhöhung von δ_p und/oder c_p^o reduziert werden kann. Ein weiterer Vorteil besteht darin, daß jedes nicht akzeptierte Ergebnis schlechter bewertet wird als die Akzeptanzgrenze c_p^u. Andererseits ist es ein Nachteil, allen nicht akzeptierten Ergebnissen positive Nutzenwerte zuzuweisen, was insbesondere im Fall der ursprünglichen Restriktionen im Widerspruch zur Theorie kognitiver Dissonanzen steht. Das ist aber ohne Bedeutung, weil alle Handlungsalternativen, die zu einem unzulässigen Restriktionsniveau führen, aus dem Lösungsraum ausgeschlossen sind.

5. Auch hier kann über die Parameter δ_p und c_p^o eine implizite Gewichtung im Zielsystem vorgenommen werden. Die Grenznutzenfunktion lautet:

$$\frac{d\eta_p}{d(f_p(x))} = \frac{\delta_p}{exp(\delta_p(c_p^o - f_p(x)))}$$

Eine Verringerung von c_p^o führt ceteris paribus immer zu einer stärkeren Gewichtung des p-ten Zieles im Zielsystem. Eine Erhöhung des δ_p-Niveaus bewirkt das im allgemeinen nur unter der Bedingung, daß die Niveauerhöhung innerhalb des Intervalls $\left]0 ; (c_p^o - c_p^u)^{-1}\right]$ stattfindet. Die folgenden Überlegungen zeigen das:

Eine Aussage über die Veränderungsrichtung des Grenznutzens durch eine Anhebung des δ_p-Niveaus bezieht sich immer auf einen *Punktwert* $f_p(\dot{x})$, weil ein steigendes δ_p um so eher zu einer Verringerung des Grenznutzens führt, je größer die Differenz $c_p^o - f_p(\dot{x})$ ist. Punktbezogene Aussagen über die Veränderungsrichtung der Grenznutzenfunktion $\frac{d\eta_p}{df_p(x)}$ ermittelt man über eine Veränderung von δ_p bei konstantem Punktwert $f_p(\dot{x})$. Diese Funktion besitzt an der Stelle $\delta_p = (c_p^o - f_p(\dot{x}))^{-1}$ ein absolutes Maximum, wie die folgende Rechnung belegt:

Man ermittelt die Nullstelle der 1. Ableitung wie folgt:

$$\frac{\mathbf{d}\left(\frac{d\,\eta_p}{d(f_p(x))}\right)}{\mathbf{d}\,\delta_p} = 0$$

$$\Leftrightarrow \quad exp\left(\delta_p\,(f_p(\dot{x}) - c_p^o)\right)\cdot\left[1 + \delta_p\,(f_p(\dot{x}) - c_p^o)\right] = 0$$

$$\Leftrightarrow \quad 1 + \delta_p\,(f_p(\dot{x}) - c_p^o) = 0$$

$$\Leftrightarrow \quad \delta_p = \left(c_p^o - f_p(\dot{x})\right)^{-1} \;; \quad \text{hier: } f_p(\dot{x}) < c_p^o$$

Mit der 2. Ableitung wird die hinreichende Bedingung für das Vorliegen eines Extrempunktes an der Stelle $\delta_p = \left(c_p^o - f_p(\dot{x})\right)^{-1}$ überprüft:

$$\frac{\mathbf{d}^2\left(\frac{d\,\eta_p}{d\,(f_p(x))}\right)}{\mathbf{d}\,\delta_p^2} =$$

$$(f_p(\dot{x}) - c_p^o)\cdot\left[2exp\left(\delta_p(f_p(\dot{x}) - c_p^o)\right) + \delta_p(f_p(\dot{x}) - c_p^o)\,exp\left(\delta_p(f_p(\dot{x}) - c_p^o)\right)\right]$$

$$\Rightarrow \quad \frac{\mathbf{d}^2\left(\frac{d\,\eta_p}{d(f_p(x))}\right)}{\mathbf{d}\,\delta_p^2}\left(\left(c_p^o - f_p(\dot{x})\right)^{-1}\right) = \frac{f_p(\dot{x}) - c_p^o}{e} < 0$$

An der Stelle $\delta_p = \left(c_p^o - f_p(\dot{x})\right)^{-1}$ besitzt die Grenznutzenfunktion $\frac{d\,\eta_p}{d\,f_p(x)}$ in diesem Fall ein absolutes Maximum. Eine Erhöhung des δ_p-Niveaus innerhalb des Intervalls $\left]\,0\,;\left(c_p^o - f_p(\dot{x})\right)^{-1}\right]$ führt wegen der Bedingung $\delta_p > 0$ bei der Grenznutzenfunktion $\frac{d\,\eta_p}{d\,f_p(x)}$ an der Stelle $f_p(\dot{x})$ zu einem Anstieg. Hinsichtlich des relevanten Ergebnisintervalls $\left[\,c_p^u\,;\,c_p^o\,\right]$ führt eine beliebige Erhöhung von δ_p innerhalb des Bereichs $\left]\,0\,;\left(c_p^o - c_p^u\right)^{-1}\right]$ zu einer Erhöhung des Grenznutzenniveaus an jeder Stelle $f_p(\dot{x}) \in \left[\,c_p^u\,;\,c_p^o\,\right]$, weil gilt:

- $\left]\, 0 \,;\, (c_p^o - c_p^u)^{-1} \right] \subseteq \left]\, 0 \,;\, (c_p^o - f_p(\dot{x}))^{-1} \right],\; c_p^u \leq f_p(\dot{x}) < c_p^o$

- $\dfrac{d\,\eta_p}{d\big(f_p(x)\big)} = \delta_p \quad \Leftrightarrow \quad f_p(\dot{x}) = c_p^o$

3.5.4.3 Konkave Zugehörigkeitsfunktionen

Es wird hier ein konkaver Funktionsverlauf gemäß (3.21) vorausgesetzt.

1. Es gelten die gleichen Überlegungen wie unter Punkt 1 aus Abschnitt 3.5.4.2. Für die Berechnung einer optimalen unscharfen Entscheidung müssen nur die Parameter c_p^u und δ_p bekannt sein.

2. Das 1. GOSSENsche Gesetz wird durch eine konkave Zugehörigkeitsfunktion präzise abgebildet.

3. Das klassische Ertragsgesetz wird durch konkave Zugehörigkeitsfunktionen nur dann präzise erfaßt, wenn die Akzeptanzgrenze mindestens auf dem Niveau des Wendepunktes liegt.

4. Das Ergebnis c_p^o wird nicht als vollständig zufriedenstellend bewertet. Insbesondere für die ursprünglichen Zielfunktionen ist das nicht mit dem Erklärungsansatz der Theorie kognitiver Dissonanzen zu vereinbaren. Die Möglichkeit, in einen beliebig kleinen Grenzbereich vollständiger Zugehörigkeit vordringen zu können, ist praktisch ohne Bedeutung, weil in der Regel nur ein begrenztes Zielniveau erreicht wird. Dieses kann aber durch eine Erhöhung von δ_p und/oder eine Verringerung von c_p^u höher bewertet werden, so daß sich der vorstehende Nachteil abschwächt. Hinsichtlich der Bewertung der Akzeptanzgrenze c_p^u sowie der nicht akzeptierten Ergebnisausprägungen gelten die gleichen Überlegungen wie unter Punkt 4 aus Abschnitt 3.5.4.1. Der Nachteil einer Gleichbewertung zwischen der Akzeptanzgrenze c_p^u und allen nicht akzeptierten Ergebnissen ist bedeutungslos, weil letztere durch entsprechende Restriktionen als Lösung ausscheiden.

5. Die Grenznutzenfunktion lautet wie folgt:

$$\frac{d\,\eta_p}{d(f_p(x))} = \frac{4\,\delta_p}{\left[\, exp\big(\delta_p\,(f_p(x) - c_p^u)\big) + exp\big(-\,\delta_p\,(f_p(x) - c_p^u)\big)\right]^2}$$

Deren 1. Ableitung gibt Aufschluß über den Verlauf der Grenznutzenfunktion bei einer Variation von c_p^u und konstantem Punktwert $f_p(\dot{x})$.

$$\frac{\mathbf{d}\left(\dfrac{d\,\eta_p}{d\,(f_p(x))}\right)}{\mathbf{d}\,c_p^u} =$$

$$\frac{(-8\,\delta_p^2)\cdot\left[exp\left(-\,\delta_p\,(f_p(\dot{x})-c_p^u)\right)-exp\left(\delta_p\,(f_p(\dot{x})-c_p^u)\right)\right]}{\left[exp\left(\delta_p\,(f_p(\dot{x})-c_p^u)\right)+exp\left(-\,\delta_p\,(f_p(\dot{x})-c_p^u)\right)\right]^3}$$

Man errechnet:

$$\frac{\mathbf{d}\left(\dfrac{d\,\eta_p}{d(f_p(x))}\right)}{\mathbf{d}\,c_p^u} \begin{matrix} > \\ = \\ < \end{matrix} 0 \quad \Leftrightarrow \quad f_p(\dot{x}) \begin{matrix} > \\ = \\ < \end{matrix} c_p^u$$

Die Grenznutzenfunktion $\dfrac{d\,\eta_p}{d\,f_p(x)}$ besitzt an der Stelle $c_p^u = f_p(\dot{x})$ ein absolutes Maximum. Jede Veränderung des Parameters c_p^u führt somit unter der Bedingung $c_{p(\,neu\,)}^u \in \left]\, c_{p(\,alt\,)}^u ;\; f_p(\dot{x}) \,\right]$ im allgemeinen zu einer Steigerung des Grenznutzens an den Stellen $f_p(x') \in \left[\, f_p(\dot{x}) ; \infty \right[$, weil gilt:

$$\left]\, c_{p(\,alt)}^u ;\; f_p(\dot{x}) \,\right] \subseteq \left]\, c_{p(\,alt)}^u ;\; f_p(x') \,\right], \;\; f_p(\dot{x}) \leq f_p(x')$$

Nur wenn der Bereich einer Parametervariation entsprechend eingeschränkt wird, sind allgemeingültige Aussagen über die Zunahme des Grenznutzens in einem *Teilbereich* aller relevanten Ergebnisausprägungen möglich. Damit kann *ein* Variationsspielraum, innerhalb dessen eine Erhöhung von c_p^u *immer* zu einer Grenznutzensteigerung führt, hier nicht angegeben werden. Man kann also nur bei einer geeigneten Beschränkung des Ergebnisraumes von einer impliziten Höhergewichtung des p-ten Zieles im Zielsystem sprechen.

Jede Erhöhung des δ_p-Niveaus bedingt einerseits an der Stelle $f_p(\dot{x}) = c_p^u$ einen Zuwachs des Grenznutzens, während andererseits an einer beliebig großen Stelle $f_p(x')$ das Grenznutzenniveau sinkt. Aussagen über die Richtung einer Grenznutzenveränderung sind hier nur fallbezogen möglich.

3.5.4.4 Ertragsgesetzliche Zugehörigkeitsfunktionen

Es wird ein ertragsgesetzlicher Funktionsverlauf gemäß (3.22) vorausgesetzt.

1. Wenn dem Entscheidungsträger die Parameter c_p^u, c_p^o und δ_p bekannt sind, dann wird mit dem entsprechenden äquivalenten linearen Ansatz eine optimale unscharfe Entscheidung errechnet. Das Kriterium der Lösungseffizienz ist erfüllt.

2. Eine ertragsgesetzliche Funktion bildet das 1. GOSSENsche Gesetz nur für Ergebnisse ab dem Wendepunkt präzise ab.

3. Das klassische Ertragsgesetz wird mit Ausnahme des hier unbedeutenden Bereichs absoluter Abnahme präzise abgebildet. Empirische Untersuchungen haben ergeben, daß s-förmige Zugehörigkeitsfunktionen meistens die Präferenzen zutreffend abbilden.[47]

4. Der Grenzwert c_p^o wird nicht als vollständig zufriedenstellend bewertet. Es gelten hier die gleichen Aussagen wie im Zusammenhang mit konkaven Zugehörigkeitsfunktionen. Die Vor- bzw. Nachteile der Bewertung einer Akzeptanzgrenze c_p^u bzw. der nicht akzeptierten Ergebnisse gelten hier entsprechend den Ausführung im Zusammenhang mit konvexen Zugehörigkeitsfunktionen.

5. Die Grenznutzenfunktion lautet mit $z := \delta_p\left(f_p(x) - \frac{1}{2}c_p^u - \frac{1}{2}c_p^o \right)$ wie folgt:

$$\frac{d\,\eta_p}{d(f_p(x))} = \frac{2\,\delta_p}{[\,exp(z) + exp(-z)\,]^2}$$

Deren Verlauf bei Variation von c_p^u und konstantem Punktwert $f_p(\dot{x})$ ermittelt man durch Ableitung der vorstehenden Grenznutzenfunktion nach dem Parameter c_p^u. Es sei $\dot{z} := \delta_p\left(f_p(\dot{x}) - \frac{1}{2}c_p^u - \frac{1}{2}c_p^o \right)$. Dann ergibt sich:

47 Vgl. *H.M. Hersh / A. Caramazza*, (1976), S. 254 - 276.

$$\frac{\mathbf{d}\left(\dfrac{d\,\eta_p}{d(f_p(x))}\right)}{\mathbf{d}\,c_p^u} = \frac{2\,\delta_p^2 \cdot [\,exp(\dot z) - exp(-\dot z)\,]}{[\,exp(\dot z) + exp(-\dot z)\,]^3}$$

und erhält:

$$\frac{\mathbf{d}\left(\dfrac{d\,\eta_p}{d(f_p(x))}\right)}{\mathbf{d}\,c_p^u} \begin{matrix} > \\ = \\ < \end{matrix} 0 \quad \Leftrightarrow \quad 2 \cdot f_p(\dot x) - c_p^o \begin{matrix} > \\ = \\ < \end{matrix} c_p^u.$$

Die Grenznutzenfunktion $\frac{d\,\eta_p}{d\,f_p(x)}$ besitzt an der Stelle $c_p^u = 2 \cdot f_p(\dot x) - c_p^o$ ein absolutes Maximum. Jede Veränderung des Parameters c_p^u führt somit unter der Bedingung $c_{p(\text{neu})}^u \in \left]\, c_{p(\text{alt})}^u \,;\, 2 \cdot f_p(\dot x) - c_p^o \,\right]$ im allgemeinen zur Steigerung des Grenznutzens an jeder Stelle $f_p(x') \in \left[\, f_p(\dot x) ; \infty \right[$. Es werden ausschließlich Ergebniswerte $f_p(\dot x) > 2^{-1} \cdot \left(c_{p(\text{alt})}^u + c_p^o \right)$ betrachtet, weil nur unter dieser Bedingung der Variationsspielraum mehrelementig ist. Nach der Festlegung einer Variationsbreite sind allgemeingültige Aussagen über eine Zunahme des Grenznutzens nur hinsichtlich eines kleineren Teilbereichs als unter Punkt 5 in Abschnitt 3.5.4.3 möglich. Das erkennt man wie folgt:

Es sei ein Variationsspielraum $\left]\, c_{p(\text{alt})}^u \,;\, v \,\right]$ vorgegeben. Bei Verwendung s-förmiger Zugehörigkeitsfunktionen der Form (3.22) steigt das Grenznutzenniveau an jeder Stelle $f_p(\dot x) \in \left[\, 2^{-1} \cdot (v + c_p^o) \,;\, \infty \,\right[$. Sofern man konkave Zugehörigkeitsfunktionen der Form (3.21) verwendet, steigt der Grenznutzen an jeder Stelle $f_p(\dot x) \in [\, v ; \infty [$. Aus $v < c_p^o$ folgt dann: $\left[\, 2^{-1} \cdot (v + c_p^o) \,;\, \infty \,\right[\;\subset\; [\, v \,;\, \infty [$.

Ansonsten gelten für eine Erhöhung des Parameters c_p^u die entsprechenden Aussagen wie im Zusammenhang mit konkaven Zugehörigkeitsfunktionen der Form (3.21). Die vorstehenden Überlegungen lassen sich analog auf eine Variation des Parameters c_p^o übertragen. Aussagen über die Richtung einer Grenznutzenveränderung bei einer Erhöhung des δ_p-Niveaus sind nur fallbezogen möglich.

4 Algorithmische Entscheidungsunterstützung der operativen Produktionsprogrammplanung

4.1 Die unterschiedlichen Stufen der Produktionsprogrammplanung

Die Aufgabenbereiche des Produktionsmanagements können wie folgt strukturiert werden:

1. Gemäß dem Kriterium der *Nachhaltigkeit der Erfolgswirkungen* unterscheidet man zwischen strategischem, taktischem und operativem Produktionsmanagement. Während das strategische Produktionsmanagement Grundsatzentscheidungen trifft und damit den Unternehmenserfolg am nachhaltigsten beeinflußt, sind im operativen Produktionsmanagement permanent Anpassungsentscheidungen erforderlich, die unter Beachtung strategischer und taktischer Zielvorgaben getroffen werden müssen.

2. Nach der *zeitlichen Abfolge innerhalb des Leistungsprozesses* kann man die folgende Unterteilung vornehmen: Die Produktionsprogrammplanung bildet mit allen Aktivitäten zur Bestimmung eines wettbewerbsfähigen Produktionsprogramms die Ausgangsbasis für die Produktionsfaktor- und die Prozeßplanung. Während sich letztere auf die Gestaltung des Produktionsablaufs bezieht, stehen bei der Produktionsfaktorplanung Entscheidungen im Zusammenhang mit den benötigten Potential- und Repetierfaktoren im Vordergrund.[1]

Aus der Kombination der vorstehenden Bereiche ergibt sich ein konzeptioneller Rahmen des Produktionsmanagements. Zwischen den neun Feldern bestehen vielfältige Interdependenzen, die eine Koordination der arbeitsteilig zu bewältigenden Aufgabenbereiche erfordern. Deshalb ist eine zeitliche und hierarchische Anordnung der Teilbereiche nicht möglich. Die weiteren Ausführungen konzentrieren sich schwerpunktmäßig auf die Produktionsprogrammplanung.

4.1.1 Strategische Produktionsprogrammplanung

Das oberste Unternehmensziel ist in der Regel die langfristige der Existenzsicherung. Diese globale Zielausrichtung erfordert eine möglichst gute Koordination zwischen den Aktivitäten aller Zentralbereiche, wobei insbesondere vor dem Hintergrund weitgehend gesättigter Märkte eine kundenorientierte Abstimmung zwischen den Bereichen Produktion und Absatz im Vordergrund steht. Wesensmerkmal jeder strategischen Unternehmensplanung ist eine flexible Anpassung des Unternehmens an sich ändernde Umweltbedingungen. Deshalb müssen

---

1 Vgl. *H. Corsten*, (1994), S. 10 - 13.

sowohl die Unternehmensumwelt als auch das Unternehmen selbst permanent beobachtet und Veränderungstendenzen analysiert werden.

Diese können im Zuge einer **Umweltanalyse** für eine Vielzahl unternehmensrelevanter Einflußfaktoren festgestellt werden:

Unter **ökonomischen Umweltbedingungen** versteht man die gesamtwirtschaftliche und die Branchenentwicklung sowie die durch den Absatz- und den Beschaffungsmarkt vorgegebenen Bedingungen. Eine Analyse der gesamtwirtschaftlichen Entwicklung liefert beispielsweise Daten über die Einkommensentwicklung und -verwendung sowie die Altersstruktur der Bevölkerung und damit einen ersten Anhaltspunkt für eine zielgruppenorientierte Marktbearbeitung. Die Beobachtung der Branchenentwicklung ist dagegen spezieller und bringt vor allem Erkenntnisse über die Umsatzentwicklung in einzelnen Produktfeldern und die Innovationsgeschwindigkeit, die *ein* Anhaltspunkt für zukünftige Anstrengungen im Bereich Forschung & Entwicklung ist. Durch die Beobachtung der Beschaffungsmärkte verschafft man sich unter anderem einen Überblick über Konzentrationstendenzen auf den Faktormärkten (z.B. Rohstoff-, Arbeits-, Kapitalmarkt), um so drohenden Abhängigkeiten entgegenzuwirken. Mit der Untersuchung der Absatzmärkte sollte man beispielsweise Veränderungen in der Nachfrage- und der Angebotsstruktur aufdecken, um auch hier geeignete Maßnahmen für einen langfristigen Unternehmenserhalt treffen zu können. Während die spezifischen Bedingungen auf den Beschaffungsmärkten restriktive Rahmenbedingungen weitgehend festlegen, wirken die Gegebenheiten auf den Absatzmärkten gestaltend im Sinne inhaltlicher Anforderungen an ein zukünftiges Produktionsprogramm. Die **technologische Umwelt** ist hauptsächlich in der strategischen Unternehmensplanung der Investitionsgüterindustrie von Bedeutung. Im Vordergrund steht der *Stand der Technik* in bezug auf Produkt- und Verfahrensinnovationen. Ein wichtiger Aspekt bei der Beurteilung einer Innovation ist der Zeitraum, der bis zur marktlichen Verwertung einer Idee vergeht. **Sozio-kulturelle Faktoren** umfassen vor allem gesellschaftliche Wertvorstellungen. Beispiele hierfür sind das hohe Umweltbewußtsein potentieller Kunden und eine Arbeitseinstellung, bei der die Sinnerfüllung einer Tätigkeit im Mittelpunkt steht. Veränderungen sozio-kultureller Faktoren können sich sowohl auf den externen Bereich (z.B. Absatzmarkt) als auch auf den internen Unternehmensbereich (z.B. Arbeitsorganisation) auswirken. Ein Wertewandel vollzieht sich zumeist kontinuierlich und wird deshalb möglicherweise nicht rechtzeitig erkannt. Die Folge ist dann eine Unternehmenspolitik, welche diesen Veränderungen nicht Rechnung trägt, zu einem irreversiblen Imageverlust führen kann und sich damit unter Umständen bestandsgefährdend auswirkt. **Gesetzliche Rahmenbedingungen** sind branchenunabhängig zu beachten und beziehen sich entweder auf den internen Unternehmensbereich (z.B. Arbeits- und Tarifvertragsrecht) oder regeln die Beziehungen zur Umwelt (z.B. Konjunkturpolitik, Steuergesetzgebung).[2]

---

2 Hierbei handelt es sich um ausgewählte Aspekte einer strategischen Unternehmensplanung ohne Anspruch auf Vollständigkeit. Zu Umweltbedingungen vgl. *H. Kreikebaum*, (1991), S. 33 - 39.

Interne Veränderungstendenzen werden in einer **Unternehmensanalyse** erfaßt:

Im Zuge einer **Stärken- und Schwächenanalyse** identifiziert man diejenigen Potentiale, die sich zu *zukünftigen* Stärken und Schwächen entwickeln können. Beispielsweise kann ein flächendeckendes Vertriebsnetz eine potentielle Schwäche darstellen, wenn man den Rückzug aus geographischen Märkten beabsichtigt. Es ist unmittelbar klar, daß eine Stärken- und Schwächenanalyse eine möglichst genaue Antizipierung der zukünftigen Umweltentwicklung erfordert.[3] Das Denkprinzip einer **Lückenanalyse** besteht darin, daß man die geplante Entwicklung einer Zielgröße (z.B. Umsatz, Gewinn, RoI) mit dem prognostizierten Zielbeitrag der *gegenwärtigen* Eigen- sowie Konkurrenzaktivitäten vergleicht.[4] Eine auftretende strategische Lücke signalisiert also die Notwendigkeit, deren Realisierung durch Veränderungen des marktbezogenen Status quo zu verhindern. Eine grundsätzliche Strukturierung strategischer Stoßrichtungen liefert die Produkt-Markt-Matrix nach ANSOFF. Danach sind die folgenden strategischen Optionen denkbar, die man in der nachstehenden Reihenfolge abnehmender Wirksamkeit in bezug auf eine Lückenschließung verfolgen sollte:

- Eine Marktdurchdringungsstrategie beinhaltet die Ausschöpfung des Marktpotentials *bisheriger* Produkte auf *bestehenden* Märkten. Eine gezielte Marktbearbeitung führt im günstigsten Fall zu einer intensiveren Produktnutzung durch den alten Kundenstamm sowie zur Gewinnung neuer Kunden, die entweder von der Konkurrenz abspringen oder neu in diesen Markt eintreten.

- Im Zuge einer Marktexpansionsstrategie werden für *bisherige* Produkte *neue* Märkte und/oder Marktsegmente erschlossen.

- Mit Produktentwicklungen beabsichtigt man die Einführung *neuer* Produkte und/oder Produktversionen auf *erschlossenen* Absatzmärkten.

- Das Ziel einer Diversifikationsstrategie ist eine Risikostreuung, indem *neue* Produkte auf bisher *nicht erschlossenen* Absatzmärkten angeboten werden. Eine horizontale Diversifikation bedeutet eine Erweiterung des bestehenden Produktionsprogramms um Produkte, die mit dem bisherigen Absatzprogramm in einem sachlichen Zusammenhang stehen (z.B. gleiche Werkstoffe, gleicher Abnehmerkreis). Ziel einer vertikalen Diversifikation ist eine Vertiefung der Produktpalette durch Angliederung vor- bzw. nachgelagerter Produktionsstufen. Das führt zu einer Stärkung der Marktposition durch eine Reduzierung der Abhängigkeit gegenüber Lieferanten bzw. Abnehmern. Unter einer lateralen Diversifikation versteht man eine Erweiterung des bisherigen Produktionsprogramms um fremde Produkte.[5]

---

3 Vgl. *H. Kreikebaum*, (1991), S. 44 f.

4 Vgl. *R. Marr / A. Picot*, (1991), S. 659.

5 Vgl. *H.I. Ansoff*, (1957), S. 114, *H.I. Ansoff*, (1965), S. 109 f., *H.I. Ansoff*, (1966), S. 132.

Vor dem Hintergrund einer durchgeführten Umwelt- und Unternehmensanalyse liegen die Nachteile einer Lückenanalyse einerseits in der einseitig auf Wachstum ausgerichteten Sichtweise, die eine Rückzugs- und Stabilisierungsstrategie als eventuell notwendige Option nicht berücksichtigt.[6] Andererseits fehlen Gewinn- und Sicherheitskriterien, die sich auf die *Struktur* eines strategischen Produktionsprogramms beziehen.[7] Weiterhin bietet die Lückenanalyse keine Hilfestellung hinsichtlich der *zeitlichen Abfolge* von Entscheidungen über das zukünftige Produktionsprogramm.

Eine andere Methodik bei der Strategiesuche ist das **Portfoliomanagement**. Dies erfordert in einem ersten Schritt die Aufteilung des unternehmerischen Betätigungsfeldes in SGE's, die jeweils *eine* Produkt-Marktkombination darstellen und einen eigenständigen Beitrag zum Unternehmenserfolg beisteuern müssen.[8] Zweiter Schritt ist die Bestimmung eines umwelt- und eines unternehmensbezogenen Faktors. Hierbei kann es sich jeweils um eine Einzel- oder um eine aggregierte Größe handeln, die in jedem Fall erheblichen Einfluß auf das Erfolgspotential einer SGE ausüben muß. Diese Bewertungskriterien werden jeweils in zwei bzw. drei Klassen aufgeteilt und bilden in ihrer Kombination eine Vier- bzw. Neunfeldermatrix. Für jedes Feld einer Portfoliomatrix wird eine Normstrategie entwickelt, die aufgrund der allgemeinen Formulierung einer speziellen Entscheidungssituation angepaßt und operational gestaltet werden muß.[9] Man unterscheidet zwischen Investitions-, Desinvestitions- bzw. Abschöpfungsstrategien und selektiven Strategien. Eine Investitionsstrategie empfiehlt sich für Produkte in der Reifephase, die auf einem Wachstumsmarkt angeboten werden. Von einer Desinvestitionsstrategie sind in der Regel ältere Produkte auf einem weniger attraktiven Markt betroffen. Diese Produkte verbleiben im Produktionsprogramm, sofern ohne Kapitalzuflüsse positive Deckungsbeiträge erwirtschaftet werden. Für SGE's, deren Produkt-Marktkombination nicht eindeutig beurteilt werden kann, empfiehlt sich eine selektive Strategie, die situativ als Offensiv-, Defensiv- oder Übergangsstrategie ausgestaltet wird. Weiterhin werden in einem strategischen Zielportfolio gewünschte Positionsveränderungen der SGE's so koordiniert, daß der Kapitalbedarf bedürftiger SGE's durch mittelfreisetzende SGE's gedeckt wird.[10] Für die strategische Absatzplanung wurde das Marktwachstum-Marktanteil-Portfolio (Boston Consulting Group) und das Marktattraktivität-Wettbewerbsvorteil-Portfolio (McKinsey) entwickelt. Das zuerst genannte steht im engen Zusammenhang mit dem Erfahrungskurvenkonzept und betrachtet das Marktwachstum bzw. den im Vergleich zum stärksten Mitkonkurrenten relativen Marktanteil einer SGE als *den* umwelt- bzw. unternehmensbezogenen Erfolgsfaktor.[11] Beide Erfolgsdimensionen unterteilt man in zwei

---

6 Vgl. *H. Meffert*, (1986), S. 93.

7 Hierzu vgl. *H. Koch*, (1982), S. 131 - 134.

8 Vgl. *H. Meffert*, (1986), S. 67 f.

9 Vgl. *R. Reichwald / B. Dietel*, (1991), S. 476 f.

10 Vgl. *M. Schweitzer*, (1990), S. 610 - 612.

11 Vgl. *G. Zäpfel*, (1989a), S. 67 f.

Klassen, so daß vier Normstrategien entwickeln werden müssen.[12] Der entscheidende Schwachpunkt dieses Portfolios ist aber die an quantitativen Erfolgsdeterminanten ausgerichtete zweidimensionale Sichtweise. Das hat zur Entwicklung des Marktattraktivität-Wettbewerbsvorteil-Portfolios geführt. Die Stärke dieses Portfolios liegt einerseits in der Berücksichtigung mehrerer ökonomischer Kriterien, die jeweils bedeutende umwelt- bzw. unternehmensbezogene Erfolgsfaktoren darstellen und hierarchisch weiter untergliedert werden können, und andererseits in einer dreiklassigen Aufteilung der Erfolgsgrößen. Es entsteht aber das Problem der Aggregation hierarchisch untergeordneter Kriterien zu jeweils *einem* Erfolgsfaktor, um in der Neunfeldermatrix positioniert werden zu können.[13]

Im Rahmen einer strategischen Produktionsprogrammplanung werden finanzwirtschaftliche Zielgrößen sowie Strategien zu deren Erreichung formuliert. Das erfordert eine Entscheidung für bestimmte Produktfelder, die jeweils der Befriedigung eines Grundbedürfnisses dienen (z.B. Autos, Freizeitgüter).[14] Entscheidungen dieser Tragweite *müssen* in eine strategische Unternehmensplanung eingebunden sein, weil nur diese ein hochkomplexes Geflecht interdependenter volks- und betriebswirtschaftlicher Sachverhalte berücksichtigen kann. Das Portfoliomanagement ist deshalb nur *ein* Instrument der strategischen Unternehmensplanung. Deren Qualität hängt wesentlich von einem sinnvoll aufeinander abgestimmten Einsatz *aller* Instrumente ab.[15] Nur so können sich verändernde Umweltkonstellationen frühzeitig wahrgenommen werden, um dann geeignete Maßnahmen ergreifen zu können.

4.1.2 Taktische Produktionsprogrammplanung

Während die strategische Produktionsprogrammplanung lediglich einen globalen Rahmen für zukünftige Betätigungsfelder vorgibt, erfolgt eine inhaltliche Konkretisierung in der taktischen Produktionsprogrammplanung. Entscheidungen für bestimmte Produktgruppen, die jeweils einem Produktfeld hierarchisch untergeordnet sind, werden unter Ausnutzung der Ergebnisse von Produkt- und Programmanalysen getroffen. Die Grundlage einer **Produktanalyse** bildet das Lebenszykluskonzept. Dessen Kernaussage besteht darin, daß alle Produkte im Zeitablauf zuerst steigende und dann sinkende Grenzumsätze erzielen und unabhängig von ihrer individuellen Lebensdauer die folgenden Phasen durchlaufen:

- Die Einführungsphase beginnt mit dem Eintritt eines Produkts in einen Markt und ist in der Regel mit Anlaufschwierigkeiten verbunden, die sich aus dem geringen Bekanntheitsgrad des Produkts ergeben (z.B. geringe Kaufbereitschaft, hohe Marktwiderstände). Die Intensivierung des absatzpolitischen Instrumentariums sowie notwendige

12 Hierzu vgl. *K.H. Dunst*, (1979), S. 100, *G. Zäpfel*, (1989a), S. 80 f.

13 Vgl. *R. Marr / A. Picot*, (1991), S. 670 f., *G. Zäpfel*, (1989a), S. 73 - 78.

14 Vgl. *R. Reichwald / B. Dietel*, (1991), S. 421.

15 Hierzu vgl. *H. Kreikebaum*, (1991), S. 60 - 102.

Produktanpassungen lassen in dieser Phase Verluste erwarten, obwohl das einführende Unternehmen eine monopolähnliche Stellung besitzt.

- In der Wachstumsphase wirken sich zeitversetzt die absatzpolitischen Anstrengungen in Form überproportionaler Umsatzsteigerungen aus. Diese Entwicklung wird maßgeblich durch aufgeschlossene Erstkäufer und die Multiplikatorwirkung der zufriedenen Käufer unterstützt. Andererseits treten hierdurch auf der Angebotsseite erste Konkurrenten mit Imitationen in den Markt ein, welche die monopolartige Stellung des Pioniers brechen. Das signalisiert die Notwendigkeit einer aus Kundensicht unverwechselbaren Produktidentität. Nach einer Zeit überproportionaler Zuwachsraten stagnieren diese, was mathematisch durch den Wende*punkt* der Umsatzkurve annähernd zum Ausdruck gebracht wird. Damit ist das Ende der Wachstumsphase erreicht.

- Der Beginn der Reifephase ist durch eine weiterhin absolute Umsatzzunahme bei nun sinkenden Zuwachsraten gekennzeichnet. Andererseits treten neue Anbieter in den Markt ein, die den Wettbewerb um die sinkenden Zuwachsraten intensivieren. Die Entwicklung auf der Nachfrageseite ist Ausdruck eines steigenden Ersatzbedarfs, der zum Ende der Reifephase das absolute Umsatzwachstum immer geringer werden läßt.

- In der Phase der Marktsättigung erreicht die Aufnahmekapazität des Marktes das höchste Niveau. Mathematisch wird dieser Sachverhalt durch das absolute Maximum der Umsatzkurve bzw. den Schnitt*punkt* der Grenzumsatzkurve mit der Abszisse annähernd beschrieben. Unternehmensbezogene Umsatzzuwächse sind jetzt nur noch über einen Verdrängungswettbewerb möglich. Das Ende der Marktsättigungsphase deutet sich durch permanente Umsatzeinbußen an.

- Kennzeichnendes Merkmal der Degenerationsphase sind weitere spürbare Umsatzeinbußen, die zu starken Preisnachlässen führen, um die Restbestände dieses Produkts abzustoßen. Bei Investitionsgütern liegt die Ursache für die Degenerationsphase unter anderem im technischen Fortschritt, der zu Produkt- und Prozeßinnovationen führt und damit eine kostengünstigere Produktion leistungsstärkerer Produkte ermöglicht. Bei Konsumgütern wird die Degenerationsphase insbesondere durch eine von den Anbietern gezielt herbeigeführte psychologische Überalterung der Produkte eingeleitet.[16]

Die Verwendung der Zeit als *einziger* unabhängigen Variable ist in sich widersprüchlich, weil man mit dieser Darstellungsform einerseits die Ceteris-paribus-Regel unterstellt, aber andererseits mit Annahmen über Veränderungen der Konkurrenzsituation, des Nachfrageverhaltens und des absatzpolitischen Instrumentariums eine zukünftige Umsatzentwicklung kausalanalytisch zu erklären versucht.[17] Damit erlangt das Lebenszykluskonzept den

16 Vgl. *W. Kilger*, (1986), S. 123 - 125, *H. Meffert*, (1986), S. 369 - 372, *M. Schweitzer*, (1990), S. 593 f.

17 Vgl. *W. Kilger*, (1986), S. 128 f.

Charakter eines gedachten Ideals, das so in der Realität nicht vorzufinden ist. Ein Produktlebenszyklus kann weder theoretisch hergeleitet noch empirisch belegt werden und besitzt deshalb keine normative Aussagekraft.[18] Somit ist eine hinreichend genaue Prognose der zukünftigen Marktnachfrage und des für ein Unternehmen relevanten Marktanteils im allgemeinen nicht möglich. Zusätzlich wird der Lebenszyklus eines Produkts von konjunkturellen Schwankungen überlagert, so daß die ausschließliche Betrachtung der zeitbezogenen Umsatzentwicklung einer Produktgruppe zu einer Fehleinschätzung der momentanen Entwicklungsphase und des Erfolgspotentials führen kann.[19] Weiterhin ist das Problem der Produktabgrenzung von grundlegender Bedeutung. Während in der Einführungsphase *ein* Produkt von *einem* Unternehmen angeboten wird, geht man für die Zukunft von *mehreren* Unternehmen aus, die jeweils Varianten des ursprünglichen Produkts anbieten. Die Umsatzentwicklung bezieht sich also ab der Wachstumsphase auf die erwartete *kumulierte* Menge *verschiedener* Produkte.[20]

Doch ein Vorteil des Lebenszykluskonzepts liegt gerade in der idealtypischen Charakterisierung möglicher Entwicklungstendenzen am Absatzmarkt, die erst eine Klassifikation geeigneter Maßnahmen ermöglicht.[21] Deren finanz- und erfolgswirtschaftlichen sowie wachstumsbezogenen Verbundwirkungen lassen sich besser abschätzen, indem man die unterschiedlichen Produkte einer Phase zuordnet. Wenn ein Produktionsprogramm überwiegend Produkte der ersten Lebenszyklusphasen enthält, so kann das zu Wachstums- und Finanzierungskrisen führen. Dagegen ist bei einer schwerpunktmäßigen Konzentration auf Produkte der späteren Phasen eine existentielle Gefährdung des Unternehmens möglich.[22] Die Ausgewogenheit des Produktionsprogramms ist also von entscheidender Bedeutung für den Unternehmenserfolg. Die eindeutige Zuordnung zu *einer* Phase ist wegen der unscharfen Abgrenzungskriterien nicht möglich und im Rahmen einer Grundsatzplanung auch nicht notwendig, weil sich fehlende Präzision im Sinne punktgenauer Prognosewerte nicht schädigend auswirkt.

Insbesondere bei Unternehmen mit einem breit gefächerten Produktangebot sollte neben der Lebenszyklusanalyse *einzelner* Produktgruppen eine **Analyse der Programmstruktur** durchgeführt werden. Diese umfaßt eine Erhebung der Alters-, Umsatz- und Kundenstruktur. Die Altersstruktur eines Produktionsprogramms wird auf der Grundlage prognostizierter Lebenszyklusverläufe ermittelt und liefert einen Überblick über den Anteil junger und alter Produkte. Bei einem hohen Anteil junger Produkte sind tendenziell höhere Wachstumsraten zu erwarten, während ein hoher Anteil alter Produkte eher mit Umsatzrückgängen verbunden

18 Vgl. *H. Meffert*, (1986), S. 373.

19 Vgl. *R. Marr / A. Picot*, (1991), S. 665.

20 Vgl. *W. Kilger*, (1986), S. 127 f.

21 Hierzu vgl. ebenda, S. 130 - 133.

22 Vgl. *R. Marr / A. Picot*, (1991), S. 665.

ist.[23] Eine regelmäßige Analyse der Altersstruktur erfolgt mit dem Ziel, durch rechtzeitige produktpolitische Maßnahmen eine schleichende Überalterung des Produktionsprogramms zu verhindern, die anderenfalls nur diskontinuierlich wahrgenommen wird und im schlimmsten Fall ein Bestandsrisiko darstellt. Weiterhin soll mit einer Analyse der Altersstruktur auf ein ausgewogenes Verhältnis zwischen Produkten der Reife- bzw. Sättigungsphase und der Einführungsphase hingewirkt werden, um dadurch einen Ausgleich zwischen den Zahlungsströmen aller abgesetzten Produkte zu erzielen. Im Rahmen einer Umsatzstrukturanalyse ermittelt man für jedes Produkt den Anteil am Gesamtumsatz.[24] Das liefert wichtige Hinweise über die Sensitivität der Umsätze bei qualitativen Nachfrageänderungen und stellt somit einen wichtigen Indikator bei der Beurteilung des mit einem Produktionsprogramm verbundenen unternehmerischen Risikos dar. Bei der Analyse der Kundenstruktur geht man analog zur Umsatzstrukturanalyse vor, indem man ein Kundenprofil erstellt. Dieses zeigt an, wieviel Prozent des Umsatzes auf wieviel Prozent der Kunden entfällt. Somit erhält man einen wichtigen Gradmesser der Abhängigkeit von einzelnen Kunden(gruppen).[25] Die vorstehend erläuterte Vorgehensweise der Programmstrukturanalyse entspricht einer dreidimensionalen Risikobeurteilung eines Produktionsprogramms. Mit einer Analyse der Altersstruktur soll das Risiko der Überalterung des Produktionsprogramms gering gehalten werden, während eine Umsatz- bzw. Kundenstrukturanalyse darauf abzielt, bestandskritische Abhängigkeiten von Produkt- bzw. Kundengruppen zu verhindern.

Die Erkenntnisse aus Produkt- und Programmanalysen bilden eine wichtige Entscheidungsgrundlage für eine bestimmte Produktpolitik. Unter einer **Produktinnovation** versteht man die Einführung aus Kunden- und Herstellersicht neuer Produkte. Erfolgreiche Neuprodukte verdrängen entweder gegenwärtige Produkte, erschließen neue Geschäftspotentiale oder befriedigen bisher nur latent vorhandene Bedürfnisse.[26] Produktinnovationen sind einerseits für die Existenzsicherung und das Wachstum eines Unternehmens von zentraler Bedeutung, bergen aber andererseits ein hohes Risiko, weil viele Neuentwicklungen zu keiner marktlichen Verwertung führen.[27] Deshalb müssen im Rahmen einer Neuproduktplanung zentrale Erfolgsdeterminanten wie z.B. die Markt- und Kostengerechtheit sowie ein richtig gewählter Einführungszeitpunkt einer Produktinnovation beachtet werden.[28] Die Neuproduktplanung umfaßt die Phasen der Produktfindung, -realisierung und -einführung.[29] Im Zuge der Produktfindung bestimmt man in einem ersten Schritt Suchfelder, durch welche funktionale Grund-

23 Vgl. *H. Meffert*, (1986), S. 374.

24 Vgl. ebenda, S. 376 f.

25 Vgl. ebenda, S. 377 f.

26 Vgl. *P.U. Kupsch / R. Marr / A. Picot*, (1991), S. 1077.

27 Vgl. *H. Meffert*, (1986), S. 379.

28 Hierzu vgl. *P.U. Kupsch / R. Marr / A. Picot*, (1991), S. 1080 - 1084.

29 Vgl. *G. Zäpfel*, (1989b), S. 23.

anforderungen an neue Produkte formuliert werden.[30] In einem zweiten Schritt bestimmt man Produktideen innerhalb festgelegter Suchfelder. Das geschieht einerseits durch die Auswertung interner und externer Ideenquellen und andererseits durch eine originäre Ideensuche mittels diskursiver und/oder intuitiver Verfahren.[31] In einem dritten Schritt werden in einem Pflichtenheft externe marktbezogene und interne potentialbezogene Anforderungen an ein Produkt sowie projektspezifische Bedingungen (z.B. Kostenvorgaben) formuliert.[32] Vor einer Realisierung erfolgt eine Beurteilung der Produktinnovation. Eine qualitative Bewertung wird z.B. mit einer Nutzwertanalyse durchgeführt, die markt-, potential- und erfolgsbezogene Faktoren berücksichtigt. Eine quantitative Begutachtung beispielsweise mit einer zeitbezogenen Break-Even-Analyse rundet das Urteil ab.[33] Durch diese Vorgehensweise soll den Aspekten der Markt- und Kostengerechtheit einer Produktinnovation möglichst gut Rechnung getragen werden. In der Phase der Produktrealisierung geht es dann um die eigentliche Produktkonstruktion sowie um technische Aspekte der Fertigung. Danach beginnt die Phase der Produkteinführung.

Produktmodifikationen werden über Produktdifferenzierungen und -variationen realisiert. Bei einer Produktdifferenzierung wird ein Grundprodukt zu einem *Zeitpunkt* in mehreren Varianten angeboten, um die Wettbewerbsfähigkeit des Unternehmens zu sichern, indem man den unterschiedlichen, aber ähnlich gelagerten Bedürfnissen der Verbraucher gerecht wird.[34] Die Sortimentstiefe führt insbesondere dann zu erheblichen Problemen in der Produktion, wenn in nicht vorhersehbaren Zeitabständen kleinere Mengen einer bestimmten Variante hergestellt werden sollen. Eine Produktvariation liegt dann vor, wenn ein Hersteller gewisse Eigenschaften bisheriger Produkte (z.B. technische und funktionale Merkmale) im *Zeitablauf* verändert. Durch die Erhöhung der Funktionalqualität soll der Grundnutzen erhöht werden, während eine Verbesserung der Zusatzqualitäten höhere Schichten in der Bedürfnishierarchie anspricht.[35] Der Neuigkeitswert ist sowohl aus Kunden- als auch aus Herstellersicht relativ gering, so daß in der Regel die Marktsättigungsphase nur für kurze Zeit verlängert wird. Die vorgenannten Produktmodifikationen lassen sich vergleichsweise risikolos durchführen, andererseits ist mit ihnen keine längerfristige Wirkung zu erzielen.

Im Zuge einer **Produkteliminierung** wird ein Leistungsprogramm um einzelne Komponenten bereinigt. Die Tragweite dieser Maßnahme hängt maßgeblich davon ab, ob von einer solchen Entscheidung Produktvarianten, Produktgruppen oder ganze Produktfelder betroffen sind. Als Kriterien werden beispielsweise der Lebenszyklus, das Umsatzprofil, Störungen im

---

30 Vgl. *G. Zäpfel*, (1989b), S. 26 f.

31 Hierzu vgl. ebenda, S. 26 - 32, *H. Meffert*, (1986), S. 381 - 385.

32 Vgl. *G. Zäpfel*, (1989b), S. 32 - 34.

33 Vgl. ebenda, S. 34 - 52., *H. Meffert*, (1986), S. 386 - 393.

34 Vgl. *G. Zäpfel*, (1989b), S. 53.

35 Vgl. *H. Meffert*, (1986), S. 396.

Betriebsablauf oder Sortimentswirkungen herangezogen. Auch hier kann die Entscheidung auf der Grundlage einer Nutzwertanalyse durchgeführt werden.[36]

In der taktischen Produktionsprogrammplanung müssen Entscheidungen über die vorstehend beschriebenen Maßnahmen abgestimmt werden, weil anderenfalls mögliche Interdependenzen zwischen einzelnen Produkt(grupp)en zu Fehlentscheidungen führen können. Weiterhin ist auch eine Abstimmung zwischen der strategischen und der taktischen Produktionsprogrammplanung erforderlich, da sich beide Bereiche gegenseitig beeinflussen und nicht als scharf gegeneinander abgrenzbare Planungsstufen zu verstehen sind.[37]

4.1.3 Operative Produktionsprogrammplanung

Im Rahmen der strategischen und taktischen Produktionsprogrammplanung wird über das zukünftige Leistungsprogramm und die potentiell zu bedienenden Absatzmärkte entschieden. Diese Grundsatzentscheidungen bestimmen das unternehmerische Betätigungsfeld und bilden einen Bezugsrahmen für die operative Produktionsprogrammplanung. Diese umfaßt bei weiter Begriffsfassung im wesentlichen die folgenden interdependenten Teilfunktionen.

Die wichtigste Aufgabe der operativen Produktionsprogrammplanung ist die zielsetzungsgerechte inhaltliche und mengenmäßige Konkretisierung des Produktionsprogramms sowie die zeitliche Verteilung der Produktion innerhalb der Planungsperiode. Das Produktionsprogramm wird bei Ausrichtung auf den anonymen Markt erwartungsbezogen geplant und leitet sich bei kundenorientierter Fertigung aus den angenommenen Aufträgen eines Zeitabschnitts ab. Auf dieser Grundlage ermittelt man den voraussichtlichen Bedarf aller notwendigen Produktionsfaktoren, die man nach ihrer Nutzungsdauer in Repetier- und in Potentialfaktoren unterteilen kann. Während Repetierfaktoren im Leistungserstellungsprozeß durch *einmalige* Verwendung aufgezehrt und deshalb in kürzeren Abständen neu beschafft werden, handelt es sich bei Potentialfaktoren um Nutzungspotentiale, die einem Unternehmen über einen längeren Zeitraum oder sogar zeitlich unbegrenzt zur Verfügung stehen. Die operative Produktionsprogrammplanung bildet damit eine Entscheidungsgrundlage sowohl für die kurzfristige Materialbedarfsplanung als auch für in der Regel erforderliche Abstimmungsmaßnahmen zwischen den verfügbaren und den benötigten Kapazitäten und ermöglicht weiterhin eine Prognose der Liquiditätswirkungen.[38]

Die Aufgabe der **Materialbedarfsplanung** besteht darin, den Bedarf an Repetierfaktoren in qualitativer, quantitativer und zeitlicher Hinsicht zu bestimmen. Dazu gehören sowohl die

---

36 Vgl. *H. Meffert*, (1986), S. 399 - 401, *G. Zäpfel*, (1989 b), S. 72 - 75.

37 Auf die strategische und die taktische Produktionsprogrammplanung wird in dieser Arbeit im folgenden nicht weiter eingegangen.

38 Vgl. *G. Zäpfel*, (1982), S. 54 f.

Hauptbestandteile (z.B. Rohstoffe, Erzeugniskomponenten) als auch die geringerwertigen Nebenbestandteile eines Produkts (z.B. Schrauben, Klebstoffe) sowie die Betriebsstoffe, die ausschließlich für den Produktionsprozeß benötigt werden (z.B. Energie, Schmierstoffe).

Grundsätzlich unterscheidet man zwischen deterministischen und **stochastischen Verfahren** der Bedarfsermittlung. Letztere gehen allgemein von der Prämisse der Zeitstabilität aus und unterstellen einen Zusammenhang zwischen dem Faktorverzehr in der Vergangenheit und in der Zukunft.[39] Diese Verfahren werden tendenziell bei einer Produktion für den anonymen Markt verwendet, der eher einen regelmäßigen Bedarf an Repetierfaktoren hervorruft. In einem ersten Schritt wertet man die Verbrauchsdaten eines längeren Zeitraumes aus. Deren Zeitreihen können in idealtypischer Unterscheidung konstant, trendförmig, saisonal oder völlig unregelmäßig verlaufen. In einem zweiten Schritt entscheidet man sich unter Berücksichtigung der festgestellten Entwicklung für ein Prognoseverfahren (z.B. Mittelwertbildung oder exponentielle Glättung erster Ordnung bei im Zeitablauf annähernd konstanter Verbrauchsentwicklung).[40] Statistische Verbrauchsprognosen sind naturgemäß mit Unsicherheiten behaftet, so daß dem Vorteil geringer Kosten der Datenermittlung durch Sicherheitszuschläge bedingte höhere Lagerhaltungskosten gegenüberstehen. Deshalb wird der Bedarf nur für genormte Artikel stochastisch ermittelt, die sowohl einen hohen Anteil an den physisch gelagerten Materialarten aufweisen als auch zu einer geringen Wertbindung führen.

Entsprechend ist es sinnvoll, die **deterministischen Verfahren** der Bedarfsermittlung auf jene Inputfaktoren zu beschränken, die mit einem geringen Anteil an den physisch gelagerten Einsatzgütern eine hohe Wertbindung erzielen. Diese Bedingungen werden tendenziell bei kundenindividueller Produktion erfüllt. In der Regel sind der Primärbedarf an marktfähigen Erzeugnissen und die spezifischen Bedingungen des Produktionsprozesses die bedeutendsten Einflußgrößen des Faktorverbrauchs.[41] Innerhalb der deterministischen Verfahren wird zwischen der programm- und der prozeßorientierten Bedarfsermittlung unterschieden.[42]

Die **programmorientierte Bedarfsermittlung** führt man analytisch oder synthetisch durch. Die wesentliche Gemeinsamkeit der unterschiedlichen analytischen Verfahren der Stücklistenauflösung besteht darin, daß auf der Grundlage eines bekannten oder prognostizierten Primärbedarfs marktfähiger Produkte der Sekundärbedarf an Repetierfaktoren ermittelt wird.[43] Diese Vorgehensweise entspricht also dem Denkprinzip der outputorientierten Produktionsfunktion. Während Mengenübersichtsstücklisten die Bestandteile eines Produkts mit ihren erforderlichen Mengen enthalten, liefern Strukturstücklisten diese Information nach Fertigungsstufen differenziert und sind damit für die zeitliche Disposition der Verbrauchs-

39 Vgl. *R. Reichwald / B. Dietel*, (1991), S. 506.

40 Zu Prognosetechniken vgl. *R. Hackstein*, (1989), S. 116 - 122.

41 Vgl. *D. Hahn / G. Laßmann*, (1990), S. 339.

42 Vgl. ebenda, S. 349.

43 Vgl. ebenda, S. 365 - 368, *R. Reichwald / B. Dietel*, (1991), S. 504.

faktoren besser geeignet.[44] Sofern einzelne Komponenten in mehreren Fertigungsstufen verarbeitet werden, bietet sich die Verwendung von Baukastenstücklisten an. Diese werden für jedes Zwischen- und Enderzeugnis erstellt und weisen die Mengen der direkt benötigten Komponenten aus. Die modulare Datenorganisation erfordert weniger Speicherplatzbedarf, und nachträgliche Veränderungen der Erzeugnisstruktur müssen nur *einmal* vorgenommen werden.[45] Ausgangspunkt der synthetischen Verfahren zur Bedarfsermittlung sind alle denkbaren Inputfaktoren. In Verwendungsnachweisen werden die übergeordneten Zwischen- und Enderzeugnisse aufgeführt, für die der entsprechende Verbrauchsfaktor benötigt wird. Diese Vorgehensweise entspricht damit dem Denkprinzip der inputorientierten Produktionsfunktion. Analog zu den Stücklistenarten unterscheidet man bei den synthetischen Verfahren der Bedarfsermittlung zwischen Mengenübersichts-, Struktur- und Baukastenverwendungsnachweisen.[46] Umfangreiche und unübersichtliche Erzeugnisstrukturen erfordern bei der Materialbedarfsplanung den EDV-gestützten Einsatz linearer Gleichungssysteme. Durch Subtraktion der Direktbedarfsmatrix von der Einheitsmatrix erhält man die Technologiematrix. Deren Invertierung führt zur Gesamtbedarfsmatrix, die alle direkten und indirekten Faktorverbräuche eines Bauteiles innerhalb der Erzeugnisstruktur enthält. Die Spalten bzw. Zeilen der Gesamtbedarfsmatrix entsprechen dabei den Mengenübersichtsstücklisten bzw. den Mengenübersichtsverwendungsnachweisen.

Neben der programmorientierten Bedarfsermittlung läßt sich für produktmengenunabhängige Betriebsstoffe (z.B. Energie, Schmierstoffe) auch eine **prozeßorientierte Bedarfsermittlung** durchführen. Dabei werden fertigungsspezifische Prozeßgrößen berücksichtigt, die einen wesentlichen Einfluß auf den Faktorverbrauch ausüben (z.B. technische Merkmale der Maschinen, Nutzungszeiten, Instandhaltungsaktivitäten).[47] Auch durch die Verwendung deterministischer Verfahren wird das Problem der Unsicherheit des zukünftigen Materialverbrauchs nicht beseitigt, weil das Produktionsprogramm und damit der Materialbedarf auf einer Nachfrageprognose aufbaut und/oder Prozeßbedingungen nicht genau bekannt sind.

Das **Kapazitätsangebot** eines Potentialfaktors umfaßt eine qualitative und eine quantitative Leistungskomponente. Ein Indikator der qualitativen Leistungsfähigkeit ist der Umfang möglicher Verrichtungsarten sowie die Schnelligkeit der Anpassung an geänderte Fertigungsaufträge.[48] Die objektbezogene menschliche Arbeitsleistung wird durch die Leistungsbereitschaft und die Leistungsfähigkeit beeinflußt, während das qualitative Leistungsvermögen der Produktionsanlagen im wesentlichen von technischen Merkmalen abhängt. Der Fertigungsprozeß erfordert eine Kombination von Produktionsfaktoren. Deshalb ergibt sich die qualitative Kapazität eines Arbeitssystems aus der minimalen Leistungsfähigkeit der dort

44 Hierzu vgl. die analogen Ausführungen zur zeitlichen Disposition der Potentialfaktoren.

45 Vgl. *G. Zäpfel*, (1982), S. 77 f.

46 Hierzu vgl. ebenda, S. 79 f.

47 Hierzu vgl. *D. Hahn / G. Laßmann*, (1990), S. 386 - 389.

48 Vgl. *G. Zäpfel*, (1982), S. 14.

eingesetzten Potentialfaktoren. Somit kann das potentielle Produktionsprogramm als Maßstab der qualitativen Leistungsfähigkeit eines Potentialfaktorbestands angesehen werden und ist in einer operativen Planungssituation als *Datum* vorgegeben. Hinsichtlich der quantitativen Kapazität eines Produktionsfaktors unterscheidet man zwischen der Totalkapazität und der Periodenkapazität. Die Totalkapazität bezieht sich auf die Summe aller Leistungsmengen während der technischen Lebensdauer. Die Aussagekraft dieser Größe ist insofern beschränkt, als der ökonomisch sinnvolle Ersatzzeitpunkt unberücksichtigt bleibt.[49] Die Periodenkapazität beziffert die Leistungsmenge pro Planungsperiode und wird von der Einsatzzeit, Intensität und der Anzahl homogener Produktionsfaktoren bestimmt. Total- und Periodenkapazität können sich gegenseitig beeinflussen. Beispielsweise kann eine Erhöhung der Periodenkapazität verschleißbedingt zu einer Verringerung der Totalkapazität führen.[50] Unter der maximalen Periodenkapazität versteht man die aufgrund technischer Eigenschaften vorgegebene Leistungsgrenze, während eine Mindestkapazität diejenige Ausbringungsmenge angibt, ab der ein Aggregat erst arbeitsfähig ist (z.B. Hochofen). Unter Kostenaspekten interessieren noch die stückkostenminimalen Kapazitäten. Eine kostenminimale Kapazitätsharmonisierung zwischen im Leistungsprozeß verbundenen Aggregaten ist normalerweise nicht möglich.[51] Sofern ein Aggregat heterogene Leistungen abgeben kann, die in der Regel mit unterschiedlichen Intensitäten erzeugt werden, eignet sich die maximal mögliche Einsatzzeit des Aggregats als Kenngröße des quantitativen Leistungspotentials.[52]

Wesentliche Bestimmungsfaktoren der zeitlichen Struktur der **Kapazitätsnachfrage** sind das aktuelle Produktionsprogramm und die qualitative Leistungsfähigkeit des beanspruchten Potentialfaktorbestands. Die *zeitpunktbezogene* Kapazitätsnachfrage des Produktionsprogramms wird analog zur Materialbedarfsplanung entweder anhand von Erfahrungswerten geschätzt oder programmorientiert über Stücklisten und Arbeitsgangpläne ermittelt.[53] In einer getakteten Fließfertigung liegt die zeitliche Zuordnung der Aufträge zu Arbeitsstationen längerfristig fest, während im Rahmen der Werkstattfertigung ständig Zuordnungsentscheidungen zu treffen. Im folgenden wird deshalb Werkstattfertigung vorausgesetzt. Dort wird die Terminplanung in zwei Schritten durchgeführt. Im Rahmen der Durchlaufterminierung bestimmt man ohne Berücksichtigung der Kapazitätsbeschränkungen für alle Aufträge deren Bearbeitungsbeginn in jeder zu durchlaufenden Fertigungsstufe. Während man bei der Rückwärtsterminierung von den entsprechenden Lieferzeitpunkten ausgehend jeweils die spätesten Anfangszeitpunkte ermittelt, wird bei der Vorwärtsterminierung für die Berechnung frühester Anfangszeitpunkte der Planungszeitpunkt herangezogen. Unabhängig von der Art der Terminierung ergibt sich unmittelbar eine zeitliche Zuordnung der Aufträge zu den Potentialfaktoren. Auf der Basis der Terminplanung erstellt man Belastungsprofile und

49 Hierzu vgl. *W. Kilger*, (1986), S. 399 - 409.

50 Vgl. *G. Seicht*, (1990), S. 336 f.

51 Vgl. *R. Reichwald / B. Dietel*, (1991), S. 453 f.

52 Vgl. *G. Zäpfel*, (1982), S. 11.

53 Vgl. *D. Hahn / G. Laßmann*, (1990), S. 227.

visualisiert so die *zeitliche Verteilung* der Kapazitätsnachfrage des Produktionsprogramms. In einem Kapazitätsabgleich wird die Kapazitätsnachfrage den vorhandenen Kapazitäten gegenübergestellt. Die isolierte Terminierung der Aufträge erfordert in der Regel Abstimmungsmaßnahmen, die sich immer auf eine Angleichung der Kapazitätsnachfrage und/oder des Kapazitätsangebots beziehen. Ein Abgleich auf der Grundlage der *geplanten* Belastungsprofile führt oft zu einer zeitlichen Fehldisposition der Potentialfaktoren, weil mit den in der Terminplanung zugrunde gelegten *durchschnittlichen* Durchlaufzeiten den insbesondere bei einer kundenindividuellen Werkstattfertigung stark streuenden Durchlaufzeiten nur unzureichend Rechnung getragen wird.[54] Weiterhin wird die Kapazitätsnachfrage von der Qualität der nachgefragten Potentialfaktoren beeinflußt, die sich im Zeitablauf ständig verändert. In bezug auf das Arbeitskräftepotential kommt das im Lernkurveneffekt zum Ausdruck. Danach sammelt eine Arbeitskraft mit der Ausübung einer geistigen oder körperlichen Tätigkeit spezifische Kenntnisse. Der Erfahrungszuwachs führt im Zeitablauf zu einer schnelleren Aufgabenerfüllung und kann zur Realisierung von Kostensenkungspotentialen führen. Dieser Vorgang ist die Folge eines individuellen Lernverhaltens, das sich im Zusammenspiel der Einzeltätigkeiten auf ganze Produktiveinheiten oder Gruppen übertragen kann und dann zu einem kollektiven Lernverhalten führt. Der Lernkurveneffekt ist empirisch bestätigt und wird unter anderem auch bei der Ermittlung der Kapazitätsnachfrage durch eine dynamische Anpassung der Produktionskoeffizienten der Arbeitskräfte berücksichtigt.[55] Im Gegensatz zur menschlichen Arbeitskraft nimmt das qualitative Leistungsvermögen der Produktionsanlagen im Zeitablauf tendenziell ab. Das schlägt sich beispielsweise in steigendem Ausschuß und zunehmenden Anlageausfällen nieder, so daß für ein vorgegebenes Produktionsprogramm der Kapazitätsbedarf steigt. Der Entscheidungsträger muß situativ entscheiden, mit welchen Instandhaltungsmaßnahmen und -strategien dieser Tendenz entgegengewirkt werden soll.[56] Zusätzlich sollte bei der Ermittlung der Kapazitätsnachfrage die im Leistungserstellungsprozeß erforderliche Kombination aller Produktionsfaktoren berücksichtigt werden. Das wirft insbesondere die Frage nach der *Zuordnung zwischen den Potentialfaktoren* auf. Beispielsweise hängt die Arbeitsgeschwindigkeit einer Maschine unter anderem von der Erfahrung des Bedienungspersonals ab.

---

54 Vgl. *D. Adam*, (1993b), S. 457 - 460, *M. Schweitzer*, (1990), S. 648, *G. Zäpfel*, (1982), S. 221 - 235.

55 Zum Lernkurveneffekt vgl. *D. Adam*, (1993b), S. 326 - 328, *M. Schweitzer*, (1990), S. 589 - 591.

56 Hierzu vgl. *S. Adam*, (1989), *W. Kilger*, (1986), S. 381 - 399, *G. Seicht*, (1990), S. 388 - 404.

4.2 Ein Konzept zur algorithmischen Unterstützung der operativen Produktionsprogrammplanung

4.2.1 Ein klassischer LO-Ansatz zur Produktionsprogrammplanung

4.2.1.1 Formulierung eines linearen Optimierungsmodells

Indexmengen:

I_ℓ : Indexmenge der im Produktionsprogramm enthaltenen Produkte

I_m : Indexmenge der gegenwärtigen Absatzmärkte

I_s : Indexmenge der maximal zu durchlaufenden Bearbeitungsstufen

I_f : Indexmenge der ausbringungsabhängigen Produktionsfaktorklassen

Parameter:

$p_{\ell m}$: Am Markt $m \in I_m$ geltender Preis für das Produkt $\ell \in I_\ell$ [GE/ME]

K_f : Kapazität der Faktorart $f \in I_f$ [FE]

b_f : Beschaffungspreis der Faktorart $f \in I_f$ [GE/FE]

$a_{f\ell s}$: In Stufe $s \in I_s$ gültiger Produktionskoeffizient der Faktorart $f \in I_f$ bei der Weiterverarbeitung von Produkt $\ell \in I_\ell$ [FE/ME]

$c_{\ell s}$: Ausbeutekoeffizient von Produkt $\ell \in I_\ell$ in Stufe $s \in I_s$ $\left[\frac{\text{ME (gut)}}{\text{ME (bearbeitet)}}\right]$

$N_{\ell m}$: Auf Markt $m \in I_m$ maximal möglicher Absatz von Produkt $\ell \in I_\ell$ [ME]

Entscheidungsvariablen:

$x_{\ell m}$: Die in der 1. Bearbeitungsstufe (fiktiv) zu bearbeitenden Mengeneinheiten des für Markt $m \in I_m$ bestimmten Produktes $\ell \in I_\ell$ [ME]

Zielfunktion:

max DB ; DB := Gesamtumsatz − variable Gesamtkosten

$$\text{Gesamtumsatz} = \sum_{\ell \in I_\ell} \sum_{m \in I_m} \prod_{s \in I_s} c_{\ell s} \cdot p_{\ell m} \cdot x_{\ell m}$$

$$\text{Variable Gesamtkosten} = \sum_{f \in I_f} b_f \cdot \left(\sum_{\ell \in I_\ell} \sum_{m \in I_m} \sum_{s \in I_s} \prod_{i=1}^{s-1} c_{\ell i} \cdot a_{f \ell s} \cdot x_{\ell m} \right)$$

Produktionsfaktorrestriktionen:

$$\sum_{\ell \in I_\ell} \sum_{m \in I_m} \sum_{s \in I_s} \prod_{i=1}^{s-1} c_{\ell i} \cdot a_{f \ell s} \cdot x_{\ell m} \leq K_f \; ; \; f \in I_f$$

Absatzmarktrestriktionen:

$$\prod_{s \in I_s} c_{\ell s} \cdot x_{\ell m} \leq N_{\ell m} \; ; \; \ell \in I_\ell , m \in I_m$$

Nichtnegativitätsbedingungen:

$$x_{\ell m} \geq 0 \; ; \; \ell \in I_\ell , m \in I_m$$

4.2.1.2 Erläuterungen zu dem linearen Optimierungsmodell

Mit dem LO-Ansatz wird die operative Produktionsprogrammplanung in einem Mehrprodukt-unternehmen unterstützt, das über die art- und mengenmäßige Zusammensetzung eines nach verschiedenen Absatzmärkten gegliederten Produktionsprogramms entscheiden muß. Dabei können die marktfähigen Erzeugnisse mehrere Bearbeitungsstufen durchlaufen. Diese werden unter Berücksichtigung produktspezifischer Arbeitspläne als eine bestimmte Kombination von Produktionsfaktoren definiert. Deshalb umfaßt die Indexmenge I_s alle für die Erstellung eines Produktions*programms* denkbaren Bearbeitungsstufen. Im Extremfall wird also jede Bearbeitungsstufe von genau *einem* Produkt in Anspruch genommen. Die Sichtweise einer produktabhängigen Definition von Bearbeitungsstufen ermöglicht dann die formale Erfassung gleicher und verschiedener Maschinenfolgen, da räumlich angeordnete Arbeitsstationen als Bestandteil einer Bearbeitungsstufe nicht zwingend in derselben Reihenfolge durchlaufen werden müssen.

Jedes Element der Indexmenge I_f symbolisiert die gedankliche Zusammenfassung annähernd gleicher Produktionsfaktoren. Mit zunehmender Anzahl der Bearbeitungsstufen gewinnen die dort anfallenden Ausschußmengen bei der Ermittlung des Faktorverbrauchs an Bedeutung. In einem ersten Schritt werden also für jedes Produkt unter Berücksichtigung von Ausbeutekoeffizienten die stufenbezogenen Faktorverbräuche ermittelt und addiert. In einem zweiten Schritt summiert man die produktbedingten Faktorverbräuche und erhält dadurch den durch ein Produktionsprogramm induzierten Faktorverbrauch. Jede Produktionsfaktorkapazität besitzt somit den Charakter eines Pools, auf den alle Produkt-Stufenkombinationen mit positiven Produktionskoeffizienten zurückgreifen müssen. Durch die Bewertung des in dieser Weise ermittelten Faktorverzehrs mit einheitlichen Beschaffungsmarktpreisen wird nicht nach der Herkunft der Produktionsfaktoren unterschieden, weil jede Aufteilung zwischen Eigen- und Fremdfertigung den optimalen Deckungsbeitrag realisiert. Die Kapazität einer Faktorart umfaßt also die vorhandene betriebliche Kapazität und das durch langfristige Lieferverträge *sichere* Fremdbezugsvolumen. Sofern einzelne Produktionsfaktoren in Eigenleistung erstellt werden, entspricht das einer Kombination hierzu erforderlicher Produktionsfaktoren. Dieser zeitlich vorgelagerte Herstellungsprozeß wird in dem LO-Ansatz nicht abgebildet, sondern als abgeschlossen vorausgesetzt.

Durch die inhaltliche Bedeutung der Variablen $x_{\ell m}$ wird direkt eine Entscheidungsgrundlage für die in der 1. Bearbeitungsstufe einzubringenden Mengeneinheiten des für Markt $m \in I_m$ bestimmten Produkts $\ell \in I_\ell$ geliefert. Weil sich die Produktionskoeffizienten $a_{f\ell s}$ immer auf ein Endprodukt beziehen und deshalb für jede Bearbeitungsstufe eindeutige Faktoreinsatzrelationen bestehen, wird der absolute Faktorbedarf jeder Bearbeitungsstufe vom Niveau der Variablen $x_{\ell m}$ und von den entsprechenden Ausbeutekoeffizienten determiniert. Also ist es unerheblich, ob ein Endprodukt erst als Ergebnis der *letzten Bearbeitungsstufe* entsteht und damit *während* des Fertigungsprozesses nur gedanklich existiert oder ob es bereits in einer vorherigen Bearbeitungsstufe als lediglich zu veredelnde Rohform materiell vorhanden ist. Die Produktionsfaktor- und die Absatzmarktrestriktionen beziehen sich auf die Variablen $x_{\ell m}$, so daß Mengenkontinuitätsbedingungen nicht erforderlich sind.

4.2.1.3 Prämissen des linearen Optimierungsmodells

Es gibt eine Vielzahl von Aspekten, die bei der operativen Produktionsprogrammplanung von Bedeutung sein können und im LO-Ansatz aus Abschnitt 4.2.1.1 unberücksichtigt bleiben. Deshalb werden im folgenden die wesentlichen Prämissen bezüglich der Funktionsbereiche Beschaffung, Produktion und Absatz herausgearbeitet.

4.2.1.3.1 Absatzmarktbezogene Prämissen

Der LO-Ansatz bezieht sich auf eine Planungssituation, in der über die mengenmäßige Zusammensetzung eines für anonyme Märkte bestimmten Produktionsprogramms entschieden werden muß. Dieses wird aufgrund von Erfahrungswerten rein erwartungsbezogen gebildet, so daß die entsprechenden Absatzhöchstmengen keine punktgenauen Werte darstellen. Vom

Problem der Datenunsicherheit wird also abstrahiert. Sofern innerhalb der Planungsperiode die Nachfrage erheblichen Schwankungen unterliegt oder die Produktionskosten signifikant voneinander abweichen, muß grundsätzlich die zeitliche Verteilung der Produktion festgelegt werden. Mit Bezug auf mögliche Nachfrageschwankungen unterscheidet man idealtypisch zwischen absatzsynchroner und emanzipierter Fertigung. Letztere führt durch die Abkoppelung von der Nachfrageentwicklung zu einer gleichmäßigeren Auslastung der betrieblichen Kapazitäten. Dadurch sinken die kapazitätsabhängigen Kosten, während die erforderliche Lagerung marktfähiger Produkte zu höheren Lagerkosten führt. Bei absatzsynchroner Fertigung orientiert sich die zeitliche Verteilung der Produktion am Nachfrageverlauf innerhalb der Planungsperiode. Die notwendige Ausrichtung an Bedarfsspitzen führt zur Bereitstellung größerer Kapazitäten, die nicht gleichmäßig ausgelastet werden können. Deshalb entstehen höhere kapazitätsabhängige Kosten. Andererseits entfallen weitgehend Kosten für die Lagerung marktfähiger Produkte. Eine Aussage über die Produktionskosten ist generell nicht möglich, weil deren Entwicklung maßgeblich von der Kostenentwicklung bei Intensitätsveränderungen abhängt. Prinzipiell geht es darum, unter Berücksichtigung der individuellen Kostenfunktionen die gegenläufigen Tendenzen der Lager- und der Kapazitätskosten zum Ausgleich zu bringen. Letztere sind aber im Rahmen der operativen Produktionsprogrammplanung nicht entscheidungsrelevant.[57] Mit diesem LO-Ansatz liegt ein statisches Modell vor. Deshalb können Prognosen über eine zeitablaufbezogene Nachfrageentwicklung nicht berücksichtigt werden. Das Problem der Ermittlung einer zielsetzungsgerechten zeitlichen Verteilung der Produktion und die Modellierung von Lagerkosten für marktfähige Produkte wird ausgeklammert.

Die im LO-Ansatz unterstellten Konkurrenzbeziehungen zwischen den Anbietern erfordern eine Charakterisierung der Produktmärkte. Dazu werden sowohl in der betriebswirtschaftlich orientierten Absatztheorie als auch in der volkswirtschaftlichen Marktformenlehre mehrere Kriterien herangezogen. Die im Hinblick auf die Prämissen des LO-Ansatzes wesentlichen Klassifizierungsmerkmale sind die folgenden:

1. Die *Vollkommenheit eines Marktes* ist immer dann gegeben, wenn die nachstehenden Bedingungen erfüllt werden: Alle Marktteilnehmer verhalten sich streng rational gemäß dem Prinzip der Nutzenmaximierung. Deshalb müssen alle Anbieter und Nachfrager stets vollkommen über die marktrelevanten Tatbestände informiert sein und zusätzlich über eine unbegrenzte Informationsverarbeitungskapazität verfügen. Das ermöglicht eine bewußte Verarbeitung der Informationsfülle und führt bei jedem Marktteilnehmer zur vollkommenen Markttransparenz. Als Folge streng rationaler Entscheidungen können örtliche, zeitliche, persönliche oder sachliche Präferenzen nicht entstehen. Weiterhin entwickelt sich bei Preisveränderungen wegen der vollkommenen Markttransparenz eine unendlich große Reaktionsgeschwindigkeit auf der Anbieter- und der Nachfragerseite. Sofern eine der vorstehenden Bedingungen nicht erfüllt wird, spricht man von einem unvollkommenen Markt.

57 Hierzu vgl. *D. Adam*, (1993b), S. 375 - 385, *R. Reichwald / B. Dietel*, (1991), S. 482 f.

2. Die *Anzahl und der Marktanteil der Marktteilnehmer* bilden die Grundlage für das morphologische Klassifikationsschema. Dabei unterscheidet man jeweils mit Bezug auf die Anbieter- und die Nachfragerseite zwischen vielen kleinen, wenigen mittelgroßen und *einem* großen Marktteilnehmer. Es entstehen insgesamt neun Marktformen, die prinzipiell zur Marktform eines Polypols, Oligopols oder Monopols führen. Bei einem Angebotsmonopol stehen *einem* Anbieter viele Nachfrager mit jeweils geringer Nachfragermacht gegenüber, während sich deren Nachfrage im Fall eines Angebotsoligopols auf wenige Anbieter mit einem jeweils bedeutenden Marktanteil verteilt. In einem Polypol stehen sich auf der Anbieter- und der Nachfragerseite eine Vielzahl kleiner Marktteilnehmer mit jeweils geringer Marktmacht gegenüber.

Jede der neun Marktformen kann nun unter den Bedingungen eines vollkommenen und eines unvollkommenen Marktes analysiert werden.[58] Dabei zeigt sich, daß ein Anbieter bei seinem Kundenstamm durch den Einsatz des absatzpolitischen Instrumentariums graduell Präferenzen aufbaut und damit unabhängig von der Marktform für den einzig realistischen Fall eines unvollkommenen Marktes immer einen preispolitischen Spielraum besitzt. Dagegen ist unter den Voraussetzungen eines vollkommenen Marktes insbesondere für einen polypolistischen Anbieter Preispolitik nicht möglich. Bei einer Preiserhöhung verliert er unmittelbar die auf ihn entfallende Nachfrage an Konkurrenzanbieter, während eine Herabsetzung des Preises wegen der unendlich hohen Reaktionsgeschwindigkeit der Konkurrenz komparative Preisvorteile verhindert und damit bei gleicher Absatzmenge Umsatz und Gewinn sinken. Ein Anbieter kann sich bei atomistischer Konkurrenz also ausschließlich als Mengenanpasser betätigen. Entscheidungen über die anzubietende Menge führen wegen seines geringen Marktanteils zu keinen spürbaren Veränderungen der Nachfragemenge. In dem LO-Ansatz wird wegen der inhaltlichen Bedeutung der Entscheidungsvariablen *und* durch die Annahme konstanter Preise für jede Produkt-Marktkombination eine atomistische Konkurrenzsituation unterstellt. Diese garantiert jedem Anbieter einen maximalen Absatz von $N_{\ell m}$ Mengeneinheiten und unterstellt somit bei η Konkurrenten ein Marktvolumen von $\eta \cdot N_{\ell m}$ Mengeneinheiten. Außerdem impliziert der LO-Ansatz das Fehlen des absatzpolitischen Instrumentariums, weil gerade dadurch die Vollkommenheit eines Marktes als einem Merkmal atomistischer Konkurrenz aufgehoben wird.[59]

Weiterhin sind mögliche absatzwirtschaftliche Verflechtungen in einem Produktionsprogramm von Bedeutung. Sofern zwischen zwei Produkten ein komplementäres (substitutionales) Verhältnis besteht, führt die Erhöhung der Nachfrage nach dem einen Produkt zur Erhöhung (Verringerung) der Nachfrage nach dem anderen Produkt. Eine derartige Verflechtung besteht in der Regel nur im Rahmen begrenzter Nachfrageveränderungen und verhält sich dort nicht unbedingt linear, so daß eine realitätsgetreue Abbildung zu einem nichtlinearen Ansatz führt. Weiterhin bestehen in der Regel zwischen *mehreren* Produkten absatzwirtschaftliche

58 Hierzu vgl. das Marktformenschema bei *H. Meffert*, (1986), S. 283.

59 Zum absatzpolitischen Instrumentarium vgl. ebenda, S. 260 - 501.

Verflechtungen in dem Maße, daß die Gesamtheit der Veränderungsrelationen im allgemeinen nicht konsistent abgebildet werden kann. Die Ursache dafür liegt in der ausschließlichen Erfassung der *direkten* Interdependenzen zwischen zwei Produkten. Das verdeutlicht das folgende Beispiel:

Die nachgefragten Mengen der drei Produkte eines Produktionsprogramms seien mit den Parametern N_1, N_2 und N_3 beschrieben. Zwischen den Produkten bestehen jeweils Verflechtungen, die im Rahmen einer Markterhebung wie folgt quantifiziert worden seien:

$$\frac{\Delta N_1}{\Delta N_2} = \frac{1}{3} \quad \text{und} \quad \frac{\Delta N_1}{\Delta N_3} = \frac{2}{3} \quad \text{und} \quad \frac{\Delta N_2}{\Delta N_3} = -\frac{5}{3}$$

Die *ausschließliche* Erhöhung der Nachfragemenge N_3 bewirkt *indirekt* eine substitutionale Verflechtung zwischen Produkt 1 und 2. Im Widerspruch dazu sind diese Produkte jedoch komplementär miteinander verflochten. Bei praktischen Problemstellungen läßt sich in vielen Fällen selbst die Richtung der Interdependenz nicht eindeutig bestimmen, weil es bei einer großen Anzahl von Produkten zu einer vielschichtigen Überlagerung direkter und indirekter Interdependenzen kommen kann. Selbst wenn aus Plausibilitätsgründen nur *eine* Richtung der Verflechtung in Frage kommt, ist diese in der Regel nur schwer quantifizierbar und kann deshalb in einem LO-Ansatz bestenfalls in Ausnahmefällen modelliert werden.

4.2.1.3.2 Prämissen im Bereich der Produktion

In dem LO-Ansatz werden feste Indexmengen I_ℓ und I_m vorgegeben. Damit abstrahiert man von dem Problem, das operative Produktionsprogramm permanent sich ändernden Umweltbedingungen anpassen zu müssen. Unterstellt man dennoch als Ergebnis der strategischen und der taktischen Produktionsprogrammplanung ein über derartige Indexmengen formuliertes potentielles Produktionsprogramm, so entsteht dadurch ein Bezugsrahmen für eine operative Planungssituation. Unter Berücksichtigung eines Produktionsfaktorbestands erhält man so ein allgemeines Entscheidungsfeld, das durch die Kapazitäten homogener Produktionsfaktorklassen I_f konkretisiert wird. Die Kapazität der in der Fertigung eingesetzten maschinellen Anlagen entspricht der maximalen zeitlichen Ausdehnung. Sofern man diese voll beansprucht, führt das in der Regel zu einer entsprechenden Mehrbeschäftigung der an den Anlagen beschäftigten Arbeitskräfte. Weil die Fertigungszeitlöhne produktmengenunabhängig anfallen und in der Zielfunktion mit dem Faktorpreis null angesetzt werden, abstrahiert man hiermit von der Tatsache, daß ab einem gewissen Ausbringungsniveau Mehrkosten in Form von tariflich garantierten Überstundenzuschlägen oder Sonderschichtzulagen verursacht werden. Allgemein lassen sich homogene Produktionsfaktorklassen I_f mit Bezug auf limitationale Produktionsprozesse im Sinne einer theoretischen Höchstanforderung wie folgt definieren:

Definition (Homogenität einer Produktionsfaktorklasse)

Eine Produktionsfaktorklasse I_f ist genau dann homogen, wenn ceteris paribus für alle $(\ell; s) \in I_\ell \times I_s$ gilt:

$$a_{f\ell s} = a_{g\ell s} \; ; \quad f, g \in I_f$$

Diese strenge Homogenitätsanforderung kann in praktischen Entscheidungssituationen nicht erfüllt werden. Beispielsweise enthält ein Maschinenpark funktionsgleiche Aggregate, die sich in der Nutzungsdauer und im Stand der Technik unterscheiden; bei Arbeitskräften mit der gleichen nominellen Qualifikation sind Leistungsfähigkeit und -bereitschaft in verschieden starkem Maße ausgeprägt; artgleiche Rohstoffe können in ihrer physikalischen Beschaffenheit voneinander abweichen. Diese Liste ließe sich beliebig erweitern. Prinzipiell ist aber allen Unterschieden zwischen Produktionsfaktoren mit derselben Zweckbestimmung gemeinsam, daß die Faktorverbräuche bei gleicher quantitativer Leistungsabgabe differieren und dadurch jeweils *ein* Arbeitsprozeß definiert wird. Mit Bezug auf ein gegebenes Produktionsprogramm erfordert also eine theoretisch befriedigende Abbildung eines Produktionsfaktorbestands die Aufteilung desselben in kleinste Einheiten. Da diese Idealvorstellung nicht praktikabel ist, kann es nur darum gehen, annähernd homogene Produktionsfaktoren in geeigneter Weise zu quasi-homogenen Produktionsfaktorklassen zusammenzufassen. Mit der Formulierung einer Indexmenge I_f wird das in der operativen Produktionsprogrammplanung relevante Problem der Bestimmung eines geeigneten Aggregationsniveaus als gelöst angesehen. Weil mit zunehmendem Aggregationsniveau auch die Bandbreite möglicher Faktorverbräuche steigt, unterstellt man durch die Modellierung punktgenauer Produktionskoeffizienten ein mit der Idealvorstellung korrespondierendes Aggregationsniveau.

Der Zusammenhang zwischen der Ausbringungsmenge und dem Verbrauch eines *homogenen* Produktionsfaktors wird in der Betriebswirtschaftslehre überwiegend mit der limitationalen Produktionstheorie erklärt.[60] Danach stehen die Ausbringungsmengen eines Produkts und die dafür erforderlichen Faktoreinsatzmengen zueinander in einem technisch determinierten Verhältnis. Folglich ist durch den verstärkten Einsatz *eines* Produktionsfaktors bei ansonsten konstanten Produktionsbedingungen eine Steigerung der Ausbringungsmenge nicht möglich. Man unterscheidet in der limitationalen Produktionstheorie unter anderem die folgenden Ausprägungen:

- LEONTIEF formuliert Produktionsfunktionen unter der Annahme, daß zwischen der Ausbringungsmenge und den Faktoreinsatzmengen ein unveränderbares Verhältnis besteht. Der Faktorverbrauch wird ausschließlich durch das Niveau der Ausbringung

60 Die aus gesamtwirtschaftlichen Überlegungen entstandene substitutionale Produktionstheorie ist wegen des hohen Aggregationsniveaus der Produktionsfaktoren an dieser Stelle ohne Bedeutung und wird deshalb ausgeklammert. Hierzu vgl. z.B. *D. Adam*, (1993b), S. 154 - 174.

beeinflußt. Die in bezug auf eine bestimmte Ausbringungsmenge feste Faktoreinsatzrelation kann sowohl prozeß- als auch produktbedingt sein.[61]

- GUTENBERG berücksichtigt das vielfach zu beobachtende Phänomen, daß sich die Produktionskoeffizienten der Einsatzfaktoren in Abhängigkeit von der Intensität eines Aggregats verändern. Zusätzlich kann also der Faktorverbrauch mittelbar durch die Wahl der Intensität beeinflußt werden. Das wird insbesondere bei Betrachtung eines Aggregates deutlich, weil dessen Produktionskoeffizient ex definitione dem reziproken Wert der Intensität entspricht. Nur bei konstanten Produktionsgeschwindigkeiten ist das Verhältnis zwischen der Ausbringungsmenge und den Faktoreinsatzmengen konstant.[62]

Die Produktionsfunktion nach LEONTIEF bildet formal einen Unterfall der GUTENBERG-Produktionsfunktion, obwohl beide Denkansätze in unterschiedlichen Situationen realitätsnah erscheinen. Eine LEONTIEF-Produktionsfunktion bildet den quantitativen Zusammenhang zwischen einem Produkt und den durch die Konstruktion eindeutig determinierten Bedarf an Produktionsfaktoren hinreichend genau ab. Diese Situation ist beispielsweise dann gegeben, wenn man nach dem Baukastenprinzip fertigt. Dort werden Enderzeugnisse modular aus eindeutig definierten Bausteinen zusammengesetzt, so daß über die Auflösung entsprechender Stücklisten die in einer Bearbeitungsstufe jeweils benötigten Teile oder Baugruppen eindeutig bestimmt werden können. Dagegen bezieht sich eine GUTENBERG-Produktionsfunktion auf den Faktorverbrauch an einem Aggregat. Weil man diesen über die Intensität steuern kann, steht der Kombinationsprozeß zwischen Potential- und Repetierfaktoren im Vordergrund. Welche Produktionsfunktion eine Situation letztendlich realitätsnäher erfaßt, hängt von der konkreten inhaltlichen Ausgestaltung einer Bearbeitungsstufe ab. Aufgrund der Verwendung konstanter Produktionskoeffizienten bildet der LO-Ansatz limitationale Produktionsprozesse ab. Dadurch bleiben in diesem statischen Modell Lernkurveneffekte und Maschinenanlaufzeiten als wichtige Einflußgrößen des Faktorverbrauchs unberücksichtigt. Sofern es sich um einen Produktionsprozeß nach GUTENBERG handelt, unterstellt man für das entsprechende Aggregat eine im Zeitablauf konstante Intensität. Für jedes Produkt $\ell \in I_\ell$ existiert also genau *ein* Erstellungsprozeß. Dieser wird einerseits durch eindeutige Faktoreinsatzrelationen und eine unveränderbare Konstellation verwendeter Intensitäten sowie andererseits durch eine eindeutige Arbeitsgangreihenfolge inhaltlich bestimmt. Der Nachteil einer unveränderlichen Konstellation der Intensitäten läßt sich teilweise aufheben, indem man für gleiche Produkte mehrere Entscheidungsvariablen definiert, die sich jeweils auf *eine* Konstellation der Intensitäten beziehen und zu entsprechenden Veränderungen im Restriktionensystem sowie in der Zielfunktion führen.[63] Analog lassen sich durch die Berücksichtigung von Zwischenproduktvariablen Entscheidungen über den Verkauf von Zwischenprodukten unterstützen. Weiterhin sei noch angemerkt, daß der Verbrauch produktmengenunabhängiger Faktoren, die der

61 Vgl. *D. Adam*, (1993b), S. 143.

62 Vgl. *E. Gutenberg*, (1983), S. 326 - 337.

63 Zu einer ähnlichen Vorgehensweise vgl. *W. Dinkelbach / U. Lorscheider*, (1994), S. 175 - 177.

Aufrechterhaltung des Fertigungsprozesses dienen (z.B. Betriebsstoffe), in dem LO-Ansatz nicht erfaßt wird.

Bei der Produktionsplanung treten unter anderem die folgenden Probleme auf:

- In der Losgrößenplanung bestimmt man diejenigen Fertigungsmengen eines Produkts, die zwischen zwei Umrüstungen auf einer Maschine gefertigt werden. Dabei müssen die folgenden gegenläufigen Kostenentwicklungen berücksichtigt werden. Während die Umrüstkosten bei jedem Umrüstvorgang in annähernd gleicher Höhe anfallen und in bezug auf die Anzahl der Umrüstungen variabel sind, hängt die Höhe der Lagerkosten unter anderem von der Losgröße ab. Sinkende Losgrößen führen zu sinkenden Lagerkosten, aber bewirken gleichzeitig über eine steigende Anzahl an Umrüstvorgängen zunehmende Umrüstkosten.[64]

- Im Rahmen der Maschinenbelegungsplanung nimmt man eine zeitgenaue Zuordnung zwischen einer Maschine und den darauf zu bearbeitenden Aufträgen vor. Dadurch wird eine Auftragsreihenfolge festgelegt, die sowohl die Leerzeiten von Arbeitskräften und Maschinen als auch die Kosten für die Lagerung von Zwischenprodukten beeinflußt. Weiterhin kann die Auftragsreihenfolge technisch bedingt auch Einfluß auf die Höhe der Umrüstkosten nehmen.[65]

Da in dem LO-Ansatz konstante Produktionskoeffizienten und gegebene Faktorpreise unterstellt werden, sind die Kosten der Planungsperiode ausschließlich von den Ausbringungsmengen der Produkte abhängig. Der LO-Ansatz liefert lediglich Entscheidungsgrundlagen hinsichtlich der in einer Planungsperiode zu fertigenden Gesamtmengen und abstrahiert damit von den vorstehend beschriebenen Aufgabenfeldern. Deshalb bleiben auch zeitablaufbezogene Kosteneinflußgrößen unberücksichtigt.

4.2.1.3.3 Beschaffungsmarktbezogene Prämissen

Mit dem Produktionsprogramm ergibt sich der Bedarf an Produktionsfaktoren. Die zeitliche Struktur des Potentialfaktorbedarfs wird deshalb maßgeblich von den Entscheidungen über die zeitliche Verteilung des Produktionsprogramms beeinflußt. Im Rahmen der Beschaffungsplanung bestimmt man für alle Einsatzgüter die Bestellzeitpunkte und die Bestellmengen. Bei der fertigungssynchronen Beschaffung werden Bestellmengen nach dem Just-in-Time-Prinzip ausschließlich am Bedarf der kleinstmöglichen Zeiteinheit ausgerichtet. Dieses Beschaffungsprinzip stellt hohe Anforderungen an den Lieferanten und ist besonders bei deterministischen Bedarfsstrukturen geeignet. Über langfristige Lieferverträge wird das Problem der zeitlichen

---

64 Hierzu vgl. *D. Adam*, (1993b), S. 333 - 346.

65 Vgl. ebenda, S. 39, *R. Reichwald / B. Dietel*, (1991), S. 568 f.

Beschaffungskoordination und der Nachteil der Kapitalbindung auf die Lieferanten abgewälzt. Sofern Einsatzgüter auf Vorrat beschafft werden, ist die Planung von Bestellzeitpunkten und Bestellmengen erforderlich. Die Bestellzeitpunkte ergeben sich aus den Bestellmengen, dem Meldebestand und einer in der Regel unsicheren Lagerabgangsrate. Dabei erfolgt die Festlegung der Bestellmengen formal analog zur Losgrößenplanung. Dementsprechend müssen bei der Ermittlung kostenminimaler Bestellmengen die gegenläufigen Entwicklungen bei den Bestell- und den Lagerkosten berücksichtigt werden. Nach diesem Prinzip beschafft man insbesondere Artikel mit einer geringen Wertbindung.[66] In dem LO-Ansatz werden Bestell- und Lagerkosten nicht abgebildet. Deshalb können Entscheidungen über ein zielsetzungsgerechtes Beschaffungsprogramm hiermit nicht fundiert werden. Unter Berücksichtigung der analogen Prämisse aus Abschnitt 4.2.1.3.1 unterstellt man mit dem LO-Ansatz eine lagerlose Produktion in allen Wertsteigerungsstufen.

In dem LO-Ansatz werden die Bezugspreise als Datum vorgegeben. Für die Faktormärkte wird deshalb die Marktform des (beschränkten) Nachfragemonopols mit der Möglichkeit zur aktiven Preisbeeinflussung ausgeschlossen. Preise bilden sich also entweder durch Angebot und Nachfrage in einer polypolistischen oder einer oligopolistischen Konkurrenzsituation, durch das Preisdiktat in einem (beschränkten) Angebotsmonopol oder durch Verhandlung in einem bilateralen Monopol. Während das Preisdiktat als praktische Marktpreisfindung in der Regel ausscheidet, gewinnt insbesondere bei der Beschaffung hochwertiger Einsatzgüter die Verhandlungslösung an Bedeutung.[67] Die oft langjährige Kooperation kann zu einem Prozeß gegenseitiger Abstimmung der Leistungsmerkmale führen, die beiden Marktpartnern eine monopolähnliche Stellung verleiht. Mit der Vorgabe fester Preise wird unterstellt, daß die Preisverhandlungen für hochwertige Einsatzgüter abgeschlossen sind und zu einem in der Planungsperiode unveränderbaren Preis geführt haben. Damit abstrahiert man von dem Problem, daß man durch ständige Veränderungen des Produktionsprogramms bisher nicht eingesetzte Faktoren benötigt, deren Bezugspreise erst noch ausgehandelt werden müssen. Außerdem werden durch die ausschließliche Berücksichtigung konstanter Faktorbezugspreise konditionenpolitische Maßnahmen seitens der Anbieter nicht berücksichtigt (z.B. Liefer- und Zahlungsbedingungen, Rabattstaffelungen).

4.2.1.3.4 Bereichsübergreifende Prämissen

Nach dem Ausgleichsgesetz der Planung dominieren bei der Festlegung eines betrieblichen Aktionsprogramms die schwächsten Teilbereiche des Gesamtsystems.[68] Der LO-Ansatz erfaßt über die Produktionskoeffizienten die ausbringungsabhängigen Faktorverbräuche und damit auch die potentiellen *faktorbezogenen* Minimumsektoren. Dieser Ansatz ist jedoch insofern unvollständig, als einerseits unter statischen Aspekten Liquiditätsbedingungen und anderer-

66 Hierzu vgl. *R. Reichwald / B. Dietel*, (1991), S. 509 - 536.

67 Vgl. *O. Grün*, (1990), S. 454 f.

68 Vgl. *E. Gutenberg*, (1983), S. 164 f.

seits bei dynamischer Sichtweise die durch ein Produktionsprogramm induzierten Zahlungsströme unterschiedlicher zeitlicher Struktur nicht berücksichtigt werden.[69] Deshalb ist das finanzielle Gleichgewicht durch eine isolierte Produktionsprogrammplanung nicht in jedem Zeitpunkt der Planungsperiode gewährleistet. Das wichtigste Ziel der Unternehmenssicherung erfordert in einer operativen Situation eine simultan durchzuführende Produktionsprogramm- und Finanzplanung. Dieses theoretische Ideal ist für die praktische Handhabung zu komplex, so daß in der Praxis eine Planung der Teilbereiche mit anschließender unternehmensbezogener Koordination bevorzugt wird.

Ein Unternehmen besitzt in der Regel ein komplexes Zielsystem, das sich nach verschiedenen Kriterien charakterisieren läßt. Eine Analyse der Zielbeziehungen gibt Aufschluß darüber, ob zwischen Teilzielen eine komplementäre, konkurrierende oder indifferente Beziehung besteht; über die Zieldimensionen werden die Teilziele inhaltlich, nach dem Ausmaß der angestrebten Ergebnisausprägung und hinsichtlich des zeitlichen Bezugs konkretisiert.[70] Hinsichtlich der Zieldimensionen enthält der LO-Ansatz einschneidende Prämissen:

1. Mit der ausschließlichen Berücksichtigung des Deckungsbeitrags wird unterstellt, der Entscheidungsträger verfolge keine anderen Ziele. Damit entfällt dann auch eine Analyse der Zielbeziehungen. Diese Annahme einer eindimensionalen Zielausrichtung kann als realitätsfern angesehen werden. Zwar können weitere Ziele im Restriktionensystem durch Ungleichungen berücksichtigt werden, doch bleibt das Problem der Bewertungsdiskontinuität an den Grenzstellen der zulässigen Ergebnisausprägungen.[71]

2. Die Maximierungsvorschrift der Deckungsbeitragsfunktion impliziert, daß lediglich eine streng monoton wachsende Transformation zwischen dem Ergebnis- und dem Nutzenraum die Präferenzen des Entscheidungsträgers genau beschreibt. In der Realität verhält sich ein Entscheidungsträger jedoch häufig satisfizierend. Ergebnisausprägungen ab (bis zu) einem bestimmten Niveau werden in vielen Fällen als vollständig zufriedenstellend bewertet. Diese Präferenzstruktur wird mit einer Maximierungsvorschrift nicht abgebildet.

---

69 Hierzu vgl. *O. Rosenberg*, (1975), S. 53 - 67.

70 Vgl. z.B. *E. Heinen*, (1991), S. 13 - 16.

71 Vgl. S. 33 f.

4.2.2 Eine Heuristik zur simultanen Bestimmung des Produktionsprogramms und der Faktorzukaufsmengen

4.2.2.1 Vorüberlegungen zur Konzeption der Heuristik

Den Ausgangspunkt der Heuristik bildet der LO-Ansatz aus Abschnit 4.2.1.1. Dort sind alle Restriktionsgrenzen als unveränderliche Größen vorgegeben. Deshalb stellt sich die Frage, für welche Restriktionen diese Vorgehensweise realitätsnah ist und welche Nebenbedingungen besser unscharf modelliert werden sollten. Einen ersten Ansatzpunkt liefert die Unterteilung der Restriktionen nach ihrer inhaltlichen Bedeutung.

Die Absatzhöchstmengen werden über das absatzpolitische Instrumentarium nur *indirekt* beeinflußt. Während die Preis- und die Produktpolitik in einem vorgelagerten Entscheidungsprozeß festgelegt werden und somit in der operativen Produktionsprogrammplanung ein Datum sind, entfalten die Distributions- und die Kommunikationspolitik eine akquisitorische Wirkung, die über den Planungshorizont der durch den LO-Ansatz modellierten Situation hinausgeht. Selbst unter der Annahme einer kurzfristig möglichen Beeinflußbarkeit des Nachfragerverhaltens liegt eine wirkungsdefekte Entscheidungssituation vor, weil eine geplante Absatzmenge keine genauen Rückschlüsse auf das erforderliche Aktivitätsniveau des absatzpolitischen Instrumentariums zuläßt. Die Absatzmarktrestriktionen werden deshalb als scharfe Nebenbedingung beibehalten und sind kein Entscheidungsgegenstand der Heuristik.

Die Beanspruchung der Produktionsfaktorkapazitäten wird durch die Entscheidung für ein Produktionsprogramm *direkt* festgelegt, so daß hier ein Wirkungsdefekt nicht auftreten kann. Die in dem LO-Ansatz modellierte Begrenzung eines Produktionsfaktors umfaßt sowohl die vorhandene betriebliche Kapazität als auch das über langfristige Lieferverträge zugesicherte Fremdbezugsvolumen. Durch Produktionsfaktorbeschränkungen wird in der Regel das Niveau des maximal erzielbaren Deckungsbeitrags begrenzt. Wenn der Entscheidungsträger mit dem Deckungsbeitrag des klassischen LO-Ansatzes nicht vollständig zufrieden ist, muß über den optimalen Umfang eines kurzfristigen Zukaufs an Produktionsfaktoren entschieden werden. Für diese Situation wird im folgenden eine Heuristik entwickelt, die *nur* unter den vorgenannten Bedingungen zur Entscheidungsunterstützung einzusetzen ist.

Durch die ausschließliche Berücksichtigung scharf formulierter Faktorkapazitäten unterstellt man zwischen zulässigen Ergebniswerten immer Indifferenzrelationen. Sofern man die rechten Seiten der Restriktionen um die maximal möglichen Zukaufsmengen erweitert, werden alle zulässigen Zukaufsmengen als gleichwertig eingestuft. Man abstrahiert also von der Tatsache, daß sich Präferenzen bezüglich der *noch disponiblen* Zukaufsmengen insbesondere aufgrund monetär und auch in einem klassischen LO-Ansatz nicht erfaßbarer Entscheidungskriterien bilden. Eine von Imponderabilien abstrahierende, auf Maximierung des Deckungsbeitrags reduzierte Sichtweise kann zu Fehlentscheidungen führen.

Deshalb wird eine Heuristik konzipiert, die neben dem Deckungsbeitrag *qualitative* Aspekte des Fremdbezugs in einem erweiterten *quantitativen* Entscheidungsmodell berücksichtigt. Die Grundlage hierzu bildet der von BELLMAN und ZADEH geprägte Begriff einer unscharfen Entscheidung. Danach werden die ursprünglichen Ziele und Nebenbedingungen zu einem Zielsystem gleichgewichteter Teilziele zusammengefaßt. Zugehörigkeitsfunktionen besitzen in der beschriebenen Entscheidungssituation Nutzencharakter. Deshalb ist es naheliegend, den Verlauf der Zugehörigkeitsfunktionen kontextabhängig unter Berücksichtigung der wichtigsten qualitativen Aspekte zu bestimmen. Weil es nicht unbedingt sinnvoll ist, alle Produktionsfaktorrestriktionen unscharf zu formulieren, wird zuerst eine Datenfeldanalyse durchgeführt, während danach die Fuzzyfizierung ausgewählter Modellkomponenten im Vordergrund steht. Damit ermöglicht die Heuristik eine simultane Festlegung des Produktionsprogramms und der dafür benötigten Faktorzukaufsmengen.

Aus Gründen der Praktikabilität sollte man sich auf die wesentlichen Produktionsfaktoren beschränken oder ein hohes Aggregationsniveau wählen. Von diesem eigenständigen Problem wird im folgenden abstrahiert, weil es nur situationsabhängig gelöst werden kann. Außerdem werden wegen der skizzierten Schwerpunktsetzung andere ursprüngliche Zielsetzungen ausgeklammert, die in einen unscharfen LO-Ansatz leicht integriert werden könnten. Weiterhin bleiben unterschiedliche Faktorbezugspreise und die damit verbundene Bewertungsproblematik unberücksichtigt. Deshalb fehlt bei der Parameterdefinition in Abschnitt 4.2.1.1 auch eine genauere Differenzierung nach dem Beschaffungsweg sowie nach dem zugrunde gelegten Bewertungsstichtag. Die Finanzierung der Zukaufsmengen wird als gesichert angesehen.

4.2.2.2 Algorithmus der Heuristik

4.2.2.2.1 Datenfeldanalyse

1. Schritt: Bestimmung der potentiellen Engpaßfaktoren

Entscheidungen über Zukaufsmengen betreffen ausschließlich Engpaßfaktoren. Deshalb ist es sinnvoll, das Entscheidungsfeld entsprechend einzugrenzen. Das erfordert die Ermittlung *aller* Produktionsfaktoren, die *während* des nachstehenden Entscheidungsprozesses als Engpaß ausgewiesen werden können. Weil die Nachfragemengen ein Datum und damit nicht Gegenstand unternehmerischer Entscheidungen sind, wird der Produktionsprogrammplanung durch die Absatzmarktnebenbedingungen ein maximal zulässiger Handlungsspielraum vorgegeben. Dagegen muß fallbezogen festgestellt werden, welche der im 3. Schritt als Engpaß ausgewiesenen Produktionsfaktoren eine unveränderliche Größe darstellen und welche durch einen kurzfristigen Zukauf erweitert werden können. Im 3. Schritt wird die Anzahl der Iterationen maßgeblich von den Präferenzen des Entscheidungsträgers mitbestimmt, so daß man ex ante die dort als Engpaß ausgewiesenen Produktionsfaktoren nicht kennt. Also stellt man für jede Produktionsfaktorkapazität fest, ob diese *im System der Absatzmarktrestriktionen* eine aktive oder eine absolut redundante Nebenbedingung darstellt. Nur im erstgenannten Fall besteht die

Möglichkeit, daß durch Zukäufe anderer Produktionsfaktoren eine Faktorrestriktion zu einer aktiven Nebenbedingung und damit möglicherweise zu einem Engpaß in dem erweiterten Alternativenraum wird. Eine Faktorrestriktion überprüft man dadurch auf Aktivität oder absolute Redundanz, indem man die zugehörige Schlupfvariable auf demjenigen Alternativenraum minimiert, der durch das System der Absatzmarktrestriktionen, die zu untersuchende Faktorrestriktion und die Nichtnegativitätsbedingungen aufgespannt wird. Wenn der optimale Wert der Schlupfvariablen gleich null ist, dann handelt es sich um einen potentiellen Engpaß, anderenfalls um eine absolut redundante Nebenbedingung.[72] Sofern alle Faktorrestriktionen absolut redundant sind, bricht die Heuristik an dieser Stelle ab.

2. Schritt: Beschaffungsmarktanalyse

Nach der Identifizierung der potentiellen Engpaßfaktoren müssen nun die Möglichkeiten eines kurzfristigen Fremdbezugs herausgefunden werden. Diese sind nur dann gegeben, wenn der Produktionsfaktor in einer technisch oder objektiv meßbaren Qualität geliefert werden kann. Die Spezifikation erfolgt beispielsweise über Güteklassen oder Standards. Sofern diese fehlen, bieten sich als Meßverfahren die Variablen- und die Attributprüfung an. Während man bei der letzteren lediglich feststellt, ob bestimmte physische oder technische Merkmale vorhanden sind oder nicht, werden bei der Variablenprüfung bestimmte Qualitätsmerkmale auf einer Skala gemessen. Dabei geht es insbesondere darum, sowohl zu geringe als auch eine Überdimensionierung der Faktorqualitäten zu vermeiden.[73] Wenn die Faktoren in der gewünschten Qualität geliefert werden können, muß geprüft werden, ob die möglichen Lieferzeitpunkte mit der zeitlichen Bedarfsstruktur übereinstimmen. Während bezüglich des Qualitäts- und des Zeitaspekts in der Regel bestimmte Mindestanforderungen erfüllt werden müssen, besitzt die quantitative Kapazität eines möglichen Lieferanten keine Ausschlußwirkung, weil diese als Datum in das Entscheidungsmodell einfließt. Wenn kein potentieller Engpaßfaktor zugekauft werden kann, bricht die Heuristik an dieser Stelle ab.

Sofern es um den Zukauf bisher fremdgefertigter Produktionsfaktoren geht, bietet sich eine Anfrage bei den aktuellen Lieferanten an. Aufgrund einer lang andauernden Zusammenarbeit kann man deren Leistungsfähigkeit und Zuverlässigkeit hinreichend genau einschätzen. Weil man häufig aus Gründen der Risikostreuung den Bedarf an gleichen Produktionsfaktoren über mehrere Lieferanten deckt, wird in dem Entscheidungsmodell von dem Problem abstrahiert, wie man eine Zukaufsmenge auf die Lieferanten verteilt. Wenn Produktkomponenten bisher ausschließlich in Eigenleistung erstellt wurden oder ein *einmaliger* Bedarf vorliegt, dann sind Fachzeitschriften, Fachmessen etc. ein möglicher Ausgangspunkt einer Beschaffungsmarktanalyse. Werden die Beschaffungsmärkte neben dem Alltagsgeschäft permanent beobachtet, dann erübrigt sich eine diskontinuierliche Beschaffungsmarktanalyse ganz oder zumindest teilweise. Die dort ermittelten Erkenntnisse bilden die Datenbasis für die folgenden Schritte.

---

72 Hierzu vgl. *H.J. Zimmermann / T. Gal*, (1975), S. 226 f.

73 Vgl. *O. Grün*, (1990), S. 483 f., *R. Reichwald / B. Dietel*, (1991), S. 499.

4.2.2.2.2 Modellendogene Bestandteile der Heuristik

3. Schritt: Festlegung der unscharfen Faktorrestriktionen

Die Ausgangssituation zu Beginn des 3. Schrittes läßt sich wie folgt beschreiben:

Der Entscheidungsträger ist mit dem zieloptimalen Deckungsbeitrag des LO-Ansatzes aus Abschnitt 4.2.1.1 nicht vollständig zufrieden. Daraufhin hat man in der Datenfeldanalyse alle potentiellen Engpaßfaktoren mit ihren maximalen Zukaufsmengen bestimmt und festgestellt, daß der Deckungsbeitrag durch den Zukauf *aktueller* Engpaßfaktoren erhöht werden kann. Unter verfahrenstechnischen Aspekten sei auch im Hinblick auf die weitere Abfolge erwähnt, daß man in einem LO-Ansatz *jeden* Engpaßfaktor durch eine Sensitivitätsanalyse der rechten Seiten *eindeutig* ermitteln kann. Dagegen ist die Identifizierung der Engpaßfaktoren über die Zielfunktionskoeffizienten des Optimaltableaus bei Existenz zweiseitiger Schattenpreise nicht notwendigerweise eindeutig.

Es wird nun die nachstehend beschriebene Schleife mindestens *einmal* durchlaufen:

Zu Beginn einer Schleife findet man nach Voraussetzung in dem vorliegenden LO-Ansatz mindestens *einen* aktuellen Engpaßfaktor mit Zukaufsmöglichkeit. Sofern mehrere kurzfristig fremdbezogen werden können, wird eine Faktorrestriktion mit geringer unternehmerischer Bedeutung um die maximal mögliche Zukaufsmenge erweitert. Dadurch verhindert man, daß der Zukauf von Produktionsfaktoren mit strategischer Bedeutung frühzeitig in den Kalkül einbezogen und eine Deckungsbeitragserhöhung eventuell mit einer kurzfristig nicht quantifizierbaren Unternehmensschädigung erkauft wird. Das kann beispielsweise dann der Fall sein, wenn ein Faktorzukauf die Preisgabe von Know-how erfordert, das eine starke Marktstellung begründet. Dabei muß fallbezogen festgestellt werden, welche der Produktionsfaktoren eine derartige Bedeutung besitzen. In der Tendenz sind es diejenigen, die in einer späteren endproduktnahen Fertigungsstufe verarbeitet werden. Die Berechnung des erweiterten LO-Ansatzes liefert einen im Vergleich zur Vorstufe höheren Deckungsbeitrag. Es gibt zwei Möglichkeiten:

1. Der Entscheidungsträger ist mit dem höheren Deckungsbeitrag vollständig zufrieden. Dann erfolgt der Übergang zum 4. Schritt.

2. Wenn das Deckungsbeitragsniveau den Entscheidungsträger nicht vollständig zufriedenstellt, wird wie folgt fortgefahren: Durch eine Sensitivitätsanalyse der rechten Seiten ermittelt man die im vorliegenden LO-Ansatz aktuellen Engpaßfaktoren. Dabei können zwei Unterfälle auftreten:

   a. Sofern kein aktueller Engpaß zugekauft werden kann, wird der Entscheidungsträger nach einem Lernprozeß das Deckungsbeitragsniveau als vollständig zufriedenstellend bewerten,[74] so daß man zum 4. Schritt übergehen kann.

---

74 Vgl. S. 27 f.

b. Wenn für mindestens *einen* aktuellen Engpaßfaktor Zukaufsmöglichkeiten bestehen, dann beginnt eine neue Schleife.

Jede im 3. Schritt erweiterte Produktionsfaktorrestriktion wird unter Berücksichtigung der maximalen Zukaufsmengen als unscharfe Menge formuliert. Wenn der beschriebene Entscheidungsprozeß gemäß Fall 2a in den 4. Schritt überführt wird, bedeutet das nicht zwingend, daß alle Produktionsfaktorrestriktionen mit der Möglichkeit des Fremdbezugs fuzzyfiziert werden. Die geschilderte Abfolge garantiert in jedem Fall den Übergang zum 4. Schritt, und zwar spätestens nach der Berücksichtigung aller Zukaufsmöglichkeiten. Weil in jeder Schleife zieloptimale Produktionsprogramme mit einer im Vergleich zur Vorstufe anderen qualitativen und/oder quantitativen Zusammensetzung generiert werden, führt das in der Regel zu wechselnden Engpässen. Deshalb ist es für den vorstehenden Entscheidungsprozeß aus organisatorischen Gründen sinnvoll, alle möglicherweise relevanten Informationen in einer vorgelagerten Datenfeldanalyse einzuholen.

4. Schritt: Festlegung der Unschärfeintervalle

Die Unschärfeintervalle der ursprünglichen Zielfunktion sowie der zu fuzzyfizierenden Nebenbedingungen werden jeweils durch die Akzeptanzgrenze und den schlechtesten Ergebniswert mit vollständiger Zufriedenheit begrenzt. Diese Werte ermittelt man wie folgt:

1. Für die Deckungsbeitragsfunktion gilt:

   - Die *unterste* Grenze vollständiger Zufriedenheit entspricht gerade dem in der letzten Schleife errechneten Deckungsbeitrag, weil dieser als *erster* Zielfunktionswert vom Entscheidungsträger als vollständig zufriedenstellend beurteilt wurde. Weil sich der Deckungsbeitrag im Vergleich zur vorletzten Schleife *sprunghaft* erhöht, kann die unterste Grenze vollständiger Zufriedenheit auch *zwischen* den Optima der letzten und der vorletzten Schleife liegen. Diese mögliche Abbildungsungenauigkeit ist aber im Rahmen einer Heuristik unbedeutend.

   - Die Akzeptanzgrenze entspricht dem mit dem LO-Ansatz aus Abschnitt 4.2.1.1 errechneten optimalen Deckungsbeitrag. Dieser wird in jedem Fall erreicht, so daß der Entscheidungsträger ein geringeres Zielniveau nicht akzeptiert.

2. Für jede unscharfe Restriktion gilt:

   - Die *oberste* Grenze vollständiger Zufriedenheit entspricht der verfügbaren Produktionsfaktorkapazität aus Abschnitt 4.2.1.1. Diese Vereinbarung ist sinnvoll, weil die bestehenden Kapazitäten in der dargelegten Situation nicht Gegenstand unternehmerischer Entscheidungen sind.

   - Die Akzeptanzgrenze entspricht der um das kurzfristige Zukaufsvolumen erweiterten Faktorkapazität. Hierbei handelt es sich um eine objektiv feststehende Begrenzung, die in keinem Fall überschritten werden darf.

5. Schritt: Bestimmung der Zugehörigkeitsfunktionen in den Unschärfeintervallen

Nachdem man für die Deckungsbeitragsfunktion und die entsprechenden Faktorrestriktionen Ober- und Untergrenzen festgelegt hat, muß nun der Verlauf der Zugehörigkeitsfunktionen *innerhalb* der Unschärfeintervalle bestimmt werden. Dabei gilt es zu berücksichtigen, daß die algorithmische Ermittlung einer optimalen unscharfen Entscheidung aus formalen Gründen nur dann möglich ist, wenn für die Zielfunktion und für alle unscharfen Faktorrestriktionen genau *ein* Funktionstyp formuliert wird.[75] Unter dem Aspekt der Lösungseffizienz bietet sich die Verwendung von vier Grundtypen an.

Wenn man sich für lineare Zugehörigkeitsfunktionen entscheidet, dann kann man sofort zum 6. Schritt übergehen, weil der Funktionsverlauf in dem Unschärfeintervall eindeutig festliegt. Der Nachteil dieses Funktionstyps liegt aber gerade darin, daß *ausschließlich* die Ober- und Untergrenzen der Faktorrestriktionen den Verlauf der Zugehörigkeitsfunktionen beeinflussen, obwohl bei der Entscheidung über das Zukaufsvolumen eine *Vielzahl* qualitativer Aspekte von Bedeutung sein können. Zugehörigkeitswerte besitzen in dieser Entscheidungssituation Nutzencharakter, so daß derartige Überlegungen bei der Bestimmung der Funktionsverläufe berücksichtigt werden sollten.

Dagegen bieten die nichtlinearen Zugehörigkeitsfunktionen aus Kapitel 3 einen Ansatzpunkt zur Berücksichtigung qualitativer Kriterien des Fremdbezugs, weil man unabhängig von der Verwendung *eines* Funktions*typs* den jeweiligen Verlauf einer Zugehörigkeitsfunktion über den dimensionslosen Parameter δ_p individuell anpassen kann. Es stellt sich die Frage, welcher Funktionstyp im weiteren berücksichtigt werden sollte. Weil Zugehörigkeitsfunktionen in der Regel die Präferenzen eines Entscheidungsträgers nicht präzise abbilden und deshalb eine Beurteilung der Funktionstypen mit Bezug auf eine konkrete Situation nicht möglich ist, kann es nur darum gehen, Funktionstypen mit *offensichtlichen Abbildungsungenauigkeiten* zu selektieren. Deshalb ist es sinnvoll, die Funktionstypen an den Intervallgrenzen genauer zu untersuchen. Dort kann man

- der schlechtesten Ergebnisausprägung mit vollständiger Zufriedenheit ex definitione den Zugehörigkeitswert *eins* und

- der Akzeptanzgrenze einen positiven Zugehörigkeitswert im Grenzbereich der vollständigen Unzufriedenheit zuordnen, weil jedes schlechtere Ergebnisniveau nicht akzeptiert wird und damit definitionsgemäß den Zugehörigkeitswert null erhält.

Deshalb werden im weiteren konvexe Zugehörigkeitsfunktionen unterstellt, weil nur diese die vorgenannten Bedingungen erfüllen.[76] Mit Bezug zur p-ten unscharfen Kleiner-gleich-Neben-

75 Vgl. Satz 3.8.

76 Hierzu vgl. Punkt 4 in Abschnitt 3.5.4.2.

bedingung wird im Unschärfeintervall $\left]c_p^u ; \infty\right[$ jede zulässige Ergebnisausprägung f_p wie folgt bewertet:[77]

$$\eta_p : f_p \rightarrow \eta_p(f_p) := exp\left(\delta_p c_p^u - \delta_p f_p\right), \delta_p > 0$$

Dann berechnet sich die 1. Ableitung nach δ_p wie folgt:

$$\frac{d\eta_p}{d\delta_p} = (c_p^u - f_p) \cdot exp\left(\delta_p (c_p^u - f_p)\right) < 0$$

Allgemein führt jede Verringerung des Parameters δ_p zu einer höheren Bewertung *aller* $f_p \in \left]c_p^u ; \infty\right[$. Weil die Kapazität c_p^u fest vorgegeben ist, bezieht sich die höhere Bewertung ausschließlich auf die noch disponiblen Zukaufsmengen $z_p := f_p - c_p^u$. **(4.1)**

Im folgenden wird nun eine Verbindung zur Nutzwertanalyse hergestellt. Diese soll zuerst im Hinblick auf die Bewertung einer Fremdbezugsmöglichkeit spezifiziert werden:[78]

1. *Bestimmung nicht quantifizierbarer Beurteilungskriterien des Fremdbezugs*
Hier geht es insbesondere darum, für jeden Produktionsfaktor mit Fremdbezugsmöglichkeit die relevanten Beurteilungskriterien dieses Bereitstellungsweges herauszufinden. Diese sollten operational formuliert und überschneidungsfrei gegeneinander abgegrenzt werden. Besonders die Forderung nach Unabhängigkeit zwischen den Kriterien ist problematisch, weil bei der Erstellung eines Kriterienkatalogs Interdependenzen nicht immer erkennbar sind. In der Regel erfordert eine Vielzahl zu berücksichtigender Aspekte ein hohes Aggregationsniveau, das zur Bildung von Zielhierarchien zwingt.

Während in der Datenfeldanalyse lediglich Mindestanforderungen gestellt werden, geht es in dieser Phase um eine genauere Beurteilung eines Fremdbezugsweges anhand eines ganzen Katalogs relevanter Kriterien. Einen solchen kann man nur unter Berücksichtigung spezifischer Gegebenheiten erstellen. Deshalb werden an dieser Stelle lediglich exemplarisch einige Aspekte erwähnt:[79]

- Mit Bezug auf die zugesicherte Qualität sollte man überprüfen, ob eine Möglichkeit zur Vorverlagerung der Qualitätskontrolle besteht. Dieser Aspekt gewinnt besonders dann

---

77 Unter Verwendung der Funktionsvorschrift (3.20) läßt sich der nachstehend beschriebene Zusammenhang analog für Größer-gleich-Restriktionen herleiten.

78 Zur Nutzwertanalyse vgl. z.B. *H. Blohm / K. Lüder*, (1991), S. 174 - 196, *E. Kappler / H. Rehkugler*, (1991), S. 941 - 947.

79 Zu diesem Problembereich vgl. *W. Männel*, (1981), hier insbesondere S. 7 - 67.

an Bedeutung, wenn die Qualitätskontrolle aus haftungstechnischen Gründen bisher immer beim Zulieferer durchgeführt wurde und ein potentieller Lieferant beurteilt wird.

- Weiterhin kann es von Bedeutung sein, inwieweit eine Abstimmung zwischen der eigenen zeitlichen Bedarfsstruktur und den Kapazitäten eines potentiellen Lieferanten gelingt.

- Das Fremdbezugsrisiko muß man insbesondere bei einem bisher unbekannten Zulieferer einkalkulieren. Sofern man bei diesem eine Beschäftigungslücke schließt, ist das Risiko eines Lieferverzugs und eines Produktionsstillstands eher gering. Anderenfalls kann der Anteil des Auftrags an der gesamten Auftragskapazität des Zulieferers Aufschluß über das Risiko eines Lieferverzugs geben, weil in der Regel erst die größeren Abnehmer beliefert werden. Ein weiteres Kriterium ist das steigende Risiko einer zufälligen Beschädigung beim Transport über längere Strecken.

2. *Bestimmung von Gewichtungsfaktoren für jedes Beurteilungskriterium*

Jedem Kriterium wird ein Gewichtungsfaktor zugewiesen, der die Bedeutung im Vergleich zu den anderen Kriterien wiedergibt. In der Regel normiert man die Gewichte in der Weise, daß ihre Summe 100 beträgt. Diese Vorgehensweise führt man für alle Kriterienebenen durch, so daß man für jedes Unterkriterium das relative Gewicht in bezug auf die oberste Hierarchie errechnen kann. Die Gewichtungsfaktoren werden entweder direkt festgelegt oder indirekt über einen paarweisen Vergleich derjenigen Kriterien, die in einer vorher bestimmten Rangfolge nebeneinander liegen.

3. *Aufstellung einer Wertetabelle*

Im Sinne einer praktischen Anwendung werden nun für jede Dimension des unter Punkt 1. bestimmten Kriterienkatalogs die folgenden nominalen Kriterienerfüllungsgrade festgelegt:

SEHR GUT / GUT / MITTELMÄSSIG / SCHLECHT / SEHR SCHLECHT

Diesen ordnet man die folgenden Teilnutzenwerte zu:

8 / 6 / 4 / 2 / 0

Prinzipiell läßt sich diese Vorgehensweise verfeinern, indem man für kardinal formulierte Kriterienerfüllungsgrade eine Wertefunktion erstellt. Diese Präzisierung bietet sich hier nicht an, weil die nicht-quantifizierbaren Aspekte eines Fremdbezugs erfaßt werden sollen.

4. *Bewertung der Fremdbezugsmöglichkeiten*

Nach der Formulierung einheitlicher Kriterienerfüllungsgrade bewertet man die Fremdbezugsmöglichkeiten aller Produktionsfaktoren, deren Kapazitäten im 3. Schritt erweitert wurden. Diese Bewertung erfolgt hinsichtlich aller unter Punkt 1. festgelegten Beurteilungskriterien.

Dabei handelt es sich in der Regel um eine verbale Analyse, die an einem Beispiel verdeutlicht werden soll:

Einem Unternehmen wird von der Verkaufsabteilung eines potentiellen Zulieferers zugesichert, daß ein genau spezifizierter Produktionsfaktor in der nächsten Planungsperiode im Umfang von 100 Mengeneinheiten geliefert werden kann. Dieser Produktionsfaktor wird zu mehreren im voraus bekannten Zeitpunkten benötigt. Die terminliche Koordination der Anlieferung ergibt, daß der Zulieferer jeweils fünf Tage vor Produktionsbeginn liefern würde.

Situation 1 : Bei dem Produktionsfaktor handelt es sich um einen geringwertigen Rohstoff.

Situation 2 : Bei dem Produktionsfaktor handelt es sich um ein hochwertiges Einbauteil.

Die verbale Beurteilung könnte in bezug auf das Kriterium Fertigungssynchrone Anlieferung wie folgt lauten:

Situation 1 : Ein geringwertiger Rohstoff liegt fünf Tage im Wareneingangslager.

→ Aufgrund der geringen Wertbindung wird das vorgenannte Kriterium SEHR GUT erfüllt.

→ Damit wird diesem Zulieferer der Teilnutzenwert acht zugewiesen.

Situation 2 : Ein hochwertiges Einbauteil liegt fünf Tage im Wareneingangslager.

→ Aufgrund der hohen Wertbindung wird das vorgenannte Kriterium GUT erfüllt.

→ Damit wird diesem Zulieferer der Teilnutzenwert sechs zugewiesen.

5. *Berechnung der Gesamtnutzenwerte der Fremdbezugsmöglichkeit*

Nachdem alle Teilnutzenwerte errechnet worden sind, kann man unter Berücksichtigung der Gewichtungsfaktoren aus Punkt 2. den Gesamtnutzenwert jeder Fremdbezugsmöglichkeit berechnen. Es gelten die folgenden Definitionen:

I_p	:	Indexmenge der Produktionsfaktoren, deren Kapazität im 3. Schritt um die maximal mögliche Zukaufsmenge erweitert wurde
I_j	:	Indexmenge der Beurteilungskriterien
N_p	:	Gesamtnutzenwert der Fremdbezugsmöglichkeit von Produktionsfaktor $p \in I_p$
N_{jp}	:	Teilnutzen der Fremdbezugsmöglichkeit von Produktionsfaktor $p \in I_p$ hinsichtlich des Beurteilungskriteriums $j \in I_j$
g_j	:	Gewichtungsfaktor von Beurteilungskriterium $j \in I_j$
N_p^{max}	:	Maximaler Gesamtnutzenwert der Fremdbezugsmöglichkeit von Produktionsfaktor $p \in I_p$

Dann führt man die folgenden Rechnungen durch:

$$N_p = \sum_{j \in I_j} g_j \cdot N_{jp}, \; p \in I_p$$

6. Schritt: Ermittlung einer optimalen unscharfen Entscheidung

Mit einem in dieser Weise errechneten Gesamtnutzenwert liegt eine aggregierte Beurteilungsgröße vor. Bei steigendem Gesamtnutzenwert wird ceteris paribus die Fremdbezugsmöglichkeit des Produktionsfaktors vorteilhafter. Also wird ceteris paribus jede zulässige Zukaufsmenge höher bewertet. Die Zugehörigkeitsfunktion ordnet jeder zulässigen Zukaufsmenge einen Zielerreichungsgrad zu und besitzt somit Nutzencharakter. Deshalb steigt ceteris paribus auch das Niveau der Zugehörigkeitsfunktion im Unschärfeintervall $\left] c_p^u ; \infty \right[$. Wegen des unter (4.1) geschilderten Einflusses von Parameter δ_p auf die Bewertung der Zukaufsmengen liegt es nahe, eine streng monoton fallende Funktion $\delta_p : \left[0 ; N_p^{max} \right] \rightarrow \mathbb{R}_+^{>0}$ mit der Abbildungsvorschrift $\delta_p : N_p \rightarrow \delta_p(N_p)$ auszuwählen. Weiterhin ist es sinnvoll, für alle $p \in I_p$ die gleiche Abbildungsvorschrift zu verwenden. Dadurch modelliert man einen einheitlichen Einfluß der Gesamtnutzenwerte auf den Verlauf der entsprechenden Zugehörigkeitsfunktionen. Für die Deckungsbeitragsfunktion wird der Parameter $\delta_{Ziel} = 0{,}5$ vorgeschlagen. Eine optimale unscharfe Entscheidung hinsichtlich dieser Zugehörigkeitsfunktionen wird dann unter Berücksichtigung der Transformationsfunktion $T : \mathbb{R}_+^{>0} \rightarrow T(y) := ln\, y$ mit dem folgenden LO-Ansatz ermittelt:[80]

max α

u.d.N.

$$\alpha \le \frac{1}{2} \cdot f_{Ziel} - \frac{1}{2} \cdot c_{Ziel}^o$$

$$\alpha \le \delta_p(N_p) \cdot c_p^u - \delta_p(N_p) \cdot f_p, \; p \in I_p$$

$$x \in X$$

80 Vgl. Abschnitt 3.5.3.3 und Satz 3.8.

Der klassische Lösungsraum $X \subset R^n$ entsteht durch:

- potentielle Engpaßfaktoren ohne Fremdbezugsmöglichkeiten,
- potentielle Engpaßfaktoren mit Fremdbezugsmöglichkeiten, die aber im 3. Schritt nicht berücksichtigt wurden,
- Absatzmarktrestriktionen,
- Nichtnegativitätsbedingungen.

4.2.2.3 Beurteilung der Heuristik

Die Lösungsqualität einer Heuristik läßt sich am besten dann einschätzen, wenn eine optimale Lösung oder eine andere Heuristik als Vergleichsmaßstab herangezogen werden kann. Erstere bezieht sich immer auf die Elemente eines in sich geschlossenen Systems und wird dort über die Erfüllung notwendiger und hinreichender Bedingungen *definiert*. Im Hinblick auf das hier vorliegende offene Entscheidungsfeld kann deshalb eine optimale Handlungsalternative nicht existieren.[81] Weiterhin gibt es keine Heuristik, die auf die konkrete Entscheidungssituation Bezug nimmt, so daß ein Vorteilhaftigkeitsvergleich entfällt. Die Beurteilung beschränkt sich deshalb auf pragmatische und inhaltliche Überlegungen.

Aus anwendungsorientierter Sicht stellt sich die Frage der **praktischen Durchführbarkeit**. Dabei sind zwei Aspekte von Bedeutung. Einerseits muß man eine Heuristik so konzipieren, daß sie mit leistungsfähigen Algorithmen unterstützt werden kann. Die vorliegende Heuristik wird dieser Bedingung ohne Einschränkung gerecht, weil die für die beschriebene Schrittabfolge erforderlichen modellendogenen Daten bis hin zu einem konkreten Entscheidungsvorschlag jeweils in einem LO-Ansatz ermittelt werden und deshalb das Simplexverfahren als leistungsfähiger Algorithmus zur Verfügung steht. Im weiteren müssen die für den Fortgang dieses in der Regel zeitkritischen Entscheidungsprozesses notwendigen Umweltdaten in einem vertretbaren Zeitrahmen beschafft werden können. Das sind hier insbesondere Informationen über weitere Bezugsmöglichkeiten. Diese liegen bei einem umsichtig organisierten Berichtswesen zum größten Teil vor, so daß sich mit Bezug auf eine konkrete Entscheidungssituation der Umfang einer diskontinuierlichen Beschaffungsmarktanalyse in Grenzen hält. Andererseits sollte eine Heuristik in der Weise aufgebaut sein, daß neben der *Datenbeschaffbarkeit* auch der *Datenfluß* zeitlich koordiniert ist. Auch dieser Aspekt wird in der vorliegenden Heuristik berücksichtigt. In bezug auf den 2. Schritt muß man allerdings festhalten, daß dort in der Regel auch nicht erforderliche Daten eingeholt werden, weil der tatsächliche Informationsbedarf erst mit Abschluß des 3. Schritts feststeht. Dieser Nachteil verliert aber an Bedeutung, wenn eine Beschaffungsmarktanalyse ohnehin durchgeführt wird.

---

81 Vgl. *W. Berens*, (1992), S. 24 - 87.

Die **Art der Unterstützung bei der approximativen Abbildung der Präferenzen** ist ein weiteres Bewertungskriterium der Heuristik. Weil der Entscheidungsträger im Regelfall keine präzisen Zugehörigkeitswerte zuweisen kann, werden die Anforderungen an die Bewertungsfähigkeit hinsichtlich *einzelner* Ergebnisse gemäß der im 3. Schritt beschriebenen Vorgehensweise reduziert. Im Zuge dieses interaktiven Prozesses wird durch Herausnehmen jeweils *einer* Engpaßrestriktion die unterste Grenze vollständiger Zufriedenheit *schrittweise erfragt*. Die im 5. und 6. Schritt beschriebene Vorgehensweise zur Bestimmung einer Zugehörigkeitsfunktion erlaubt dann zumindest näherungsweise die Berücksichtigung weiterer Faktoren, die bei einer Entscheidung über das Fremdbezugsvolumen von Bedeutung sein können und dann auf die Präferenzen Einfluß nehmen. Weiterhin erlaubt der dargestellte Zusammenhang zwischen einem Gesamtnutzenwert N_p und dem daraus abgeleiteten Parameter δ_p einen Lernprozeß durch interaktive Variation der Kriteriengewichte.

Unter dem Aspekt der **inhaltlichen Erweiterbarkeit der Heuristik** kann einerseits der Kriterienkatalog situativ angepaßt und andererseits der unscharfe LO-Ansatz aufgrund der Symmetrie zwischen Ziel- und Restriktionsgrößen um weitere Zielgrößen erweitert werden.

Ein weiteres Beurteilungskriterium ist der **Grad der** mit der Heuristik erzielten **Objektivität**. Dabei werden mehrere Ermessensentscheidungen getroffen. Im 3. Schritt bestimmt man diejenigen Engpaßfaktoren, für die ein Zukauf erwogen wird. Diese Auswahl beruht auf einer subjektiven Einschätzung der Bedeutung jeweils aktueller Engpaßfaktoren. Dadurch kann die Entscheidung über Zukaufsmengen beeinflußt werden, weil die Berücksichtigung unterschiedlicher Produktionsfaktoren zu einer anderen Engpaßsituation in der nächsten Schleife führen kann. Dieser Nachteil ist jedoch insofern nicht von Bedeutung, als es sich um eine Auswahl im Sinne einer Negativabgrenzung handelt: Der Zukauf strategisch bedeutender Produktionsfaktoren, die dem Entscheidungsträger im Regelfall bekannt sind, soll nicht schon frühzeitig in den Kalkül aufgenommen werden. Im weiteren liegt der Festlegung der Unschärfeintervalle und des Funktionstyps eine subjektive Einschätzung der Präferenzen zugrunde. Man kann jedoch die Intervallgrenzen verändern und einen anderen Funktionstyp wählen. Letzteres setzt aber einen Funktionstyp voraus, bei dem *jede* Parameterveränderung in *eine* Richtung einen *gleichgerichteten* Einfluß auf *alle* Ergebniswerte im Unschärfeintervall besitzt. Ein weiteres zu lösendes Problem ist die Bestimmung einer Funktionsvorschrift $\delta_p : N_p \rightarrow \delta_p(N_p)$. Weiterhin müssen auch die subjektiven Entscheidungen im Rahmen der Nutzwertanalyse in Kauf genommen werden. Ein Entscheidungsvorschlag kann wegen der subjektiven Bewertung einer Vielzahl relevanter Sachverhalte nicht objektiv sein. Dieses Problem ist aber kein Spezifikum der vorstehenden Heuristik und betrifft alle Entscheidungsmodelle. Vielmehr wird der Entscheidungsprozeß durch die Heuristik transparent und intersubjektiv nachvollziehbar. Man kann diese Heuristik als eine Strukturierungsregel zur Bewältigung komplexer Probleme auffassen.[82]

---

82 Vgl. *D. Adam*, (1989), Sp. 1415 - 1417.

5 Das Erweiterungsprinzip als Grundlage für die Verknüpfung unscharfer Daten

5.1 Die Definition des Erweiterungsprinzips nach ZADEH

Das Erweiterungsprinzip wird wie folgt definiert:[1]

Definition (Erweiterungsprinzip)

Es seien die scharfen nicht-leeren Mengen Y und X_i, $i \in \{1,...n\}$, eine Abbildung $f : X_1 \times .... \times X_n \to Y$ mit $y := f(x_1,...x_n)$ und Zugehörigkeitsfunktionen $\mu_{\tilde{A}_i} : X_i \to \mathsf{R}$ gegeben. Eine unscharfe Menge $\tilde{B}$ erzeugt man in Y wie folgt:

$$\mu_{\tilde{B}}(y) := \begin{cases} \sup\limits_{f(x_1,...x_n) = y} \left\{ \min\left\{ \mu_{\tilde{A}_1}(x_1),.....\mu_{\tilde{A}_n}(x_n) \right\} \right\} & ; \text{ falls } f^{-1}(\{y\}) \neq \varnothing \text{ [2]} \\ 0 & ; \text{ sonst} \end{cases}$$

Anschaulich heißt das:

Für jedes n-Tupel $(x_1,...x_n)$, das durch f auf ein $y \in Y$ abgebildet wird, bestimmt man zuerst die minimalen komponentenweisen Zugehörigkeitsgrade. Daraus wählt man die kleinste obere Schranke. Diese bildet den Zugehörigkeitswert des Elements y zur unscharfen Menge $\tilde{B}$. Ein $y \in Y$ erhält die Zugehörigkeit null, wenn es über die Abbildung $f : X_1 \times .... \times X_n \to Y$ von keinem n-Tupel $(x_1,...x_n) \in X_1 \times .... \times X_n$ erreicht wird.

Der Spezialfall n = 1 wird von ZADEH bereits in seiner ersten Veröffentlichung über unscharfe Mengen angeführt.[3]

---

1 Vgl. *L.A. Zadeh*, (1987b), S. 256 - 261, *D. Dubois / H. Prade*, (1980), S. 36 f.

2 Für jede beliebige Abbildung $f : X \to Y$ definiert man $f^{-1}(\{y\}) := \{ x \in X \mid f(x) = y \}$. Für den Spezialfall einer bijektiven Abbildung f ist die Menge $f^{-1}(\{y\})$ für alle $y \in Y$ einelementig und man schreibt zur Unterscheidung $f^{-1}(y)$. Vgl. *G. Fischer*, (1986), S. 29.

3 Vgl. *L.A. Zadeh*, (1965), S. 346.

Man erhält: $\mu_{\tilde{B}}(y) = \sup_{f(x)=y} \left\{ \min \left\{ \mu_{\tilde{A}}(x) \right\} \right\} = \sup_{f(x)=y} \left\{ \mu_{\tilde{A}}(x) \right\}$

Beispiel 4: (Erweiterte Subtraktion von zwei unscharfen diskreten Mengen)

Sei zwischen den Mengen X, Y, Z $\subseteq$ **N** eine Abbildung $f: X \times Y \rightarrow Z$ mit der Abbildungsvorschrift $f(x,y) := x - y$ gegeben. Man betrachte die unscharfen Mengen $\tilde{A}_1$ und $\tilde{A}_2$, die wie folgt definiert seien:

$\tilde{A}_1 := \{ (6/0{,}4); (7/0{,}6); (8/1); (9/0{,}7) \}$ und $\tilde{A}_2 := \{ (3/0{,}5); (4/0{,}8); (5/0{,}6) \}$

Unter Verwendung des Erweiterungsprinzips ergibt sich durch subtraktive Verknüpfung der unscharfen Mengen $\tilde{A}_1$ und $\tilde{A}_2$ die folgende unscharfe Menge:

$\tilde{A}_1 - \tilde{A}_2 = \{ (1/0{,}4); (2/0{,}6); (3/0{,}6); (4/0{,}8); (5/0{,}7); (6/0{,}5) \}$

Beispiel 5: (Erweiterte Addition von zwei unscharfen stetigen Mengen)

Sei zwischen den Mengen X, Y, Z $\subseteq$ **R** eine Abbildung $f: X \times Y \rightarrow Z$ mit der Abbildungsvorschrift $f(x,y) := x + y$ gegeben. Man betrachte die unscharfen Mengen $\tilde{A}_1$ und $\tilde{A}_2$, die über die folgenden Zugehörigkeitsfunktionen definiert seien:

- $\mu_{\tilde{A}_1} : \mathbf{R}_+^{>0} \rightarrow [0;1]$ mit $\mu_{\tilde{A}_1}(x) := \max\left\{ 0 \,;\, 1 - (x-3)^2 \right\}$
- $\mu_{\tilde{A}_2} : \mathbf{R}_+^{>0} \rightarrow [0;1]$ mit $\mu_{\tilde{A}_2}(y) := \max\left\{ 0 \,;\, 1 - (10 - 2y)^2 \right\}$

Die Verwendung des Erweiterungsprinzips führt bei additiver Verknüpfung der unscharfen Mengen $\tilde{A}_1$ und $\tilde{A}_2$ zu der unscharfen Menge $\tilde{B}$, die durch die folgende Zugehörigkeitsfunktion beschrieben wird:

$$\mu_{\tilde{B}} : \mathbf{R} \rightarrow [0;1] \text{ mit } \mu_{\tilde{B}}(z) = \max \left\{ 0 \,;\, 1 - \left(\frac{2}{3} z - \frac{16}{3} \right)^2 \right\}$$

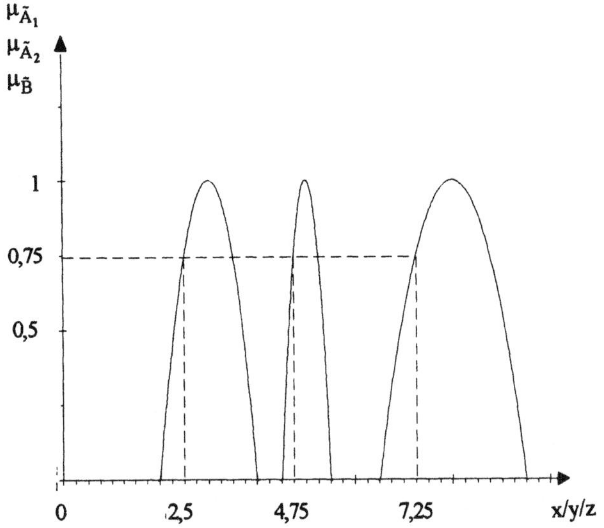

Die vorstehende Abbildung verdeutlicht, daß $\mu_{\tilde{B}}$ durch punktweise Horizontaladdition der steigenden bzw. fallenden Äste von $\mu_{\tilde{A}_1}$ und $\mu_{\tilde{A}_2}$ entsteht. Zur Verdeutlichung sei beispielsweise der Punkt z = 7,25 betrachtet:

$$\mu_{\tilde{B}}(7{,}25) = \sup_{x+y=z} \left\{ \min \left\{ \mu_{\tilde{A}_1}(x) ; \mu_{\tilde{A}_2}(y) \right\} \right\}$$

$$= \min \left\{ \mu_{\tilde{A}_1}(2{,}5) \; ; \; \mu_{\tilde{A}_2}(4{,}75) \right\} = 0{,}75$$

Mit Ausnahme der vorstehenden Lösung gibt es kein 2-Tupel (x , y) mit x, y $\in \mathbb{R}_+^{\geq 0}$, das die folgenden Bedingungen erfüllt:

$$x + y = 7{,}25 \text{ und } \min \left\{ \mu_{\tilde{A}_1}(x) ; \mu_{\tilde{A}_2}(y) \right\} \geq 0{,}75$$

Die analogen Überlegungen ergeben sich für alle z $\in \left[\, 6{,}5 \; ; \; 9{,}5 \,\right]$. Darüber hinaus gilt:

- $\sup_{x+y=z} \left\{ \min \left\{ \mu_{\tilde{A}_1}(x) ; \mu_{\tilde{A}_2}(y) \right\} \right\} = 0$, falls $z \in \left]0 \; ; \; 6{,}5\right[\, \cup \, \left]9{,}5 \; ; \; \infty\right[$

- $f^{-1}(\{ z \}) = \varnothing$, falls $z \in \left]-\infty ; 0\right]$

Gegenstand der nun folgenden Untersuchungen ist die Verknüpfung unscharfer LR-Zahlen. Dabei handelt es sich gemäß Definition um spezielle unscharfe Mengen, deren Zugehörigkeitsfunktionen aus Referenzfunktion L und R ermittelt werden.

5.2 Ein parametrisches Konzept zur Darstellung unscharfer Daten

Unscharfe Daten sind in Form unscharfer Intervalle gegeben. Diese werden in der Literatur wie folgt definiert:

Definition (Unscharfes Intervall)

Ein unscharfes Intervall $\tilde{M}$ ist eine konvexe normalisierte unscharfe Menge $\tilde{M}$ in $\mathbb{R}$, wenn die folgenden Eigenschaften gelten:

1. Es existieren zwei Zahlen $m_u, m_o \in \mathbb{R}$ mit $m_u \le m_o$, so daß gilt:

   $\mu_{\tilde{M}}(x) = 1, m_u \le x \le m_o$

2. Die Zugehörigkeitsfunktion $\mu_{\tilde{M}}$ ist mindestens stückweise stetig.[4]

Sofern ein Gipfelpunkt eindeutig ist, spricht man von einer unscharfen Zahl $\tilde{M}$.[5] Beide Begriffe werden im folgenden synonym verwendet.

Jede scharfe Zahl $m \in \mathbb{R}$ kann durch die Zugehörigkeitsfunktion $\mu_{\tilde{M}}(x) := \begin{cases} 1 \ ; & x = m \\ 0 \ ; & \text{sonst.} \end{cases}$ beschrieben werden. Diese ist stetig in den Intervallen $]-\infty; m[$ und $]m; \infty[$ und damit stückweise stetig in $\mathbb{R}$. Deshalb bilden die scharfen Zahlen aufgrund der 2. Bedingung einen Spezialfall der unscharfen Zahlen.

Weiterhin kann man eine Referenzfuntkion wie folgt definieren:

Definition (Referenzfunktion)

Eine Funktion $f: X \to \mathbb{R}$, $X \subseteq \mathbb{R}_+^{\ge 0}$, bezeichnet man als Referenzfunktion, wenn die folgenden Eigenschaften erfüllt sind:

4 Vgl. *H. H. Bothe*, (1993), S. 60. Der Begriff des unscharfen Intervalls wird bei *D. Dubois / H. Prade*, (1983), S. 189 ähnlich definiert.

5 Hierzu vgl. *H. H. Bothe*, (1993), S. 58, *D. Dubois / H. Prade*, (1980), S. 26.

1. $f(0) = 1$

2. f ist monoton fallend in X

3. Wenn $X = R_+^{\geq 0}$, dann gilt: $\lim\limits_{u \to \infty} f(u) = 0$

   Wenn $X \neq R_+^{\geq 0}$, dann gilt: $\lim\limits_{u \to \sup X} f(u) = 0$

In der Literatur wird die 3. Eigenschaft für eine Referenzfunktion nicht gefordert.[6] Diese ist aber sinnvoll, um die Abbildung in den Wertebereich $[\,0;1\,]$ bzw. $]\,0;1\,]$ zu gewährleisten. Dadurch stellt man die graduierte Zugehörigkeit eines Elements zu einer unscharfen Menge bis in einen beliebig kleinen Grenzbereich der Nicht-Zugehörigkeit sicher.

Beispiele für Referenzfunktionen sind:

$$f_1(u) = \max\left\{0;1 - u^p\right\},\ p > 0$$

$$f_2(u) = \frac{1}{1 + u^p},\ p > 0$$

$$f_3(u) = e^{-(u^p)},\ p > 0$$ [7]

In Anlehnung an RAMIK und RIMANEK kann man nun unter Verwendung der vorstehenden Definition einer Referenzfunktion den Begriff eines LR-Intervalls wie folgt aufbauen:[8]

Definition (L-Zahl)

Sei eine monoton fallende Funktion $\varphi : [\,m_u;\infty\,[\;\to\; [\,0;1\,]$ vorgegeben. Eine unscharfe Zahl $\tilde{M}$ nennt man L-Zahl, wenn sich die Zugehörigkeitsfunktion $\mu_{\tilde{M}}$ durch Verwendung der Funktion φ und einer Referenzfunktion L wie folgt darstellen läßt:

$$\mu_{\tilde{M}}(x) = \begin{cases} L\left(\dfrac{m_u - x}{\alpha}\right) & ;\ \text{falls } x \leq m_u,\ \alpha > 0 \\ \\ \varphi(x) & ;\ \text{falls } x \geq m_u \end{cases}$$

---

6 Vgl. z.B. *D. Dubois / H. Prade*, (1980), S. 53 f. oder *S. F. Bocklisch*, (1987), S. 87.

7 Vgl. *H.H. Bothe*, (1993), S. 70.

8 Vgl. *J. Ramik / J. Rimanek*, (1985), S. 129 - 133.

Definition (R-Zahl)

Sei eine monoton steigende Funktion $\psi :]-\infty ; m_o] \rightarrow [0;1]$ vorgegeben. Eine unscharfe Zahl $\tilde{M}$ nennt man R-Zahl, wenn sich die Zugehörigkeitsfunktion $\mu_{\tilde{M}}$ durch Verwendung der Funktion ψ und einer Referenzfunktion R wie folgt darstellen läßt:

$$\mu_{\tilde{M}}(x) = \begin{cases} R\left(\frac{x - m_o}{\gamma}\right) & ; \text{ falls } x \geq m_o, \ \gamma > 0 \\ \psi(x) & ; \text{ falls } x \leq m_o \end{cases}$$

Definition (LR-Intervall)

Ein unscharfes Intervall $\tilde{M}$ nennt man LR-Intervall, wenn es sich sowohl um eine L-Zahl als auch um eine R-Zahl handelt.

Aufgrund der Konvexität gilt dann:

$\varphi(x) = \psi(x) = 1, \ m_u \leq x \leq m_o$

Insgesamt läßt sich also das unscharfe Intervall $\tilde{M}$ durch die folgende Zugehörigkeitsfunktion beschreiben:

$$\mu_{\tilde{M}}(x) := \begin{cases} L\left(\frac{m_u - x}{\alpha}\right) & ; \text{ falls } x \leq m_u, \ \alpha > 0 \\ 1 & ; \text{ falls } m_u \leq x \leq m_o \\ R\left(\frac{x - m_o}{\gamma}\right) & ; \text{ falls } x \geq m_o, \ \gamma > 0 \end{cases}$$

Man verwendet folgende Schreibweise: $\tilde{M} := < m_u ; m_o ; \alpha ; \gamma >_{LR}$[9]

9 Vgl. *J. Ramik / J. Rimanek*, (1985), S. 133.

Durch m_u (m_o) wird der linke (rechte) Gipfelpunkt des unscharfen Intervalls $\tilde{M}$ festgelegt, während man α (γ) als linke (rechte) Spannweite bezeichnet. Für die Referenzfunktion f_1 mit dem Parameter p = 1 wird das mit der nachstehenden Abbildung anschaulich klar:

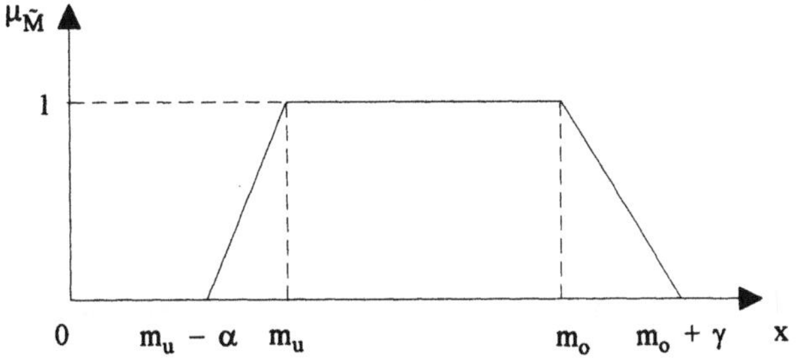

Die Lage und den Verlauf eines unscharfen LR-Intervalls kann man sowohl durch die Wahl der Referenzfunktionen sowie des Parameters p bestimmen als auch durch Vorgabe der linken und rechten Gipfelpunkte/Spannweiten. Sofern die Zugehörigkeitsfunktion eingipflig ist, läßt sich die Definition einer unscharfen Zahl in LR-Darstellung entsprechend ableiten.[10]

5.3 Theoretische Grundlagen zur unscharfen Arithmetik

Für die additive, subtraktive, multiplikative und divisionale Verknüpfung unscharfer Zahlen auf der Grundlage des ZADEHschen Erweiterungsprinzip benötigt man die nachfolgenden Definitionen und Sätze. Bei den Bezeichnungen wird wie folgt vorgegangen:

- Alle Sätze, die auf dem ZADEHschen Erweiterungsprinzip beruhen, werden wegen ihrer zentralen Bedeutung als Theorem namentlich von den anderen Sätzen abgegrenzt.

- Alle Sätze, die zum Beweis eines anderen Satzes nötig sind, werden als Lemma bezeichnet

- Alle Sätze, die weder als Theorem noch als Lemma deklariert wurden, bleiben als Satz bestehen.

10 Hierzu vgl. *D. Dubois / H. Prade*, (1980), S. 54.

5.3.1 Allgemeine theoretische Grundlagen

Definition (Konvergenz von Punktfolgen in R)

Sei $(x_k)_{k \in N}$ eine Folge reeller Zahlen. Die Folge bezeichnet man als konvergent gegen $a \in R$ (in Zeichen: $\lim_{k \to \infty} x_k = a$), falls gilt:

$\forall \varepsilon > 0 \; \exists \; n \in N$, so daß $|x_k - a| < \varepsilon, k \geq n$ [11]

Diese Definition läßt sich wie folgt verallgemeinern:

Definition (Konvergenz von Punktfolgen)

Sei X ein metrischer Raum[12] und $(x_k)_{k \in N}$ eine Folge von Punkten aus X. Die Folge $(x_k)_{k \in N}$ heißt konvergent gegen einen Punkt $a \in X$ (in Zeichen: $\lim_{k \to \infty} x_k = a$), falls gilt: $\forall \varepsilon > 0 \; \exists \; n \in N$, so daß $\| x_k ; a \| < \varepsilon, k \geq n$ [13]

Als Spezialfall ergibt sich die Konvergenz von Punktfolgen im R^n, die sich auf die Konvergenz von Punktfolgen in R zurückführen läßt, wie der folgende Hilfssatz zeigt.

Lemma 5.1:

Sei $(x_k)_{k \in N}$ eine Folge von Punkten im R^n mit $x_k := (x_{k1}, x_{k2}, \ldots x_{kn})$, $k \in N$, und ein Punkt $a := (a_1, a_2, \ldots a_n) \in R^n$ gegeben. Dann gilt:

$$\lim_{k \to \infty} x_k = a \Leftrightarrow \lim_{k \to \infty} x_{k\nu} = a_\nu, \; \nu = (1, 2, \ldots n)$$ [14]

Die Eigenschaften der Stetigkeit und der Bijektivität einer Abbildung sind im weiteren von Bedeutung und werden in der Literatur wie folgt definiert:

---

11 Vgl. *O. Forster*, (1983), S. 19.

12 Ein metrischer Raum ist eine Menge, auf der ein bestimmten Axiomen genügender Abstandsbegriff definiert ist. Dieser ist hier zur Erklärung von Abständen zweier Punkte in X erforderlich, so daß man die vorgenannte Definition der Konvergenz einer Folge in R als einen möglichen Spezialfall dieser Definition erhält. Zu den Axiomen vgl. *G. Fischer*, (1986), S. 189 f.

13 Vgl. *O. Forster*, (1984), S. 9.

14 Zum Beweis vgl. ebenda, S. 9 f.

Definition (Stetige Abbildung)

Seien A und B metrische Räume und eine Abbildung $f : A \rightarrow B$ gegeben. Diese Abbildung heißt stetig in einem Punkt $a \in A$, falls für jede Folge $(x_k)_{k \in N}$ von Punkten aus A mit $\lim_{k \rightarrow \infty} x_k = a$ gilt:

$$f(a) = f(\lim_{k \rightarrow \infty} x_k) = \lim_{k \rightarrow \infty} f(x_k)$$

Eine Abbildung heißt stetig auf A, falls f in jedem Punkt $a \in A$ stetig ist.[15] Für $A \subseteq R^n$ ist eine Abbildung f in $a \in A$ stetig, wenn für jede Folge $(x_k)_{k \in N}$ mit $\lim_{k \rightarrow \infty} x_k = a$ gilt:

$$f(a_1, a_2, \ldots a_n) = f(\lim_{k \rightarrow \infty} x_{k1}, \lim_{k \rightarrow \infty} x_{k2}, \ldots \lim_{k \rightarrow \infty} x_{kn})$$

Das ergibt sich direkt aus der Stetigkeitsdefinition in Verbindung mit Lemma 5.1.

Definition (Bijektive Abbildung)

Eine Abbildung $f : A \rightarrow B$ ist bijektiv, wenn sie injektiv und surjektiv ist.

- Die Abbildung f ist injektiv, wenn für alle $x, x' \in A$ folgende Implikation gilt:

  $$f(x) = f(x') \Rightarrow x = x'$$

- Die Abbildung f ist surjektiv, wenn für alle $y \in B$ mindestens *ein* $x \in A$ existiert, für das $f(x) = y$ gilt.[16]

Als logische Umkehrung der Injektivität einer Abbildung erhält man folgenden Hilfssatz:

Lemma 5.2:

Eine Abbildung $f : A \rightarrow B$ ist injektiv, wenn für alle $x, x' \in A$ folgende Implikation gilt:

$$x \neq x' \Rightarrow f(x) \neq f(x')$$

In den Abschnitten 5.4.2 bis 5.4.5 werden unter anderem die folgenden Sätze benötigt.

15 Vgl. *O. Forster*, (1984), S. 11.

16 Hierzu vgl. z.B. *G. Fischer*, (1986), S. 29.

Satz 5.3:

Sei $f :]a;d] \rightarrow \mathbf{R}$ eine stetige, streng monoton fallende Funktion und es gelte $\lim_{x \to a} f(x) = c$. Dann bildet f den Definitionsbereich bijektiv auf $[f(d);c[$ ab.

Beweis zu Satz 5.3:

Die Abbildung in das Intervall $[f(d);c[$ ist klar, weil:

1. für jede streng monoton fallende Funktion f folgt: $f(x) > f(d),\ x < d$

2. $f(x) < c,\ x > a$

Annahme: Es existiert ein $\hat{x} \in]a;d]$, so daß $f(\hat{x}) \geq c$.

Für jede streng monoton fallende Funktion f gilt: $f(x) \geq c,\ x \in]a;\hat{x}]$

Sei eine beliebige Folge $(x_n)_{n \in N}$ gegeben, für die folgendes gilt:

$x_n \in]a;\hat{x}]$ und $x_n > x_{n+1},\ n \in \mathbf{N}$, sowie der Grenzwert $\lim_{n \to \infty} x_n = a$

Für die Folge $(f(x_n))_{n \in N}$ gilt dann für jedes $\hat{n} \in \mathbf{N}$:

$0 \leq f(x_{\hat{n}}) - c < f(x_{\hat{n}+1}) - c < f(x_{\hat{n}+2}) - c < ....$

und $0 \leq |f(x_{\hat{n}}) - c| < |f(x_{\hat{n}+1}) - c| < |f(x_{\hat{n}+2}) - c| < ....$

Sei $\varepsilon := |f(x_{\hat{n}+1}) - c| > 0$. Also $\exists\, \varepsilon > 0$, so daß $\forall\, n \geq \hat{n} + 1$ gilt:

$|f(x_n) - c| \geq \varepsilon$. Das steht im Widerspruch zur Konvergenz der Funktion f. [17]

Man betrachte also ein beliebiges $b \in [f(d);c[$. Wegen $\lim_{x \to a} f(x) = c$ gilt:

Für jede Folge $(x_n)_{n \in N}$ mit $x_n \in]a;d]$ und dem Grenzwert $\lim_{n \to \infty} x_n = a$ folgt:

$\lim_{n \to \infty} f(x_n) = c$. Gemäß der Konvergenzdefinition für reelle Zahlenfolgen erhält man

17 Zum Konvergenzbegriff bei Funktionen vgl. *O. Forster*, (1983), S. 60.

$\forall \varepsilon > 0 \; \exists \; \bar{n} \in \mathbf{N}$, so daß gilt: $| f(x_n) - c | < \varepsilon, n \geq \bar{n}$

Für jedes ε mit $0 < \varepsilon < c - b$ gilt deshalb:

$\exists \; \bar{n} \in \mathbf{N}$, so daß $| f(x_n) - c | < c - b, n \geq \bar{n}$

Hier bedeutet das:

$c - f(x_n) < c - b, n \geq \bar{n}$

$\Leftrightarrow \; f(x_n) > b, n \geq \bar{n}$

Man betrachte die stetige Funktion $f : [x_n ; d] \rightarrow [f(d) ; f(x_n)]$, $n \geq \bar{n}$, so gibt es nach dem Zwischenwertsatz mindestens *ein* $x \in [x_n ; d]$ mit $f(x) = b$.[18] Die Funktion f ist also surjektiv, nach Voraussetzung streng monoton fallend und gemäß Lemma 5.2 injektiv. Insgesamt ergibt sich daraus die Bijektivität.

Q.e.d.

Satz 5.4:

Sei $f :]a ; d] \rightarrow \mathbf{R}$ eine stetige, streng monoton fallende Funktion und es gelte $\lim\limits_{x \rightarrow a} f(x) = \infty$. Dann bildet f den Definitionsbereich bijektiv auf $[f(d) ; \infty[$ ab.

Beweis zu Satz 5.4:

Die Abbildung in das Intervall $[f(d) ; \infty[$ ist klar, weil:

1. für jede streng monoton fallende Funktion f gilt: $f(x) > f(d), x < d$

2. $f(x) < \infty, x \in]a ; d]$

Angenommen es existiert ein $s \in [f(d) ; \infty[$, so daß $f(x) \leq s, x \in]a ; d]$.
Für alle Folgen $(x_n)_{n \in \mathbf{N}}$, die gegen $a \in \mathbf{R}$ konvergieren und für die $x_n \in]a ; d]$, $n \in \mathbf{N}$, gilt, erhält man die mit der Funktion f korrespondierenden Folgen $(f(x_n))_{n \in \mathbf{N}}$:

18 Hier wird die Stetigkeit einer Funktion benötigt, weil der Zwischenwertsatz nur unter dieser Voraussetzung Gültigkeit besitzt. Vgl. *O. Forster*, (1983), S. 65 f.

$f(x_n) \in [f(d); s], n \in \mathbf{N}$

Die Zahlenfolge $(f(x_n))_{n \in N}$ ist also beschränkt. In Verbindung mit der Monotonie folgt daraus die Konvergenz.[19]

Es existiert also ein $k \in [f(d); s]$, so daß gilt:

$$\lim_{n \to \infty} f(x_n) = k$$

$\Rightarrow \lim_{x \to a} f(x) = k$. Das steht im Widerspruch zur Divergenz.

Aufgrund der Voraussetzung $\lim_{x \to a} f(x) = \infty$ findet man eine Folge $(x_n)_{n \in N}$ mit $x_n \in]a; d], n \in \mathbf{N}$, und dem Grenzwert $\lim_{n \to \infty} x_n = a$, so daß für $(f(x_n))_{n \in N}$ gilt:

$$\lim_{n \to \infty} f(x_n) = \infty$$

Für alle $b \in [f(d); \infty[$ existiert also ein $\bar{n} \in \mathbf{N}$, so daß $f(x_n) > b, n \geq \bar{n}$.[20]
Man betrachte die stetige Funktion $f : [x_n; d] \rightarrow [f(d); f(x_n)], n \geq \bar{n}$, so gibt es nach dem Zwischenwertsatz mindestens *ein* $x \in [x_n; d]$ mit $f(x) = b$. Die Funktion f ist also surjektiv. In Verbindung mit der strengen Monotonie ergibt sich die Bijektivität.

Q.e.d.

Satz 5.5:

Sei $f : [a; \infty[\rightarrow \mathbf{R}$ eine stetige, streng monoton fallende Funktion und es gelte $\lim_{x \to \infty} f(x) = c$. Dann bildet f das Intervall $[a; \infty[$ bijektiv auf das Intervall $]c; f(a)]$ ab.

Beweis zu Satz 5.5:

Die Abbildung in das Intervall $]c; f(a)]$ ist klar, weil:

1. für jede streng monoton fallende Funktion f folgt: $f(x) < f(a), x > a$

2. $f(x) > c, x \geq a$

---

19 Vgl. *O. Forster*, (1983), S. 33.

20 Vgl. ebenda, S. 25 f.

Annahme: Es existiert ein $\hat{x} \in [\, a ; \infty [$, so daß $f(\hat{x}) \leq c$.

Für jede streng monoton fallende Funktion f gilt: $f(x) \leq c,\ x \geq \hat{x}$.

Sei eine beliebige Folge $(x_n)_{n \in N}$ gegeben, für die folgendes gilt:

$x_n \in [\, \hat{x} ; \infty [$ und $x_n < x_{n+1},\ n \in \mathbf{N}$, mit $\lim\limits_{n \to \infty} x_n = \infty$

Für die Folge $(f(x_n))_{n \in N}$ gilt für alle $\hat{n} \in \mathbf{N}$:

$$0 \geq f(x_{\hat{n}}) - c > f(x_{\hat{n}+1}) - c > f(x_{\hat{n}+2}) - c > \ldots$$

$$\Rightarrow 0 \leq |f(x_{\hat{n}}) - c| < |f(x_{\hat{n}+1}) - c| < |f(x_{\hat{n}+2}) - c| < \ldots$$

Sei $\varepsilon := |f(x_{\hat{n}+1}) - c| > 0$. Also $\exists\, \varepsilon > 0$, so daß $\forall\, n \geq \hat{n} + 1$ gilt:

$|f(x_n) - c| \geq \varepsilon$. Das ist ein Widerspruch zur Konvergenz der Funktion f.

Sei also ein beliebiges $b \in\ ]\, c ; f(a)\,]$ betrachtet. Wegen $\lim\limits_{x \to \infty} f(x) = c$ gilt:

Für jede Folge $(x_n)_{n \in N}$ mit $x_n \in [\, a ; \infty [,\ n \in \mathbf{N}$, mit $\lim\limits_{n \to \infty} x_n = \infty$ erhält man:

$$\lim_{n \to \infty} f(x_n) = c$$

Gemäß der Konvergenzdefinition für reelle Zahlenfolgen gelangt man zu der Aussage:

$\forall\, \varepsilon > 0\ \ \exists\, \bar{n} \in \mathbf{N}$, so daß gilt: $|f(x_n) - c| < \varepsilon,\ n \geq \bar{n}$

Für jedes ε mit $0 < \varepsilon < b - c$ gilt deshalb:

$\exists\, \bar{n} \in \mathbf{N}$, so daß $|f(x_n) - c| < b - c,\ n \geq \bar{n}$

Hier bedeutet das:

$$f(x_n) - c < b - c,\ n \geq \bar{n}$$

$$\Leftrightarrow f(x_n) < b,\ n \geq \bar{n}$$

Betrachtet man eine stetige Funktion $f : [\, a ; x_n\,] \to [\, f(x_n) ; f(a)\,],\ n \geq \bar{n}$, dann folgt mit dem Zwischenwertsatz die Surjektivität. Insgesamt ist die Funktion f also bijektiv.

Q.e.d.

Satz 5.6:

Sei $f : [\, a\, ; \infty\, [\, \rightarrow \mathbf{R}$ eine stetige, streng monoton wachsende Funktion und es gelte $\lim_{x \rightarrow \infty} f(x) = \infty$. Dann bildet f den Definitionsbereich bijektiv auf $[\, f(a)\, ; \infty\, [$ ab.

Beweis zu Satz 5.6:

Die Abbildung in das Intervall $[\, f(a)\, ; \infty\, [$ ist klar, weil:

1. für jede streng monoton wachsende Funktion f folgt: $f(x) > f(a),\ x > a$

2. $f(x) < \infty,\ x \in [\, a\, ; \infty\, [$

Annahme: Es existiert ein $s \in [\, f(a)\, ; \infty\, [$, so daß $f(x) \leq s,\ x \in [\, a\, ; \infty\, [$.

Für jede Folge $(x_n)_{n \in \mathbf{N}}$, für die $x_n \in [\, a\, ; \infty\, [,\ n \in \mathbf{N}$, und $\lim_{n \rightarrow \infty} x_n = \infty$ gilt, erhält man für die mit der Funktion f korrespondierende Folge $(f(x_n))_{n \in \mathbf{N}}$:

$f(x_n) \in [\, f(a)\, ; s\,],\ n \in \mathbf{N}$

Die Zahlenfolge $(f(x_n))_{n \in \mathbf{N}}$ ist also beschränkt, nach Voraussetzung monoton und deshalb konvergent. Es existiert also ein $k \in [\, f(a)\, ; s\,]$, so daß $\lim_{n \rightarrow \infty} f(x_n) = k$

$\Rightarrow \lim_{x \rightarrow \infty} f(x) = k$. Das ist ein Widerspruch zur Divergenz.

Wegen $\lim_{x \rightarrow \infty} f(x) = \infty$ findet man eine divergente Folge $(x_n)_{n \in \mathbf{N}}$ mit $x_n \in [\, a\, ; \infty\, [$, $n \in \mathbf{N}$, so daß die Folge $(f(x_n))_{n \in \mathbf{N}}$ divergent ist.

Für alle $b \in [\, f(a)\, ; \infty\, [$ existiert also ein $\overline{n} \in \mathbf{N}$, so daß $f(x_n) > b,\ n \geq \overline{n}$.
Mit dem Zwischenwertsatz folgt die Surjektivität und insgesamt die Bijektivität für die stetige Abbildung $f : [\, a\, ; x_n\,] \rightarrow [\, f(a)\, ; f(x_n)\,],\ n \geq \overline{n}$.

Q.e.d.

Satz 5.7:

Sei $f:[a;b] \rightarrow \mathbf{R}$ eine stetige, streng monoton fallende Funktion. Dann bildet f das Intervall $[a;b]$ bijektiv auf das Intervall $[f(b);f(a)]$ ab. Die Umkehrfunktion $f^{-1}:[f(b);f(a)] \rightarrow [a;b]$ ist ebenfalls stetig, streng monoton fallend und bijektiv.[21]

Satz 5.8:

Sei eine umkehrbare Funktion $f: X \rightarrow Y$ gegeben. Dann gilt:

$$\lim_{x \to \infty} f(x) = 0 \Leftrightarrow \lim_{y \to 0} f^{-1}(y) = \infty$$

Beweis zu Satz 5.8:

"$\Rightarrow$"

Annahme: $\lim_{y \to 0} f^{-1}(y) = k,\ k \in \mathbf{R}$

Nach Annahme gilt:

Für alle Folgen $(y_n)_{n \in \mathbf{N}}$ mit $y_n \in Y$, $n \in \mathbf{N}$, und dem Grenzwert $\lim_{n \to \infty} y_n = 0$ folgt

$$\lim_{n \to \infty} f^{-1}(y_n) = k$$

Nach Voraussetzung gilt:

Für alle Folgen $(x_n)_{n \in \mathbf{N}}$ mit $x_n \in X$, $n \in \mathbf{N}$, und der Divergenz $\lim_{n \to \infty} x_n = \infty$ gilt

$$\lim_{n \to \infty} f(x_n) = 0$$

Sei eine beliebige Folge $(x_n)_{n \in \mathbf{N}}$ mit den vorgenannten Eigenschaften gegeben und man definiere eine Folge $(y_n)_{n \in \mathbf{N}}$ durch $y_n := f(x_n),\ n \in \mathbf{N}$.

$$\left(\Leftrightarrow x_n = f^{-1}(y_n),\ n \in \mathbf{N} \right)$$

Dann erhält man aufgrund der Voraussetzung und der Annahme folgende Implikationskette:

$\lim_{n \to \infty} x_n = \infty \Rightarrow \lim_{n \to \infty} y_n = 0 \Rightarrow \lim_{n \to \infty} x_n = k$. Das ist ein Widerspruch.

---

21 Zum Beweis vgl. *O. Forster*, (1983), S. 71 f.

"$\Leftarrow$"

Annahme: Es gilt $\lim_{x \to \infty} f(x) = a,\ a \neq 0$

Nach Annahme gilt:

Für alle Folgen $(x_n)_{n \in \mathbf{N}}$ mit $x_n \in X,\ n \in \mathbf{N}$, und $\lim_{n \to \infty} x_n = \infty$ folgt:

$$\lim_{n \to \infty} f(x_n) = a$$

Nach Voraussetzung gilt:

Es gibt eine Folge $(y_n)_{n \in \mathbf{N}}$ mit $y_n \in Y,\ n \in \mathbf{N}$, und dem Grenzwert $\lim_{n \to \infty} y_n = 0$, für die folgt: $\lim_{n \to \infty} f^{-1}(y_n) = \infty$

Durch diese Folge $(y_n)_{n \in \mathbf{N}}$ definiert man eine Folge $(x_n)_{n \in \mathbf{N}}$ durch

$$x_n := f^{-1}(y_n),\ n \in \mathbf{N}\ (\Leftrightarrow\ y_n = f(x_n),\ n \in \mathbf{N})$$

Dann erhält man aufgrund der Voraussetzung und der Annahme folgende Implikationskette:

$$\lim_{n \to \infty} y_n = 0 \Rightarrow \lim_{n \to \infty} x_n = \infty \Rightarrow \lim_{n \to \infty} y_n = a$$

Das steht im Widerspruch zur Eindeutigkeit des Limes.

Q.e.d.

Satz 5.9:

Es seien streng monoton fallende Funktionen $f_i : D_i \to \mathbf{R},\ D_i \subseteq \mathbf{R}$, mit $x \mapsto f_i(x)$, $i \in \{1,\dots,n\}$, gegeben. Weiterhin betrachte man eine Funktion $h : \bigcap_{i=1}^{n} D_i \to \mathbf{R}$, die durch die Funktionsvorschrift $h(x) := \sum_{i=1}^{n} p_i f_i(x)$ mit $p_i \in \mathbf{R},\ i \in \{1,\dots,n\}$, gegeben sei. Wenn alle Koeffizienten p_i nicht-negativ sind und mindestens *ein* Koeffizient p_i ein positives Vorzeichen trägt, dann ist die Funktion h streng monoton fallend.[22]

22 Der Satz ist für streng monoton steigende Funktionen f_i analog zu formulieren und zu beweisen.

Beweis zu Satz 5.9:

Für jedes 2-Tupel $(x_1 ; x_2) \in \left(\bigcap_{i=1}^{n} D_i \right)^2$ mit $x_1 < x_2$ folgt:

$f_i(x_1) > f_i(x_2), i \in \{1,\dots n\}$

$\Rightarrow$ Für alle $i \in \{1,\dots n\}$ gilt: $p_i f_i(x_1) \geq p_i f_i(x_2)$

Für mindestens *ein* $i \in \{1,\dots n\}$ gilt: $p_i f_i(x_1) > p_i f_i(x_2)$

$$\Rightarrow \sum_{i=1}^{n} p_i f_i(x_1) > \sum_{i=1}^{n} p_i f_i(x_2)$$

Q.e.d.

Die Bedingungen für die Koeffizienten p_i sind hinreichend aber nicht notwendig. Das belegt das folgende Beispiel.

Man betrachte die streng monoton fallenden Funktionen

- $f_1 : [0;1] \to \left[0 ; \frac{3}{4}\right]$ mit $x \mapsto f_1(x) := -\frac{3}{4} x^2 + \frac{3}{4}$
- $f_2 : [0;1] \to \left[0 ; \frac{1}{2}\right]$ mit $x \mapsto f_2(x) := -\frac{1}{2} x^2 + \frac{1}{2}$

Für $p_1 = 1$ und $p_2 = -\frac{1}{2}$ erhält man die Funktion $h : [0;1] \to \left[0;\frac{1}{2}\right]$. Für die Funktionsvorschrift gilt: $h(x) \equiv f_2(x)$.

5.3.2 Spezielle theoretische Grundlagen

Streng monotone bzw. hybride binäre Verknüpfungen sind spezielle injektive Abbildungen.

Definition (Streng monotone binäre Verknüpfung)

Seien zwei Intervalle $I_j \subseteq \mathbb{R}, j \in \{1, 2\}$, gegeben.[23] Eine binäre Verknüpfung $\circ$ heißt auf den Intervallen I_1 und I_2 genau dann streng monoton fallend (streng monoton steigend), wenn für alle $x_j, y_j \in I_j, j \in \{1, 2\}$, folgende Implikation gilt:

---

23 Zu den verschiedenen Arten von Intervallen vgl. *O. Forster*, (1983), S. 51.

$$x_1 < y_1 \quad \wedge \quad x_2 < y_2 \quad \Rightarrow \quad x_1 \circ x_2 > y_1 \circ y_2$$

$$(x_1 < y_1 \quad \wedge \quad x_2 < y_2 \quad \Rightarrow \quad x_1 \circ x_2 < y_1 \circ y_2)$$ [24]

Lemma 5.10:

Eine binäre Verknüpfung $\circ$ ist genau dann auf Intervallen I_1, $I_2 \subseteq$ R streng monoton, wenn für alle x_j, $y_j \in I_j$, $j \in \{1, 2\}$, folgende Implikation gilt:

$$x_1 < y_1 \quad \wedge \quad x_1 \circ x_2 = y_1 \circ y_2 \quad \Rightarrow \quad x_2 > y_2$$

Beweis zu Lemma 5.10:

Es ist folgende Äquivalenz zu zeigen:

$$(x_1 < y_1 \quad \wedge \quad x_2 < y_2 \quad \Rightarrow \quad x_1 \circ x_2 \neq y_1 \circ y_2)$$

$$\Leftrightarrow$$

$$(x_1 < y_1 \quad \wedge \quad x_1 \circ x_2 = y_1 \circ y_2 \quad \Rightarrow \quad x_2 > y_2)$$

"$\Rightarrow$"

Annahme: $x_2 \leq y_2$

Wenn $x_2 < y_2$, so folgt aus der Voraussetzung: $x_1 \circ x_2 \neq y_1 \circ y_2$. Das steht im Widerspruch zu $x_1 \circ x_2 = y_1 \circ y_2$.

Wenn $x_2 = y_2$, so folgt aus der Voraussetzung: $x_1 \circ x_2 = y_1 \circ x_2$. Aus der Injektivität der Verknüpfung $\circ$ folgt dann: $(x_1 ; x_2) = (y_1 ; x_2)$. Das ist äquivalent zu $x_1 = y_1$. Widerspruch zu $x_1 < y_1$.

"$\Leftarrow$"

Annahme: $x_1 \circ x_2 = y_1 \circ y_2$

Aus der Voraussetzung folgt dann: $x_2 > y_2$. Das ist ein Widerspruch zu $x_2 < y_2$.

Q.e.d.

---

24 Vgl. *D. Dubois / H. Prade*, (1980), S. 42. Dort bezieht sich die Definition einer streng monotonen Verknüpfung auf den Bereich der reellen Zahlen R. Im Hinblick auf die erweiterte Multiplikation und Division ist die Einschränkung auf Teilintervalle von R angebracht.

Definition (Hybride binäre Verknüpfung)

Seien zwei Intervalle $I_j \subseteq R, j \in \{1, 2\}$, gegeben. Eine binäre Verknüpfung $\circ$ wird auf den Intervallen I_1 und I_2 genau dann als hybrid bezeichnet, wenn für alle $x_j, y_j \in I_j$, $j \in \{1, 2\}$, genau *eine* der folgenden Implikationen gilt:

1. $x_1 < y_1 \quad \wedge \quad x_2 < y_2 \quad \Rightarrow \quad y_1 \circ x_2 > x_1 \circ y_2$

2. $x_1 < y_1 \quad \wedge \quad x_2 < y_2 \quad \Rightarrow \quad y_1 \circ x_2 < x_1 \circ y_2$ [25]

Lemma 5.11:

Eine binäre Verknüpfung $\circ$ ist genau dann auf Intervallen $I_1, I_2 \subseteq R$ hybrid, wenn für alle $x_j, y_j \in I_j, j \in \{1, 2\}$, folgende Implikation gilt:

$$x_1 < y_1 \quad \wedge \quad y_1 \circ x_2 = x_1 \circ y_2 \quad \Rightarrow \quad x_2 > y_2$$

Den Beweis führt man analog zu dem von Lemma 5.10.

Satz 5.12:

Eine Verknüpfung $\circ$ kann auf Intervallen $I_1, I_2 \subseteq R$ nicht gleichzeitig streng monoton und hybrid sein.

Beweis zu Satz 5.12:

Annahme: Es gibt eine Verknüpfung $\circ$, die auf Intervallen $I_1, I_2 \subseteq R$ streng monoton und zugleich hybrid ist.

Gemäß Lemma 5.10 und Lemma 5.11 gelten dann für alle $x_j, y_j \in I_j, j \in \{1, 2\}$, folgende Implikationen:

1. $x_1 < y_1 \quad \wedge \quad x_1 \circ x_2 = y_1 \circ y_2 \quad \Rightarrow \quad x_2 > y_2$

2. $x_1 < y_1 \quad \wedge \quad x_1 \circ x_2 = y_1 \circ y_2 \quad \Rightarrow \quad x_2 < y_2$

Das ist ein Widerspruch.

Q.e.d.

---

25 Vgl. *D. Dubois / H. Prade*, (1980), S. 44. Eine hybride Verknüpfung wird dort durch die 1. Implikation definiert. Die Erweiterung um die 2. Implikation ist im Hinblick auf die erweiterte Multiplikation und Division erforderlich.

Lemma 5.13:

Man betrachte eine stetige Abbildung $f : \mathbf{R}^2 \to \mathbf{R}$ mit $f : (x;y) \to f(x;y) := x \circ y$. Weiterhin sei $[a;b] \times [d;e] \subset \mathbf{R}^2$ und $f(a,d) \geq f(b,e)$. Dann gilt:
$\forall t \in [b \circ e; a \circ d] \; \exists \; (c_1;c_2) \in [a;b] \times [d;e]$, so daß $f(c_1;c_2) = t$ [26]

Beweis zu Lemma 5.13:

Es wird die Intervallhalbierungsmethode verwendet.[27] Danach konstruiert man eine Folge von Intervallen $[a_n;b_n] \subseteq [a;b]$ und $[d_n;e_n] \subseteq [d;e]$, $n \in \mathbf{N}$, wie folgt:

Man setzt $[a_0;b_0] := [a;b]$ und $[d_0;e_0] := [d;e]$

Weiterhin gelte $k_n := \dfrac{a_n + b_n}{2}$ und $\ell_n := \dfrac{d_n + e_n}{2}$, $n \in \mathbf{N}$

Es werde nun ein beliebiges $t \in [b \circ e; a \circ d]$ betrachtet. Dann bestehen die folgenden Möglichkeiten:

1. Fall: $f(k_n;\ell_n) \geq t$

Dann setzt man: $[a_{n+1};b_{n+1}] := [k_n;b_n]$ und $[d_{n+1};e_{n+1}] := [\ell_n;e_n]$

2. Fall: $f(k_n;\ell_n) < t$

Dann setzt man: $[a_{n+1};b_{n+1}] := [a_n;k_n]$ und $[d_{n+1};e_{n+1}] := [d_n;\ell_n]$

Aufgrund dieser Konstruktion gelten die folgenden Eigenschaften:

1. $[a_n;b_n] \subset [a_{n-1};b_{n-1}]$ und $[d_n;e_n] \subset [d_{n-1};e_{n-1}]$, $n \geq 1$

2. $b_n - a_n = \dfrac{b-a}{2^n}$ und $e_n - d_n = \dfrac{e-d}{2^n}$, $n \in \mathbf{N}$

3. $f(a_n;d_n) \geq t$ und $f(b_n;e_n) \leq t$, $n \in \mathbf{N}$

---

26 Lemma 5.13 läßt sich analog formulieren und beweisen, falls gilt:
$f(a;d) \leq f(b;e)$ oder $f(a;e) \leq f(b;d)$ oder $f(a;e) \geq f(b;d)$. Vgl. Anhang 1.

27 Zum Prinzip der Intervallhalbierungsmethode vgl. *O. Forster*, (1983), S. 65 f.

Das wird aus dem folgenden eingeschobenen Beweis durch vollständige Induktion klar:

Induktionsanfang:

Für n = 0 wird die 2./3. Eigenschaft und für n = 1 zusätzlich die 1. Eigenschaft erfüllt.

Induktionsschritt:

Wenn die 1. - 3. Eigenschaft für ein beliebiges $n \in \mathbf{N}$ erfüllt sind, so gilt das auch für $n + 1 \in \mathbf{N}$, weil:

1. beim 1. Fall aufgrund der Intervallkonstruktion gilt:

$$[a_{n+1}; b_{n+1}] = [0{,}5(a_n + b_n); b_n] \subset [a_n; b_n]$$

$$[d_{n+1}; e_{n+1}] = [0{,}5(d_n + e_n); e_n] \subset [d_n; e_n]$$

beim 2. Fall aufgrund der Intervallkonstruktion gilt:

$$[a_{n+1}; b_{n+1}] = [a_n; 0{,}5(a_n + b_n)] \subset [a_n; b_n]$$

$$[d_{n+1}; e_{n+1}] = [d_n; 0{,}5(d_n + e_n)] \subset [d_n; e_n]$$

2. aufgrund der Konstruktion und der Induktionsvoraussetzung gilt:

$$b_{n+1} - a_{n+1} = \frac{b_n - a_n}{2} = \frac{(b - a)2^{-n}}{2} = \frac{b - a}{2^{n+1}}$$

$$e_{n+1} - d_{n+1} = \frac{e_n - d_n}{2} = \frac{(e - d)2^{-n}}{2} = \frac{e - d}{2^{n+1}}$$

3. beim 1. Fall aufgrund der Konstruktion und der Induktionsvoraussetzung gilt:

$$f(a_{n+1}; d_{n+1}) = f(k_n; \ell_n) \geq t \text{ und } f(b_{n+1}; e_{n+1}) = f(b_n; e_n) \leq t$$

beim 2. Fall aufgrund der Konstruktion und der Induktionsvoraussetzung gilt:

$$f(a_{n+1}; d_{n+1}) = f(a_n; d_n) \geq t \text{ und } f(b_{n+1}; e_{n+1}) = f(k_n; \ell_n) < t$$

Aus der 1. Eigenschaft ergibt sich, daß die Folgen $(a_n)_{n \geq 1}$ und $(d_n)_{n \geq 1}$ monoton wachsend und nach oben beschränkt und die Folgen $(b_n)_{n \geq 1}$ und $(e_n)_{n \geq 1}$ monoton fallend und nach unten beschränkt sind. Deshalb konvergieren die Folgen.[28]

Aus der 2. Eigenschaft folgt:

$$\lim_{n \to \infty} (b_n - a_n) = 0 \Leftrightarrow \lim_{n \to \infty} b_n = \lim_{n \to \infty} a_n$$

$$\lim_{n \to \infty} (e_n - d_n) = 0 \Leftrightarrow \lim_{n \to \infty} e_n = \lim_{n \to \infty} d_n$$

Wegen der Konvergenz existieren also $c_1, c_2 \in \mathrm{R}$, für die gilt:

$$c_1 := \lim_{n \to \infty} a_n = \lim_{n \to \infty} b_n \text{ und } c_2 := \lim_{n \to \infty} d_n = \lim_{n \to \infty} e_n$$

Aufgrund der Stetigkeit der Abbildung f und der 3. Eigenschaft erhält man:

$$f(c_1; c_2) = f(\lim_{n \to \infty} a_n; \lim_{n \to \infty} d_n) = \lim_{n \to \infty} f(a_n; d_n) \geq t$$

$$f(c_1; c_2) = f(\lim_{n \to \infty} b_n; \lim_{n \to \infty} e_n) = \lim_{n \to \infty} f(b_n; e_n) \leq t$$

$$\Rightarrow f(c_1; c_2) = t$$

Q.e.d.

Die folgenden Theoreme sind grundlegend für die Erweiterung um mathematische Verknüpfungen zwischen unscharfen Zahlen, da sie mit Hilfe des ZADEHschen Erweiterungsprinzips bewiesen werden. Mit m_u (m_o) sei der linke (rechte) Gipfelpunkt der unscharfen Zahl $\tilde{M}$ und mit n_u (n_o) der linke (rechte) Gipfelpunkt der unscharfen Zahl $\tilde{N}$ bezeichnet.

28 Vgl. *O. Forster*, (1983), S. 33.

Theorem 1:

Es seien unscharfe Zahlen $\tilde{M}$ und $\tilde{N}$[29] durch $\mu_{\tilde{M}}: \mathsf{R} \to [\,0;1\,]$ und $\mu_{\tilde{N}}: \mathsf{R} \to [\,0;1\,]$ gegeben. Weiterhin betrachte man eine stetige, **streng monotone** binäre Verknüpfung $\circ$.

Für die Intervalle $[\,a_m\,;b_m\,]$ bzw. $[\,a_n\,;b_n\,]$, $a_i,\ b_i \in \mathsf{R},\ i \in \{\,m,\ n\,\}$, gelte:

$b_m \leq m_o$ bzw. $b_n \leq n_o$. **Beide Intervalle** liegen also **im monoton steigenden Bereich** von

$\mu_{\tilde{M}}$ bzw. $\mu_{\tilde{N}}$.[30] Außerdem gelte für alle $x_m \in [\,a_m\,;b_m\,]$ und $y_n \in [\,a_n\,;b_n\,]$:

$\mu_{\tilde{M}}(x_m) = \mu_{\tilde{N}}(y_n) = \lambda,\ \lambda \in [\,0;1\,]$

Daraus folgt:

$\forall\ t \in \left[\,a_m \circ a_n\,;b_m \circ b_n\,\right]$ gilt: $\mu_{\tilde{M}\circ\tilde{N}}(t) = \lambda$, falls $\circ$ streng monoton steigend ist.

$\forall\ t \in \left[\,b_m \circ b_n\,;a_m \circ a_n\,\right]$ gilt: $\mu_{\tilde{M}\circ\tilde{N}}(t) = \lambda$, falls $\circ$ streng monoton fallend ist.

Beweis zu Theorem 1:

Sei $x_m \in [\,a_m\,;b_m\,]$ und $y_n \in [\,a_n\,;b_n\,]$ beliebig gegeben.

Es sind drei Fälle denkbar:

1. Fall: $x < x_m \ \wedge\ x \circ y = x_m \circ y_n$

Die Zugehörigkeitsfunktion $\mu_{\tilde{M}}$ ist aufgrund der Konvexität der unscharfen Zahl $\tilde{M}$ im Intervall $\left]\,-\infty\,;m_o\,\right]$ monoton steigend.

Wegen der Voraussetzungen gilt:

$\left]-\infty;x_m\right] \subseteq \left]-\infty;b_m\right] \subseteq \left]-\infty;m_o\right]$

---

29 In der Literatur wird die Stetigkeit der unscharfen Zahlen als zusätzliche Voraussetzung gefordert. Hierzu vgl. *D. Dubois / H. Prade*, (1980), S. 42. Diese Voraussetzung wird im Beweis des Theorems nicht benötigt.

30 Theorem 1 kann für $a_m \geq m_u$ bzw. $a_n \geq n_u$ - d.h. die Intervalle $\left[\,a_m\,;b_m\,\right]$ bzw. $\left[\,a_n\,;b_n\,\right]$ liegen im monoton fallenden Bereich der Zugehörigkeitsfunktionen $\mu_{\tilde{M}}$ bzw. $\mu_{\tilde{N}}$ - analog formuliert und bewiesen werden. Vgl. Anhang 2.

Deshalb ist die Zugehörigkeitsfunktion $\mu_{\tilde{M}}$ auch im Intervall $]-\infty; x_m]$ monoton steigend.[31]

Es gilt: $\mu_{\tilde{M}}(x) \leq \mu_{\tilde{M}}(x_m) = \lambda$

$\Rightarrow \{ \min \{ \mu_{\tilde{M}}(x) ; \mu_{\tilde{N}}(y) \} \} \leq \lambda$

$$\Rightarrow \sup_{\substack{x \circ y = x_m \circ y_n \\ mit\ x < x_m}} \{ \min \{ \mu_{\tilde{M}}(x) ; \mu_{\tilde{N}}(y) \} \} \leq \lambda$$

2. Fall: $x > x_m \quad \wedge \quad x \circ y = x_m \circ y_n$

Daraus folgt gemäß Lemma 5.10: $y < y_n$

Die Zugehörigkeitsfunktion $\mu_{\tilde{N}}$ ist wegen der Konvexität der unscharfen Zahl $\tilde{N}$ im Intervall $]-\infty; n_o]$ monoton steigend.

Aus den Voraussetzungen ergeben sich also folgende Teilmengenbezeihungen:

$$]-\infty; y_n] \subseteq]-\infty; b_n] \subseteq]-\infty; n_o]$$

Also ist die Zugehörigkeitsfunktion $\mu_{\tilde{N}}$ im Intervall $]-\infty; y_n]$ monoton steigend.[32]

Deshalb gilt: $\mu_{\tilde{N}}(y) \leq \mu_{\tilde{N}}(y_n) = \lambda$

$\Rightarrow \{ \min \{ \mu_{\tilde{M}}(x) ; \mu_{\tilde{N}}(y) \} \} \leq \lambda$

$$\Rightarrow \sup_{\substack{x \circ y = x_m \circ y_n \\ mit\ x > x_m}} \{ \min \{ \mu_{\tilde{M}}(x) ; \mu_{\tilde{N}}(y) \} \} \leq \lambda$$

---

31 In der Literatur wird bei der Formulierung von Theorem 1 nur gefordert, daß das Intervall $[a_m ; b_m]$ im monoton steigenden Bereich der Zugehörigkeitsfunktion $\mu_{\tilde{M}}$ liegt. Vgl. *D. Dubois / H. Prade*, (1980), S. 42, *H.H. Bothe*, (1993), S. 67. Die Zugehörigkeitsfunktion $\mu_{\tilde{M}}$ kann jedoch auch in einem Teilbereich des Intervalls $[m_o ; \infty[$ konstant und damit monoton steigend verlaufen, so daß dieser Teilbereich ein Intervall $[a_m ; b_m]$ als Teilmenge enthält. Mithin kann bei Verwendung der in der Literatur üblichen Formulierung für den Fall $\lambda \in [0;1[$ nicht allgemein gefolgert werden, die Zugehörigkeitsfunktion $\mu_{\tilde{M}}$ sei auch im Intervall $]-\infty; b_m]$ monoton steigend. Deshalb ist die Einschränkung durch die zusätzliche Voraussetzung $b_m \leq m_o$ für diesen Schritt des Beweises sinnvoll.

32 Hier gilt die analoge Argumentation wie in der vorhergehenden Fußnote.

3. Fall: $x = x_m \quad \wedge \quad y = y_n$

Nach Voraussetzung gilt: $\mu_{\tilde{M}}(x) = \mu_{\tilde{N}}(y) = \lambda$

$$\Rightarrow \{ \min \{ \mu_{\tilde{M}}(x) ; \mu_{\tilde{N}}(y) \} \} = \lambda$$

$$\Rightarrow \sup_{\substack{x \circ y = x_m \circ y_n \\ mit\ x = x_m}} \{ \min \{ \mu_{\tilde{M}}(x) ; \mu_{\tilde{N}}(y) \} \} = \lambda$$

Insgesamt gilt also:

$$\sup_{x \circ y = x_m \circ y_n} \{ \min \{ \mu_{\tilde{M}}(x) ; \mu_{\tilde{N}}(y) \} \} = \lambda \qquad \textbf{(5.1)}$$

Auf der scharfen nicht-leeren Menge R der reellen Zahlen sind die Zugehörigkeitsfunktionen $\mu_{\tilde{M}}$ und $\mu_{\tilde{N}}$ gegeben, die die unscharfen Zahlen $\tilde{M}$ und $\tilde{N}$ beschreiben. Weiterhin entspricht eine binäre Verknüpfung $\circ$ einer Funktion $f : R^2 \rightarrow R$ mit $(x, y) \rightarrow f(x, y) := x \circ y$. Die erweiterte Verknüpfung der unscharfen Zahlen $\tilde{M}$ und $\tilde{N}$ erzeugt eine unscharfe Menge $\tilde{B} := \tilde{M} \circ \tilde{N}$, deren Zugehörigkeitsfunktion für $z := x_m \circ y_n$ durch das Erweiterungsprinzip nach ZADEH wie folgt definiert ist:

$$\mu_{\tilde{M} \circ \tilde{N}}(x_m \circ y_m) := \begin{cases} \sup\limits_{x \circ y = x_m \circ y_n} \{ \min \{ \mu_{\tilde{M}}(x) ; \mu_{\tilde{N}}(y) \} \} \; ; & \text{falls } f^{-1}(\{ x_m \circ y_n \}) \neq \varnothing \\ 0 \; ; & \text{sonst} \end{cases}$$

Es gilt immer $f^{-1}(\{ x_m \circ y_n \}) \neq \varnothing$, weil mindestens das 2-Tupel (x_m / y_n) durch die Funktion f auf $x_m \circ y_n$ abgebildet wird. In Verbindung mit (5.1) erhält man deshalb:

$$\mu_{\tilde{M} \circ \tilde{N}}(x_m \circ y_n) = \lambda$$

Für alle 2-Tupel $(x / y) \in [a_m ; b_m] \times [a_n ; b_n]$ ist folgende Implikation bewiesen:

$$\mu_{\tilde{M}}(x) = \mu_{\tilde{N}}(y) = \lambda \quad \Rightarrow \quad \mu_{\tilde{M} \circ \tilde{N}}(x \circ y) = \lambda \qquad \textbf{(5.2)}$$

Nach Voraussetzung gilt außerdem, daß die streng monoton steigende binäre Verknüpfung $f : [\, a_m ; b_m \,] \times [\, a_n ; b_n \,] \rightarrow [\, a_m \circ a_n ; b_m \circ b_n]$ mit $f(x, y) := x \circ y$ stetig ist.

Gemäß Lemma 5.13 / 1 ergibt sich:

$\forall\, t \in [\, a_m \circ a_n ; b_m \circ b_n \,]\ \exists\, (x, y) \in [\, a_m ; b_m \,] \times [\, a_n ; b_n \,]$ mit $t = x \circ y$

Wenn $x \in [\, a_m ; b_m \,]$ und $y \in [\, a_n ; b_n \,]$, so gilt nach Voraussetzung:

$\mu_{\tilde{M}}(x) = \mu_{\tilde{N}}(y) = \lambda$

Wegen (5.2) folgt: $\mu_{\tilde{M} \circ \tilde{N}}(x \circ y) = \mu_{\tilde{M} \circ \tilde{N}}(t) = \lambda$

Mit Lemma 5.13 erhält man für streng monoton fallende Verknüpfungen die analogen Überlegungen.

Q.e.d.

Theorem 2:

Es seien unscharfe Zahlen $\tilde{M}$ und $\tilde{N}$ durch $\mu_{\tilde{M}} : \mathbf{R} \rightarrow [\, 0;1 \,]$ und $\mu_{\tilde{N}} : \mathbf{R} \rightarrow [\, 0;1 \,]$ gegeben und man betrachte eine stetige, **hybride** binäre Verknüpfung $\circ$.
Für die Intervalle $[\, a_m ; b_m \,]$ bzw. $[\, a_n ; b_n \,]$, $a_i, b_i \in \mathbf{R}$, $i \in \{ m, n \}$, gelte:
$b_m \leq m_o$ bzw. $a_n \geq n_u$. Das Intervall $[\, a_m ; b_m \,]$ liegt somit im **monoton steigenden Bereich** von $\mu_{\tilde{M}}$ und das Intervall $[\, a_n ; b_n \,]$ liegt im **monoton fallenden Bereich** von $\mu_{\tilde{N}}$.[33]

Außerdem gelte für alle $x_m \in [\, a_m ; b_m \,]$ und $y_n \in [\, a_n ; b_n \,]$:

$\mu_{\tilde{M}}(x_m) = \mu_{\tilde{N}}(y_n) = \lambda, \lambda \in [\, 0;1 \,]$

Dann gilt:

$\forall\, t \in [\, a_m \circ b_n ; b_m \circ a_n \,]$ erhält man: $\mu_{\tilde{M} \circ \tilde{N}}(t) = \lambda$, falls die 1. Implikation gilt.

$\forall\, t \in [\, b_m \circ a_n ; a_m \circ b_n \,]$ erhält man: $\mu_{\tilde{M} \circ \tilde{N}}(t) = \lambda$, falls die 2. Implikation gilt.

---

33 Theorem 2 kann für $a_m \geq m_u$ und $b_n \leq n_o$ analog formuliert und bewiesen werden. Vgl. Anhang 3.

Beweis zu Theorem 2:

Sei $x_m \in [\, a_m ; b_m \,]$ und $y_n \in [\, a_n ; b_n \,]$ beliebig gegeben.

Es gibt drei Möglichkeiten:

1. Fall: $x < x_m \quad \wedge \quad x \circ y = x_m \circ y_n$

Die Zugehörigkeitsfunktion $\mu_{\tilde{M}}$ ist aufgrund der Konvexität der unscharfen Zahl $\tilde{M}$ im Intervall $]-\infty ; m_o\,]$ monoton steigend.

Weiterhin gilt wegen der Voraussetzungen:

$$]-\infty ; x_m\,] \;\subseteq\;]-\infty ; b_m\,] \;\subseteq\;]-\infty ; m_o\,]$$

Also ist die Zugehörigkeitsfunktion $\mu_{\tilde{M}}$ auch im Intervall $]-\infty ; x_m\,]$ monoton steigend und es folgt: $\mu_{\tilde{M}}(x) \leq \mu_{\tilde{M}}(x_m) = \lambda$

$$\Rightarrow \{ \min \{ \mu_{\tilde{M}}(x) \, ; \, \mu_{\tilde{N}}(y) \} \} \leq \lambda$$

$$\Rightarrow \sup_{\substack{x \circ y = x_m \circ y_n \\ \textit{mit } x < x_m}} \{ \min \{ \mu_{\tilde{M}}(x) \, ; \, \mu_{\tilde{N}}(y) \} \} \leq \lambda$$

2. Fall: $x > x_m \quad \wedge \quad x \circ y = x_m \circ y_n$

Daraus folgt gemäß Lemma 5.11: $y > y_n$

Die Zugehörigkeitsfunktion $\mu_{\tilde{N}}$ ist wegen der Konvexität der unscharfen Zahl $\tilde{N}$ im Intervall $[\, n_u ; \infty\, [$ monoton fallend. Nach Voraussetzung gelten folgenden Teilmengenbeziehungen:

$$[\, y_n ; \infty\, [\;\subseteq\; [\, a_n ; \infty\, [\;\subseteq\; [\, n_u ; \infty\, [$$

Also ist die Zugehörigkeitsfunktion $\mu_{\tilde{N}}$ im Intervall $[\, y_n ; \infty\, [$ monoton fallend, so daß folgt:

$$\mu_{\tilde{N}}(y) \leq \mu_{\tilde{N}}(y_n) = \lambda$$

$$\Rightarrow \{ \min \{ \mu_{\tilde{M}}(x) \, ; \, \mu_{\tilde{N}}(y) \} \} \leq \lambda$$

$$\Rightarrow \sup_{\substack{x \circ y = x_m \circ y_n \\ \textit{mit } x > x_m}} \{ \min \{ \mu_{\tilde{M}}(x) \, ; \, \mu_{\tilde{N}}(y) \} \} \leq \lambda$$

3. Fall: $x = x_m \quad \wedge \quad y = y_n$

Nach Voraussetzung gilt: $\mu_{\tilde{M}}(x) = \mu_{\tilde{N}}(y) = \lambda$

$$\Rightarrow \{ \min \{ \mu_{\tilde{M}}(x) \, ; \, \mu_{\tilde{N}}(y) \} \} = \lambda$$

$$\Rightarrow \sup_{\substack{x \circ y = x_m \circ y_n \\ mit \; x = x_m}} \{ \min \{ \mu_{\tilde{M}}(x) \, ; \, \mu_{\tilde{N}}(y) \} \} = \lambda$$

Unter Berücksichtigung des Erweiterungsprinzips nach ZADEH erhält man mit den entsprechenden Überlegungen wie bei Theorem 1:

$$\mu_{\tilde{M} \circ \tilde{N}}(x_m \circ y_n) = \lambda$$

Für alle 2-Tupel $(x / y) \in [a_m ; b_m] \times [a_n ; b_n]$ ist folgende Implikation bewiesen:

$$\mu_{\tilde{M}}(x) = \mu_{\tilde{N}}(y) = \lambda \quad \Rightarrow \quad \mu_{\tilde{M} \circ \tilde{N}}(x \circ y) = \lambda \qquad \textbf{(5.3)}$$

Nach Voraussetzung gilt außerdem, daß die hybride binäre Verknüpfung

$f : [a_m ; b_m] \times [a_n ; b_n] \rightarrow [a_m \circ b_n ; b_m \circ a_n]$ mit $f(x, y) := x \circ y$ stetig ist.

Gemäß Lemma 5.13 / 2 ergibt sich:

$$\forall \, t \in [a_m \circ b_n ; b_m \circ a_n] \; \exists \, (x, y) \in [a_m ; b_m] \times [a_n ; b_n] \text{ mit } t = x \circ y$$

Wenn $x \in [a_m ; b_m]$ und $y \in [a_n ; b_n]$, so gilt nach Voraussetzung:

$$\mu_{\tilde{M}}(x) = \mu_{\tilde{N}}(y) = \lambda$$

Wegen (5.3) erhält man:

$$\mu_{\tilde{M} \circ \tilde{N}}(x \circ y) = \mu_{\tilde{M} \circ \tilde{N}}(t) = \lambda$$

Mit Lemma 5.13 / 3 erhält man die analogen Überlegungen, falls die 2. Implikation gilt.

Q.e.d.

Eine binäre Verknüpfung $\circ$ kann nach Satz 5.12 nicht streng monoton und zugleich hybrid sein. Deshalb ist durch die vorstehenden Theoreme eindeutig festgelegt, welche Teiläste nach dem ZADEHschen Erweiterungsprinzip miteinander verknüpft werden müssen.

Die Addition (Subtraktion) ist in R **durchgehend** streng monoton (hybrid). Das gilt für die Multiplikation und die Division nicht, so daß auch die Voraussetzungen von Theorem 1 oder Theorem 2 nur bedingt erfüllt werden. Deshalb unterscheidet man die multiplikative und die divisionale Verknüpfung zwischen:

1. positiven unscharfen Zahlen

2. negativen unscharfen Zahlen

3. negativen und positiven unscharfen Zahlen.[34]

Positive und negative unscharfe Zahlen definiert man in Anlehnung an die konventionelle Mathematik wie folgt:

Definition (Positive/Negative unscharfe Zahlen)

Eine unscharfe Zahl $\tilde{M}$ ist genau dann positiv (negativ), wenn gilt:

$\mu_{\tilde{M}}(x) = 0 \ \ \forall x \leq 0 \ (\forall x \geq 0)$ [35]

Bei der Verknüpfung unscharfer Zahlen sind die folgenden Sätze von Bedeutung.

Satz 5.14:

Eine unscharfe Zahl $\tilde{M}$ ist genau dann positiv (negativ), wenn folgende Implikation gilt:

$\mu_{\tilde{M}}(x) > 0 \ \Rightarrow \ x > 0 \qquad (\mu_{\tilde{M}}(x) > 0 \ \Rightarrow \ x < 0)$

Der Beweis ist klar, weil es sich um eine logische Umkehrung der Definition handelt

34 Vgl. Abschnitt 5.4.4 und 5.4.5. Die multiplikative und divisionale Verknüpfung unscharfer Zahlen, von denen mindestens *eine* unscharfe Zahl weder positiv noch negativ ist, wird im folgenden nicht betrachtet.

35 In der Literatur ist die Definition einer positiven bzw. negativen unscharfen Zahl nicht einheitlich, weil einige Autoren in obiger Definition statt des Kleiner-gleich-Zeichens das Kleiner-Zeichen verwenden. Vgl. z.B. *D. Dubois / H. Prade*, (1980), S. 49. Bei Anwendung dieser Definitionen ist die scharfe Zahl null als Spezialfall der Unschärfe positiv und zugleich negativ, während die konventionelle Mathematik die Zahl null nur als nicht-negativ und zugleich nicht-positiv definiert. Wegen dieser Inkonsistenz wird im folgenden der obigen Definition gefolgt.

Satz 5.15:

Eine positive unscharfe Zahl $\tilde{M}$ sei auf einem streng monoton steigenden Teilbereich $X \subset \mathbf{R}$ definiert. Für alle $x \in X$ gilt folgende Implikation: $\mu_{\tilde{M}}(x) = 0 \Rightarrow x \geq 0$

Beweis zu Satz 5.15:

Annahme: Es existiert mindestens *ein* $x < 0$ mit $\mu_{\tilde{M}}(x) = 0$.

Die Zugehörigkeitsfunktion $\mu_{\tilde{M}}$ ist streng monoton wachsend, so daß folgt:

$\mu_{\tilde{M}}(0) > 0$. Widerspruch zur Definition einer positiven unscharfen Zahl.

Q.e.d.

Satz 5.16:

Eine negative unscharfe Zahl $\tilde{M}$ sei auf einem streng monoton fallenden Teilbereich $X \subset \mathbf{R}$ definiert. Für alle $x \in X$ gilt folgende Implikation: $\mu_{\tilde{M}}(x) = 0 \Rightarrow x \leq 0$

Den Beweis führt man analog zu dem von Satz 5.15.

Im folgenden werden für die erweiterte Addition, Subtraktion, Multiplikation und Division Formeln hergeleitet. Ausgangspunkt sind unscharfe Zahlen in LR-Darstellung. Diese Art der parametrischen Darstellung unscharfer Zahlen benötigt wenig Speicherplatz und ermöglicht außerdem eine beliebig feine Auflösung.[36] Also kann die Berechnung verknüpfter unscharfer Zahlen effizient auf einem Computer durchgeführt werden.

---

36 Vgl. *A. Mayer / B. Mechler / A. Schlindwein / R. Wolke*, (1993), S. 16.

5.4 Die Anwendung des Erweiterungsprinzips auf mathematische Verknüpfungen

5.4.1 Erläuterungen zur Vorgehensweise und allgemeine Definitionen

Bei der Herleitung allgemeiner Formeln für die Verknüpfung von LR-Zahlen $\tilde{M}$ und $\tilde{N}$ muß man zeigen, daß durch die Verknüpfung $\circ$ eine unscharfe Zahl $\tilde{M} \circ \tilde{N}$ in LR-Form erzeugt wird. Das geschieht in zwei Schritten:

1. Schritt: Für *axiomatisch definierte* Funktionen L und R weist man alle Eigenschaften einer Referenzfunktion nach. Hierfür nutzt man die Tatsache, daß die linken und rechten Teiläste unscharfer Zahlen $\tilde{M}$ und $\tilde{N}$ jeweils durch Referenzfunktionen gegeben sind. Diese wurden in Abschnitt 5.2 definiert, so daß man *ohne eine explizite Berücksichtigung spezieller Funktionsvorschriften* auf die drei eine Referenzfunktion beschreibenden Eigenschaften zurückgreifen kann und damit die *Allgemeingültigkeit der Aussagen* wahrt. Als Hilfsmittel benötigt man die Sätze aus Abschnitt 5.3, die jeweils unter der Voraussetzung der Stetigkeit formuliert wurden. Also muß im folgenden für die erweiterten Verknüpfungen die Stetigkeit der Referenz- und der korrespondierenden Zugehörigkeitsfunktionen vorausgesetzt werden. Damit ist eine Verknüpfung unscharfer LR-Zahlen mit stückweise aber nicht durchgehend stetigen Zugehörigkeitsfunktionen ausgeschlossen, obwohl eine solche Verknüpfung durch Theorem 1/1.1 und Theorem 2/2.1 eindeutig festgelegt ist.[37]

2. Schritt: Unter Verwendung von Theorem 1/1.1 und Theorem 2/2.1 zeigt man nun, daß sich sowohl der linke als auch der rechte Teilast der Zugehörigkeitsfunktion $\mu_{\tilde{M} \circ \tilde{N}}$ eindeutig aus den Referenzfunktionen L und R ableitet.

Insgesamt ist damit der Nachweis erbracht, daß man durch die Verknüpfung unscharfer LR-Zahlen eine verknüpfte unscharfe Zahl in LR-Darstellung erhält.

Im folgenden werden immer die nachstehenden unscharfen LR-Zahlen verknüpft:

37 Vgl. Fußnote 29

$$\tilde{M} := < m_u \,;\, m_o \,;\alpha \,;\, \gamma >_{L_{\tilde{M}} R_{\tilde{M}}} \quad \text{mit} \quad \mu_{\tilde{M}}(x) \;=\; \begin{cases} L_{\tilde{M}}\left(\dfrac{m_u - x}{\alpha}\right) & ; \text{ falls } x \le m_u \\ 1 & ; \ m_u \le x \le m_o \\ R_{\tilde{M}}\left(\dfrac{x - m_o}{\gamma}\right) & ; \text{ falls } x \ge m_o \end{cases}$$

$$\tilde{N} := < n_u \,;\, n_o \,;\delta \,;\, \beta >_{L_{\tilde{N}} R_{\tilde{N}}} \quad \text{mit} \quad \mu_{\tilde{N}}(y) \;=\; \begin{cases} L_{\tilde{N}}\left(\dfrac{n_u - y}{\delta}\right) & ; \text{ falls } y \le n_u \\ 1 & ; \ n_u \le y \le n_o \\ R_{\tilde{N}}\left(\dfrac{y - n_o}{\beta}\right) & ; \text{ falls } y \ge n_o \end{cases}$$

In den Theoremen werden diejenigen Zugehörigkeitsgrade betrachtet, die von mindestens *einem* Element der Mengen $\tilde{M}$ und $\tilde{N}$ angenommen werden. Deshalb gelten die folgenden Mengenbezeichnungen:

$$\chi_1 := \{ \lambda \mid \lambda \in [0;1] \ \wedge \ \exists\, x \ge m_o \ \wedge \ \exists\, y \ge n_o \ \text{ mit } \mu_{\tilde{M}}(x) = \mu_{\tilde{N}}(y) = \lambda \}$$

$$\chi_2 := \{ \lambda \mid \lambda \in [0;1] \ \wedge \ \exists\, x \le m_u \ \wedge \ \exists\, y \le n_u \ \text{ mit } \mu_{\tilde{M}}(x) = \mu_{\tilde{N}}(y) = \lambda \}$$

$$\chi_3 := \{ \lambda \mid \lambda \in [0;1] \ \wedge \ \exists\, x \le m_u \ \wedge \ \exists\, y \ge n_o \ \text{ mit } \mu_{\tilde{M}}(x) = \mu_{\tilde{N}}(y) = \lambda \}$$

$$\chi_4 := \{ \lambda \mid \lambda \in [0;1] \ \wedge \ \exists\, x \ge m_o \ \wedge \ \exists\, y \le n_u \ \text{ mit } \mu_{\tilde{M}}(x) = \mu_{\tilde{N}}(y) = \lambda \}$$

Weiterhin gelten die folgenden Definitionen:

- Linker Teilast einer Zugehörigkeitsfunktion $\mu_{\tilde{M}}$:

  $$u_m := \frac{m_u - x}{\alpha}, \quad x \leq m_u$$

  Dann erhält man: $\mu_{\tilde{M}}(x) = L_{\tilde{M}}(u_m), x \leq m_u$

  Bei Existenz eines linksseitigen Schnittpunkts x_l der Zugehörigkeitsfunktion mit der Abszisse definiert man diesen wie folgt:

  $$x_l := \max \{ x \mid \mu_{\tilde{M}}(x) = 0 \ \wedge \ x < m_u \}$$

  Es sei $u_{ml} := \frac{m_u - x_l}{\alpha}$. Dann erhält man:

  $$\mu_{\tilde{M}}(x_l) = L_{\tilde{M}}(u_{ml}) = 0$$

Wegen der 3. Eigenschaft von Referenzfunktionen muß für die korrespondierende Zugehörigkeitsfunktion ein linksseitiger Schnittpunkt x_l nicht notwendigerweise existieren. Aufgrund der expliziten Verwendung umkehrbarer Referenzfunktionen müssen diese streng monoton fallend sein. Die Verknüpfung von Zugehörigkeitsfunktionen, die unterhalb des 1-Niveaus in Teilbereichen konstant verlaufen, wird deshalb hier ausgeschlossen. Die Verknüpfung solcher Zugehörigkeitsfunktionen ist aber durch die Theoreme eindeutig festgelegt.

Es ergibt sich folgende Fallunterscheidung:

1. Eine Referenzfunktion $L_{\tilde{M}}$ ist im Intervall $[\, 0 ; \infty \,[$ streng monoton fallend. Deshalb ist die Zugehörigkeitsfunktion $\mu_{\tilde{M}}$ im Intervall $]\, -\infty ; m_u \,]$ streng monoton wachsend.

2. Eine Referenzfunktion $L_{\tilde{M}}$ ist im Intervall $[\, 0 ; u_{ml} \,]$ streng monoton fallend. Aufgrund der 2. Eigenschaft von Referenzfunktionen folgt hier: $L_{\tilde{M}}(u_m) = 0, u_m \geq u_{ml}$

   Deshalb ist die Zugehörigkeitsfunktion $\mu_{\tilde{M}}$ im Intervall $[\, x_l ; m_u \,]$ streng monoton wachsend und es gilt: $\mu_{\tilde{M}}(x) = 0, x \leq x_l$

   Das folgt auch aus der Konvexität unscharfer Zahlen und der Definition in $\mathbb{R}$.

- Rechter Teilast einer Zugehörigkeitsfunktion $\mu_{\tilde{M}}$:

$$v_m := \frac{x - m_o}{\gamma}, \quad x \geq m_o$$

$$x_r := \min \left\{ x \mid \mu_{\tilde{M}}(x) = 0 \quad \wedge \quad x > m_o \right\}$$

$$v_{mr} := \frac{x_r - m_o}{\gamma}$$

- Linker Teilast einer Zugehörigkeitsfunktion $\mu_{\tilde{N}}$:

$$u_n := \frac{n_u - y}{\delta}, \quad y \leq n_u$$

$$y_l := \max \left\{ y \mid \mu_{\tilde{N}}(y) = 0 \quad \wedge \quad y < n_u \right\}$$

$$u_{nl} := \frac{n_u - y_l}{\delta}$$

- Rechter Teilast einer Zugehörigkeitsfunktion $\mu_{\tilde{N}}$:

$$v_n := \frac{y - n_o}{\beta}, \quad y \geq n_o$$

$$y_r := \min \left\{ y \mid \mu_{\tilde{N}}(y) = 0 \quad \wedge \quad y > n_o \right\}$$

$$v_{nr} := \frac{y_r - n_o}{\beta}$$

Für diese Teiläste gelten die Überlegungen analog zum linken Teilast von $\mu_{\tilde{M}}$. Deshalb wird bei der Verknüpfung unscharfer Zahlen folgende Fallunterscheidung vorgenommen:

Fall a: $0 \notin \chi_i$, $i \in \{1, 2, 3, 4\}$, d.h. höchstens *einer* der zu verknüpfenden Teiläste besitzt einen Schnittpunkt mit der Abszisse.

Fall b: $0 \in \chi_i$, $i \in \{1, 2, 3, 4\}$, d.h. die beiden zu verknüpfenden Teiläste besitzen einen Schnittpunkt mit der Abszisse.

5.4.2 Erweiterte Addition unscharfer Zahlen

Im folgenden wird die Rechnung nur für den rechten Ast der unscharfen Zahl $\tilde{M} + \tilde{N}$ durchgeführt, weil man für den linken Ast der unscharfen Zahl $\tilde{M} + \tilde{N}$ analog rechnet.[38]

Für jedes $\lambda \in \chi_1$ gilt:

$$\mu_{\tilde{M}}(x) = R_{\tilde{M}}\left(\frac{x - m_o}{\gamma}\right) = \lambda \Leftrightarrow R_{\tilde{M}}^{-1}(\lambda) = \frac{x - m_o}{\gamma} \Leftrightarrow x = m_o + \gamma R_{\tilde{M}}^{-1}(\lambda)$$

$$\mu_{\tilde{N}}(y) = R_{\tilde{N}}\left(\frac{y - n_o}{\beta}\right) = \lambda \Leftrightarrow R_{\tilde{N}}^{-1}(\lambda) = \frac{y - n_o}{\beta} \Leftrightarrow y = n_o + \beta R_{\tilde{N}}^{-1}(\lambda)$$

$$\Rightarrow x + y = m_o + n_o + \gamma R_{\tilde{M}}^{-1}(\lambda) + \beta R_{\tilde{N}}^{-1}(\lambda)$$

$$\Leftrightarrow x + y - (m_o + n_o) = \gamma R_{\tilde{M}}^{-1}(\lambda) + \beta R_{\tilde{N}}^{-1}(\lambda) =: R^{-1}(\lambda) \qquad \textbf{(5.4)}$$

$$\Leftrightarrow R(x + y - (m_o + n_o)) = \lambda, x + y \geq m_o + n_o$$

Zur 1. Eigenschaft:

Nach Voraussetzung gilt:

$$R_{\tilde{M}}(0) = 1 \text{ und } R_{\tilde{N}}(0) = 1$$

$$\Leftrightarrow R_{\tilde{M}}^{-1}(1) = 0 \text{ und } R_{\tilde{N}}^{-1}(1) = 0$$

$$\Rightarrow R^{-1}(1) = \gamma R_{\tilde{M}}^{-1}(1) + \beta R_{\tilde{N}}^{-1}(1) = 0$$

$$\Leftrightarrow R(0) = 1$$

Zur 2. Eigenschaft:

Fall a: $0 \notin \chi_1$

Es seien die folgenden streng monoton fallenden Referenzfunktionen gegeben:

$$R_{\tilde{M}} : [0;\infty[\rightarrow]0;1] \text{ und } R_{\tilde{N}} : [0;\infty[\rightarrow]0;1]$$

38 Vgl. Anhang 4.

Diese sind nach Satz 5.5 wegen der 1. und 3. Eigenschaft von Referenzfunktionen bijektiv, so daß die Inversen $R_{\tilde{M}}^{-1} :]0;1] \rightarrow [0;\infty[$ und $R_{\tilde{N}}^{-1} :]0;1] \rightarrow [0;\infty[$ die gleichen Eigenschaften besitzen.[39]

$\Rightarrow R^{-1} :]0;1] \rightarrow [0;\infty[$ ist streng monoton fallend und nach Satz 5.4 auch bijektiv, weil $R^{-1}(1) = 0$ und $\lim_{\lambda \rightarrow 0} R^{-1}(\lambda) = \infty$.

$\Leftrightarrow R : [0;\infty[\rightarrow]0;1]$ ist streng monoton fallend und bijektiv. **(5.5)**

Wenn genau *eine* der Zugehörigkeitsfunktionen einen rechtsseitigen Schnittpunkt mit der Abszisse besitzt, so erhält man dieses Ergebnis in analoger Weise.[40]

Fall b: $0 \in \chi_1$

Es seien die folgenden streng monoton fallenden Referenzfunktionen gegeben:
$R_{\tilde{M}} : [0;v_{mr}] \rightarrow [0;1]$ und $R_{\tilde{N}} : [0;v_{nr}] \rightarrow [0;1]$

Diese sind nach Satz 5.7 bijektiv, so daß die Umkehrfunktionen $R_{\tilde{M}}^{-1} : [0;1] \rightarrow [0;v_{mr}]$ und $R_{\tilde{N}}^{-1} : [0;1] \rightarrow [0;v_{nr}]$ die gleichen Eigenschaften besitzen.

$\Rightarrow R^{-1} : [0;1] \rightarrow [0;v_s]$, $v_s := \gamma\, v_{mr} + \beta\, v_{nr}$, ist streng monoton fallend und nach Satz 5.7 auch bijektiv, weil $R^{-1}(1) = 0$ und $R^{-1}(0) = v_s$.

$\Leftrightarrow R : [0;v_s] \rightarrow [0;1]$ ist streng monoton fallend und bijektiv. **(5.6)**

Es ist noch zu zeigen, daß $R(v) = 0,\ v \geq v_s$.

Bei der additiven Verknüpfung der rechten Äste gilt für alle $x \geq x_r$ und $y \geq y_r$:

$v_m \geq v_{mr}$ und $v_n \geq v_{nr}$

$\Rightarrow \gamma\, v_m + \beta\, v_n \geq v_s$ **(5.7)**

Außerdem erhält man folgende Divergenzen:

---

39 Jede Abbildung $f : A \rightarrow B$ ist genau dann bijektiv, wenn es eine Umkehrabbildung $f^{-1} : B \rightarrow A$ gibt, für die gilt: $f \circ f^{-1} = id_B$ und $f^{-1} \circ f = id_A$. Daraus folgt die Bijektivität der Umkehrabbildung f^{-1}. Der Satz wird im folgenden mehrmals benutzt. Zum Beweis vgl. *G. Fischer*, (1986), S. 30 f.

40 Vgl. Beispiel 6.

$\lim_{v_m \to \infty} (\gamma v_m + \beta v_n) = \infty$ und $\lim_{v_n \to \infty} (\gamma v_m + \beta v_n) = \infty$

Mit (5.7) ergibt sich deshalb:

$\forall\ (v_m ; v_n) \in [\, v_{mr} ; \infty [\ \times\ [\, v_{nr} ; \infty [\ \ \exists\ v \in [\, v_s ; \infty [$, so daß gilt:

$$\gamma v_m + \beta v_n = v \tag{5.8}$$

Weiterhin muß gezeigt werden:

$\forall\ v \in [\, v_s ; \infty [\ \ \exists\, (v_m ; v_n) \in [\, v_{mr} ; \infty [\ \times\ [\, v_{nr} ; \infty [$, so daß man erhält:

$$\gamma v_m + \beta v_n = v \tag{5.9}$$

Es reicht aus, daß für jedes $v \in [\, v_s ; \infty [$ genau *ein* 2-Tupel $(v_m ; v_{nr})$ mit $v_m \in [\, v_{mr} ; \infty [$ existiert, so daß $\gamma v_m + \beta v_{nr} = v$.

Dazu betrachtet man die Abbildung $F : [\, v_{mr} ; \infty [\ \to \mathbf{R}$ mit $F(v_m) := \gamma v_m + \beta v_{nr}$

Die Voraussetzungen von Satz 5.6 sind gegeben, weil:

1. die identische Abbildung und jede konstante Funktion stetig ist. Da die Multiplikation und Addition stetiger Abbildungen eine stetige Abbildung erzeugt,[41] ist auch die Abbildung F stetig.

2. die Abbildung F streng monoton wachsend und divergent ist.

Mit $F(v_{mr}) = v_s$ erhält man nach Satz 5.6 die bijektive Abbildung in das Intervall $[\, v_s ; \infty [$ und somit die Behauptung in (5.9).

Aus der 2. Eigenschaft für Referenzfunktionen folgt hier:

$R_{\tilde{M}}(v_m) = 0,\ v_m \geq v_{mr}$ und $R_{\tilde{N}}(v_n) = 0,\ v_n \geq v_{nr}$

$\Leftrightarrow\ R_{\tilde{M}}^{-1}(\{0\}) = \{\, v_m \mid v_m \geq v_{mr} \,\}$ und $R_{\tilde{N}}^{-1}(\{0\}) = \{\, v_n \mid v_n \geq v_{nr} \,\}$ [42]

Mit (5.4), (5.8) und (5.9) ergibt sich:

---

41 Vgl. *O. Forster*, (1983), S. 62 f.

42 Die Links-Rechts-Richtung gilt, weil $R_{\tilde{M}}$ und $R_{\tilde{N}}$ streng monoton fallend sind. Denn angenommen, es existiert ein $\hat{v} \in [\, 0 ; v_{mr} [$ mit $R_{\tilde{M}}(\hat{v}) = 0$. Dann ist $R_{\tilde{M}}(v) < 0,\ v \in]\, \hat{v} ; v_{mr} [$. Das steht im Widerspruch zum Bildbereich $[\, 0 ; 1 \,]$. Analoges gilt für $R_{\tilde{N}}$.

$R^{-1}(\{0\}) = \{ v \mid v \geq v_s \}$

$\Leftrightarrow R(v) = 0, v \geq v_s$ [43] **(5.10)**

Wegen (5.6) und (5.10) ist die Funktion R also monoton fallend im Intervall $[\,0;\infty\,[$.

Zur 3. Eigenschaft:

Fall a: $0 \notin \chi_1$

Nach Voraussetzung gilt:

$$\lim_{v_m \to \infty} R_{\tilde{M}}(v_m) = 0 \text{ und } \lim_{v_n \to \infty} R_{\tilde{N}}(v_n) = 0$$

$$\Leftrightarrow \lim_{\lambda \to 0} R_{\tilde{M}}^{-1}(\lambda) = \infty \text{ und } \lim_{\lambda \to 0} R_{\tilde{N}}^{-1}(\lambda) = \infty$$

$$\Rightarrow \lim_{\lambda \to 0} R^{-1}(\lambda) = \gamma \cdot \lim_{\lambda \to 0} R_{\tilde{M}}^{-1}(\lambda) + \beta \cdot \lim_{\lambda \to 0} R_{\tilde{N}}^{-1}(\lambda) = \infty$$

$$\Leftrightarrow \lim_{v \to \infty} R(v) = 0$$

Hierbei wird zweimal Satz 5.8 verwendet.

Wenn *eine* der Zugehörigkeitsfunktionen einen rechtsseitigen Schnittpunkt mit der Abszisse besitzt, so erhält man dieses Ergebnis in analoger Weise.

Fall b: $0 \in \chi_1$

Die Eigenschaft folgt aus (5.10).

Im 2. Schritt zeigt man:

$$\mu_{\tilde{M}+\tilde{N}}(x + y) = R(x + y - (m_o + n_o)), x + y \geq m_o + n_o$$

$$\mu_{\tilde{M}+\tilde{N}}(x + y) = 1, m_u + n_u \leq x + y \leq m_o + n_o$$

Die Voraussetzungen von Theorem 1.1 sind gegeben, weil:

43 Die Rechts-Links-Richtung gilt wegen (5.6).

1. Die Addition ist eine stetige Verknüpfung, weil für eine Abbildung $f: X \to Y$ mit $f(x,y) := x + y$ und beliebige konvergente Folgen $(x_n)_{n \in N}$ und $(y_n)_{n \in N}$ gilt:

$$f(\lim_{n \to \infty} x_n ; \lim_{n \to \infty} y_n) = \lim_{n \to \infty} x_n + \lim_{n \to \infty} y_n$$

$$= \lim_{n \to \infty} (x_n + y_n)$$

$$= \lim_{n \to \infty} f(x_n ; y_n)$$ [44]

2. Die Addition ist eine streng monoton steigende binäre Verknüpfung in R, weil für alle $x_j, y_j \in R, j \in \{1, 2\}$, die folgende Implikation gilt:

$$x_1 < y_1 \quad \wedge \quad x_2 < y_2 \quad \Rightarrow \quad x_1 + x_2 < y_1 + y_2$$

Diese folgt aus den Anordnungsaxiomen für reelle Zahlen.[45]

3. Im Intervall $[\, m_u ; \infty [$ ist die Zugehörigkeitsfunktion $\mu_{\tilde{M}}$ monoton fallend.

   Im Intervall $[\, n_u ; \infty [$ ist die Zugehörigkeitsfunktion $\mu_{\tilde{N}}$ monoton fallend.

Für alle $(x;y) \in R^2$ mit $\mu_{\tilde{M}}(x) = \mu_{\tilde{N}}(y) = \lambda, \lambda \in \chi_1$, gilt definitionsgemäß:

$$x \geq m_o \quad \wedge \quad y \geq n_o$$

Wegen Theorem 1.1 erhält man: $\mu_{\tilde{M}+\tilde{N}}(x + y) = \lambda, \lambda \in \chi_1$

Nach (5.4) gilt: $R(x + y - (m_o + n_o)) = \lambda, \lambda \in \chi_1$

$$\Rightarrow \mu_{\tilde{M}+\tilde{N}}(x + y) = R(x + y - (m_o + n_o)), x + y \geq m_o + n_o$$

Weitere Voraussetzung ist:

$$\mu_{\tilde{M}}(x) = 1 \;\forall x \in [\, m_u ; m_o] \text{ und } \mu_{\tilde{N}}(y) = 1 \;\forall y \in [\, n_u ; n_o]$$

Aus Theorem 1.1 folgt dann: $\mu_{\tilde{M}+\tilde{N}}(x + y) = 1, m_u + n_u \leq x + y \leq m_o + n_o$

Mit den analogen Berechnungen zur Funktion L erhält man:

---

44 Hier wird der Satz über die Summe konvergenter Folgen benutzt. Dieser läßt sich auf die Subtraktion, Multiplikation und Division übertragen, was für die anderen erweiterten Verknüpfungen wichtig ist. Zu diesen Sätzen und deren Beweisen vgl. *O. Forster*, (1983), S. 21 - 23.

45 Vgl. ebenda, S. 14 f.

$$\mu_{\tilde{M}+\tilde{N}}(x+y) = \begin{cases} L(m_u + n_u - (x+y)) & ; \ x+y \le m_u + n_u \\ 1 & ; \ m_u + n_u \le x+y \le m_o + n_o \\ R(x+y-(m_o+n_o)) & ; \ x+y \ge m_o + n_o \end{cases}$$

Es ergibt die nachstehende Formel:

$$\tilde{M} + \tilde{N} = \langle m_u ; m_o ; \alpha ; \gamma \rangle_{L_{\tilde{M}} R_{\tilde{M}}} + \langle n_u ; n_o ; \delta ; \beta \rangle_{L_{\tilde{N}} R_{\tilde{N}}}$$

$$= \langle m_u + n_u ; m_o + n_o ; 1 ; 1 \rangle_{LR} \qquad \textbf{(5.11)}$$

Die Referenzfunktion R kann man wegen (5.4) folgendermaßen aus den Referenzfunktionen $R_{\tilde{M}}$ und $R_{\tilde{N}}$ ableiten:

Fall a: $0 \notin \chi_1$

$$R(x+y-(m_o+n_o)) = \left[\gamma R_{\tilde{M}}^{-1}(\lambda) + \beta R_{\tilde{N}}^{-1}(\lambda)\right]^{-1}, \ x+y \ge m_o + n_o$$ [46]

Fall b: $0 \in \chi_1$

Berücksichtigt man zusätzlich (5.10), so erhält man:

$$R(x+y-(m_o+n_o)) = \begin{cases} \left[\gamma R_{\tilde{M}}^{-1}(\lambda) + \beta R_{\tilde{N}}^{-1}(\lambda)\right]^{-1} \\ \qquad \textit{wenn } m_o + n_o \le x+y \le x_r + y_r \\ 0 \qquad \textit{wenn } x+y \ge x_r + y_r \end{cases}$$

46 Daraus folgt das entsprechende Ergebnis für den Fall der additiven Verknüpfung eingipfliger unscharfer Zahlen. Vgl. *D. Dubois / H. Prade*, (1980), S. 54. Die Referenzfunktionen entsprechen den Umkehrfunktionen der entsprechenden Klammerausdrücke und sind nicht mit deren reziprokem Wert zu verwechseln.

Für die Referenzfunktion L ermittelt man analog:

Für $0 \notin \chi_2$ gilt:

$$L(m_u + n_u - (x + y)) = \left[\alpha L_{\tilde{M}}^{-1}(\lambda) + \delta L_{\tilde{N}}^{-1}(\lambda)\right]^{-1}, x + y \le m_u + n_u$$

Für $0 \in \chi_2$ erweitert sich die Formel wie folgt:

$$L(m_u + n_u - (x + y)) = \begin{cases} \left[\alpha L_{\tilde{M}}^{-1}(\lambda) + \delta L_{\tilde{N}}^{-1}(\lambda)\right]^{-1} & \textit{wenn } x_l + y_l \le x + y \le m_u + n_u \\ 0 & \textit{wenn } x + y \le x_l + y_l \end{cases}$$

Ein Spezialfall liegt vor, wenn zwei LR-Zahlen vom gleichen LR-Typ sind. Dann besitzen die entsprechenden Referenzfunktionen identische Gestaltfunktionen, d.h. es ist

$$L_{\tilde{M}} \equiv L_{\tilde{N}} \text{ und } R_{\tilde{M}} \equiv R_{\tilde{N}}$$

$$\Leftrightarrow L_{\tilde{M}}^{-1} \equiv L_{\tilde{N}}^{-1} \text{ und } R_{\tilde{M}}^{-1} \equiv R_{\tilde{N}}^{-1}$$

Für die rechten Teiläste erhält man aus (5.4):

$$R^{-1}(\lambda) = x + y - (m_o + n_o) \text{ und } R_{\tilde{M}}^{-1}(\lambda) = \frac{x + y - (m_o + n_o)}{\gamma + \beta}$$

$$\Leftrightarrow R(x + y - (m_o + n_o)) = R_{\tilde{M}}\left(\frac{x + y - (m_o + n_o)}{\gamma + \beta}\right) = \lambda$$

Mit der analogen Rechnung für die linken Teiläste kommt man zu folgendem Ergebnis:

$$\mu_{\tilde{M}+\tilde{N}}(x+y) = \begin{cases} L_{\tilde{M}}\left(\dfrac{m_u + n_u - (x+y)}{\alpha + \delta}\right) & ; \; x + y \le m_u + n_u \\ 1 & ; \; m_u + n_u \le x + y \le m_o + n_o \\ R_{\tilde{M}}\left(\dfrac{x + y - (m+n)}{\gamma + \beta}\right) & ; \; x + y \ge m_o + n_o \end{cases}$$

Man erhält die folgende Formel:

$$\begin{aligned} \tilde{M} + \tilde{N} &= < m_u \,;\, m_o \,;\, \alpha \,;\, \gamma >_{L_{\tilde{M}} R_{\tilde{M}}} + < n_u \,;\, n_o \,;\, \delta \,;\, \beta >_{L_{\tilde{M}} R_{\tilde{M}}} \\ &= < m_u + n_u \,;\, m_o + n_o \,;\, \alpha + \delta \,;\, \gamma + \beta >_{L_{\tilde{M}} R_{\tilde{M}}} \end{aligned}$$

Definiert man $L := L_{\tilde{M}}$ und $R := R_{\tilde{M}}$, so erhält man:

$$\begin{aligned} \tilde{M} + \tilde{N} &= < m_u \,;\, m_o \,;\, \alpha \,;\, \gamma >_{LR} + < n_u \,;\, n_o \,;\, \delta \,;\, \beta >_{LR} \\ &= < m_u + n_u \,;\, m_o + n_o \,;\, \alpha + \delta \,;\, \gamma + \beta >_{LR} \end{aligned}$$ [47] **(5.12)**

Beispiel 6: (Erweiterte Addition unscharfer LR-Zahlen mit unterschiedlichen Referenzfunktionen)

Seien die unscharfen Zahlen $\tilde{M} := < 10 \,;\, 3 \,;\, 7 >_{L_{\tilde{M}} R_{\tilde{M}}}$ und $\tilde{N} := < 15 \,;\, 2 \,;\, 4 >_{L_{\tilde{N}} R_{\tilde{N}}}$ gegeben. Die folgenden Referenzfunktionen werden angenommen:

$$R_{\tilde{M}}(v_m) := \max\{0 \,;\, 1 - v_m\} \quad \text{und} \quad R_{\tilde{N}}(v_n) := \frac{1}{1 + v_n}$$

$$L_{\tilde{M}}(u_m) := \max\{0 \,;\, 1 - u_m\} \quad \text{und} \quad L_{\tilde{N}}(u_n) := \frac{1}{1 + u_n}$$

Dann gilt gemäß (5.11) für die Referenzfunktionen folgendes:

$$L(25 - (x + y)) = \left[3(1 - \lambda) + 2\left(\frac{1}{\lambda} - 1\right)\right]^{-1}$$

47 Daraus folgt das entsprechende Ergebnis für den Fall der additiven Verknüpfung eingipfliger unscharfer Zahlen mit identischen Referenzfunktionen. Vgl. *D. Dubois / H. Prade*, (1980), S. 54.

$$\Leftrightarrow 25 - (x + y) = 3(1 - \lambda) + 2\left(\frac{1}{\lambda} - 1\right)$$

$$R(x + y - 25) = \left[7(1 - \lambda) + 4\left(\frac{1}{\lambda} - 1\right)\right]^{-1}$$

$$\Leftrightarrow x + y - 25 = 7(1 - \lambda) + 4\left(\frac{1}{\lambda} - 1\right)$$

Löst man die Gleichungen nach λ auf und setzt $z := x + y$, so erhält man nach einigen Umformungen:

$$\mu_{\tilde{M}+\tilde{N}}(z) = \begin{cases} \frac{z-24}{6} + \sqrt{\left(\frac{z-24}{6}\right)^2 + \frac{2}{3}} & ; \text{ falls } z \le 25 \\ \frac{28-z}{14} + \sqrt{\left(\frac{28-z}{14}\right)^2 + \frac{4}{7}} & ; \text{ falls } z \ge 25 \end{cases}$$

Die folgenden Abbildungen zeigen die zu verknüpfenden Zugehörigkeitsfunktionen und den resultierenden Verlauf von $\mu_{\tilde{M}+\tilde{N}}$:

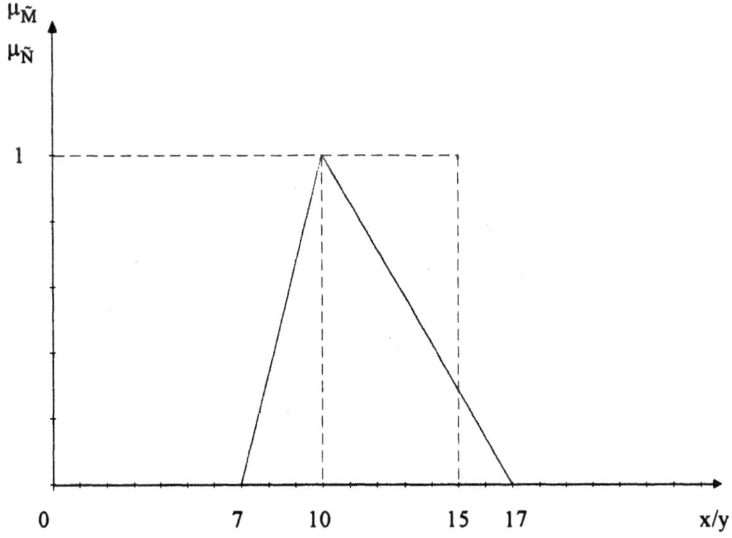

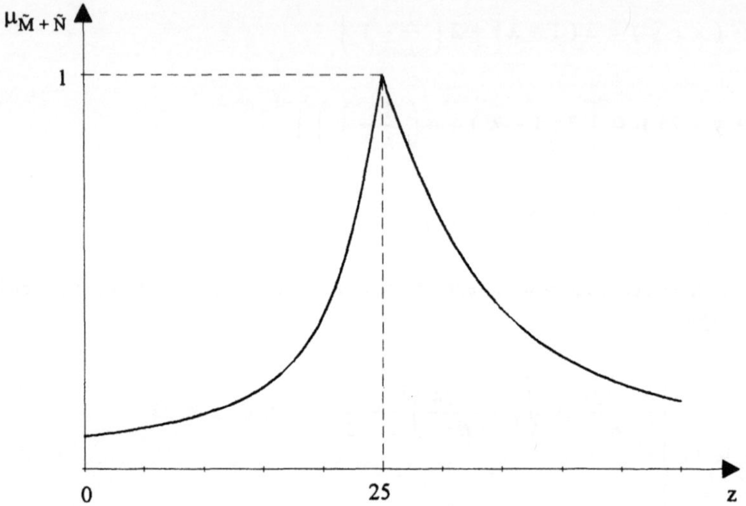

Beispiel 7: (Erweiterte Addition unscharfer LR-Zahlen mit identischen Referenzfunktionen)

Es seien die unscharfen Zahlen $\tilde{M} := < 10\ ;\ 3\ ;\ 7 >_{LR}$ und $\tilde{N} := < 15\ ;\ 2\ ;\ 4 >_{LR}$ gegeben. Die folgenden linearen Referenzfunktionen werden angenommen:

$$L(u) := \max\{0\ ;\ 1 - u\} \text{ und } R(v) := \max\{0\ ;\ 1 - v\}$$

Man erhält folgendes Ergebnis:

$$\tilde{M} + \tilde{N} = < 10\ ;\ 3\ ;\ 7 >_{LR} + < 15\ ;\ 2\ ;\ 4 >_{LR} = < 25\ ;\ 5\ ;\ 11 >_{LR}$$

Anhand der folgenden Abbildung wird Formel (5.12) als Spezialfall von Formel (5.11) für den Fall der ausschließlichen Verwendung linearer Referenzfunktionen anschaulich klar:

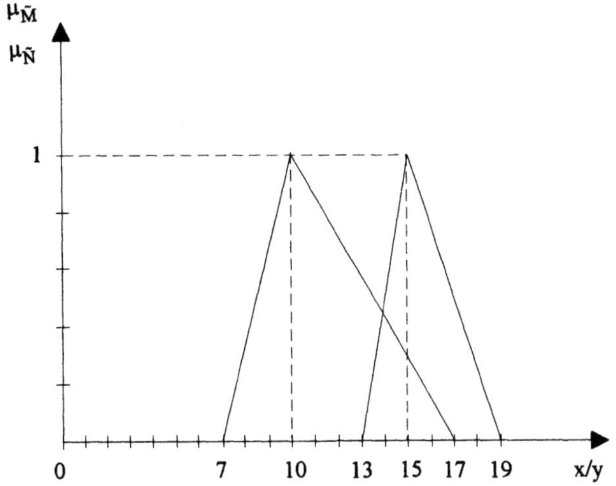
$\mu_{\tilde{M}}$
$\mu_{\tilde{N}}$
1
0
7
10
13
15
17
19
x/y

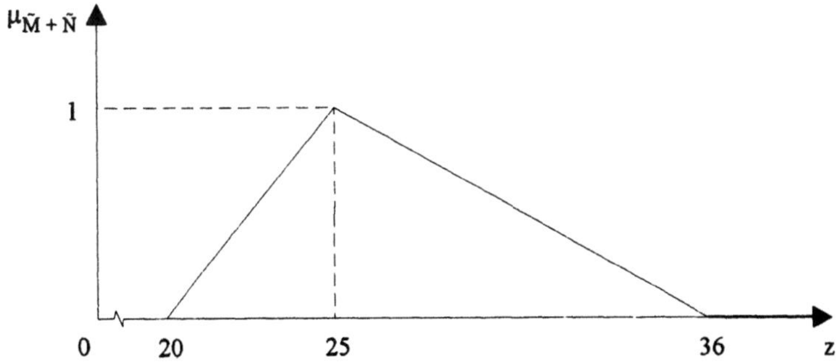
$\mu_{\tilde{M}+\tilde{N}}$
1
0
20
25
36
z

5.4.3 Erweiterte Subtraktion unscharfer Zahlen

Im folgenden wird die Rechnung nur für den linken Ast der unscharfen Zahl $\tilde{M} - \tilde{N}$ durchgeführt, weil man für den rechten Ast von $\tilde{M} - \tilde{N}$ analog rechnet.[48]

Für alle $\lambda \in \chi_3$ gilt:

$$\mu_{\tilde{M}}(x) = L_{\tilde{M}}\left(\frac{m_u - x}{\alpha}\right) = \lambda \Leftrightarrow L_{\tilde{M}}^{-1}(\lambda) = \frac{m_u - x}{\alpha} \Leftrightarrow x = m_u - \alpha L_{\tilde{M}}^{-1}(\lambda)$$

$$\mu_{\tilde{N}}(y) = R_{\tilde{N}}\left(\frac{y - n_o}{\beta}\right) = \lambda \Leftrightarrow R_{\tilde{N}}^{-1}(\lambda) = \frac{y - n_o}{\beta} \Leftrightarrow y = n_o + \beta R_{\tilde{N}}^{-1}(\lambda)$$

$$\Rightarrow x - y = m_u - n_o - \alpha L_{\tilde{M}}^{-1}(\lambda) - \beta R_{\tilde{N}}^{-1}(\lambda)$$

$$\Leftrightarrow m_u - n_o - (x - y) = \alpha L_{\tilde{M}}^{-1}(\lambda) + \beta R_{\tilde{N}}^{-1}(\lambda) =: L^{-1}(\lambda) \qquad \textbf{(5.13)}$$

$$\Leftrightarrow L(m_u - n_o - (x - y)) = \lambda, x - y \le m_u - n_o$$

Zur 1. Eigenschaft:

Nach Voraussetzung gilt:

$$L_{\tilde{M}}(0) = 1 \text{ und } R_{\tilde{N}}(0) = 1$$

$$\Leftrightarrow L_{\tilde{M}}^{-1}(1) = 0 \text{ und } R_{\tilde{N}}^{-1}(1) = 0$$

$$\Rightarrow L^{-1}(1) = \alpha L_{\tilde{M}}^{-1}(1) + \beta R_{\tilde{N}}^{-1}(1) = 0$$

$$\Leftrightarrow L(0) = 1$$

Zur 2. Eigenschaft:

Fall a: $0 \notin \chi_3$

Man unterstellt die folgenden streng monoton fallenden Referenzfunktionen:

$$L_{\tilde{M}} : [0;\infty[\; \rightarrow \;]0;1] \text{ und } R_{\tilde{N}} : [0;\infty[\; \rightarrow \;]0;1]$$

---

48 Vgl. Anhang 5.

Diese sind wegen der 1. und 3. Eigenschaft von Referenzfunktionen nach Satz 5.5 bijektiv, weshalb die Inversen die gleichen Eigenschaften besitzen.

$\Rightarrow L^{-1} :]\,0;1\,] \rightarrow [\,0;\infty\,[$ ist streng monoton fallend und nach Satz 5.4 auch bijektiv, weil $L^{-1}(1) = 0$ und $\lim_{\lambda \rightarrow 0} L^{-1}(\lambda) = \infty$.

$\Leftrightarrow L : [\,0;\infty\,[\rightarrow]\,0;1\,]$ ist streng monoton fallend und bijektiv. **(5.14)**

Wenn genau *eine* der Zugehörigkeitsfunktionen einen entsprechenden Schnittpunkt mit der Abszisse besitzt, dann folgt (5.14) analog.

Fall b: $0 \in \chi_3$

Es seien die folgenden streng monoton fallenden Referenzfunktionen gegeben:

$L_{\tilde{M}} : [\,0;u_{ml}\,] \rightarrow [\,0;1\,]$ und $R_{\tilde{N}} : [\,0;v_{nr}\,] \rightarrow [\,0;1\,]$

Nach Satz 5.7 sind diese bijektiv. Also sind auch ihre Inversen $L_{\tilde{M}}^{-1} : [\,0;1\,] \rightarrow [\,0;u_{ml}\,]$ und $R_{\tilde{N}}^{-1} : [\,0;1\,] \rightarrow [\,0;v_{nr}\,]$ streng monoton fallend und bijektiv.

$\Rightarrow L^{-1} : [\,0;1\,] \rightarrow [\,0;u_s\,]$, $u_s := \alpha\, u_{ml} + \beta\, v_{nr}$, ist streng monoton fallend und gemäß Satz 5.7 bijektiv, weil $L^{-1}(1) = 0$ und $L^{-1}(0) = u_s$.

$\Leftrightarrow L : [\,0;u_s\,] \rightarrow [\,0;1\,]$ ist streng monoton fallend und bijektiv. **(5.15)**

Im folgenden wird zeigt, daß $L(u) = 0,\ u \geq u_s$.

Bei der subtraktiven Verknüpfung erhält man für alle $x \leq x_l$ und $y \geq y_r$:

$u_m \geq u_{ml}$ und $v_n \geq v_{nr}$

$\Rightarrow \alpha\, u_m + \beta\, v_n \geq u_s$ **(5.16)**

Außerdem gelten folgende Divergenzen:

$\lim_{u_m \rightarrow \infty} (\alpha\, u_m + \beta\, v_n) = \infty$ und $\lim_{v_n \rightarrow \infty} (\alpha\, u_m + \delta\, v_n) = \infty$

Mit (5.16) folgt deshalb:

$\forall\ (u_m;v_n) \in [\,u_{ml};\infty\,[\times [\,v_{nr};\infty\,[\ \exists\ u \in [\,u_s;\infty\,[$, für das gilt:

$\alpha\, u_m + \beta\, v_n = u$ **(5.17)**

Im folgenden wird gezeigt, daß für alle $u \in [\, u_s ; \infty [$ mindestens *ein* 2-Tupel $(u_m ; v_n) \in [\, u_{ml} ; \infty [\; \times \; [\, v_{nr} ; \infty [$ existiert, so daß $\alpha\, u_m + \beta\, v_n = u$. **(5.18)**

Die Abbildung $F : [\, u_{ml} ; \infty [\; \rightarrow \mathbf{R}$ mit $F(u_m) := \alpha\, u_m + \beta\, v_{nr}$ bildet nach Satz 5.6 den Definitionsbereich bijektiv in das Intervall $[\, u_s ; \infty [$ ab. Für jedes $u \in [\, u_s ; \infty [$ findet man also genau *ein* 2-Tupel $(u_m ; v_{nr})$ mit $u_m \in [\, u_{ml} ; \infty [$, so daß gilt: $\alpha\, u_m + \beta\, v_{nr} = u$. Daraus folgt (5.18).

Wegen der 2. Eigenschaft der Referenzfunktionen gilt hier:

$$L_{\tilde{M}}(u_m) = 0,\; u_m \geq u_{ml} \text{ und } R_{\tilde{N}}(v_n) = 0,\; v_n \geq v_{nr}$$

$$\Leftrightarrow \; L_{\tilde{M}}^{-1}(\{0\}) = \{\, u_m \mid u_m \geq u_{ml} \,\} \text{ und } R_{\tilde{N}}^{-1}(\{0\}) = \{\, v_n \mid v_n \geq v_{nr} \,\}$$

Unter Verwendung von (5.13), (5.17) und (5.18) erhält man:

$$L^{-1}(\{0\}) = \{\, u \mid u \geq u_s \,\}$$

$$\Leftrightarrow \; L(u) = 0,\; u \geq u_s \qquad \textbf{(5.19)}$$

Wegen (5.15) und (5.19) ergibt sich für die Funktion L die 2. Eigenschaft.

Zur 3. Eigenschaft:

Fall a: $0 \notin \chi_3$

Nach Voraussetzung gilt:

$$\lim_{u_m \to \infty} L_{\tilde{M}}(u_m) = 0 \text{ und } \lim_{v_n \to \infty} R_{\tilde{N}}(v_n) = 0$$

$$\Leftrightarrow \; \lim_{\lambda \to 0} L_{\tilde{M}}^{-1}(\lambda) = \infty \text{ und } \lim_{\lambda \to 0} R_{\tilde{N}}^{-1}(\lambda) = \infty$$

$$\Rightarrow \; \lim_{\lambda \to 0} L^{-1}(\lambda) = \alpha \cdot \lim_{\lambda \to 0} L_{\tilde{M}}^{-1}(\lambda) + \beta \cdot \lim_{\lambda \to 0} R_{\tilde{N}}^{-1}(\lambda) = \infty$$

$$\Leftrightarrow \; \lim_{u \to \infty} L(u) = 0$$

Hierbei wird zweimal Satz 5.8 verwendet.

Dieses Ergebnis gilt auch dann, wenn genau *eine* der Zugehörigkeitsfunktionen einen Schnittpunkt mit der Abszisse besitzt.

Fall b: $0 \in \chi_3$

Die Eigenschaft folgt aus (5.19).

Es ist noch zu zeigen, daß gilt:

$$\mu_{\tilde{M}-\tilde{N}}(x-y) = L(m_u - n_o - (x-y)), \; x - y \leq m_u - n_o$$

$$\mu_{\tilde{M}-\tilde{N}}(x-y) = 1, \; m_u - n_o \leq x - y \leq m_o - n_u$$

Hier sind die Voraussetzungen von Theorem 2 erfüllt, weil:

1. Mit der Subtraktion liegt eine stetige Verknüpfung in R vor. Das zeigt man analog zur Addition.[49]

2. Die Subtraktion ist eine hybride binäre Verknüpfung in R, weil für alle $x_j, y_j \in R$, $j \in \{1, 2\}$, die folgende Implikation gilt:

   $$x_1 < y_1 \quad \wedge \quad x_2 < y_2 \quad \Rightarrow \quad y_1 - x_2 > x_1 - y_2$$

3. Im Intervall $]-\infty; m_o]$ ist die Zugehörigkeitsfunktion $\mu_{\tilde{M}}$ monoton steigend.

   Im Intervall $[n_u; \infty[$ ist die Zugehörigkeitsfunktion $\mu_{\tilde{N}}$ monoton fallend.

Für alle $(x; y) \in R^2$ mit $\mu_{\tilde{M}}(x) = \mu_{\tilde{N}}(y) = \lambda, \lambda \in \chi_3$, gilt definitionsgemäß:

$$x \leq m_u \quad \wedge \quad y \geq n_o$$

Wegen Theorem 2 erhält man: $\mu_{\tilde{M}-\tilde{N}}(x-y) = \lambda, \lambda \in \chi_3$

Nach (5.13) gilt: $L(m_u - n_o - (x-y)) = \lambda, \lambda \in \chi_3$

$$\Rightarrow \mu_{\tilde{M}-\tilde{N}}(x-y) = L(m_u - n_o - (x-y)), \; x - y \leq m_u - n_o$$

Weitere Voraussetzung ist:

$$\mu_{\tilde{M}}(x) = 1, x \in [m_u; m_o] \text{ und } \mu_{\tilde{N}}(y) = 1, y \in [n_u; n_o]$$

49 Vgl. Fußnote 44.

Aus Theorem 2 folgt dann: $\mu_{\tilde{M}-\tilde{N}}(x - y) = 1, m_u - n_o \leq x - y \leq m_o - n_u$

Mit den analogen Berechnungen für die Funktion R erhält man insgesamt:

$$\mu_{\tilde{M}-\tilde{N}}(x - y) = \begin{cases} L(m_u - n_o - (x - y)) & ; \quad x - y \leq m_u - n_o \\ 1 & ; \quad m_u - n_o \leq x - y \leq m_o - n_u \\ R(x - y - (m_o - n_u)) & ; \quad x - y \geq m_o - n_u \end{cases}$$

Damit erhält man die nachstehende Formel:

$$\tilde{M} - \tilde{N} = \langle m_u ; m_o ; \alpha ; \gamma \rangle_{L_{\tilde{M}} R_{\tilde{M}}} - \langle n_u ; n_o ; \delta ; \beta \rangle_{L_{\tilde{N}} R_{\tilde{N}}}$$

$$= \langle m_u - n_o ; m_o - n_u ; 1 ; 1 \rangle_{LR} \qquad \textbf{(5.20)}$$

Die Referenzfunktion L kann man wegen (5.13) wie folgt aus $L_{\tilde{M}}$ und $R_{\tilde{N}}$ ableiten:

Fall a: $0 \notin \chi_3$

$$L(m_u - n_o - (x - y)) = \left[\alpha L_{\tilde{M}}^{-1}(\lambda) + \beta R_{\tilde{N}}^{-1}(\lambda) \right]^{-1}, x - y \leq m_u - n_o$$

Fall b: $0 \in \chi_3$

Berücksichtigt man zusätzlich (5.19), so erweitert sich die Formel zu:

$$L(m_u - n_o - (x - y)) = \begin{cases} \left[\alpha L_{\tilde{M}}^{-1}(\lambda) + \beta R_{\tilde{N}}^{-1}(\lambda) \right]^{-1} \\ \qquad \textit{wenn } x_l - y_r \leq x - y \leq m_u - n_o \\ 0 \qquad \textit{wenn } x - y \leq x_l - y_r \end{cases}$$

Für die Referenzfunktion R ermittelt man aus der Analogrechnung:

Für $0 \notin \chi_4$ gilt:

$$R(x - y - (m_o - n_u)) = \left[\delta L_{\tilde{N}}^{-1}(\lambda) + \gamma R_{\tilde{M}}^{-1}(\lambda)\right]^{-1}, x - y \geq m_o - n_u$$

Wenn $0 \in \chi_4$, dann erweitert sich die Formel wie folgt:

$$R(x - y - (m_o - n_u)) = \begin{cases} \left[\delta L_{\tilde{N}}^{-1}(\lambda) + \gamma R_{\tilde{M}}^{-1}(\lambda)\right]^{-1} \\ \qquad \textit{wenn } m_o - n_u \leq x - y \leq x_r - y_l \\ 0 \qquad \textit{wenn } x - y \geq x_r - y_l \end{cases}$$

Ein Spezialfall liegt vor, wenn die unscharfen Zahlen vom gleichen LR-Typ sind. Dann gilt:

$$L_{\tilde{M}} \equiv R_{\tilde{N}} \text{ und } R_{\tilde{M}} \equiv L_{\tilde{N}}$$

$$\Leftrightarrow L_{\tilde{M}}^{-1} \equiv R_{\tilde{N}}^{-1} \text{ und } R_{\tilde{M}}^{-1} \equiv L_{\tilde{N}}^{-1}$$

Für den linken Teilast von $\mu_{\tilde{M} - \tilde{N}}$ ermittelt man aus (5.13):

$$L^{-1}(\lambda) = m_u - n_o - (x - y) \text{ und } L_{\tilde{M}}^{-1}(\lambda) = \frac{m_u - n_o - (x - y)}{\alpha + \beta}$$

$$\Leftrightarrow L(m_u - n_o - (x - y)) = L_{\tilde{M}}\left(\frac{m_u - n_o - (x - y)}{\alpha + \beta}\right) = \lambda$$

Mit der analogen Rechnung für den rechten Teilast erhält man insgesamt:

$$\mu_{\tilde{M}-\tilde{N}}(x-y) = \begin{cases} L_{\tilde{M}}\left(\dfrac{m_u - n_o - (x-y)}{\alpha+\beta}\right) & ; \; x-y \le m_u - n_o \\ 1 & ; \; m_u - n_o \le x-y \le m_o - n_u \\ R_{\tilde{M}}\left(\dfrac{x-y-(m_o - n_u)}{\gamma+\delta}\right) & ; \; x-y \ge m_o - n_u \end{cases}$$

Aufgrund der Identität der entsprechenden Referenzfunktionen ergibt sich:

$$\tilde{M} - \tilde{N} = < m_u ; m_o ; \alpha ; \gamma >_{L_{\tilde{M}} R_{\tilde{M}}} - < n_u ; n_o ; \delta ; \beta >_{L_{\tilde{N}} R_{\tilde{N}}}$$

$$= < m_u - n_o ; m_o - n_u ; \alpha + \beta ; \gamma + \delta >_{L_{\tilde{M}} R_{\tilde{M}}}$$

Definiert man $L := L_{\tilde{M}}$ und $R := R_{\tilde{M}}$, so erhält man die folgende Formel:

$$\tilde{M} - \tilde{N} = < m_u ; m_o ; \alpha ; \gamma >_{LR} - < n_u ; n_o ; \delta ; \beta >_{RL}$$

$$= < m_u - n_o ; m_o - n_u ; \alpha + \beta ; \gamma + \delta >_{LR} \quad (5.21)$$ [50]

Beispiel 8: (Erweiterte Subtraktion unscharfer LR-Zahlen mit unterschiedlichen Referenzfunktionen)

Man betrachte die unscharfen Zahlen und die korrespondierenden Referenzfunktionen aus Beispiel 6. Dann erhält man nach (5.20) die folgenden Referenzfunktionen:

$$L(-5-(x-y) = \left[3(1-\lambda) + 4\left(\frac{1}{\lambda} - 1\right)\right]^{-1} \Leftrightarrow -5-(x-y) = 3(1-\lambda) + 4\left(\frac{1}{\lambda} - 1\right)$$

$$R(x-y+5) = \left[7(1-\lambda) + 2\left(\frac{1}{\lambda} - 1\right)\right]^{-1} \Leftrightarrow x-y+5 = 7(1-\lambda) + 2\left(\frac{1}{\lambda} - 1\right)$$

Löst man die Gleichungen nach λ auf und setzt $z := x - y$, so ergibt sich nach einigen Umformungen:

---

50 Daraus folgt das entsprechende Ergebnis für den Fall der subtraktiven Verknüpfung eingipfliger unscharfer Zahlen mit identischen Referenzfunktionen. Vgl. *D. Dubois / H. Prade*, (1980), S. 55.

$$\mu_{\tilde{M}-\tilde{N}}(z) = \begin{cases} \dfrac{z+4}{6} + \sqrt{\left(\dfrac{z+4}{6}\right)^2 + \dfrac{4}{3}} & ; \text{ falls } z \le -5 \\[2ex] -\dfrac{z}{14} + \sqrt{\left(\dfrac{z}{14}\right)^2 + \dfrac{2}{7}} & ; \text{ falls } z \ge -5 \end{cases}$$

Die folgende Abbildung zeigt den Verlauf der Zugehörigkeitsfunktion $\mu_{\tilde{M}-\tilde{N}}$:

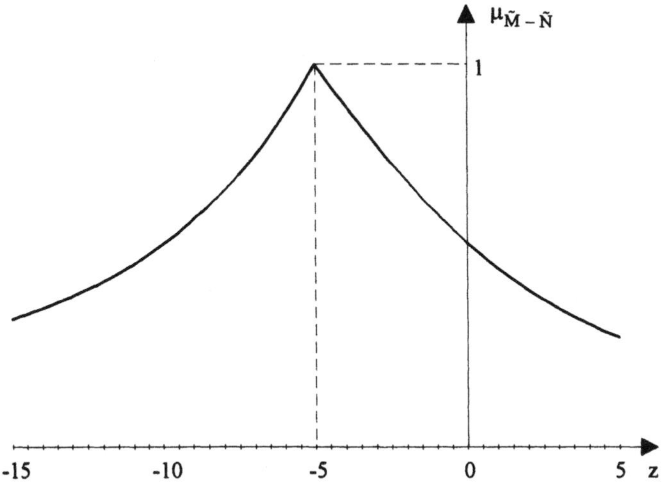

Beispiel 9: (Erweiterte Subtraktion unscharfer LR-Zahlen mit identischen Referenzfunktionen)

Man betrachte die unscharfen Zahlen und die korrespondierenden Referenzfunktionen aus Beispiel 7. Dann erhält man folgendes Ergebnis:

$$\tilde{M} - \tilde{N} = < 10 ; 3 ; 7 >_{LR} - < 15 ; 2 ; 4 >_{RL} = < -5 ; 7 ; 9 >_{LR}$$

Anhand der folgenden Abbildung wird Formel (5.21) als Spezialfall von Formel (5.20) für den Fall der ausschließlichen Verwendung linearer Referenzfunktionen anschaulich klar:

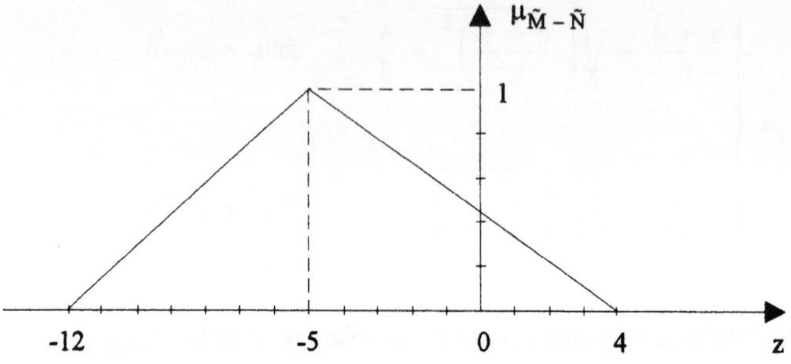

5.4.4 Erweiterte Multiplikation zwischen positiven unscharfen Zahlen

Für jedes $\lambda \in \chi_1$ gilt:

$$\mu_{\tilde{M}}(x) = R_{\tilde{M}}\left(\frac{x - m_o}{\gamma}\right) = \lambda \Leftrightarrow R_{\tilde{M}}^{-1}(\lambda) = \frac{x - m_o}{\gamma} \Leftrightarrow x = m_o + \gamma R_{\tilde{M}}^{-1}(\lambda)$$

$$\mu_{\tilde{N}}(y) = R_{\tilde{N}}\left(\frac{y - n_o}{\beta}\right) = \lambda \Leftrightarrow R_{\tilde{N}}^{-1}(\lambda) = \frac{y - n_o}{\beta} \Leftrightarrow y = n_o + \beta R_{\tilde{N}}^{-1}(\lambda)$$

$$\Rightarrow x y = m_o n_o + m_o \beta R_{\tilde{N}}^{-1}(\lambda) + n_o \gamma R_{\tilde{M}}^{-1}(\lambda) + \gamma \beta R_{\tilde{M}}^{-1}(\lambda) R_{\tilde{N}}^{-1}(\lambda)$$

$$\Leftrightarrow x y - m_o n_o = m_o \beta R_{\tilde{N}}^{-1}(\lambda) + n_o \gamma R_{\tilde{M}}^{-1}(\lambda) + \gamma \beta R_{\tilde{M}}^{-1}(\lambda) R_{\tilde{N}}^{-1}(\lambda)$$

$$=: R^{-1}(\lambda), x y \geq m_o n_o \qquad \textbf{(5.22)}$$

Für alle $\lambda \in \chi_2$ gilt:

$$\mu_{\tilde{M}}(x) = L_{\tilde{M}}\left(\frac{m_u - x}{\alpha}\right) = \lambda \Leftrightarrow L_{\tilde{M}}^{-1}(\lambda) = \frac{m_u - x}{\alpha} \Leftrightarrow x = m_u - \alpha L_{\tilde{M}}^{-1}(\lambda)$$

$$\mu_{\tilde{N}}(y) = L_{\tilde{N}}\left(\frac{n_u - y}{\delta}\right) = \lambda \Leftrightarrow L_{\tilde{N}}^{-1}(\lambda) = \frac{n_u - y}{\delta} \Leftrightarrow y = n_u - \delta L_{\tilde{N}}^{-1}(\lambda)$$

$$\Rightarrow x y = m_u n_u - m_u \delta L_{\tilde{N}}^{-1}(\lambda) - n_u \alpha L_{\tilde{M}}^{-1}(\lambda) + \alpha \delta L_{\tilde{M}}^{-1}(\lambda) L_{\tilde{N}}^{-1}(\lambda)$$

$$\Leftrightarrow m_u n_u - x y = m_u \delta L_{\tilde{N}}^{-1}(\lambda) + n_u \alpha L_{\tilde{M}}^{-1}(\lambda) - \alpha \delta L_{\tilde{M}}^{-1}(\lambda) L_{\tilde{N}}^{-1}(\lambda)$$

$$=: L^{-1}(\lambda),\ x\,y \le m_u\,n_u \tag{5.23}$$

$$\Rightarrow L^{-1}(\lambda) = \delta\ L_{\tilde{N}}^{-1}(\lambda)\,(m_u - \alpha\,L_{\tilde{M}}^{-1}(\lambda)) + n_u\,\alpha\ L_{\tilde{M}}^{-1}(\lambda) \tag{5.24}$$

Durch Vernachlässigung einer der Umkehrfunktionen im letzten Term von (5.23) erhält man eine Abschätzung. Hier bleibt $L_{\tilde{N}}^{-1}(\lambda)$ unberücksichtigt.

$$m_u\,n_u - x\,y \approx m_u\,\delta\,L_{\tilde{N}}^{-1}(\lambda) + n_u\,\alpha\,L_{\tilde{M}}^{-1}(\lambda) - \alpha\,\delta\,L_{\tilde{M}}^{-1}(\lambda) =: \hat{L}^{-1}(\lambda) \tag{5.25}$$

$$\Rightarrow \hat{L}^{-1}(\lambda) = m_u\,\delta\,L_{\tilde{N}}^{-1}(\lambda) + \alpha\,(n_u - \delta)\,L_{\tilde{M}}^{-1}(\lambda) \tag{5.26}$$

5.4.4.1 Exakte Zugehörigkeitsfunktionen

5.4.4.1.1 Rechter Teilast einer verknüpften unscharfen Zahl

Zur 1. Eigenschaft:

Nach Voraussetzung gilt:

$R_{\tilde{M}}(0) = 1$ und $R_{\tilde{N}}(0) = 1$

$\Leftrightarrow R_{\tilde{M}}^{-1}(1) = 0$ und $R_{\tilde{N}}^{-1}(1) = 0$

$$\Rightarrow R^{-1}(1) = m_o\,\beta\ R_{\tilde{N}}^{-1}(1) + n_o\ \gamma\,R_{\tilde{M}}^{-1}(1) + \gamma\,\beta\,R_{\tilde{M}}^{-1}(1)\ R_{\tilde{N}}^{-1}(1) = 0$$

$\Leftrightarrow R(0) = 1$

Zur 2. Eigenschaft:

Fall a: $0 \notin \chi_1$

Es seien die folgenden streng monoton fallenden Referenzfunktionen gegeben:

$R_{\tilde{M}} : [\,0;\infty\,[\ \to\ ]\,0;1\,]$ und $R_{\tilde{N}} : [\,0;\infty\,[\ \to\ ]\,0;1\,]$

Diese sind nach Satz 5.5 wegen der 1. und 3. Eigenschaft von Referenzfunktionen bijektiv.

Für die Umkehrfunktionen gelten die gleichen Eigenschaften besitzen.

$\Rightarrow R^{-1} :]\,0;1\,] \to [\,0;\infty\,[$ ist streng monoton fallend und wegen Satz 5.4 auch bijektiv, weil $R^{-1}(1) = 0$ und $\lim\limits_{\lambda \to 0} R^{-1}(\lambda) = \infty$.

$\Leftrightarrow$ $R : [\,0 ; \infty\,[\; \rightarrow \;]\,0 ; 1\,]$ ist streng monoton fallend und bijektiv. **(5.27)**

Falls genau *eine* unscharfe Zahl einen rechtsseitigen Schnittpunkt mit der Abszisse besitzt, erhält man das gleiche Ergebnis.

Fall b: $0 \in \chi_1$

Man betrachte die folgenden streng monoton fallenden Referenzfunktionen:

$R_{\tilde{M}} : [\,0 ; v_{mr}\,] \rightarrow [\,0 ; 1\,]$ und $R_{\tilde{N}} : [\,0 ; v_{nr}\,] \rightarrow [\,0 ; 1\,]$

Diese sind nach Satz 5.7 bijektiv, so daß die Umkehrfunktionen die gleichen Eigenschaften aufweisen.

$\Rightarrow$ $R^{-1} : [\,0 ; 1\,] \rightarrow [\,0 ; v_s\,]$, $v_s := m_o\,\beta\, v_{nr} + n_o\,\gamma\, v_{mr} + \gamma\,\beta\, v_{mr} v_{nr}$, ist streng monoton fallend nach Satz 5.7 bijektiv, weil $R^{-1}(1) = 0$ und $R^{-1}(0) = v_s$.

$\Leftrightarrow$ $R : [\,0 ; v_s\,] \rightarrow [\,0 ; 1\,]$ ist streng monoton fallend und bijektiv. **(5.28)**

Weiterhin gilt $R(v) = 0,\ v \geq v_s$.

Bei der multiplikativen Verknüpfung erhält man für alle $x \geq x_r$ und $y \geq y_r$:

$v_m \geq v_{mr}$ und $v_n \geq v_{nr}$

$\Rightarrow$ $m_o\,\beta\, v_n + n_o\,\gamma\, v_m + \gamma\,\beta\, v_m\, v_n \geq v_s$ **(5.29)**

Und es gelten folgende Divergenzen:

$$\lim_{v_m \to \infty} (\, m_o\,\beta\, v_n + n_o\,\gamma\, v_m + \gamma\,\beta\, v_m\, v_n\,) = \infty$$

$$\lim_{v_n \to \infty} (\, m_o\,\beta\, v_n + n_o\,\gamma\, v_m + \gamma\,\beta\, v_m\, v_n\,) = \infty$$

Mit (5.29) ergibt sich deshalb:

$\forall\ (v_m ; v_n) \in [\,v_{mr} ; \infty\,[\ \times\ [\,v_{nr} ; \infty\,[\ \exists\ v \in [\,v_s ; \infty\,[$, so daß gilt:

$m_o\,\beta\, v_n + n_o\,\gamma\, v_m + \gamma\,\beta\, v_m\, v_n = v$ **(5.30)**

Darüber hinaus findet man für alle $v \in [\,v_s ; \infty\,[$ mindestens *ein* 2-Tupel $(v_m ; v_n) \in [\,v_{mr} ; \infty\,[\ \times\ [\,v_{nr} ; \infty\,[$, für das $m_o\,\beta\, v_n + n_o\,\gamma\, v_m + \gamma\,\beta\, v_m\, v_n = v$ gilt. **(5.31)**

Dazu betrachtet man $F : [\, v_{nr} ; \infty [\; \rightarrow \mathbf{R}$ mit $F(v_n) := m_o \beta v_n + n_o \gamma v_{mr} + \gamma \beta v_{mr} v_n$.
Nach Satz 5.6 wird der Definitionsbereich bijektiv auf das Intervall $[\, v_s ; \infty [$ abgebildet.
Für jedes $v \in [\, v_s ; \infty [$ findet man also genau *ein* 2-Tupel $(v_{mr} ; v_n)$ mit $v_n \in [\, v_{nr} ; \infty [$, für das gilt: $F(v_n) = m_o \beta v_n + n_o \gamma v_{mr} + \gamma \beta v_{mr} v_n = v$.

Wegen $R_{\tilde{M}}^{-1}(\{0\}) = \{ v_m \mid v_m \geq v_{mr} \}$ und $R_{\tilde{N}}^{-1}(\{0\}) = \{ v_n \mid v_n \geq v_{nr} \}$ ergibt sich aus (5.22), (5.30) und (5.31):

$$R^{-1}(\{0\}) = \{ v \mid v \geq v_s \}$$

$$\Leftrightarrow R(v) = 0, v \geq v_s \qquad \textbf{(5.32)}$$

Aus (5.28) und (5.32) folgt dann die 2. Eigenschaft.

Zur 3. Eigenschaft:

Fall a: $0 \notin \chi_1$

Nach Voraussetzung gilt:

$$\lim_{v_m \to \infty} R_{\tilde{M}}(v_m) = 0 \text{ und } \lim_{v_n \to \infty} R_{\tilde{N}}(v_n) = 0$$

$$\Leftrightarrow \lim_{\lambda \to 0} R_{\tilde{M}}^{-1}(\lambda) = \infty \text{ und } \lim_{\lambda \to 0} R_{\tilde{N}}^{-1}(\lambda) = \infty$$

$$\Rightarrow \lim_{\lambda \to 0} R^{-1}(\lambda) = m_o \beta \lim_{\lambda \to 0} R_{\tilde{N}}^{-1}(\lambda) + n_o \gamma \lim_{\lambda \to 0} R_{\tilde{M}}^{-1}(\lambda)$$

$$+ \gamma \beta \lim_{\lambda \to 0} R_{\tilde{M}}^{-1}(\lambda) \cdot R_{\tilde{N}}^{-1}(\lambda) = \infty$$

$$\Leftrightarrow \lim_{v \to \infty} R(v) = 0$$

Hierbei wird zweimal Satz 5.8 verwendet.
Wenn *eine* der Zugehörigkeitsfunktionen einen rechtsseitigen Schnittpunkt mit der Abszisse besitzt, so erhält man dieses Ergebnis in analoger Weise.

Fall b: $0 \in \chi_1$

Die Eigenschaft folgt aus (5.32).

Im 2. Schritt zeigt man, daß $\mu_{\tilde{M} \times \tilde{N}}(x\,y) = R(x\,y - m_o\,n_o),\; x\,y \geq m_o\,n_o$.

Hier sind die Voraussetzungen von Theorem 1.1 erfüllt, weil:

1. Die Multiplikation ist eine stetige Verknüpfung in $\mathbb{R}_+^{\geq 0}$. Das zeigt man wie bei der Addition.[51]

2. Die Multiplikation ist eine streng monoton steigende binäre Verknüpfung in $\mathbb{R}_+^{\geq 0}$, weil für alle $x_j,\, y_j \in \mathbb{R}_+^{\geq 0},\; j \in \{1,\, 2\}$, die folgende Implikation gilt:

   $$x_1 < y_1 \quad \wedge \quad x_2 < y_2 \quad \Rightarrow \quad x_1\,x_2 < y_1\,y_2$$

   Die Implikation folgt aus den Anordnungsaxiomen für reelle Zahlen.[52]

3. Im Intervall $[\, m_o\,;\infty\,[$ ist die Zugehörigkeitsfunktion $\mu_{\tilde{M}}$ monoton fallend.

   Im Intervall $[\, n_o\,;\infty\,[$ ist die Zugehörigkeitsfunktion $\mu_{\tilde{N}}$ monoton fallend.

Für alle 2-Tupel $(x\,;y) \in \mathbb{R}^2$ mit $\mu_{\tilde{M}}(x) = \mu_{\tilde{N}}(y) = \lambda,\; \lambda \in \chi_1$, gilt nach Definition:

$x \geq m_o \quad \wedge \quad y \geq n_o$

Wegen Theorem 1.1 erhält man: $\mu_{\tilde{M} \times \tilde{N}}(x\,y) = \lambda,\; \lambda \in \chi_1$

Nach (5.22) gilt: $R(x\,y - m_o\,n_o) = \lambda,\; \lambda \in \chi_1$

$$\Rightarrow \mu_{\tilde{M} \times \tilde{N}}(x\,y) = R(x\,y - m_o\,n_o),\; x\,y \geq m_o\,n_o \qquad \textbf{(5.33)}$$

5.4.4.1.2 Linker Teilast einer verknüpften unscharfen Zahl

Zur 1. Eigenschaft:

Nach Voraussetzung. gilt:

$L_{\tilde{M}}(0) = 1$ und $L_{\tilde{N}}(0) = 1$

---

51 Vgl. Fußnote 44.

52 Vgl. *O. Forster*, (1983), S. 14 f.

$\Leftrightarrow\ L_{\tilde{M}}^{-1}(1) = 0$ und $L_{\tilde{N}}^{-1}(1) = 0$

$\Rightarrow\ L^{-1}(1) = n_u\,\alpha\, L_{\tilde{M}}^{-1}(1) + m_u \delta\, L_{\tilde{N}}^{-1}(1) - \alpha\,\delta\, L_{\tilde{M}}^{-1}(1)\, L_{\tilde{N}}^{-1}(1) = 0$

$\Leftrightarrow\ L(0) = 1$

Zur 2. Eigenschaft:

Alle Zugehörigkeitsfunktionen sind in R definiert. Wenn also höchstens *ein* Teilast einen linksseitigen Schnittpunkt mit der Abszisse besitzt, dann gilt:

$\mu_{\tilde{M}}(x) > 0,\ x \leq 0$ und / oder $\mu_{\tilde{N}}(x) > 0,\ x \leq 0$

Das steht im Widerspruch zur Definition einer positiven unscharfen Zahl

Deshalb werden die folgenden streng monoton fallenden Referenzfunktionen vorausgesetzt:

$L_{\tilde{M}} : [\,0; u_{ml}\,] \rightarrow [\,0;1\,]$ und $L_{\tilde{N}} : [\,0; u_{nl}\,] \rightarrow [\,0;1\,]$

Diese sind nach Satz 5.7 bijektiv und die Inversen besitzen die gleichen Eigenschaften.

Nach Satz 5.14 und Satz 5.15 gilt:

$m_u - \alpha\, L_{\tilde{M}}^{-1}(\lambda) \geq 0$

Mit (5.24) und Satz 5.9 ergibt sich deshalb:

Die Funktion $L^{-1} : [\,0;1\,] \rightarrow [\,0; u_s\,]$, $u_s := n_u\,\alpha\, u_{ml} + m_u\,\delta\, u_{nl} - \alpha\,\delta\, u_{ml}\, u_{nl}$, ist streng monoton fallend und nach Satz 5.7 auch bijektiv, weil $L^{-1}(1) = 0$ und $L^{-1}(0) = u_s$.

$\Leftrightarrow$ Die Funktion $L : [\,0; u_s\,] \rightarrow [\,0;1\,]$ ist streng monoton fallend und bijektiv. **(5.34)**

Im folgenden wird nachgewiesen, daß $L(u) = 0,\ u \geq u_s$.

Bei der multiplikativen Verknüpfung wird die folgende Fallunterscheidung zugrunde gelegt:

1. $0 \leq x \leq x_l$ und $0 \leq y \leq y_l$
2. $0 \leq x \leq x_l$ und $y < 0$
3. $x < 0$ und $0 \leq y \leq y_l$
4. $x < 0$ und $y < 0$

(5.35)

Hier können die Fälle $x\,y \leq x_l\,y_l$ und $x\,y > x_l\,y_l$ auftreten, wobei der letztere aufgrund des Erweiterungsprinzips ohne Bedeutung ist und im weiteren nicht mehr betrachtet wird.

Für alle Fälle ergibt sich also:

$$x\,y \;\leq\; x_l\,y_l \tag{5.36}$$

$$\Leftrightarrow\; m_u\,n_u - x\,y \;\geq\; m_u\,n_u - x_l\,y_l$$

$$\Leftrightarrow\; m_u\,\delta\,\frac{n_u - y}{\delta} + n_u\,\alpha\,\frac{m_u - x}{\alpha} - \alpha\,\delta\,\frac{m_u - x}{\alpha}\,\frac{n_u - y}{\delta} \;\geq$$

$$m_u\,\delta\,\frac{n_u - y_l}{\delta} + n_u\,\alpha\,\frac{m_u - x_l}{\alpha} - \alpha\,\delta\,\frac{m_u - x_l}{\alpha}\,\frac{n_u - y_l}{\delta}$$

$$\Leftrightarrow\; m_u\,\delta\,u_n + n_u\,\alpha\,u_m - \alpha\,\delta\,u_m\,u_n \;\geq\; m_u\,\delta\,u_{nl} + n_u\,\alpha\,u_{ml} - \alpha\,\delta\,u_{ml}\,u_{nl}$$

$$\Leftrightarrow\; m_u\,\delta\,u_n + n_u\,\alpha\,u_m - \alpha\,\delta\,u_m\,u_n \;\geq\; u_s \tag{5.37}$$

Für den 1. Fall folgt zusätzlich zu (5.36):

$$x\,y \;\geq\; 0$$

$$\Leftrightarrow\; m_u\,n_u - x\,y \;\leq\; m_u\,n_u$$

$$\Leftrightarrow\; m_u\,\delta\,u_n + n_u\,\alpha\,u_m - \alpha\,\delta\,u_m\,u_n \;\leq\; m_u\,n_u$$

Also folgt mit (5.37):

$$\forall\,(u_m\,;u_n) \in \left[\,u_{ml}\;;\;\frac{m_u}{\alpha}\,\right] \times \left[\,u_{nl}\;;\;\frac{n_u}{\delta}\,\right] \text{ gilt:}$$

$$m_u\,\delta\,u_n + n_u\,\alpha\,u_m - \alpha\,\delta\,u_m\,u_n \in [\,u_s\,; m_u\,n_u\,] \tag{5.38}$$

Für den 2. Fall folgt zusätzlich zu (5.36):

$$x\,y \;\leq\; 0$$

$$\Leftrightarrow\; m_u\,n_u - x\,y \;\geq\; m_u\,n_u$$

$$\Leftrightarrow\; m_u\,\delta\,u_n + n_u\,\alpha\,u_m - \alpha\,\delta\,u_m\,u_n \;\geq\; m_u\,n_u$$

Weiterhin gilt:

$$m_u \delta u_n + n_u \alpha u_m - \alpha \delta u_m u_n = u_n \delta (m_u - \alpha u_m) + n_u \alpha u_m$$

und: $u_m < \frac{m_u}{\alpha} \Leftrightarrow m_u - \alpha u_m > 0$

Deshalb erhält man für alle $u_m \in \left[u_{ml} ; \frac{m_u}{\alpha} \right[$ folgendes Grenzwertverhalten:

$$\lim_{u_n \to \infty} (m_u \delta u_n + n_u \alpha u_m - \alpha \delta u_m u_n) = \infty$$

Insgesamt ergibt sich:

$\forall (u_m ; u_n) \in \left[u_{ml} ; \frac{m_u}{\alpha} \right] \times \left] \frac{n_u}{\delta} ; \infty \right[$ gilt:

$$m_u \delta u_n + n_u \alpha u_m - \alpha \delta u_m u_n \in [m_u n_u ; \infty [\qquad \textbf{(5.39)}$$

Für den 3. Fall folgt zusätzlich zu (5.36):

$$x y \leq 0$$

$$\Leftrightarrow m_u n_u - x y \geq m_u n_u$$

$$\Leftrightarrow m_u \delta u_n + n_u \alpha u_m - \alpha \delta u_m u_n \geq m_u n_u$$

Weiterhin gilt:

$$m_u \delta u_n + n_u \alpha u_m - \alpha \delta u_m u_n = u_m \alpha (n_u - \delta u_n) + m_u \delta u_n$$

und: $u_n < \frac{n_u}{\delta} \Leftrightarrow n_u - \delta u_n > 0$

Deshalb gilt für alle $u_n \in \left[u_{nl} ; \frac{n_u}{\delta} \right[$ die folgende Divergenz:

$$\lim_{u_m \to \infty} (m_u \delta u_n + n_u \alpha u_m - \alpha \delta u_m u_n) = \infty$$

Insgesamt ergibt sich:

$$\forall\ (u_m\,;u_n) \in \left]\frac{m_u}{\alpha}\ ;\ \infty\right[\ \times\ \left[u_{nl}\ ;\ \frac{n_u}{\delta}\right]\ \text{gilt:}$$

$$m_u\,\delta\,u_n + n_u\,\alpha\,u_m - \alpha\,\delta\,u_m\,u_n \in [\,m_u\,n_u\,;\infty\,[\qquad \textbf{(5.40)}$$

Für den 4. Fall folgt zusätzlich zu (5.36):

$$x\,y > 0$$

$$\Leftrightarrow\ m_u\,n_u - x\,y < m_u\,n_u$$

$$\Leftrightarrow\ m_u\,\delta\,u_n + n_u\,\alpha\,u_m - \alpha\,\delta\,u_m\,u_n < m_u\,n_u$$

Also folgt mit (5.37):

$$\forall\ (u_m\,;u_n) \in \left]\frac{m_u}{\alpha}\ ;\ \infty\right[\ \times\ \left]\frac{n_u}{\delta}\ ;\ \infty\right[\ \text{gilt:}$$

$$m_u\,\delta\,u_n + n_u\,\alpha\,u_m - \alpha\,\delta\,u_m\,u_n \in [\,u_s\,;m_u\,n_u\,[\qquad \textbf{(5.41)}$$

Wenn für mindestens *eine* Zugehörigkeitsfunktion der Schnittpunkt mit der Abszisse in den Ursprung fällt (d.h. $x_l = 0$ und / oder $y_l = 0$), dann folgt wegen $u_s = m_u\,n_u - x_l\,y_l$ folgender Widerspruch:

$$m_u\,n_u \leq m_u\,\delta\,u_n + n_u\,\alpha\,u_m - \alpha\,\delta\,u_m\,u_n < m_u\,n_u$$

$$\Leftrightarrow\ 0 < x\,y \leq 0$$

Es tritt hier nur der wegen des Erweiterungsprinzips unbedeutende Fall $x\,y > 0$ ein. Das erfordert folgende Einschränkung:

$$x_l > 0 \text{ und } y_l > 0 \qquad \textbf{(5.42)}$$

Unter Berücksichtigung von (5.42) folgt dann aus (5.38), (5.39), (5.40) und (5.41):

$$\forall\ (u_m\,;u_n) \in [\,u_{ml}\,;\infty\,[\ \times\ [\,u_{nl}\,;\infty\,[\quad \exists\ u \in [\,u_s\,;\infty\,[\text{, so daß gilt:}$$

$$m_u\,\delta\,u_n + n_u\,\alpha\,u_m - \alpha\,\delta\,u_m\,u_n = u \qquad \textbf{(5.43)}$$

Im folgenden wird gezeigt:

$\forall\ u \in [\, u_s ; \infty [\ \ \exists\, (u_m ; u_n) \in [\, u_{ml} ; \infty [\ \times\ [\, u_{nl} ; \infty [$, so daß gilt:

$$m_u\, \delta\, u_n + n_u\, \alpha\, u_m - \alpha\, \delta\, u_m\, u_n = u \qquad \textbf{(5.44)}$$

Dazu betrachte man die Abbildung $F : [\, u_{nl} ; \infty [\ \rightarrow \mathbb{R}$ mit der Funktionsvorschrift $F(u_n) := \delta\,(m_u - \alpha\, u_{ml})\, u_n + n_u\, \alpha\, u_{ml}$. Die identische Abbildung und alle konstanten Funktionen sind stetig. Weil man durch Multiplikation bzw. Addition stetiger Abbildungen wieder eine stetige Abbildung erzeugt, ist auch die Funktion F stetig. Im weiteren gilt wegen (5.42) und Satz 5.9: $\lim_{u_n \rightarrow \infty} F(u_n) = \infty$ und F ist streng monoton wachsend.

Da $F(u_{nl}) = u_s$, ergibt sich nach Satz 5.6 die bijektive Abbildung in das Intervall $[\, u_s ; \infty [$. Man findet also für jedes $u \in [\, u_s ; \infty [$ ein 2-Tupel $(u_{ml} ; u_n)$ mit $u_n \in [\, u_{nl} ; \infty [$, so daß $F(u_n) = u$.

Wegen $L_{\tilde{M}}^{-1}(\{0\}) = \{\, u_m \mid u_m \geq u_{ml} \,\}$ und $L_{\tilde{N}}^{-1}(\{0\}) = \{\, u_n \mid u_n \geq u_{nl} \,\}$ erhält man mit (5.23), (5.43) und (5.44): $L^{-1}(\{\,0\,\}) = \{\, u \mid u \geq u_s \,\}$

$$\Leftrightarrow\ L(u) = 0,\ u \geq u_s \qquad \textbf{(5.45)}$$

Aus (5.34) und (5.45) folgt die 2. Eigenschaft.

Zur 3. Eigenschaft:

Diese folgt aus (5.45).

Im 2. Schritt zeigt man:

$$\mu_{\tilde{M} \times \tilde{N}}(x\, y) = L\,(m_u\, n_u - x\, y),\ x\, y \leq m_u\, n_u$$

$$\mu_{\tilde{M} \times \tilde{N}}(x\, y) = 1,\ m_u\, n_u \leq x\, y \leq m_o\, n_o$$

Es sind immer die Voraussetzungen von Theorem 1 oder Theorem 2 gegeben, weil:

1. Die Multiplikation ist eine stetige Verknüpfung in $\mathbb{R}$.

2. Die Multiplikation ist eine streng monotone binäre Verknüpfung in $\mathbb{R}_+^{\geq 0}$ und $\mathbb{R}_-^{< 0}$, weil zusätzlich für alle $x_j,\ y_j \in \mathbb{R}_-^{< 0},\ j \in \{\, 1,\ 2 \,\}$, die folgende Implikation gilt:

$$x_1 < y_1 \quad \wedge \quad x_2 < y_2 \quad \Rightarrow \quad x_1\, x_2 > y_1\, y_2$$

3. Die Multiplikation ist eine hybride binäre Verknüpfung für die Multiplikation zwischen Werten aus $R_+^{\geq 0}$ und $R_-^{\leq 0}$, denn es gelten folgende Implikationen:

$$0 \leq x_1 < y_1 \quad \wedge \quad x_2 < y_2 < 0 \quad \Rightarrow \quad x_1 y_2 > y_1 x_2$$

$$x_1 < y_1 < 0 \quad \wedge \quad 0 \leq x_2 < y_2 \quad \Rightarrow \quad x_1 y_2 < y_1 x_2$$

4. Die Zugehörigkeitsfunktion $\mu_{\tilde{M}}$ ist monoton steigend im Intervall $[\ 0 ; m_o\ ]$

   Die Zugehörigkeitsfunktion $\mu_{\tilde{N}}$ ist monoton steigend im Intervall $[\ 0 ; n_o\ ]$

5. Im Intervall $]-\infty ; 0\ [$ sind beide Zugehörigkeitsfunktionen sowohl monoton steigend als auch monoton fallend.

Anmerkung:

Bei der Erzeugung der Zugehörigkeitsfunktion $\mu_{\tilde{M} \times \tilde{N}}$ in $R_-^{\leq 0}$ wird für den 2. Fall in (5.35) gegen die Bedingung $a_n \geq n_u$ aus Theorem 2 verstoßen. Hierbei handelt es sich um eine hinreichende Bedingung, aus der sich der monoton fallende Verlauf der Zugehörigkeitsfunktion $\mu_{\tilde{N}}$ im Intervall $[\ y_n ; \infty [$ ableiten läßt. Dieser Verstoß verbietet hier nicht die Anwendung von Theorem 2, weil man nur das Intervall $[\ y_n ; 0\ [$ betrachtet. Dort verläuft die Zugehörigkeitsfunktion $\mu_{\tilde{N}}$ immer konstant und damit monoton fallend. Für den 3. Fall in (5.35) argumentiert man analog.

Für alle 2-Tupel $(x ; y) \in R^2$ mit $\mu_{\tilde{M}}(x) = \mu_{\tilde{N}}(y) = \lambda, \lambda \in \chi_2$, gilt nach Definition:

$x \leq m_u \quad \wedge \quad y \leq n_u$

Wegen Theorem 1 oder Theorem 2 erhält man: $\mu_{\tilde{M} \times \tilde{N}}(x y) = \lambda, \lambda \in \chi_2$

Nach (5.23) gilt: $L(m_u n_u - x y) = \lambda, \lambda \in \chi_2$

$$\Rightarrow \mu_{\tilde{M} \times \tilde{N}}(x y) = L(m_u n_u - x y), x y \leq m_u n_u \tag{5.46}$$

Weitere Voraussetzung ist: $\mu_{\tilde{M}}(x) = 1, m_u \leq x \leq m_o$ und $\mu_{\tilde{N}}(y) = 1, n_u \leq y \leq n_o$

Aus Theorem 1 folgt dann: $\mu_{\tilde{M} \times \tilde{N}}(x y) = 1, m_u n_u \leq x y \leq m_o n_o$

In Verbindung mit (5.33) und (5.46) ermittelt man die Zugehörigkeitsfunktion $\mu_{\tilde{M} \times \tilde{N}}$ durch die nachstehende Formel:

$$\mu_{\tilde{M}\times\tilde{N}}(x\,y) = \begin{cases} L(m_u n_u - x\,y) & ; \quad x\,y \le m_u n_u \\ 1 & ; \quad m_u n_u \le x\,y \le m_o n_o \\ R(x\,y - m_o n_o) & ; \quad x\,y \ge m_o n_o \end{cases} \tag{5.47}$$

Daraus ergibt sich die nachstehende Formel:

$$\begin{aligned} \tilde{M} \times \tilde{N} &= < m_u\,;\, m_o\,;\alpha\,;\,\gamma >_{L_{\tilde{M}} R_{\tilde{M}}} \times < n_u\,;\, n_o\,;\delta\,;\,\beta >_{L_{\tilde{N}} R_{\tilde{N}}} \\ &= < m_u n_u\,;\, m_o n_o\,; 1\,;\, 1 >_{LR} \end{aligned} \tag{5.48}$$

Die Referenzfunktion L läßt sich aufgrund von (5.23) und (5.45) in der folgenden Weise aus den Referenzfunktionen der unscharfen Zahlen $\tilde{M}$ und $\tilde{N}$ ableiten:

$$L(m_u\, n_u - x\, y) = \begin{cases} \left[m_u\, \delta\, L_{\tilde{N}}^{-1}(\lambda) + n_u\, \alpha\, L_{\tilde{M}}^{-1}(\lambda) - \alpha\, \delta\, L_{\tilde{M}}^{-1}(\lambda) L_{\tilde{N}}^{-1}(\lambda) \right]^{-1} \\ \qquad \textit{wenn} \;\; x_l\, y_l \le x\, y \le m_u\, n_u \\ 0 \qquad \textit{wenn} \;\; x\, y \le x_l\, y_l \end{cases}$$

Die Referenzfunktion R kann man aufgrund von (5.22) wie folgt aus den Referenzfunktionen der unscharfen Zahlen $\tilde{M}$ und $\tilde{N}$ ableiten:

Fall a: $0 \notin \chi_1$

Für $x\, y \ge m_o\, n_o$ gilt:

$$R(x\, y - m_o\, n_o) = \left[m_o\, \beta\, R_{\tilde{N}}^{-1}(\lambda) + n_o\, \gamma\, R_{\tilde{M}}^{-1}(\lambda) + \gamma\, \beta\, R_{\tilde{M}}^{-1}(\lambda)\, R_{\tilde{N}}^{-1}(\lambda) \right]^{-1}$$

Fall b: $0 \in \chi_1$

Berücksichtigt man zusätzlich (5.32), so ergibt sich:

$$R(x\,y - m_o\,n_o) = \begin{cases} \left[\, m_o\,\beta\,R_{\tilde N}^{-1}(\lambda) + n_o\,\gamma\,R_{\tilde M}^{-1}(\lambda) + \gamma\,\beta\,R_{\tilde M}^{-1}(\lambda)\,R_{\tilde N}^{-1}(\lambda) \,\right]^{-1} \\ \qquad \textit{wenn}\ m_o\,n_o \le x\,y \le x_r\,y_r \\ \\ 0 \qquad \textit{wenn}\ x\,y \ge x_r\,y_r \end{cases}$$

Beispiel 10: (Erweiterte Multiplikation unscharfer LR-Zahlen mit unterschiedlichen Referenzfunktionen)

Es seien die unscharfen Zahlen $\tilde M := < 7\,;\,2\,;\,4 >_{L_{\tilde M} R_{\tilde M}}$ und $\tilde N := < 5\,;\,10\,;\,8 >_{L_{\tilde N} R_{\tilde N}}$ gegeben. Die folgenden Referenzfunktionen werden angenommen:

$L_{\tilde M}(u_m) := \max\{0; 1 - u_m\}$ und $L_{\tilde N}(u_n) := \max\{0; 1 - 8\,u_n\}$

$R_{\tilde M}(v_m) := \max\{0; 1 - 9\,v_m\}$ und $R_{\tilde N}(v_n) := \dfrac{1}{1 + v_n}$

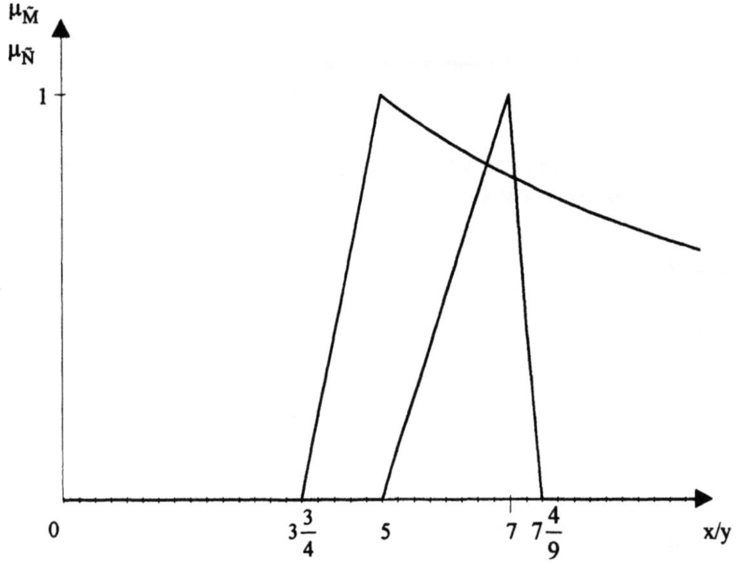

Dann erhält man nach (5.48) die folgenden Referenzfunktionen:

$$L(35 - xy) = \begin{cases} \left[70\left(\frac{1}{8} - \frac{1}{8}\lambda\right) + 10(1-\lambda) - 20(1-\lambda)\left(\frac{1}{8} - \frac{1}{8}\lambda\right)\right]^{-1} \\ \qquad \textit{wenn } 18\frac{3}{4} \le xy \le 35 \\ \\ 0 \qquad \textit{wenn } xy \le 18\frac{3}{4} \end{cases}$$

Für alle $xy \ge 35$ gilt:

$$R(xy - 35) = \left[56\left(\frac{1}{\lambda} - 1\right) + 20\left(\frac{1}{9} - \frac{1}{9}\lambda\right) + 32\left(\frac{1}{9} - \frac{1}{9}\lambda\right)\left(\frac{1}{\lambda} - 1\right)\right]^{-1}$$

Daraus ermittelt man die resultierende Zugehörigkeitsfunktion wie folgt:

Für alle $xy \le 18\frac{3}{4}$ folgt aus (5.47):

$$\mu_{\tilde{M} \times \tilde{N}}(xy) = L(35 - xy) = 0$$

Für alle $18\frac{3}{4} \le xy \le 35$ erhält man:

$$35 - xy = 70\left(\frac{1}{8} - \frac{1}{8}\lambda\right) + 10(1 - \lambda) - 20(1 - \lambda)\left(\frac{1}{8} - \frac{1}{8}\lambda\right)$$

Für alle $xy \ge 35$ ergibt sich:

$$xy - 35 = 56\left(\frac{1}{\lambda} - 1\right) + 20\left(\frac{1}{9} - \frac{1}{9}\lambda\right) + 32\left(\frac{1}{9} - \frac{1}{9}\lambda\right)\left(\frac{1}{\lambda} - 1\right)$$

Löst man die beiden letzten Gleichungen nach λ auf und setzt $z := xy$, so erhält man nach einigen Umformungen die folgende in R definierte Zugehörigkeitsfunktion:

$$\mu_{\tilde{M} \times \tilde{N}}(z) = \begin{cases} -\dfrac{11}{4} + \sqrt{\dfrac{2}{5} z + \dfrac{1}{16}} & ; \; 18\dfrac{3}{4} \le z \le 35 \\[2ex] -\dfrac{9z + 201}{40} + \sqrt{\left(\dfrac{9z + 201}{40}\right)^2 + \dfrac{134}{5}} & ; \; z \ge 35 \\[2ex] 0 & ; \; \text{sonst}. \end{cases}$$

Die folgende Abbildung zeigt den Verlauf der Zugehörigkeitsfunktion $\mu_{\tilde{M} \times \tilde{N}}$:

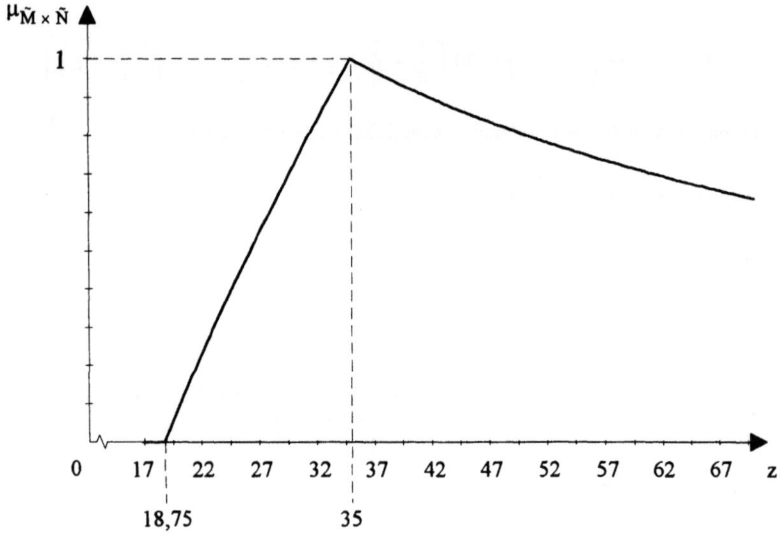

Bei der Multiplikation unscharfer Zahlen vom gleichen LR-Typ kann man eine Formel analog zur erweiterten Addition/Subtraktion nicht angeben, weil (5.22) und (5.23) multiplikativ verknüpfte Umkehrfunktionen der Referenzfunktionen enthalten. Deshalb schlägt man in der Literatur Näherungslösungen vor, die zu einer vollständigen oder teilweisen Vernachlässigung dieser Terme führen.[53] Die zuletzt genannte Vorgehensweise soll für den Fall der Multiplikation unscharfer LR-Zahlen genauer analysiert werden. Dabei stellt sich heraus, daß im allgemeinen nur die Einhaltung zusätzlicher Bedingungen eine resultierende unscharfe Zahl $\tilde{M} \times \tilde{N}$ in LR-Darstellung garantiert.

5.4.4.2 Approximative Zugehörigkeitsfunktionen

Die Rechnungen hinsichtlich des approximativen Verlaufs des rechten Teilastes von $\tilde{M} \times \tilde{N}$ sind analog zu denen des exakten rechtsseitigen Verlaufs von $\tilde{M} \times \tilde{N}$,[54] während diese Analogie in bezug auf den linken Teilast nicht gilt. Im folgenden wird die Bestimmung des näherungsweisen linksseitigen Verlaufs von $\tilde{M} \times \tilde{N}$ näher betrachtet.

Zur 1. Eigenschaft:

Nach Voraussetzung gilt:

$$L_{\tilde{M}}(0) = 1 \text{ und } L_{\tilde{N}}(0) = 1$$

$$\Leftrightarrow \; L_{\tilde{M}}^{-1}(1) = 0 \text{ und } L_{\tilde{N}}^{-1}(1) = 0$$

$$\Rightarrow \; \hat{L}^{-1}(1) = m_u \, \delta \, L_{\tilde{N}}^{-1}(1) + \alpha(n_u - \delta) \, L_{\tilde{M}}^{-1}(1) = 0$$

$$\Leftrightarrow \; \hat{L}(0) = 1$$

Für den Nachweis der 2. und 3. Eigenschaft sind die folgenden Vorüberlegungen wichtig:[55]

Wenn $u_{nl} > 1$, dann findet man immer ein $\lambda' \in \,]\,0\,;1\,[$, so daß gilt:

$$L_{\tilde{N}}^{-1}(\lambda') \geq 1$$

In Verbindung mit Satz 5.14 folgt deshalb:

---

53 Hierzu vgl. *H. Rommelfanger*, (1994), S. 43.

54 Vgl. Anhang 6.

55 Wenn man im letzten Ausdruck von (5.23) die Umkehrfunktion $L_{\tilde{M}}^{-1}(\lambda)$ vernachlässigt, dann gelten die analogen Überlegungen mit dem Achsenabschnittspunkt u_{ml}.

$0 < n_u - \delta L_{\tilde{N}}^{-1}(\lambda') \le n_u - \delta$

Wenn $u_{nl} = 1$, dann gilt:

$L_{\tilde{N}}^{-1}(0) = 1$

Mit Satz 5.15 erhält man:

$n_u - \delta = n_u - \delta L_{\tilde{N}}^{-1}(0) \ge 0$

Wenn $u_{nl} < 1$, dann gilt für alle $\lambda \in [0;1]$:

$L_{\tilde{N}}^{-1}(\lambda) \le u_{nl} < 1$

$\Rightarrow n_u - \delta L_{\tilde{N}}^{-1}(\lambda) > n_u - \delta$

Gemäß Satz 5.14 und Satz 5.15 gilt andererseits:

$n_u - \delta L_{\tilde{N}}^{-1}(\lambda) \ge 0$

Der Faktor $n_u - \delta$ ist also allgemeingültig weder positiv noch negativ.

Zur 2. Eigenschaft:

Auch hier werden folgende streng monoton fallenden Referenzfunktionen vorausgesetzt:
$L_{\tilde{M}} : [0;u_{ml}] \to [0;1]$ und $L_{\tilde{N}} : [0;u_{nl}] \to [0;1]$

Diese sind nach Satz 5.7 bijektiv und die Inversen besitzen die gleichen Eigenschaften.

$\Rightarrow \hat{L}^{-1} : [0;1] \to [0;\hat{u}_s]$, $\hat{u}_s := \alpha(n_u - \delta)u_{ml} + m_u \delta u_{nl}$, ist nach Satz 5.9 streng monoton fallend, falls gilt:[56]

$u_{nl} \ge 1$ oder $n_u - \delta \ge 0$, wenn $u_{nl} < 1$ **(5.49)**

$\hat{L}^{-1}$ ist nach Satz 5.7 auch bijektiv, weil $\hat{L}^{-1}(1) = 0$ und $\hat{L}^{-1}(0) = \hat{u}_s$.

$\Leftrightarrow \hat{L} : [0;\hat{u}_s] \to [0;1]$ ist streng monoton fallend und bijektiv. **(5.50)**

Weiterhin zeigt man:

56 Die nachfolgende Bedingung (5.49) ist hinreichend aber nicht notwendig für (5.50), muß jedoch für den *allgemeinen* Nachweis der 2. Eigenschaft gefordert werden. Zur Veranschaulichung vgl. das Beispiel in Anhang 7.

Für jedes $u \in [\,\hat{u}_s\,;\infty\,[$ existiert mindestens *ein* $(u_m\,;u_n) \in [\,u_{ml}\,;\infty\,[\ \times\ [\,u_{nl}\,;\infty\,[$, für das $\alpha\,(n_u - \delta)\,u_m + m_u\,\delta\,u_n = u$ gilt. **(5.51)**

Es reicht es aus, für jedes $u \in [\,\hat{u}_s\,;\infty\,[$ genau *ein* 2-Tupel $(u_{ml}\,;u_n)$ mit $u_n \in [\,u_{nl}\,;\infty\,[$ zu finden, so daß $\alpha\,(n_u - \delta)\,u_{ml} + m_u\,\delta\,u_n = u$. Betrachtet man die stetige, streng monoton steigende und divergente Abbildung $F: [\,u_{nl}\,;\infty\,[\ \to \mathbf{R}$ mit der Abbildungsvorschrift $F(u_n) := \alpha\,(n_u - \delta)\,u_{ml} + m_u\,\delta\,u_n$, so folgt die Behauptung in (5.51) mit Satz 5.6.

Wegen $L_{\tilde{M}}^{-1}(\{0\}) = \{\,u_m \mid u_m \geq u_{ml}\,\}$ und $L_{\tilde{N}}^{-1}(\{0\}) = \{\,u_n \mid u_n \geq u_{nl}\,\}$ ergibt sich aus (5.26) und (5.51): $[\,\hat{u}_s\,;\infty\,[\ \subseteq \hat{L}^{-1}(\{0\})$ [57]

$\Leftrightarrow\ \hat{L}(u) = 0,\ u \geq \hat{u}_s$ **(5.53)**

Wegen (5.50) und (5.53) erfüllt die Funktion $\hat{L}$ die 2. Eigenschaft.

Zur 3. Eigenschaft:

Diese folgt aus (5.53).

Für alle 2-Tupel $(x\,;y) \in \mathbf{R}^2$ mit $\mu_{\tilde{M}}(x) = \mu_{\tilde{N}}(y) = \lambda,\ \lambda \in \chi_2$, gilt nach Definition:

$x \leq m_u \quad \wedge \quad y \leq n_u$

Wegen Theorem 1 bzw. Theorem 2 erhält man: $\mu_{\tilde{M} \times \tilde{N}}(x\,y) = \lambda,\ \lambda \in \chi_2$

Nach (5.25) gilt: $\hat{L}(m_u\,n_u - x\,y) \approx \lambda,\ \lambda \in \chi_2$

---

57 Wenn $n_u - \delta \geq 0$, dann gilt zusätzlich:

$\forall\ (u_m\,;u_n) \in [\,u_{ml}\,;\infty\,[\ \times\ [\,u_{nl}\,;\infty\,[\ \exists\ u \in [\,\hat{u}_s\,;\infty\,[$, so daß gilt:

$\alpha\,(n_u - \delta)\,u_m + m_u\,\delta\,u_n = u$ **(5.52)**

In Verbindung mit (5.51) folgt dann: $[\,\hat{u}_s\,;\infty\,[\ = \hat{L}^{-1}(\{0\})$

Für $n_u - \delta < 0$ liegt ein Verstoß gegen (5.52) vor, weil für jedes beliebige $u_n \in [\,u_{nl}\,;\infty\,[$ folgende Äquivalenz gilt: $u_m > u_{ml} + \dfrac{m_u\,\delta\,(u_{nl} - u_n)}{\alpha\,(n_u - \delta)} \quad \Leftrightarrow \quad \alpha\,(n_u - \delta)\,u_m + m_u\,\delta\,u_n < \hat{u}_s$

Hier ergibt sich dann: $[\,\hat{u}_s\,;\infty\,[\ \subset \hat{L}^{-1}(\{0\})$

$\Rightarrow \mu_{\tilde{M}\times\tilde{N}}(x\,y) \approx \hat{L}(m_u n_u - x\,y),\; x\,y \le m_u n_u$ [58]

Weitere Voraussetzungen sind:

$\mu_{\tilde{M}}(x) = 1,\; m_u \le x \le m_o$ und $\mu_{\tilde{N}}(y) = 1,\; n_u \le y \le n_o$

Aus Theorem 1 folgt dann: $\mu_{\tilde{M}\times\tilde{N}}(x\,y) = 1,\; m_u n_u \le x\,y \le m_o n_o$

Insgesamt läßt sich die Zugehörigkeitsfunktion $\mu_{\tilde{M}\times\tilde{N}}$ in R approximieren durch:

$$\mu_{\tilde{M}\times\tilde{N}}(x\,y) \approx \begin{cases} \hat{L}(m_u n_u - x\,y) & ;\; x\,y \le m_u n_u \\ 1 & ;\; m_u n_u \le x\,y \le m_o n_o \\ \hat{R}(x\,y - m_o n_o) & ;\; x\,y \ge m_o n_o \end{cases} \tag{5.54}$$

Es ergibt sich folgende Näherungsformel:

$$\begin{aligned} \tilde{M} \times \tilde{N} &= \langle m_u ; m_o ; \alpha ; \gamma \rangle_{L_{\tilde{M}} R_{\tilde{M}}} \times \langle n_u ; n_o ; \delta ; \beta \rangle_{L_{\tilde{N}} R_{\tilde{N}}} \\ &\approx \langle m_u n_u ; m_o n_o ; 1 ; 1 \rangle_{\hat{L}\hat{R}} \end{aligned} \tag{5.55}$$

Wegen (5.25) und (5.53) kann die Referenzfunktion $\hat{L}$ wie folgt aus den Referenzfunktionen der unscharfen Zahlen $\tilde{M}$ und $\tilde{N}$ bestimmt werden:

$$\hat{L}(m_u n_u - x\,y) \approx \begin{cases} \left[m_u\, \delta\, L_{\tilde{N}}^{-1}(\lambda) + \alpha\,(n_u - \delta)\, L_{\tilde{M}}^{-1}(\lambda) \right]^{-1} \\ \qquad \textit{wenn}\; (x_l - m_u)(n_u - \delta) + m_u\, y_l \le x\,y \le m_u n_u \\ 0 \qquad \textit{wenn}\; x\,y \le (x_l - m_u)(n_u - \delta) + m_u\, y_l \end{cases}$$

58 Vgl. die Anmerkung zum 4. Fall in (5.35). Der rechnerisch mögliche Fall $x\,y > m_u n_u$ ist dadurch ausgeschlossen.

Die Referenzfunktion $\hat{R}$ ermittelt man wie folgt:

Fall a: $0 \notin \chi_1$

$$\hat{R}(xy - m_o n_o) \approx \left[m_o \beta R_{\tilde{N}}^{-1}(\lambda) + \gamma (n_o + \beta) R_{\tilde{M}}^{-1}(\lambda) \right]^{-1}, \; xy \geq m_o n_o$$

Fall b: $0 \in \chi_1$

Die Formel erweitert sich zu:

$$\hat{R}(xy - m_o n_o) \approx \begin{cases} \left[m_o \beta R_{\tilde{N}}^{-1}(\lambda) + \gamma (n_o + \beta) R_{\tilde{M}}^{-1}(\lambda) \right]^{-1} \\ \qquad \textit{wenn} \;\; m_o n_o \leq xy \leq (x_r - m_o)(n_o + \beta) + m_o y_r \\ \\ 0 \qquad \textit{wenn} \;\; xy \geq (x_r - m_o)(n_o + \beta) + m_o y_r \end{cases}$$

Beim Spezialfall von LR-Zahlen mit identischen Referenzfunktionen errechnet man für den linken Teilast aus (5.25):

$$L_{\tilde{M}}^{-1}(\lambda) \approx \frac{m_u n_u - xy}{m_u \delta + n_u \alpha - \alpha \delta}, \; xy \leq m_u n_u$$

Daraus ergibt sich:

$$L_{\tilde{M}}\left(\frac{m_u n_u - xy}{m_u \delta + n_u \alpha - \alpha \delta} \right) \approx \lambda, \lambda \in \chi_2$$

Wegen $\mu_{\tilde{M}}(x) = \mu_{\tilde{N}}(y) = \lambda, \lambda \in \chi_2$, folgt aus Theorem 1 oder Theorem 2 :

$$\mu_{\tilde{M} \times \tilde{N}}(xy) = \lambda, \lambda \in \chi_2$$

$$\Rightarrow \mu_{\tilde{M} \times \tilde{N}}(xy) \approx L_{\tilde{M}}\left(\frac{m_u n_u - xy}{m_u \delta + n_u \alpha - \alpha \delta} \right), \; xy \leq m_u n_u$$

Analog errechnet man für den rechten Teilast:

$$\mu_{\tilde{M} \times \tilde{N}}(xy) \approx R_{\tilde{M}}\left(\frac{xy - m_o n_o}{m_o \beta + n_o \gamma + \gamma \beta} \right), \; xy \geq m_o n_o$$

Insgesamt ergibt sich:

$$\mu_{\tilde{M}\times\tilde{N}}(x\,y) \approx \begin{cases} L_{\tilde{M}}\left(\dfrac{m_u\,n_u - x\,y}{m_u\,\delta + n_u\,\alpha - \alpha\,\delta}\right) & ;\; x\,y \le m_u\,n_u \\ 1 & ;\; m_u\,n_u \le x\,y \le m_o\,n_o \\ R_{\tilde{M}}\left(\dfrac{x\,y - m_o\,n_o}{m_o\,\beta + n_o\,\gamma + \gamma\,\beta}\right) & ;\; x\,y \ge m_o\,n_o \end{cases}$$

Man erhält die folgende Formel:

$$\tilde{M} \times \tilde{N} = < m_u\,;\, m_o\,;\alpha\,;\,\gamma >_{L_{\tilde{M}}R_{\tilde{M}}} \times < n_u\,;\, n_o\,;\delta\,;\,\beta >_{L_{\tilde{M}}R_{\tilde{M}}}$$

$$\approx < m_u\,n_u\,;\, m_o\,n_o\,;\, m_u\,\delta + n_u\,\alpha - \alpha\,\delta\,;\, m_o\,\beta + n_o\,\gamma + \gamma\,\beta >_{L_{\tilde{M}}R_{\tilde{M}}}$$

Definiert man $L := L_{\tilde{M}}$ und $R := R_{\tilde{M}}$, so ergibt sich allgemein:

$$\tilde{M} \times \tilde{N} = < m_u\,;\, m_o\,;\alpha\,;\,\gamma >_{LR} \times < n_u\,;\, n_o\,;\delta\,;\,\beta >_{LR}$$

$$\approx < m_u\,n_u\,;\, m_o\,n_o\,;\, m_u\,\delta + n_u\,\alpha - \alpha\,\delta\,;\, m_o\,\beta + n_o\,\gamma + \gamma\,\beta >_{LR}$$ [59]

Beispiel 11: (Ermittlung einer approximativen Zugehörigkeitsfunktion bei der erweiterten Multiplikation unscharfer LR-Zahlen mit unterschiedlichen Referenzfunktionen)

Seien die unscharfen Zahlen $\tilde{M} := < 7\,;\,2\,;\,4 >_{L_{\tilde{M}}R_{\tilde{M}}}$ und $\tilde{N} := < 12\,;\,10\,;\,8 >_{L_{\tilde{N}}R_{\tilde{N}}}$ gegeben.[60] Die folgenden Referenzfunktionen werden unterstellt:

$L_{\tilde{M}}(u_m) := \max\{0\,;\,1 - u_m\}$ und $L_{\tilde{N}}(u_n) := \max\{0\,;\,1 - 8\,u_n\}$

$R_{\tilde{M}}(v_m) := \max\{0\,;\,1 - 9\,v_m\}$ und $R_{\tilde{N}}(v_n) := \dfrac{1}{1 + v_n}$

59 Zu diesem Ergebnis bei eingipfligen unscharfen Zahlen vom gleichen LR-Typ vgl. *D. Dubois / H. Prade*, (1980), S. 55 oder *H.H. Bothe*, (1993), S. 77.

60 Verwendet man unverändert die Daten aus Beispiel 10, so verletzt man Bedingung (5.49). Deshalb wird hier die unscharfe Zahl $\tilde{N}$ abgeändert.

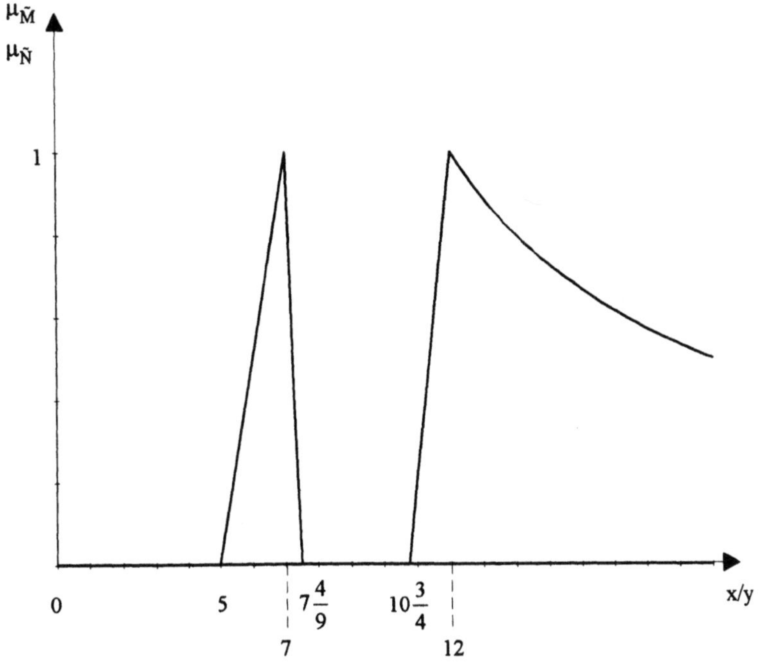

Dann erhält man nach (5.55) die folgenden Referenzfunktionen:

$$\hat{L}(84 - xy) \approx \begin{cases} \left[70\left(\frac{1}{8} - \frac{1}{8}\lambda \right) + 4(1-\lambda) \right]^{-1} & ; \quad 71\frac{1}{4} \le xy \le 84 \\ 0 & ; \quad xy \le 71\frac{1}{4} \end{cases}$$

$$\hat{R}(xy - 84) \approx \left[56\left(\frac{1}{\lambda} - 1 \right) + 80\left(\frac{1}{9} - \frac{1}{9}\lambda \right) \right]^{-1} \quad ; \quad xy \ge 84$$

Für alle $x\,y \leq 71\frac{1}{4}$ folgt aus (5.54): $\mu_{\tilde{M}\times\tilde{N}}(x\,y) \approx \hat{L}(84 - x\,y) \approx 0$

Für alle $71\frac{1}{4} \leq x\,y \leq 84$ erhält man: $84 - x\,y \approx 70\left(\frac{1}{8} - \frac{1}{8}\lambda\right) + 4\,(1 - \lambda)$

Für alle $x\,y \geq 84$ ergibt sich: $x\,y - 84 \approx 56\left(\frac{1}{\lambda} - 1\right) + 80\left(\frac{1}{9} - \frac{1}{9}\lambda\right)$

Löst man die beiden letzten Approximationen nach λ auf und setzt $z := x\,y$, so erhält man nach einigen Umformungen die folgende in R definierte Zugehörigkeitsfunktion:

$$\mu_{\tilde{M}\times\tilde{N}}(z) \approx \begin{cases} \frac{4}{51}z - \frac{285}{51} & ; \; 71\frac{1}{4} \leq z \leq 84 \\ \frac{83}{40} - \frac{9}{160}z + \sqrt{\left(\frac{83}{40} - \frac{9}{160}z\right)^2 + \frac{63}{10}} & ; \; z \geq 84 \\ 0 & ; \; \text{sonst.} \end{cases}$$

Die folgende Abbildung verdeutlicht den approximativen Verlauf von $\mu_{\tilde{M}\times\tilde{N}}$:

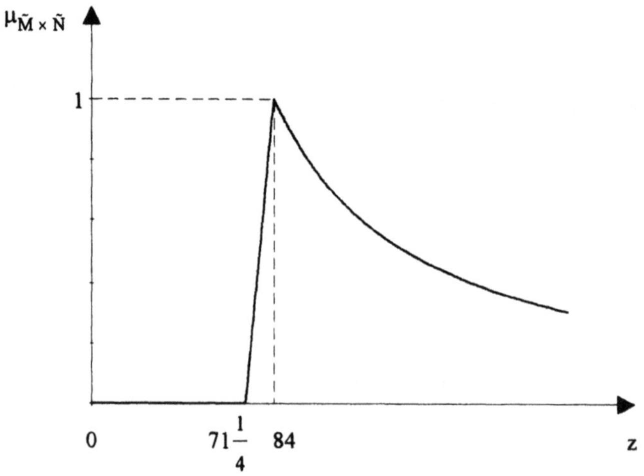

5.4.4.3 Überblick über analoge Rechnungen

Die multiplikative Verknüpfung unscharfer Zahlen läßt sich wie folgt strukturieren:

Erweiterte Multiplikation positiver unscharfer Zahlen

1. Die Verknüpfung der **rechten** Teiläste unscharfer Zahlen $\tilde{M}$ und $\tilde{N}$ erzeugt den **rechten** Ast der unscharfen Zahl $\tilde{M} \times \tilde{N}$.

2. Die Verknüpfung der **linken** Teiläste unscharfer Zahlen $\tilde{M}$ und $\tilde{N}$ erzeugt den **linken** Ast der unscharfen Zahl $\tilde{M} \times \tilde{N}$.

Erweiterte Multiplikation negativer unscharfer Zahlen

3. Die Verknüpfung der **linken** Teiläste unscharfer Zahlen $\tilde{M}$ und $\tilde{N}$ erzeugt den **rechten** Ast der unscharfen Zahl $\tilde{M} \times \tilde{N}$.

4. Die Verknüpfung der **rechten** Teiläste unscharfer Zahlen $\tilde{M}$ und $\tilde{N}$ erzeugt den **linken** Ast der unscharfen Zahl $\tilde{M} \times \tilde{N}$.

Erweiterte Multiplikation zwischen einer negativen und einer positiven unscharfen Zahl

5. Die Verknüpfung des **linken** Teilastes einer negativen unscharfen Zahl $\tilde{M}$ und des **rechten** Teilastes einer positiven unscharfen Zahl $\tilde{N}$ erzeugt den **linken** Ast der unscharfen Zahl $\tilde{M} \times \tilde{N}$.

6. Die Verknüpfung des **rechten** Teilastes einer negativen unscharfen Zahl $\tilde{M}$ und des **linken** Teilastes einer positiven unscharfen Zahl $\tilde{N}$ erzeugt den **rechten** Ast der unscharfen Zahl $\tilde{M} \times \tilde{N}$.

Es ergeben sich die folgenden Zusammenhänge:

Die Rechnungen zu 3. und 5. (4. und 6.) sind analog zu denen unter 1. (2.).[61]

61 Vgl. die Anhämge 8 und 9.

5.4.5 Erweiterte Division zwischen positiven unscharfen Zahlen

Für alle $\lambda \in \chi_3$ gilt:

$$\mu_{\tilde{M}}(x) = L_{\tilde{M}}\left(\frac{m_u - x}{\alpha}\right) = \lambda \Leftrightarrow L_{\tilde{M}}^{-1}(\lambda) = \frac{m_u - x}{\alpha} \Leftrightarrow x = m_u - \alpha L_{\tilde{M}}^{-1}(\lambda)$$

$$\mu_{\tilde{N}}(y) = R_{\tilde{N}}\left(\frac{y - n_o}{\beta}\right) = \lambda \Leftrightarrow R_{\tilde{N}}^{-1}(\lambda) = \frac{y - n_o}{\beta} \Leftrightarrow y = n_o + \beta R_{\tilde{N}}^{-1}(\lambda)$$

$$\Rightarrow \frac{x}{y} = \frac{m_u - \alpha L_{\tilde{M}}^{-1}(\lambda)}{n_o + \beta R_{\tilde{N}}^{-1}(\lambda)} \Leftrightarrow \frac{m_u}{n_o} - \frac{x}{y} = \frac{m_u \beta R_{\tilde{N}}^{-1}(\lambda) + n_o \alpha L_{\tilde{M}}^{-1}(\lambda)}{n_o (n_o + \beta R_{\tilde{N}}^{-1}(\lambda))}$$

$$=: L^{-1}(\lambda), \frac{x}{y} \leq \frac{m_u}{n_o} \tag{5.56}$$

Die Vernachlässigung von $R_{\tilde{N}}^{-1}(\lambda)$ im Nenner von (5.56) führt zur folgenden Abschätzung:

$$\frac{m_u}{n_o} - \frac{x}{y} \approx \frac{m_u \beta R_{\tilde{N}}^{-1}(\lambda) + n_o \alpha L_{\tilde{M}}^{-1}(\lambda)}{n_o (n_o + \beta)} =: \overline{L}^{-1}(\lambda) \tag{5.57}$$

Für alle $\lambda \in \chi_4$ gilt:

$$\mu_{\tilde{M}}(x) = R_{\tilde{M}}\left(\frac{x - m_o}{\gamma}\right) = \lambda \Leftrightarrow R_{\tilde{M}}^{-1}(\lambda) = \frac{x - m_o}{\gamma} \Leftrightarrow x = m_o + \gamma R_{\tilde{M}}^{-1}(\lambda)$$

$$\mu_{\tilde{N}}(y) = L_{\tilde{N}}\left(\frac{n_u - y}{\delta}\right) = \lambda \Leftrightarrow L_{\tilde{N}}^{-1}(\lambda) = \frac{n_u - y}{\delta} \Leftrightarrow y = n_u - \delta L_{\tilde{N}}^{-1}(\lambda)$$

$$\Rightarrow \frac{x}{y} = \frac{m_o + \gamma R_{\tilde{M}}^{-1}(\lambda)}{n_u - \delta L_{\tilde{N}}^{-1}(\lambda)} \Leftrightarrow \frac{x}{y} - \frac{m_o}{n_u} = \frac{n_u \gamma R_{\tilde{M}}^{-1}(\lambda) + m_o \delta L_{\tilde{N}}^{-1}(\lambda)}{n_u (n_u - \delta L_{\tilde{N}}^{-1}(\lambda))}$$

$$=: R^{-1}(\lambda), \frac{x}{y} \geq \frac{m_o}{n_u} \tag{5.58}$$

Die Vernachlässigung von $L_{\tilde{N}}^{-1}(\lambda)$ im Nenner von (5.58) ergibt folgende Abschätzung:

$$\frac{x}{y} - \frac{m_o}{n_u} \approx \frac{n_u \gamma R_{\tilde{M}}^{-1}(\lambda) + m_o \delta L_{\tilde{N}}^{-1}(\lambda)}{n_u (n_u - \delta)} =: \overline{R}^{-1}(\lambda) \tag{5.59}$$

5.4.5.1 Exakte Zugehörigkeitsfunktionen

5.4.5.1.1 Rechter Teilast einer verknüpften unscharfen Zahl

Zur 1. Eigenschaft:

Nach Voraussetzung gilt:

$R_{\tilde{M}}(0) = 1$ und $L_{\tilde{N}}(0) = 1$

$\Leftrightarrow R_{\tilde{M}}^{-1}(1) = 0$ und $L_{\tilde{N}}^{-1}(1) = 0$

$$\Rightarrow R^{-1}(1) = \frac{n_u \gamma R_{\tilde{M}}^{-1}(1) + m_o \delta L_{\tilde{N}}^{-1}(1)}{n_u (n_u - \delta L_{\tilde{N}}^{-1}(1))} = 0$$

$\Leftrightarrow R(0) = 1$

Zur 2. Eigenschaft:

Fall a: $0 \notin \chi_4$

Ausgangspunkt sind streng monoton fallende Referenzfunktionen $L_{\tilde{N}} : [0; u_{nl}] \rightarrow [0;1]$ und $R_{\tilde{M}} : [0;\infty[\rightarrow]0;1]$. Diese sind wegen der 1. und 3. Eigenschaft nach Satz 5.5/5.7 bijektiv. Die Inversen besitzen die gleichen Eigenschaften. Für alle $(\lambda_1/\lambda_2) \in]0;1]^2$ mit $\lambda_1 < \lambda_2$ erhält man:

$$n_u \gamma R_{\tilde{M}}^{-1}(\lambda_1) + m_o \delta L_{\tilde{N}}^{-1}(\lambda_1) > n_u \gamma R_{\tilde{M}}^{-1}(\lambda_2) + m_o \delta L_{\tilde{N}}^{-1}(\lambda_2) \geq 0 \qquad \textbf{(5.60)}$$

In Verbindung mit Satz 5.14 ergibt sich:

$$0 < n_u - \delta L_{\tilde{N}}^{-1}(\lambda_1) < n_u - \delta L_{\tilde{N}}^{-1}(\lambda_2) \qquad \textbf{(5.61)}$$

Aus (5.60) und (5.61) folgt dann:

$$\frac{n_u \gamma R_{\tilde{M}}^{-1}(\lambda_1) + m_o \delta L_{\tilde{N}}^{-1}(\lambda_1)}{n_u (n_u - \delta L_{\tilde{N}}^{-1}(\lambda_1))} > \frac{n_u \gamma R_{\tilde{M}}^{-1}(\lambda_2) + m_o \delta L_{\tilde{N}}^{-1}(\lambda_2)}{n_u (n_u - \delta L_{\tilde{N}}^{-1}(\lambda_2))}$$

$\Leftrightarrow R^{-1}(\lambda_1) > R^{-1}(\lambda_2)$

Die Funktion R^{-1} ist also im Intervall $]\,0;1\,]$ streng monoton fallend. Wegen $R^{-1}(1) = 0$ und der Divergenz $\lim\limits_{\lambda \to 0} R^{-1}(\lambda) = \infty$ folgt nach Satz 5.4:

Die Funktion $R^{-1}: \,]\,0;1\,] \to [\,0;\infty\,[$ ist bijektiv.

$\Leftrightarrow$ $R : [\,0;\infty\,[\;\to\;]\,0;1\,]$ ist streng monoton fallend und bijektiv. **(5.62)**

Fall b: $0 \in \chi_4$

Im Unterschied zu Fall a betrachtet man eine streng monoton fallende und nach Satz 5.7 bijektive Referenzfunktion $R_{\tilde{M}} : [\,0; v_{mr}\,] \to [\,0;1\,]$. Die Inverse besitzt die gleichen Eigenschaften. Insgesamt ist die Funktion R^{-1} im Intervall $]\,0;1\,]$ streng monoton fallend. Zusätzlich gilt: $R^{-1}(1) = 0$.

Wenn $y_l = 0$, dann bleibt der zulässige Definitionsbereich der Funktion R^{-1} auf das Intervall $]\,0;1\,]$ beschränkt. Man zeigt wie bei Fall a, daß (5.62) gilt.

Wenn $y_l > 0$, dann ist die Funktion R^{-1} im zulässigen Definitionsbereich $[\,0;1\,]$ streng monoton fallend, weil für $(x/y) \in \mathbb{R}^2$ mit $\mu_{\tilde{M}}(x) = \mu_{\tilde{N}}(y) = \lambda,\ \lambda \in \,]\,0;1\,]$, gilt:

$$\frac{x}{y} < \frac{x_r}{y_l}$$

$$\Leftrightarrow \quad \frac{n_u\, x - m_o\, y}{n_u\, y} < \frac{n_u\, x_r - m_o\, y_l}{n_u\, y_l}$$

$$\Leftrightarrow \quad \frac{m_o\, \delta\, \dfrac{n_u - y}{\delta} + n_u\, \gamma\, \dfrac{x - m_o}{\gamma}}{n_u \left(n_u - \delta\, \dfrac{n_u - y}{\delta} \right)} < \frac{m_o\, \delta\, \dfrac{n_u - y_l}{\delta} + n_u\, \gamma\, \dfrac{x_r - m_o}{\gamma}}{n_u \left(n_u - \delta\, \dfrac{n_u - y_l}{\delta} \right)}$$

$$\Leftrightarrow \quad \frac{m_o\, \delta\, L_{\tilde{N}}^{-1}(\lambda) + n_u\, \gamma\, R_{\tilde{M}}^{-1}(\lambda)}{n_u\,(n_u - \delta\, L_{\tilde{N}}^{-1}(\lambda))} < \frac{m_o\, \delta\, L_{\tilde{N}}^{-1}(0) + n_u\, \gamma\, R_{\tilde{M}}^{-1}(0)}{n_u\,(n_u - \delta\, L_{\tilde{N}}^{-1}(0))}$$

$$\Leftrightarrow \quad R^{-1}(\lambda) < R^{-1}(0)$$

$\Rightarrow\ R^{-1}: [\,0;1\,] \rightarrow [\,0;v_s\,],\ v_s := \dfrac{m_o\,\delta\,u_{nl} + n_u\,\gamma\,v_{mr}}{n_u\,(\,n_u - \delta\,u_{nl}\,)}$, ist nach Satz 5.7 auch bijektiv,

weil $R^{-1}(1) = 0$ und $R^{-1}(0) = v_s$.

$\Leftrightarrow\ R: [\,0;v_s\,] \rightarrow [\,0;1\,]$ ist streng monoton fallend und bijektiv. **(5.63)**

Im folgenden wird gezeigt, daß $R(v) = 0,\ v \geq v_s$.

Bei der divisionalen Verknüpfung der Teiläste unterscheidet man zwei Fälle:

1. $0 < y \leq y_l$ und $x \geq x_r$

2. $y < 0 < y_l$ und $x \geq x_r$

(5.64)

Zu 1.

Hier gilt:

$v_{mr} \leq v_m$ und $u_{nl} \leq u_n < \dfrac{n_u}{\delta}$

Aus der letzten Ungleichung folgt:

$n_u - \delta\,u_{nl} \geq n_u - \delta\,u_n > 0$

Deshalb erhält man:

$$\frac{n_u\,\gamma\,v_m + m_o\,\delta\,u_n}{n_u - \delta\,u_n} \geq \frac{n_u\,\gamma\,v_{mr} + m_o\,\delta\,u_{nl}}{n_u - \delta\,u_n} \geq \frac{n_u\,\gamma\,v_{mr} + m_o\,\delta\,u_{nl}}{n_u - \delta\,u_{nl}}$$

$$\Rightarrow\ \frac{n_u\,\gamma\,v_m + m_o\,\delta\,u_n}{n_u\,(\,n_u - \delta\,u_n\,)} \geq v_s \qquad \textbf{(5.65)}$$

Weiterhin gilt folgendes Grenzwertverhalten:

$\lim\limits_{v_m \rightarrow \infty} \dfrac{n_u\,\gamma\,v_m + m_o\,\delta\,u_n}{n_u\,(\,n_u - \delta\,u_n\,)} = \infty$ und mit (5.65) erhält man:

$\forall\ (v_m; u_n) \in [\,v_{mr};\infty\,[\ \times \left[\,u_{nl}\,;\,\dfrac{n_u}{\delta}\right[\ \ \exists\ v \in [\,v_s;\infty\,[$, so daß:

$$\frac{m_o\,\delta\,u_n + n_u\,\gamma\,v_m}{n_u\,(\,n_u - \delta\,u_n\,)} = v \qquad \textbf{(5.66)}$$

Außerdem gilt:

$$\forall\ v \in [\, v_s ; \infty [\quad \exists\, (v_m ; u_n) \in [\, v_{mr} ; \infty [\ \times \left[\, u_{nl} ;\ \frac{n_u}{\delta} \right[\text{, so daß:}$$

$$\frac{m_o\, \delta\, u_n + n_u\, \gamma\, v_m}{n_u\, (n_u - \delta\, u_n)} = v \tag{5.67}$$

Das folgt direkt aus Satz 5.6 in Verbindung mit der Funktion $F : [\, v_{mr} ; \infty [\ \rightarrow \mathrm{R}$ und der Abbildungsvorschrift $F(v_m) := \dfrac{m_o\, \delta\, u_{nl} + n_u\, \gamma\, v_m}{n_u\, (n_u - \delta\, u_{nl})}$.

Zu 2.

Hier folgt:

$$\frac{x}{y} < 0$$

$$\Leftrightarrow \frac{x}{y} - \frac{m_o}{n_u} < -\frac{m_o}{n_u}$$

$$\Leftrightarrow \frac{n_u\, \gamma\, v_m + m_o\, \delta\, u_n}{n_u\, (n_u - \delta\, u_n)} < -\frac{m_o}{n_u} \tag{5.68}$$

Es ergeben sich die folgenden Grenzwertaussagen:

$$\lim_{v_m \to \infty} \frac{n_u\, \gamma\, v_m + m_o\, \delta\, u_n}{n_u\, (n_u - \delta\, u_n)} = -\infty \text{ und } \lim_{u_n \to \infty} \frac{n_u\, \gamma\, v_m + m_o\, \delta\, u_n}{n_u\, (n_u - \delta\, u_n)} = -\frac{m_o}{n_u}^{(-)},$$

weil man durch Umformung erhält: $\dfrac{m_o\, \delta\, u_n + n_u\, \gamma\, v_m}{n_u\, (n_u - \delta\, u_n)} = -\dfrac{m_o}{n_u} + \dfrac{m_o + \gamma\, v_m}{n_u - \delta\, u_n}$

Mit (5.68) folgt die Aussage:

$$\forall\ (v_m ; u_n) \in [\, v_{mr} ; \infty [\ \times \left]\frac{n_u}{\delta} ; \infty \right[\quad \exists\ v \in \left]-\infty ; -\frac{m_o}{n_u}\right[\text{, so daß gilt:}$$

$$\frac{m_o\, \delta\, u_n + n_u\, \gamma\, v_m}{n_u\, (n_u - \delta\, u_n)} = v \tag{5.69}$$

Weiterhin gilt:

$\forall\ v \in \left]-\infty\,;\,-\frac{m_o}{n_u}\right[\quad \exists\,(v_m\,;u_n) \in [\,v_{mr}\,;\infty[\ \times\ \left]\frac{n_u}{\delta}\,;\,\infty\right[$, und man erhält:

$$\frac{m_o\,\delta\,u_n + n_u\,\gamma\,v_m}{n_u\,(n_u - \delta\,u_n)} = v \tag{5.70}$$

Hierzu betrachte man die Funktion $F : \left]\frac{n_u}{\delta}\,;\,\infty\right[\to \mathbf{R}$ mit der Abbildungsvorschrift

$F(u_n) := -\frac{m_o\,\delta\,u_n + n_u\,\gamma\,v_{mr}}{n_u\,(n_u - \delta\,u_n)} = \frac{m_o}{n_u} - \frac{m_o + \gamma\,v_{mr}}{n_u - \delta\,u_n}$, die stetig und streng monoton

fallend ist und folgendes Grenzwertverhalten aufweist:

$$\lim_{u_n \to \frac{n_u}{\delta}^{(+)}} F(u_n) = \infty \text{ und } \lim_{u_n \to \infty} F(u_n) = \frac{m_o}{n_u}^{(+)}$$

Es sei ein beliebiges $p \in \left]\frac{n_u}{\delta}\,;\,\infty\right[$ gegeben. Nach Satz 5.5 wird durch die Funktion F das Teilintervall $[\,p\,;\infty[$ bijektiv auf den Bereich $\left]\frac{m_o}{n_u}\,;\,F(p)\right]$ und nach Satz 5.4 das Teilintervall $\left]\frac{n_u}{\delta}\,;\,p\right]$ bijektiv auf das Intervall $[\,F(p)\,;\,\infty[$ abgebildet. Die Abbildung $G : \left]\frac{n_u}{\delta}\,;\,\infty\right[\to \left]-\infty\,;\,-\frac{m_o}{n_u}\right[$ mit $G := -F$ ist bijektiv. Also existiert für jedes $v \in \left]-\infty\,;\,-\frac{m_o}{n_u}\right[$ ein 2-Tupel $(v_{mr}\,;u_n)$ mit $u_n \in \left]\frac{n_u}{\delta}\,;\,\infty\right[$, so daß $G(u_n) = v$.

Wegen $R_{\tilde M}^{-1}(\{0\}) = \{\,v_m \mid v_m \ge v_{mr}\,\}$ und $L_{\tilde N}^{-1}(\{0\}) = \{\,u_n \mid u_n \ge u_{nl}\,\}$ ergibt sich aus (5.58), (5.66), (5.67), (5.69) und (5.70):

$$R^{-1}(\{0\}) = \{\,v \mid v \in [\,v_s\,;\infty[\quad \text{oder} \quad v \in \,]-\infty\,;-m_o/n_u\,[\ \}$$

$$\Rightarrow R(v) = 0,\ v \ge v_s \text{ [62]} \tag{5.71}$$

---

62 $R(v) = 0,\ v < -\frac{m_o}{n_u}$ ist gleichbedeutend mit $\mu_{\tilde M \div \tilde N}\left(\frac{x}{y}\right) = 0,\ \frac{x}{y} < 0$. Dieser rechnerisch mögliche Fall wird im folgenden ausgeschlossen, weil man aus der Referenzfunktion R nur den rechten monoton fallenden Teil von $\mu_{\tilde M \div \tilde N}$ ermittelt. Es gilt also $\frac{x}{y} \ge \frac{m_o}{n_u}$.

Zur 3. Eigenschaft:

Fall a: $0 \notin \chi_4$

Diese Eigenschaft ist nach Satz 5.8 äquivalent zu $\lim\limits_{\lambda \to 0} R^{-1}(\lambda) = \infty$.

Fall b: $0 \in \chi_4$

Diese Eigenschaft folgt aus (5.71).

Es ist noch zu zeigen, daß $\mu_{\tilde{M} \div \tilde{N}}\left(\frac{x}{y}\right) = R\left(\frac{x}{y} - \frac{m_o}{n_u}\right), \ \frac{x}{y} \geq \frac{m_o}{n_u}$

Die Voraussetzungen von Theorem 2.1 sind erfüllt, weil:

1. Die Division ist in $\mathbb{R}_+^{>0}$ eine stetige Verknüpfung.

2. Die Division ist eine hybride binäre Verknüpfung in $\mathbb{R}_+^{>0}$, weil für alle $x_j, y_j \in \mathbb{R}_+^{>0}$, $j \in \{1, 2\}$, die folgende Implikation gilt:

   $$x_1 < y_1 \quad \wedge \quad x_2 < y_2 \quad \Rightarrow \quad \frac{x_1}{y_2} < \frac{y_1}{x_2}$$

3. Im Intervall $[\, m_o ; \infty\, [$ ist die Zugehörigkeitsfunktion $\mu_{\tilde{M}}$ monoton fallend.

   Im Intervall $]\, 0 ; n_u\,]$ ist die Zugehörigkeitsfunktion $\mu_{\tilde{N}}$ monoton steigend.

Für alle 2-Tupel $(x ; y) \in \mathbb{R}^2$ mit $\mu_{\tilde{M}}(x) = \mu_{\tilde{N}}(y) = \lambda, \lambda \in \chi_4$, gilt nach Definition:

$$x \geq m_o \quad \wedge \quad y \leq n_u$$

Wegen Theorem 2.1 erhält man: $\mu_{\tilde{M} \div \tilde{N}}\left(\frac{x}{y}\right) = \lambda, \lambda \in \chi_4$

Nach (5.58) gilt: $R\left(\frac{x}{y} - \frac{m_o}{n_u}\right) = \lambda, \lambda \in \chi_4$

$$\Rightarrow \mu_{\tilde{M} \div \tilde{N}}\left(\frac{x}{y}\right) = R\left(\frac{x}{y} - \frac{m_o}{n_u}\right), \ \frac{x}{y} \geq \frac{m_o}{n_u} \qquad \textbf{(5.72)}$$

5.4.5.1.2 Linker Teilast einer verknüpften unscharfen Zahl

Zur 1. Eigenschaft:

Nach Voraussetzung gilt:

$$L_{\tilde{M}}(0) = 1 \text{ und } R_{\tilde{N}}(0) = 1$$

$$\Leftrightarrow L_{\tilde{M}}^{-1}(1) = 0 \text{ und } R_{\tilde{N}}^{-1}(1) = 0$$

$$\Rightarrow L^{-1}(1) = \frac{m_u \, \beta \, R_{\tilde{N}}^{-1}(1) + n_o \, \alpha \, L_{\tilde{M}}^{-1}(1)}{n_o \, (n_o + \beta \, R_{\tilde{N}}^{-1}(1))} = 0$$

$$\Leftrightarrow L(0) = 1$$

Zur 2. Eigenschaft:

Fall a: $0 \notin \chi_3$

Hier betrachtet man die folgenden streng monoton fallenden Referenzfunktionen:

$$L_{\tilde{M}} : [\,0; u_{ml}\,] \rightarrow [\,0;1\,] \text{ und } R_{\tilde{N}} : [\,0;\infty\,[\rightarrow \,]\,0;1\,]$$

Diese sind aufgrund der 1. und 3. Eigenschaft von Referenzfunktionen nach Satz 5.5/5.7 bijektiv. Die Umkehrfunktionen weisen die gleichen Eigenschaften auf und es gilt für alle $(\lambda_1 / \lambda_2) \in \,]\,0;1\,]^2$ mit $\lambda_1 < \lambda_2$:

$$L_{\tilde{M}}^{-1}(\lambda_1) > L_{\tilde{M}}^{-1}(\lambda_2) \text{ und } R_{\tilde{N}}^{-1}(\lambda_1) > R_{\tilde{N}}^{-1}(\lambda_2)$$

Mit Satz 5.14 ergibt sich:

$$0 < m_u - \alpha \, L_{\tilde{M}}^{-1}(\lambda_1) < m_u - \alpha \, L_{\tilde{M}}^{-1}(\lambda_2)$$

$$n_o + \beta \, R_{\tilde{N}}^{-1}(\lambda_1) > n_o + \beta \, R_{\tilde{N}}^{-1}(\lambda_2) > 0$$

$$\Rightarrow \frac{m_u - \alpha \, L_{\tilde{M}}^{-1}(\lambda_1)}{n_o + \beta \, R_{\tilde{N}}^{-1}(\lambda_1)} < \frac{m_u - \alpha \, L_{\tilde{M}}^{-1}(\lambda_2)}{n_o + \beta \, R_{\tilde{N}}^{-1}(\lambda_2)}$$

$$\Leftrightarrow \frac{m_u}{n_o} - \frac{m_u - \alpha \, L_{\tilde{M}}^{-1}(\lambda_1)}{n_o + \beta \, R_{\tilde{N}}^{-1}(\lambda_1)} > \frac{m_u}{n_o} - \frac{m_u - \alpha \, L_{\tilde{M}}^{-1}(\lambda_2)}{n_o + \beta \, R_{\tilde{N}}^{-1}(\lambda_2)}$$

$$\Leftrightarrow \frac{m_u\,\beta\,R_{\tilde{N}}^{-1}(\lambda_1) + n_o\,\alpha\,L_{\tilde{M}}^{-1}(\lambda_1)}{n_o\,(n_o + \beta\,R_{\tilde{N}}^{-1}(\lambda_1))} > \frac{m_u\,\beta\,R_{\tilde{N}}^{-1}(\lambda_2) + n_o\,\alpha\,L_{\tilde{M}}^{-1}(\lambda_2)}{n_o\,(n_o + \beta\,R_{\tilde{N}}^{-1}(\lambda_2))}$$

$$\Leftrightarrow L^{-1}(\lambda_1) > L^{-1}(\lambda_2)$$

Die Funktion L^{-1} ist also im Intervall $]\,0;1\,]$ streng monoton fallend.

Weiterhin ist $L^{-1}(1) = 0$ und es gilt folgender Grenzwert:

$$\lim_{\lambda\to 0} L^{-1}(\lambda) = \frac{m_u}{n_o} - \lim_{\lambda\to 0}\left(\frac{m_u - \alpha\,L_{\tilde{M}}^{-1}(\lambda)}{n_o + \beta\,R_{\tilde{N}}^{-1}(\lambda)}\right)$$

$$= \frac{m_u}{n_o} - \frac{x_l}{n_o + \beta \lim\limits_{\lambda\to 0} R_{\tilde{N}}^{-1}(\lambda)} = \frac{m_u}{n_o}^{(-)}$$

$$\Rightarrow L^{-1} : \,]\,0;1\,] \to \left[\,0\,;\,\frac{m_u}{n_o}\right[$$ ist nach Satz 5.3 auch bijektiv.

$$\Leftrightarrow L : \left[\,0\,;\,\frac{m_u}{n_o}\right[\to \,]\,0;1\,]$$ ist streng monoton fallend und bijektiv. **(5.73)**

Fall b: $0 \in \chi_3$

Im Unterschied zu Fall a betrachtet man hier eine streng monoton fallende und nach Satz 5.7 bijektive Referenzfunktion $R_{\tilde{N}} : [\,0; v_{nr}\,] \to [\,0;1\,]$. Die Inverse besitzt die gleichen Eigenschaften. Die Funktion L^{-1} ist also im Intervall $]\,0;1\,]$ streng monoton fallend. Das gilt auch für das Intervall $[\,0;1\,]$, denn für jedes $(x/y) \in \mathbb{R}^2$ mit $\mu_{\tilde{M}}(x) = \mu_{\tilde{N}}(y) = \lambda$, $\lambda \in \,]\,0;1\,]$, erhält man:

$$\frac{x}{y} > \frac{x_l}{y_r}$$

$$\Leftrightarrow \frac{m_u - \alpha\,\dfrac{m_u - x}{\alpha}}{n_o + \beta\,\dfrac{y - n_o}{\beta}} > \frac{m_u - \alpha\,\dfrac{m_u - x_l}{\alpha}}{n_o + \beta\,\dfrac{y_r - n_o}{\beta}}$$

$$\Leftrightarrow \frac{m_u}{n_o} - \frac{m_u - \alpha \frac{m_u - x}{\alpha}}{n_o + \beta \frac{y - n_o}{\beta}} < \frac{m_u}{n_o} - \frac{m_u - \alpha \frac{m_u - x_l}{\alpha}}{n_o + \beta \frac{y_r - n_o}{\beta}}$$

$$\Leftrightarrow \frac{m_u}{n_o} - \frac{m_u - \alpha L_{\tilde{M}}^{-1}(\lambda)}{n_o + \beta R_{\tilde{N}}^{-1}(\lambda)} < \frac{m_u}{n_o} - \frac{m_u - \alpha L_{\tilde{M}}^{-1}(0)}{n_o + \beta R_{\tilde{N}}^{-1}(0)}$$

$$\Leftrightarrow L^{-1}(\lambda) < L^{-1}(0)$$

$\Rightarrow L^{-1} : [\,0;1\,] \to [\,0;u_s\,],\ u_s := \dfrac{m_u \beta v_{nr} + n_o \alpha u_{ml}}{n_o (n_o + \beta v_{nr})}$, ist nach Satz 5.7 bijektiv, weil $L^{-1}(1) = 0$ und $L^{-1}(0) = u_s$.

$\Leftrightarrow L : [\,0;u_s\,] \to [\,0;1\,]$ ist streng monoton fallend und bijektiv **(5.74)**

Im folgenden wird nachgewiesen, daß $L(u) = 0,\ u \geq u_s$.

Bei der divisionalen Verknüpfung der Äste erhält man für alle $x \leq x_l$ und $y \geq y_r$:

$$\frac{x}{y} \leq \frac{x_l}{y_r}$$

$$\Leftrightarrow \frac{m_u - \alpha u_m}{n_o + \beta v_n} \leq \frac{m_u - \alpha u_{ml}}{n_o + \beta v_{nr}}$$

$$\Leftrightarrow \frac{m_u}{n_o} - \frac{m_u - \alpha u_m}{n_o + \beta v_n} \geq \frac{m_u}{n_o} - \frac{m_u - \alpha u_{ml}}{n_o + \beta v_{nr}}$$

$$\Leftrightarrow \frac{m_u \beta v_n + n_o \alpha u_m}{n_o (n_o + \beta v_n)} \geq u_s \qquad \textbf{(5.75)}$$

Außerdem erkennt man folgende Divergenz:

$$\lim_{u_m \to \infty} \frac{m_u \beta v_n + n_o \alpha u_m}{n_o (n_o + \beta v_n)} = \infty$$

Mit (5.75) ergibt sich deshalb:

$\forall\ (u_m ; v_n) \in [\,u_{ml} ; \infty\,[\ \times\ [\,v_{nr} ; \infty\,[\ \exists\ u \in [\,u_s ; \infty\,[$, so daß gilt:

$$\frac{m_u \beta v_n + n_o \alpha u_m}{n_o (n_o + \beta v_n)} = u \qquad \textbf{(5.76)}$$

Im weiteren gilt:

$\forall\ u \in [\, u_s ; \infty [\ \exists\, (u_m ; v_n) \in [\, u_{ml} ; \infty [\ \times\ [\, v_{nr} ; \infty [$, für das gilt:

$$\frac{m_u \beta v_n + n_o \alpha u_m}{n_o (n_o + \beta v_n)} = u \qquad \textbf{(5.77)}$$

Dazu genügt der Nachweis, daß man für alle $u \in [\, u_s ; \infty [$ genau *ein* 2-Tupel $(u_m ; v_{nr})$ mit $u_m \in [\, u_{ml} ; \infty [$ findet, so daß $\frac{m_u \beta v_{nr} + n_o \alpha u_m}{n_o (n_o + \beta v_{nr})} = u$. Nach Satz 5.6 ergibt sich das aus der Funktion $F : [\, u_{ml} ; \infty [\ \to \mathbf{R}$ mit $F(u_m) := \frac{m_u \beta v_{nr} + n_o \alpha u_m}{n_o (n_o + \beta v_{nr})}$.

Wegen $L_{\tilde{M}}^{-1}(\{0\}) = \{\, u_m \mid u_m \geq u_{ml} \,\}$ und $R_{\tilde{N}}^{-1}(\{0\}) = \{\, v_n \mid v_n \geq v_{nr} \,\}$ erhält man mit (5.56), (5.76) und (5.77): $L^{-1}(\{0\}) = \{\, u \mid u \geq u_s \,\}$

$$\Leftrightarrow\ L(u) = 0,\ u \geq u_s \qquad \textbf{(5.78)}$$

Aus (5.74) und (5.78) folgt die 2. Eigenschaft.

Zur 3. Eigenschaft:

Fall a: $0 \notin \chi_3$

Nach Satz 5.8 gilt:

$$\lim_{\lambda \to 0} L^{-1}(\lambda) = \frac{m_u}{n_o}^{(-)} \quad \Leftrightarrow \quad \lim_{u \to \frac{m_u}{n_o}^{(-)}} L(u) = 0$$

Anmerkung: $\lim_{u \to \frac{m_u}{n_o}^{(-)}} L(u) = 0$ ist gleichbedeutend mit $\lim_{\frac{x}{y} \to 0^{(+)}} \mu_{\tilde{M} \div \tilde{N}}\left(\frac{x}{y}\right) = 0$.

Fall b: $0 \in \chi_3$

Die Eigenschaft folgt aus (5.78).

Es ist noch zu zeigen:

$$\mu_{\tilde{M} \div \tilde{N}}\left(\frac{x}{y}\right) = L\left(\frac{m_u}{n_o} - \frac{x}{y}\right), \; \frac{x}{y} \leq \frac{m_u}{n_o}$$

$$\mu_{\tilde{M} \div \tilde{N}}\left(\frac{x}{y}\right) = 1, \; \frac{m_u}{n_o} \leq \frac{x}{y} \leq \frac{m_o}{n_u}$$

Die Voraussetzungen von Theorem 1.1 oder Theorem 2 sind hier immer erfüllt, weil:

1. Die Division ist in $\mathbf{R} \setminus \{ 0 \}$ eine stetige Verknüpfung.

2. Die Division ist eine hybride binäre Verknüpfung in $\mathbf{R}_+^{>0}$

3. Die Division ist eine streng monoton steigende binäre Verknüpfung für die Division von Werten aus $\mathbf{R}_-^{\leq 0}$ und $\mathbf{R}_+^{>0}$, weil für alle x_j, y_j, $j \in \{ 1, 2 \}$, folgende Implikation gilt:

   $$x_1 < y_1 \leq 0 \quad \wedge \quad 0 < x_2 < y_2 \quad \Rightarrow \quad \frac{x_1}{x_2} < \frac{y_1}{y_2}$$

4. Im Intervall $] \, 0 ; m_o \,]$ ist die Zugehörigkeitsfunktion $\mu_{\tilde{M}}$ monoton steigend.

   Im Intervall $[\, n_u ; \infty \, [$ ist die Zugehörigkeitsfunktion $\mu_{\tilde{N}}$ monoton fallend.

5. Im Intervall $] -\infty ; 0 \,]$ ist $\mu_{\tilde{M}}$ sowohl monoton steigend als auch monoton fallend.

Anmerkung:

Bei der Erzeugung der Zugehörigkeitsfunktion $\mu_{\tilde{M} \div \tilde{N}}$ in $\mathbf{R}_-^{\leq 0}$ wird gegen die Bedingung $a_m \geq m_u$ aus Theorem 1.1 verstoßen. Hierbei handelt es sich um eine hinreichende Bedingung, aus der sich der monoton fallende Verlauf der Zugehörigkeitsfunktion $\mu_{\tilde{M}}$ im Intervall $[\, x_m ; \infty \, [$ ableiten läßt. Dieser Verstoß verbietet hier nicht die Anwendung von Theorem 1.1, weil man nur das Intervall $[\, x_m ; 0 \,]$ betrachtet. Dort verläuft die Zugehörigkeitsfunktion $\mu_{\tilde{M}}$ immer konstant und damit monoton fallend.

Für alle 2-Tupel $(x ; y) \in \mathbf{R}^2$ mit $\mu_{\tilde{M}}(x) = \mu_{\tilde{N}}(y) = \lambda, \lambda \in \chi_3$, gilt nach Definition:

$$x \leq m_u \quad \wedge \quad y \geq n_o$$

Wegen Theorem 1.1 oder Theorem 2 erhält man: $\mu_{\tilde{M} \div \tilde{N}}\left(\frac{x}{y}\right) = \lambda, \lambda \in \chi_3$

Nach (5.56) gilt: $L\left(\frac{m_u}{n_o} - \frac{x}{y}\right) = \lambda, \lambda \in \chi_3$

$$\Rightarrow \mu_{\tilde{M} \div \tilde{N}}\left(\frac{x}{y}\right) = L\left(\frac{m_u}{n_o} - \frac{x}{y}\right) = \lambda, \frac{x}{y} \le \frac{m_u}{n_o} \qquad \textbf{(5.79)}$$

Weitere Voraussetzungen sind:

$\mu_{\tilde{M}}(x) = 1, m_u \le x \le m_o$ und $\mu_{\tilde{N}}(y) = 1, n_u \le y \le n_o$

Aus Theorem 2 folgt dann: $\mu_{\tilde{M} \div \tilde{N}}\left(\frac{x}{y}\right) = 1, \frac{m_u}{n_o} \le \frac{x}{y} \le \frac{m_o}{n_u}$

Mit (5.72) und (5.79) ermittelt man dann die Zugehörigkeitsfunktion $\mu_{\tilde{M} \div \tilde{N}}$ wie folgt:

$$\mu_{\tilde{M} \div \tilde{N}}\left(\frac{x}{y}\right) = \begin{cases} L\left(\frac{m_u}{n_o} - \frac{x}{y}\right) & ; \frac{x}{y} \le \frac{m_u}{n_o} \\ 1 & ; \frac{m_u}{n_o} \le \frac{x}{y} \le \frac{m_o}{n_u} \\ R\left(\frac{x}{y} - \frac{m_o}{n_u}\right) & ; \frac{x}{y} \ge \frac{m_o}{n_u} \end{cases}$$

Dadurch erhält man folgende Formel:

$$\begin{aligned} \tilde{M} \div \tilde{N} &= < m_u ; m_o ; \alpha ; \gamma >_{L_{\tilde{M}} R_{\tilde{M}}} \div < n_u ; n_o ; \delta ; \beta >_{L_{\tilde{N}} R_{\tilde{N}}} \\ &= < \frac{m_u}{n_o} ; \frac{m_o}{n_u} ; 1 ; 1 >_{LR} \end{aligned}$$

Die Referenzfunktion R kann wegen (5.58) und (5.62) wie folgt aus den Referenzfunktionen der unscharfen Zahlen $\tilde{M}$ und $\tilde{N}$ abgeleitet werden:

Fall a: $0 \notin \chi_4$

$$R\left(\frac{x}{y} - \frac{m_o}{n_u}\right) = \left[\frac{n_u \gamma R_{\tilde{M}}^{-1}(\lambda) + m_o \delta L_{\tilde{N}}^{-1}(\lambda)}{n_u (n_u - \delta L_{\tilde{N}}^{-1}(\lambda))}\right]^{-1}, \frac{x}{y} \geq \frac{m_o}{n_u}$$

Fall b: $0 \in \chi_4$

Berücksichtigt man zusätzlich (5.71), so erweitert sich die Formel wie folgt:

$$R\left(\frac{x}{y} - \frac{m_o}{n_u}\right) = \begin{cases} \left[\dfrac{n_u \gamma R_{\tilde{M}}^{-1}(\lambda) + m_o \delta L_{\tilde{N}}^{-1}(\lambda)}{n_u (n_u - \delta L_{\tilde{N}}^{-1}(\lambda))}\right]^{-1} & ; \dfrac{m_o}{n_u} \leq \dfrac{x}{y} \leq \dfrac{x_r}{y_l} \\ 0 & ; \dfrac{x}{y} \geq \dfrac{x_r}{y_l} \end{cases}$$

Die Referenzfunktion L ermittelt man aufgrund von (5.56) und (5.73) wie folgt:

Fall a: $0 \notin \chi_3$

$$L\left(\frac{m_u}{n_o} - \frac{x}{y}\right) = \left[\frac{m_u \beta R_{\tilde{N}}^{-1}(\lambda) + n_o \alpha L_{\tilde{M}}^{-1}(\lambda)}{n_o (n_o + \beta R_{\tilde{N}}^{-1}(\lambda))}\right]^{-1}, 0 < \frac{x}{y} \leq \frac{m_u}{n_o}$$

Fall b: $0 \in \chi_3$

Berücksichtigt man zusätzlich (5.78), dann erweitert sich die Formel zu:

$$L\left(\frac{m_u}{n_o} - \frac{x}{y}\right) = \begin{cases} \left[\dfrac{m_u \beta R_{\tilde{N}}^{-1}(\lambda) + n_o \alpha L_{\tilde{M}}^{-1}(\lambda)}{n_o (n_o + \beta R_{\tilde{N}}^{-1}(\lambda))}\right]^{-1} & ; \dfrac{x_l}{y_r} \leq \dfrac{x}{y} \leq \dfrac{m_u}{n_o} \\ 0 & ; \dfrac{x}{y} \leq \dfrac{x_l}{y_r} \end{cases}$$

5.4.5.2 Approximative Zugehörigkeitsfunktionen

5.4.5.2.1 Rechter Teilast einer verknüpften unscharfen Zahl

Zur 1. Eigenschaft:

Nach Voraussetzung gilt:

$$R_{\tilde{M}}(0) = 1 \text{ und } L_{\tilde{N}}(0) = 1$$

$$\Leftrightarrow R_{\tilde{M}}^{-1}(1) = 0 \text{ und } L_{\tilde{N}}^{-1}(1) = 0$$

$$\Rightarrow \overline{R}^{-1}(1) = \frac{n_u \gamma R_{\tilde{M}}^{-1}(1) + m_o \delta L_{\tilde{N}}^{-1}(1)}{n_u (n_u - \delta)} = 0$$

$$\Leftrightarrow \overline{R}(0) = 1$$

Zur 2. Eigenschaft:

Fall a: $0 \notin \chi_4$

Es seien die folgenden streng monoton fallenden Referenzfunktionen gegeben:

$L_{\tilde{N}} : [0; u_{nl}] \to [0;1]$ und $R_{\tilde{M}} : [0;\infty[\to]0;1]$

Diese sind wegen der 1. und 3. Eigenschaft von Referenzfunktionen nach Satz 5.5/5.7 bijektiv und die Umkehrfunktionen besitzen die gleichen Eigenschaften. Aufgrund von Satz 5.9 ist die Funktion $\overline{R}^{-1} :]0;1] \to [0;\infty[$ streng monoton fallend und nach Satz 5.4 bijektiv, weil $\overline{R}^{-1}(1) = 0$ und $\lim\limits_{\lambda \to 0} \overline{R}^{-1}(\lambda) = \infty$.

$\Leftrightarrow \overline{R} : [0;\infty[\to]0;1]$ ist streng monoton fallend und bijektiv. **(5.80)**

Die Grenzwertaussage gilt nur dann und die Funktion $\overline{R}^{-1}$ ist nur dann streng monoton fallend, wenn eine der folgenden Bedingungen erfüllt ist:[63]

$u_{nl} > 1$ oder $n_u - \delta > 0$, falls $u_{nl} \leq 1$ **(5.81)**

63 Vgl. S. 183 f. Hier liegt eine hinreichende und notwendige Bedingung vor, weil bei Nichterfüllung $\overline{R}^{-1}$ entweder nicht existiert oder streng monoton steigt. Bedingung (5.81) wird im folgenden vorausgesetzt.

Fall b: $0 \in \chi_4$

Hier betrachtet man im Unterschied zu Fall a eine streng monoton fallende und bijketive Referenzfunktion $R_{\tilde{M}} : [\,0; v_{mr}\,] \to [\,0;1\,]$. Die Umkehrfunktion besitzt die gleichen Eigenschaften. Wenn (5.81) gilt, dann erhält man mit Satz 5.7 und Satz 5.9 die streng monoton fallende und bijektive Funktion $\overline{R}^{-1} : [\,0;1\,] \to [\,0;\overline{v}_s\,]$, $\overline{v}_s := \dfrac{m_o\,\delta\,u_{nl} + n_u\,\gamma\,v_{mr}}{n_u\,(n_u - \delta)}$, weil

$\overline{R}^{-1}(1) = 0$ und $\overline{R}^{-1}(0) = \overline{v}_s$.

$\Leftrightarrow\ \overline{R} : [\,0;\overline{v}_s\,] \to [\,0;1\,]$ ist streng monoton fallend und bijektiv. **(5.82)**

Weiterhin wird gezeigt, daß $\overline{R}(v) = 0,\ v \geq \overline{v}_s$.

Bei der divisionalen Verknüpfung der Äste erhält man für beide Fälle aus (5.64):[64]

$v_{mr} \leq v_m$ und $u_{nl} \leq u_n$

$$\Rightarrow \frac{n_u\,\gamma\,v_m + m_o\,\delta\,u_n}{n_u\,(n_u - \delta)} \geq \frac{n_u\,\gamma\,v_{mr} + m_o\,\delta\,u_{nl}}{n_u\,(n_u - \delta)}$$

$$\Leftrightarrow \frac{n_u\,\gamma\,v_m + m_o\,\delta\,u_n}{n_u\,(n_u - \delta)} \geq \overline{v}_s \qquad \textbf{(5.83)}$$

Weiterhin erhält man folgendes Grenzwertverhalten:

$\lim\limits_{v_m \to \infty} \dfrac{n_u\,\gamma\,v_m + m_o\,\delta\,u_n}{n_u\,(n_u - \delta)} = \infty$ und $\lim\limits_{u_n \to \infty} \dfrac{n_u\,\gamma\,v_m + m_o\,\delta\,u_n}{n_u\,(n_u - \delta)} = \infty$, so daß sich mit (5.83) ergibt:

$\forall\ (v_m; u_n) \in [\,v_{mr}; \infty[\ \times\ [\,u_{nl}; \infty[\ \ \exists\ v \in [\,\overline{v}_s; \infty[$ und man erhält:

$$\frac{m_o\,\delta\,u_n + n_u\,\gamma\,v_m}{n_u\,(n_u - \delta)} = v \qquad \textbf{(5.84)}$$

64 Da die nachfolgende Rechnung hier auch für alle $y \in \mathbb{R}_{-}^{<0}$ mit $y_1 > 0$ gilt, steht die Approximation damit im Widerspruch zu dem Ergebnis der exakten Rechnung. Dieser rechnerisch mögliche Fall ist aber im weiteren nicht von Bedeutung. Vgl. Fußnote 62.

Im folgenden gilt es noch zu zeigen, daß für alle $v \in [\, \overline{v}_s ; \infty [$ mindestens *ein* 2-Tupel $(v_m ; u_n) \in [\, v_{mr} ; \infty [\; \times \; [\, u_{nl} ; \infty [$ existiert, so daß $\dfrac{m_o\, \delta\, u_n + n_u\, \gamma\, v_m}{n_u\,(n_u - \delta)} = v$. **(5.85)**

Durch die stetige, streng monoton wachsende und divergente Abbildung $F : [\, v_{mr} ; \infty [\; \rightarrow \mathbf{R}$ mit $F(v_m) := \dfrac{m_o\, \delta\, u_{nl} + n_u\, \gamma\, v_m}{n_u\,(n_u - \delta)}$ zeigt man gemäß Satz 5.6, daß genau *ein* $(v_m ; u_{nl})$ mit $v_m \in [\, v_{mr} ; \infty [$ existiert, so daß $F(v_m) = v$.

Wegen $R_{\tilde{M}}^{-1}(\{0\}) = \{ v_m \mid v_m \geq v_{mr} \}$ und $L_{\tilde{N}}^{-1}(\{0\}) = \{ u_n \mid u_n \geq u_{nl} \}$ ergibt sich aus (5.59), (5.84) und (5.85): $\overline{R}^{-1}(\{0\}) = \{ v \mid v \geq \overline{v}_s \}$

$$\Leftrightarrow \; \overline{R}(v) = 0,\; v \geq \overline{v}_s \qquad \textbf{(5.86)}$$

Wegen (5.82) und (5.86) erfüllt $\overline{R}$ die 2. Eigenschaft.

Zur 3. Eigenschaft:

Fall a: $0 \notin \chi_4$

Nach Satz 5.8 gilt:

$$\lim_{\lambda \to 0} \overline{R}^{-1}(\lambda) = \infty \quad \Leftrightarrow \quad \lim_{v \to \infty} \overline{R}(v) = 0$$

Fall b: $0 \in \chi_4$

Die Eigenschaft folgt aus (5.86).

Weiter gilt folgende Abschätzung: $\mu_{\tilde{M} \div \tilde{N}}\left(\dfrac{x}{y}\right) \approx \overline{R}\left(\dfrac{x}{y} - \dfrac{m_o}{n_u}\right),\; \dfrac{x}{y} \geq \dfrac{m_o}{n_u}$

Begründung: Für alle 2-Tupel $(x ; y) \in \mathbf{R}^2$ mit $\mu_{\tilde{M}}(x) = \mu_{\tilde{N}}(y) = \lambda,\; \lambda \in \chi_4$, gilt nach Definition: $x \geq m_o \quad \wedge \quad y \leq n_u$

Mit Theorem 2.1 folgt: $\mu_{\tilde{M} \div \tilde{N}}\left(\dfrac{x}{y}\right) = \lambda,\; \lambda \in \chi_4$

Aus (5.59) ergibt sich: $\overline{R}\left(\dfrac{x}{y} - \dfrac{m_o}{n_u}\right) \approx \lambda,\; \lambda \in \chi_4$

$$\Rightarrow \; \mu_{\tilde{M} \div \tilde{N}}\left(\frac{x}{y}\right) \approx \overline{R}\left(\frac{x}{y} - \frac{m_o}{n_u}\right),\; \frac{x}{y} \geq \frac{m_o}{n_u} \qquad \textbf{(5.87)}$$

5.4.5.2.2 Linker Teilast einer verknüpften unscharfen Zahl

Zur 1. Eigenschaft:

Nach Voraussetzung gilt:

$$L_{\tilde{M}}(0) = 1 \text{ und } R_{\tilde{N}}(0) = 1$$

$$\Leftrightarrow L_{\tilde{M}}^{-1}(1) = 0 \text{ und } R_{\tilde{N}}^{-1}(1) = 0$$

$$\Rightarrow \overline{L}^{-1}(1) = \frac{m_u \, \beta \, R_{\tilde{N}}^{-1}(1) + n_o \, \alpha \, L_{\tilde{M}}^{-1}(1)}{n_o\,(n_o + \beta)} = 0$$

$$\Leftrightarrow \overline{L}(0) = 1$$

Zur 2. Eigenschaft:

Fall a: $0 \notin \chi_3$

Es seien die folgenden streng monoton fallenden Referenzfunktionen gegeben:

$$L_{\tilde{M}} : [\,0; u_{ml}\,] \rightarrow [\,0;1\,] \text{ und } R_{\tilde{N}} : [\,0;\infty\,[\rightarrow]\,0;1\,]$$

Diese sind wegen der 1. und 3. Eigenschaft von Referenzfunktionen nach Satz 5.5/5.7 bijektiv und die Umkehrfunktionen besitzen die gleichen Eigenschaften. Deshalb ist die Abbildung $\overline{L}^{-1} :]\,0;1\,] \rightarrow [\,0;\infty\,[$ nach Satz 5.9 streng monoton fallend und nach Satz 5.4 auch bijektiv ist, weil $\overline{L}^{-1}(1) = 0$ und $\lim\limits_{\lambda \to 0} \overline{L}^{-1}(\lambda) = \infty$.

$\Leftrightarrow$ Die Funktion $\overline{L} : [\,0;\infty\,[\rightarrow]\,0;1\,]$ ist streng monoton fallend und bijektiv.[65] **(5.88)**

Fall b: $0 \in \chi_3$

Die streng monoton fallenden und bijektiven Referenzfunktionen $L_{\tilde{M}} : [\,0; u_{ml}\,] \rightarrow [\,0;1\,]$ und $R_{\tilde{N}} : [\,0; v_{nr}\,] \rightarrow [\,0;1\,]$ besitzen nach Satz 5.7 Umkehrfunktionen mit den gleichen Eigenschaften.

---

65 Der Definitionsbereich der approximativen Funktion $\overline{L}$ muß auf das Intervall $\left[\,0\,;\,\frac{m_u}{n_o}\right[$ beschränkt werden. Vgl. auch die Rechnung zur exakten Referenzfunktion L.

$\Rightarrow \overline{L}^{-1} : [\,0;1\,] \rightarrow [\,0;\overline{u}_s\,],\ \overline{u}_s := \dfrac{m_u\,\beta\,v_{nr} + n_o\,\alpha\,u_{ml}}{n_o\,(\,n_o + \beta\,)}$, ist nach Satz 5.9 streng monoton fallend und wegen Satz 5.7 auch bijektiv, weil $\overline{L}^{-1}(\,1\,) = 0$ und $\overline{L}^{-1}(\,0\,) = \overline{u}_s$.

$\Leftrightarrow\ \overline{L} : [\,0;\overline{u}_s\,] \rightarrow [\,0;1\,]$ ist streng monoton fallend und bijektiv. **(5.89)**

Im folgenden wird gezeigt, daß $\overline{L}(\,u\,) = 0,\ u \geq \overline{u}_s$.

Bei der divisionalen Verknüpfung der Äste erhält man für alle $x \leq x_l$ und $y \geq y_r$:

$u_m \geq u_{ml}$ und $v_n \geq v_{nr}$

$$\Rightarrow\ \frac{m_u\,\beta\,v_n + n_o\,\alpha\,u_m}{n_o\,(\,n_o + \beta\,)} \geq \overline{u}_s \qquad \textbf{(5.90)}$$

Außerdem erhält man nachstehende Divergenzen:

$$\lim_{u_m \to \infty} \frac{m_u\,\beta\,v_n + n_o\,\alpha\,u_m}{n_o\,(\,n_o + \beta\,)} = \infty \quad \text{und} \quad \lim_{v_n \to \infty} \frac{m_u\,\beta\,v_n + n_o\,\alpha\,u_m}{n_o\,(\,n_o + \beta\,)} = \infty$$

Mit (5.90) ergibt sich deshalb:

$\forall\ (\,u_m\,;v_n\,) \in [\,u_{ml}\,;\infty\,[\ \times\ [\,v_{nr}\,;\infty\,[\ \ \exists\ u \in [\,\overline{u}_s\,;\infty\,[$, und man erhält:

$$\frac{m_u\,\beta\,v_n + n_o\,\alpha\,u_m}{n_o\,(\,n_o + \beta\,)} = u \qquad \textbf{(5.91)}$$

Im folgenden wird gezeigt, daß für jedes $u \in [\,\overline{u}_s\,;\infty\,[$ mindestens *ein* 2-Tupel $(\,u_m\,;v_n\,) \in [\,u_{ml}\,;\infty\,[\ \times\ [\,v_{nr}\,;\infty\,[$ existiert, für das gilt:

$$\frac{m_u\,\beta\,v_n + n_o\,\alpha\,u_m}{n_o\,(\,n_o + \beta\,)} = u \qquad \textbf{(5.92)}$$

Mit der stetigen, streng monoton steigenden und divergenten Funktion $F : [\,u_{ml}\,;\infty\,[\ \rightarrow \mathbf{R}$, die durch die Abbildungsvorschrift $F\,(\,u_m\,) := \dfrac{m_u\,\beta\,v_{nr} + n_o\,\alpha\,u_m}{n_o\,(\,n_o + \beta\,)}$ gegeben ist, weist man nach Satz 5.6 nach, daß genau *ein* 2-Tupel $(\,u_m\,;v_{nr}\,)$ mit $u_m \in [\,u_{ml}\,;\infty\,[$ existiert, für das $F\,(\,u_m\,) = u$ gilt.

Wegen $L_{\tilde{M}}^{-1}(\{0\}) = \{ u_m \mid u_m \geq u_{ml} \}$ und $R_{\tilde{N}}^{-1}(\{0\}) = \{ v_n \mid v_n \geq v_{nr} \}$ folgt aus (5.57), (5.91) und (5.92): $\overline{L}^{-1}(\{0\}) = \{ u \mid u \geq \overline{u}_s \}$

$$\Leftrightarrow \overline{L}(u) = 0,\ u \geq \overline{u}_s \tag{5.93}$$

Aus (5.89) und (5.93) folgt die 2. Eigenschaft.

Zur 3. Eigenschaft:

Fall a: $0 \notin \chi_3$

Nach Satz 5.8 gilt:

$$\lim_{\lambda \to 0} \overline{L}^{-1}(\lambda) = \infty \quad \Leftrightarrow \quad \lim_{u \to \infty} \overline{L}(u) = 0$$

Fall b: $0 \in \chi_3$

Die Eigenschaft folgt aus (5.93).

In einem 2. Schritt zeigt man die folgenden Abschätzungen:

$$\mu_{\tilde{M} \div \tilde{N}}\left(\frac{x}{y}\right) \approx \overline{L}\left(\frac{m_u}{n_o} - \frac{x}{y}\right),\ \frac{x}{y} \leq \frac{m_u}{n_o}$$

$$\mu_{\tilde{M} \div \tilde{N}}\left(\frac{x}{y}\right) = 1,\ \frac{m_u}{n_o} \leq \frac{x}{y} \leq \frac{m_o}{n_u}$$

Für alle 2-Tupel $(x; y) \in R^2$ mit $\mu_{\tilde{M}}(x) = \mu_{\tilde{N}}(y) = \lambda,\ \lambda \in \chi_3$, gilt nach Definition:

$$x \leq m_u \quad \wedge \quad y \geq n_o$$

Wegen Theorem 1.1 oder Theorem 2 erhält man: $\mu_{\tilde{M} \div \tilde{N}}\left(\frac{x}{y}\right) = \lambda,\ \lambda \in \chi_3$

Andererseits ergibt sich mit (5.57): $\overline{L}\left(\frac{m_u}{n_o} - \frac{x}{y}\right) \approx \lambda,\ \lambda \in \chi_3$

$$\Rightarrow \mu_{\tilde{M} \div \tilde{N}}\left(\frac{x}{y}\right) \approx \overline{L}\left(\frac{m_u}{n_o} - \frac{x}{y}\right),\ \frac{x}{y} \leq \frac{m_u}{n_o} \tag{5.94}$$

Weiterhin gilt $\mu_{\tilde{M}}(x) = 1,\ m_u \leq x \leq m_o$ und $\mu_{\tilde{N}}(y) = 1,\ n_u \leq y \leq n_o$

Aus Theorem 2 folgt dann: $\mu_{\tilde{M} \div \tilde{N}}\left(\frac{x}{y}\right) = 1, \frac{m_u}{n_o} \le \frac{x}{y} \le \frac{m_o}{n_u}$

Mit (5.87) und (5.94) erhält man deshalb folgende Approximation:

$$\mu_{\tilde{M} \div \tilde{N}}\left(\frac{x}{y}\right) \approx \begin{cases} \overline{L}\left(\frac{m_u}{n_o} - \frac{x}{y}\right) & ; \frac{x}{y} \le \frac{m_u}{n_o} \\ 1 & ; \frac{m_u}{n_o} \le \frac{x}{y} \le \frac{m_o}{n_u} \\ \overline{R}\left(\frac{x}{y} - \frac{m_o}{n_u}\right) & ; \frac{x}{y} \ge \frac{m_o}{n_u} \end{cases}$$

Deshalb ergibt sich die folgende Näherungsformel:

$$\tilde{M} \div \tilde{N} = < m_u ; m_o ; \alpha ; \gamma >_{L_{\tilde{M}} R_{\tilde{M}}} \div < n_u ; n_o ; \delta ; \beta >_{L_{\tilde{N}} R_{\tilde{N}}}$$

$$\approx < \frac{m_u}{n_o} ; \frac{m_o}{n_u} ; 1 ; 1 >_{\overline{L}\,\overline{R}}$$

Die approximative Referenzfunktion $\overline{R}$ kann man aufgrund von (5.59) und (5.80) wie folgt aus den Referenzfunktionen der unscharfen Zahlen $\tilde{M}$ und $\tilde{N}$ ableiten:

Fall a: $0 \notin \chi_4$

$$\overline{R}\left(\frac{x}{y} - \frac{m_o}{n_u}\right) \approx \left[\frac{n_u\,\gamma\,R_{\tilde{M}}^{-1}(\lambda) + m_o\,\delta\,L_{\tilde{N}}^{-1}(\lambda)}{n_u\,(n_u - \delta)}\right]^{-1}, \frac{x}{y} \ge \frac{m_o}{n_u}$$

Fall b: $0 \in \chi_4$

Berücksichtigt man zusätzlich (5.82) und (5.86), so erweitert sich die Formel wie folgt:

$$\overline{R}\left(\frac{x}{y} - \frac{m_o}{n_u}\right) \approx \begin{cases} \left[\dfrac{n_u\ \gamma\ R_{\tilde{M}}^{-1}(\lambda) + m_o\ \delta\ L_{\tilde{N}}^{-1}(\lambda)}{n_u\ (n_u - \delta)}\right]^{-1} & \text{wenn } \dfrac{m_o}{n_u} \le \dfrac{x}{y} \le \dfrac{m_o}{n_u} + \dfrac{n_u\ x_r - m_o\ y_l}{n_u\ (n_u - \delta)} \\ 0 & \text{wenn } \dfrac{x}{y} \ge \dfrac{m_o}{n_u} + \dfrac{n_u\ x_r - m_o\ y_l}{n_u\ (n_u - \delta)} \end{cases}$$

Die approximative Referenzfunktion $\overline{L}$ kann man aufgrund von (5.57) und (5.88) wie folgt aus den Referenzfunktionen der unscharfen Zahlen $\tilde{M}$ und $\tilde{N}$ approximieren:

Fall a: $0 \notin \chi_3$

$$\overline{L}\left(\frac{m_u}{n_o} - \frac{x}{y}\right) \approx \left[\frac{m_u\ \beta\ R_{\tilde{N}}^{-1}(\lambda) + n_o\ \alpha\ L_{\tilde{M}}^{-1}(\lambda)}{n_o\ (n_o + \beta)}\right]^{-1}, 0 < \frac{x}{y} \le \frac{m_u}{n_o}$$

Fall b: $0 \in \chi_3$

Berücksichtigt man zusätzlich (5.89) und (5.93), dann erhält man die nachstehende Formel:

$$\overline{L}\left(\frac{m_u}{n_o} - \frac{x}{y}\right) \approx \begin{cases} \left[\dfrac{m_u\ \beta\ R_{\tilde{N}}^{-1}(\lambda) + n_o\ \alpha\ L_{\tilde{M}}^{-1}(\lambda)}{n_o\ (n_o + \beta)}\right]^{-1} & \text{wenn } \dfrac{m_u}{n_o} - \dfrac{m_u\ y_r - n_o\ x_l}{n_o\ (n_o + \beta)} \le \dfrac{x}{y} \le \dfrac{m_u}{n_o} \\ 0 & \text{wenn } \dfrac{x}{y} \le \dfrac{m_u}{n_o} - \dfrac{m_u\ y_r - n_o\ x_l}{n_o\ (n_o + \beta)} \end{cases}$$

Ein Spezialfall liegt vor, wenn zwei LR-Zahlen vom gleichen LR-Typ sind. Dann gilt:

$$L_{\tilde{M}} \equiv R_{\tilde{N}} \text{ und } R_{\tilde{M}} \equiv L_{\tilde{N}}$$

$$\Leftrightarrow L_{\tilde{M}}^{-1} \equiv R_{\tilde{N}}^{-1} \text{ und } R_{\tilde{M}}^{-1} \equiv L_{\tilde{N}}^{-1}$$

Für alle x, y ∈ R mit $\mu_{\tilde{M}}(x) = \mu_{\tilde{N}}(y) = \lambda, \lambda \in \chi_4$, folgt nach Theorem 2.1:

$$\mu_{\tilde{M} \div \tilde{N}}\left(\frac{x}{y}\right) = \lambda, \lambda \in \chi_4$$

Für den rechten Teilast erhält man aus (5.59): $R_{\tilde{M}}^{-1}(\lambda) \approx \dfrac{\dfrac{x}{y} - \dfrac{m_o}{n_u}}{\dfrac{n_u \gamma + m_o \delta}{n_u (n_u - \delta)}}, \quad \dfrac{x}{y} \le \dfrac{m_o}{n_u}$

$$\Rightarrow R_{\tilde{M}}\left(\frac{\frac{x}{y} - \frac{m_o}{n_u}}{\frac{n_u \gamma + m_o \delta}{n_u (n_u - \delta)}}\right) \approx \lambda, \lambda \in \chi_4$$

Insgesamt ergibt sich damit:

$$\mu_{\tilde{M} \div \tilde{N}}\left(\frac{x}{y}\right) \approx R_{\tilde{M}}\left(\frac{\frac{x}{y} - \frac{m_o}{n_u}}{\frac{n_u \gamma + m_o \delta}{n_u (n_u - \delta)}}\right), \quad \frac{x}{y} \ge \frac{m_o}{n_u}$$

Mit (5.57) rechnet man analog für den linken Teilast von $\mu_{\tilde{M} \div \tilde{N}}$, so daß man in R die folgende Näherung erhält:

$$\mu_{\tilde{M} \div \tilde{N}}\left(\frac{x}{y}\right) \approx \begin{cases} L_{\tilde{M}}\left(\dfrac{\dfrac{m_u}{n_o} - \dfrac{x}{y}}{\dfrac{m_u \beta + n_o \alpha}{n_o (n_o + \beta)}}\right) & ; \dfrac{x}{y} \leq \dfrac{m_u}{n_o} \\ 1 & ; \dfrac{m_u}{n_o} \leq \dfrac{x}{y} \leq \dfrac{m_o}{n_u} \\ R_{\tilde{M}}\left(\dfrac{\dfrac{x}{y} - \dfrac{m_o}{n_u}}{\dfrac{n_u \gamma + m_o \delta}{n_u (n_u - \delta)}}\right) & ; \dfrac{x}{y} \geq \dfrac{m_o}{n_u} \end{cases}$$

Damit gilt folgende Formel:

$$\tilde{M} \div \tilde{N} = < m_u ; m_o ; \alpha ; \gamma >_{L_{\tilde{M}} R_{\tilde{M}}} \div < n_u ; n_o ; \delta ; \beta >_{L_{\tilde{N}} R_{\tilde{N}}}$$

$$\approx < \frac{m_u}{n_o} ; \frac{m_o}{n_u} ; \frac{m_u \beta + n_o \alpha}{n_o (n_o + \beta)} ; \frac{n_u \gamma + m_o \delta}{n_u (n_u - \delta)} >_{L_{\tilde{M}} R_{\tilde{M}}}$$

Definiert man $L := L_{\tilde{M}}$ und $R := R_{\tilde{M}}$, so folgt die allgemeine Formel:

$$\tilde{M} \div \tilde{N} = < m_u ; m_o ; \alpha ; \gamma >_{LR} \div < n_u ; n_o ; \delta ; \beta >_{RL}$$

$$\approx < \frac{m_u}{n_o} ; \frac{m_o}{n_u} ; \frac{m_u \beta + n_o \alpha}{n_o (n_o + \beta)} ; \frac{n_u \gamma + m_o \delta}{n_u (n_u - \delta)} >_{LR}$$

5.4.5.3 Überblick über analoge Rechnungen

Die divisionale Verknüpfung zwischen unscharfen Zahlen läßt sich wie folgt untergliedern:

Erweiterte Division positiver unscharfer Zahlen

1. Die Verknüpfung des **rechten** Teilastes einer unscharfen Zahl $\tilde{M}$ und des **linken** Teilastes einer unscharfen Zahl $\tilde{N}$ erzeugt den **rechten** Ast der unscharfen Zahl $\tilde{M} \div \tilde{N}$.

2. Die Verknüpfung des **linken** Teilastes einer unscharfen Zahl $\tilde{M}$ und des **rechten** Teilastes einer unscharfen Zahl $\tilde{N}$ erzeugt den **linken** Ast der unscharfen Zahl $\tilde{M} \div \tilde{N}$.

Erweiterte Division negativer unscharfer Zahlen

3. Die Verknüpfung des **linken** Teilastes einer unscharfen Zahl $\tilde{M}$ und des **rechten** Teilastes einer unscharfen Zahl $\tilde{N}$ erzeugt den **rechten** Ast der unscharfen Zahl $\tilde{M} \div \tilde{N}$.

4. Die Verknüpfung des **rechten** Teilastes einer unscharfen Zahl $\tilde{M}$ und des **linken** Teilastes einer unscharfen Zahl $\tilde{N}$ erzeugt den **linken** Ast der unscharfen Zahl $\tilde{M} \div \tilde{N}$.

Erweiterte Division zwischen einer negativen und einer positiven unscharfen Zahl

5. Die Verknüpfung der **linken** Teiläste einer negativen unscharfen Zahl $\tilde{M}$ und einer **positiven** unscharfen Zahl $\tilde{N}$ erzeugt den **linken** Ast der unscharfen Zahl $\tilde{M} \div \tilde{N}$.

6. Die Verknüpfung der **rechten** Teiläste einer negativen unscharfen Zahl $\tilde{M}$ und einer **positiven** unscharfen Zahl $\tilde{N}$ erzeugt den **rechten** Ast der unscharfen Zahl $\tilde{M} \div \tilde{N}$.

Dann gelten folgende Zusammenhänge:

Die Rechnungen zu 3. und 5. (4. und 6.) sind analog zu denen unter 1. (2.).[66]

---

66 Vgl. die Anhänge 10 und 11.

6 Fuzzy Sets in wissensbasierten Ansätzen zur Ablaufplanung

6.1 Eingrenzung des Untersuchungsgegenstands

Wegen der Komplexität der Produktionsplanung und -steuerung beruhen PPS-Systeme trotz aller Unterschiede im Detail mit der Produktionsprogramm-, Produktionsdurchführungs- und Bereitstellungsplanung auf einem Sukzessivplanungskonzept. Die kurzfristige Ablaufplanung ist *eine* Teilaufgabe der Produktionsdurchführungsplanung und kann aus statischer und dynamischer Sicht betrachtet werden. Bei der zuerst genannten Sichtweise unterstellt man, daß alle Aufträge zu Beginn der Planungsperiode bekannt sind. Also wird die Ablaufplanung für eine bestimmte Planungsperiode genau *einmal* durchgeführt. Eine dynamische Planungssituation liegt immer dann vor, wenn sich das Auftragsprogramm während der Planungsperiode verändert. Im Regelfall zwingt das zu einer rollierenden Planung, um so die Planvorgaben an aktuelle Datensituationen anpassen zu können. Die kurzfristige Ablaufplanung umfaßt die folgenden Aufgabenbereiche:[1]

- Im Zuge der **Reihenfolgeplanung** wird für alle vor einem Arbeitssystem wartenden Aufträge eine Bearbeitungsreihenfolge erstellt. Dadurch erhält man eine Kapazitätsfeinterminierung im Sinne einer tages- oder stundengenauen Maschinenbelegungsplanung. Für eine praktische Anwendung sind insbesondere im realitätsnahen Job-Shop-Fall optimierende Verfahren zur Unterstützung der Maschinenbelegung ohne Bedeutung.[2] Deshalb verwendet man zur Reihenfolgeplanung hauptsächlich Prioritätsregelverfahren. Dabei kann man die Aufträge vor einem Arbeitssystem als Warteschlange auffassen, für die man eine Warteschlangendisziplin in Form einer Prioritätsregel vereinbart. Es gibt keine Prioritätsregel, die gleichzeitig alle Ziele der Reihenfolgeplanung positiv beeinflußt. In vielen Fällen werden deshalb kombinierte Prioritätsregeln verwendet, ohne daß diese eine gewünschte Wirkungsrichtung garantieren.[3]

- Mit der Freigabe wird ein Auftrag in den Fertigungsprozeß eingesteuert. Der Disponent kann also über das **Freigabeverhalten** die Warteschlangen vor den Arbeitsstationen und damit auch die Zwischenlagerbestände beeinflussen. Eine möglichst späte Freigabe erleichtert also die Reihenfolgeplanung, während eine vorgezogene Einlastung in der Regel steigende Werkstattbestände und längere Liegezeiten bewirkt, die das wichtigste Durchlaufzeitelement darstellen.[4] Ein Circulus vitiosus kann dadurch entstehen, daß der

---

1 Vgl. *D. Adam*, (1993b), S. 392 - 395.

2 Vgl. *G. Zäpfel*, (1982), S. 262.

3 Hierzu vgl. z.B. ebenda, S. 271 - 277, *D. Adam*, (1993b), S. 422 - 427, *H.J. Hoitsch*, (1993), S. 478 - 488, *M. Schweitzer*, (1990), S. 657 - 659.

4 Statistische Erhebungen haben ergeben, daß Durchlaufzeiten zu ungefähr 85% aus Liegezeiten bestehen. Vgl. *R. Hackstein*, (1989), S. 14, *H.J. Warnecke*, (1984), S. 358.

Entscheidungsträger aufgrund gestiegener Durchlaufzeiten die Freigabezeitpunkte vorzieht. Es ist zu beachten, daß Durchlaufzeiten für die Beurteilung der Abwicklungseffizienz nur von begrenzter Aussagekraft sind, weil die Zeitspanne zwischen der Auftragserteilung und der Auftragsfreigabe unberücksichtigt bleibt.

- Weiterhin legt man in der Ablaufplanung das **stufenbezogene Kapazitätsangebot** fest, um so die Kapazitäten zwischen den Fertigungsstufen besser aufeinander abstimmen zu können. Die Kapazitäten der Arbeitssysteme können insbesondere durch eine entsprechende Personalzuordnung sowie durch zeitliche und/oder intensitätsmäßige Anpassung der Maschinen variiert werden. Die Qualität einer Kapazitätsharmonisierung wird allerdings maßgeblich durch Entscheidungen der langfristigen Ablaufplanung beeinflußt.

- Die **innerbetriebliche Auftragsgröße** ist unter dem Aspekt der Abwicklungsdauer eines Kundenauftrags immer dann von Bedeutung, wenn ein Fertigungslos jeweils als geschlossener Posten an die nachfolgende Bearbeitungsstufe weitergeleitet wird. Die Aufteilung eines Kundenauftrags in mehrere innerbetriebliche Aufträge führt zu einer kürzeren Abwicklungsdauer, sofern die Kapazitäten nachfolgender Bearbeitungsstufen eine sofortige Weiterverarbeitung zulassen.

Die folgenden Ausführungen konzentrieren sich auf die Reihenfolgeplanung. Es wird gezeigt, wie man mit der approximativen Inferenz für die vor einer Arbeitsstation wartenden Aufträge eine zielsetzungsgerechte Bearbeitungsreihenfolge erstellt. Wesensmerkmal dieses Verfahrens ist die Abbildung menschlichen Erfahrungswissens in einer Regelmenge mit einem umgangs- und fachsprachlichen Voraussetzungsteil. Die Inferenzkomponente wertet *alle* Regeln aus, so daß die näherungsweise Modellierung des aus Schlußfolgerungen ableitbaren menschlichen Entscheidungsverhaltens möglich ist. Die approximative Inferenz ist deshalb dem Gebiet der künstlichen Intelligenz zuzuordnen.[5]

In einer dynamischen Planungssituation verändert sich der Auftragsbestand vor einer Arbeitsstation ständig. Deshalb muß man die Auftragsreihenfolge immer dann neu bestimmen, wenn die Kapazität des Arbeitssystems wieder frei wird. Die approximative Inferenz unterstützt den rollenden Planungsmodus vor einer Arbeitsstation. Dabei entspricht der Planungshorizont den kumulierten Fertigungszeiten der zum Entscheidungszeitpunkt in der approximativen Inferenz berücksichtigten Aufträge zuzüglich eventuell erforderlicher Umrüstzeiten, während die erste Planungsperiode mit der Fertigstellung des ranghöchsten Auftrags endet.

---

5 Vgl. *H.J. Zimmermann*, (1992c), S. 5. Andere in der künstlichen Intelligenz entwickelte Formalismen zur Abbildung menschlicher Denkweisen werden hier nicht betrachtet. Dazu vgl. *L. Sombé*, (1992).

6.2 Unscharfe Produktionsregeln als Grundlage der approximativen Inferenz

Grundlage der approximativen Inferenz sind die aus der künstlichen Intelligenz bekannten Produktionsregeln zur Repräsentation prozeduralen Wissens.[6] Allgemein handelt es sich dabei um eine bedingte Handlungsanweisung, die sich mit Bezug auf eine Entscheidungssituation formal wie folgt beschreiben läßt:

WENN < *Situation* > **DANN** < *Aktion* >

Ein Vorteil von Produktionsregeln ist die Erfassung von Situations-Aktionsmustern. Daraus kann man in *ähnlichen* Situationen heuristische Lösungsvorschläge ableiten. Diese Form der Wissensrepräsentation eignet sich also besonders dann, wenn *Erfahrungswissen* in einem *abgegrenzten* Problembereich die Basis künftiger Entscheidungen ist. Darüber hinaus werden in unscharfen Produktionsregeln umgangs- und fachsprachliche Situationsbeschreibungen und Unsicherheiten im Zusammenhang mit der Verknüpfung verbaler Bewertungen modelliert. Da unscharfe Produktionsregeln keine im mathematischen Sinne beweisbaren Ursache-Wirkungszusammenhänge beschreiben, stellt die Regel selbst einen Unsicherheitsfaktor dar. Die vorstehenden Unsicherheitsgrößen sind Gegenstand der folgenden Unterabschnitte.

6.2.1 Linguistische Variable

Eine Situation wird über eine Vielzahl qualitativer und quantitativer Merkmalsausprägungen realitätsnah erfaßt und kann in der Regel durch keine in der Wissensbasis gespeicherte Bedingung *genau* beschrieben werden. Daraus resultiert das Problem, wie man die sprachliche Unschärfe einer Situationsbeschreibung im Voraussetzungsteil einer Wissensbasis hinreichend genau abbildet. Ein Lösungsansatz sind die linguistischen Variablen, mit denen sprachliche Unschärfen abgebildet und operationalisiert werden können. ZADEH baut diesen Begriff auf den Definitionen der Variablen und der unscharfen Variablen[7] auf und definiert wie folgt:

Definition (Linguistische Variable)

Eine linguistische Variable läßt sich durch ein Quintupel (N, T, D, G, S) beschreiben. Die Elemente des Quintupels werden wie folgt bezeichnet:

---

6 Andere Abbildungsformen menschlichen Wissens (z.B. semantische Netze, Frames) werden hier nicht betrachtet. Dazu vgl. z.B. *W. Nickels*, (1990), S. 123 - 129.

7 Hierzu vgl. *L.A. Zadeh*, (1987b), S. 230 und S. 271.

N : Name der linguistischen Variable

T : Menge der linguistischen Terme von N

D : Definitionsbereich einer Basisvariablen

G : Syntaktische Regeln (gewöhnlich in der Form einer Grammatik) zur Erzeugung neuer linguistischer Terme oder Wortkombinationen

S : Semantische Regeln, mit denen man über Zugehörigkeitsfunktionen jedem $t \in T$ eine Bedeutung zuweist $\rightarrow$ $S(t) := \{ (d; \mu_t(d)) \mid d \in D \}$ [8]

Die Komponenten des Quintupels können hinsichtlich betriebswirtschaftlicher Entscheidungen wie folgt beschrieben werden:

1. Handlungsalternativen bewertet man in der Regel hinsichtlich einer Vielzahl relevanter Ziele. Diese erfaßt man mit dem Namen einer linguistischen Variablen. Beispiele hierfür sind "Umsatz", "Gewinn" oder "Image". Mit diesen Komponenten wird der Bezug zu einem Zielkatalog hergestellt.

2. Die möglichen Ausprägungen situativ relevanter Ziele werden vom Entscheidungsträger in der Regel verbal beurteilt. Ein Gewinn wird z.B. als "sehr hoch", "zufriedenstellend" oder "niedrig" eingestuft. Deshalb formuliert man für jedes Ziel eine bestimmte Anzahl linguistischer Terme. Diese reduzieren die Datenvielfalt und bewahren somit den Blick für wesentliche Zusammenhänge.

3. Im Regelfall bezieht sich ein verbales Urteil auf ein numerisches Zielniveau. Deshalb muß jedem linguistischen Term eine einheitliche Basisvariable zugrunde gelegt werden. Diese kann jeweils Werte aus einem Definitionsbereich annehmen. Wenn beispielsweise ein Umsatz von maximal 1100 TDM möglich ist, dann wird die Basisvariable "Umsatz" in dem Intervall $[\,0;1100\,]$ definiert.

4. Man benötigt syntaktische Regeln, um aus primären Termen (z.B. "hoch", "niedrig") durch die Verknüpfung mit logischen Operatoren (z.B. "und", "oder", "nicht") und Modifikatoren (z.B. "sehr", "ziemlich", "außergewöhnlich") zusammengesetzte Terme zu erzeugen. Deshalb formuliert man linguistische Ausdrücke als primäre oder als zusammengesetzte Terme. Eine Menge T kann z.B. wie folgt aufgebaut sein:

   T := { "sehr hoch", "hoch", "ziemlich niedrig", "nicht zufriedenstellend" }

   Diese Menge kann nur dann über syntaktische Regeln erzeugt werden, wenn mindestens *ein* Element ein primärer Term ist.

---

8 Vgl. *L.A. Zadeh*, (1987b), S. 284.

5. Semantische Regeln sind unscharfe Mengen, da jeder Wert d $\in D$ einer Basisvariablen zu einem gewissen Grad einer verbalen Beurteilung entspricht. Im Beispiel aus Punkt 3. könnte der Entscheidungsträger einen Umsatz von 1050 TDM wie folgt bewerten:

   $\mu_{\text{sehr hoch}}(1050) = 0{,}8$ und $\mu_{\text{hoch}}(1050) = 1$

   Ein Umsatz in Höhe von 1050 TDM gehört dann mit dem Zugehörigkeitsgrad 0,8 zur Menge der sehr hohen und vollständig zur Menge der hohen Umsätze. Grundsätzlich wird für jeden linguistischen Term eine Zugehörigkeitsfunktion auf dem Definitionsbereich *D* formuliert. Es erscheint sinnvoll, Zugehörigkeitsfunktionen nur für primäre Terme zu ermitteln und daraus Zugehörigkeitsfunktionen für die zusammengesetzten Terme abzuleiten.[9]

6.2.2 Aggregationsoperatoren

In einem Entscheidungsprozeß werden potentielle Alternativen hinsichtlich mehrerer Kriterien bewertet. Deshalb stellt sich die Frage, welches Aggregationsverhalten dem bei einer verbalen Beurteilung verwendeten "und" zugrunde liegt. Empirische Untersuchungen haben gezeigt, daß das im Sprachgebrauch verwendete "und" nicht mit dem logischen "und" übereinstimmt, das mit dem Minimum- oder dem Produktoperator beschrieben werden kann.[10] Vielmehr läßt der Entscheidungsträger bei der Beurteilung einer Alternative in der Regel kompensatorische Effekte zwischen Zielerreichungsgraden relevanter Kriterien zu. Der Grad der Kompensation hängt von der relativen Wichtigkeit der Kriterien ab und variiert kontextabhängig. Die Unterschiede in der kompensatorischen Bedeutung des linguistischen "und" können nur über einen parametrischen Aggregationsoperator modelliert werden, mit dem man jeden Punkt auf einem Kontinuum zwischen vollständiger Kompensation und vollständiger Nicht-Kompensation erreicht. In der Literatur wird der γ-Operator vorgeschlagen, welcher der Klasse der mittelnden Operatoren zuzuordnen ist und wie folgt definiert ist:[11]

Definition (γ-Operator)

Es seien beliebige Zugehörigkeitsfunktionen $\mu_p : X \rightarrow [\,0\,;\,1\,]$, $p \in \{\,1,\ldots m\,\}$, gegeben. Diese werden über den γ-Operator wie folgt aggregiert:

---

9 Eine mögliche Vorgehensweise zur Ableitung von Zugehörigkeitsfunktionen zusammengesetzter Terme wird bei *L.A. Zadeh*, (1972), S. 22 - 34 vorgeschlagen. Modifikatoren werden in Abschnitt 6.3.1.2 nicht berücksichtigt. Hierzu vgl. *B. Bouchon-Meunier*, (1992), S. 402 - 412.

10 Vgl. *U. Thole / H.J. Zimmermann / P. Zysno*, (1979).

11 Vgl. *H.J. Zimmermann / P. Zysno*, (1980), S. 47, *M.K. Luhandjula*, (1982), S. 247.

$$\mu_\gamma(x) := \left(\prod_{p=1}^{m} \mu_p(x) \right)^{1-\gamma} \cdot \left(1 - \prod_{p=1}^{m} \left(1 - \mu_p(x)\right) \right)^{\gamma}, \quad 0 \le \gamma \le 1 \qquad \textbf{(6.1)}$$

Für $\gamma = 0$ erhält man den algebraischen Produktoperator (→ keine Kompensation)

Für $\gamma = 1$ erhält man den algebraischen Summenoperator(→ vollständige Kompensation)

Der γ-Operator kann also durch kontextabhängige Variation des Parameters γ dem Aggregationsverhalten eines Entscheidungsträgers angepaßt werden. Dadurch erzielt man eine höhere Abbildungsgenauigkeit als bei anderen Operatoren. Eine allgemeingültige Vorgehensweise zur Bestimmung eines Kompensationsgrades existiert nicht. Vielmehr muß dieser situativ festgelegt werden.[12] Für die empirische Ermittlung eines Parameters γ wird in der Literatur die folgende Vorgehensweise vorgeschlagen:

1. Bestimmung einer repräsentativen Teilmenge $\Omega \subseteq X$

2. Ermittlung der Werte $\mu_\gamma(x), \mu_1(x), \ldots \mu_m(x), x \in \Omega$

3. Berechnung der Parameter $\gamma(x), x \in \Omega$

   Wenn man in (6.1) nach γ auflöst, erhält man die folgende Kompensationsfunktion:

$$\gamma(x) = \frac{\ln \mu_\gamma(x) - \ln\left(\prod_{p=1}^{m} \mu_p(x) \right)}{\ln\left(1 - \prod_{p=1}^{m} \left(1 - \mu_p(x)\right) \right) - \ln\left(\prod_{p=1}^{m} \mu_p(x) \right)}$$

4. Berechnung einer empirischen Kompensationsfunktion Γ :

$$\Gamma := \frac{1}{|\Omega|} \cdot \sum_{x \in \Omega} \gamma(x)$$ [13]

12 Vgl. *H.J. Zimmermann*, (1991a), S. 38.

13 Vgl. *H.H. Bothe*, (1993), S. 52, *H.J. Zimmermann / P. Zysno*, (1980), S. 48.

6.2.3 Plausibilitätsziffern

Zwischen Objekten aus dem Bereich der Wirtschaft bestehen Beziehungen unterschiedlichster Art und Intensität. Formal kann man solche Beziehungen in Relationen abbilden, die wie folgt definiert werden:

Definition (n-stellige Relation)

Es seien beliebige Mengen X_1, X_2,....X_n und deren kartesisches Produkt $X_1 \times X_2 \times .... \times X_n$ gegeben. Dann liegt mit der Darstellung $R : X_1 \times X_2 \times .... \times X_n \rightarrow \{ 0 ; 1 \}$ eine n-stellige Relation vor.

Die explizite Formulierung einer Relation hängt von relationentypischen Bedingungen ab, wie das folgende Beispiel verdeutlicht.

Es seien die Mengen $X_1 := \{ 1, 3 \}$ und $X_2 := \{ 2, 4 \}$ und mit dem Kleiner-Zeichen eine relationentypische Bedingung gegeben. Dann entsteht folgende Relation:

$R(1/2) = R(1/4) = R(3/4) = 1$ und $R(3/2) = 0$

Wenn man abgestufte Grade der Intensität einer Beziehung zwischen Elementen beschreiben will, dann muß eine Relation Werte zwischen null und *eins* erreichen. Deshalb definiert man in Erweiterung der vorstehenden Definition eine unscharfe Relation wie folgt:

Definition (n-stellige unscharfe Relation)

Es seien beliebige Mengen X_1, X_2,....X_n und deren kartesisches Produkt $X_1 \times X_2 \times .... \times X_n$ gegeben. Dann liegt mit der Darstellung $\tilde{R} : X_1 \times X_2 \times .... \times X_n \rightarrow [0 ; 1]$ eine n-stellige unscharfe Relation vor.[14]

In realen Entscheidungsprozessen ist es meistens nicht möglich, Situationen scharf gegeneinander abzugrenzen und eindeutige Handlungsempfehlung zu geben.[15] Der damit verbundenen Unsicherheit über Zielwirkungen unscharf formulierter Produktionsregeln wird im Verfahren der approximativen Inferenz durch die Berücksichtigung von Plausibilitätsziffern Rechnung getragen. Wenn eine Menge X_1 aus den in einer Wissensbasis gespeicherten *Situationen* und eine Menge X_2 aus den in einer Wissensbasis enthaltenen *Aktionen* bestehen, dann beschreibt die unscharfe Relation $\tilde{R} : X_1 \times X_2 \rightarrow [0; 1]$ die den unscharfen Produktionsregeln zugewiesenen Plausibilitätsziffern. Eine Möglichkeit zur expliziten Berechnung einer unscharfen Relation wird in Abschnitt 6.3.1.3 beschrieben.

---

14 Vgl. *M.L. Kraft*, (1979), S. 60.

15 Vgl. *D. Dubois / H. Prade*, (1992), S. 63 f.

6.3 Approximative Inferenz

6.3.1 Aufstellen einer Regelmenge

6.3.1.1 Entscheidungsrelevante Kriterien

In einem erwerbswirtschaftlichen Unternehmen besteht zwischen den grundsätzlichen Zielen der langfristigen Existenzsicherung und der dauerhaften Erwirtschaftung von Gewinnen eine Mittel-Zweckbeziehung. Eine zielsetzungsgerechte Reihenfolgeplanung erfordert deshalb die Bestimmung beeinflußbarer Erfolgskomponenten.

Der Grundsatz langfristiger Unternehmenssicherung verlangt die Identifizierung strategischer Erfolgsfaktoren. Während man auf ungesättigten Märkten schwerpunktmäßig über den Preis auf das vom Kunden wahrgenommene Preis-Nutzenverhältnis einwirken konnte, erfordern Käufermärkte die Ausnutzung weiterer strategischer Erfolgspotentiale. Dabei handelt es sich insbesondere um die Produktqualität und die Zeiteffizienz.[16] Dem letztgenannten Aspekt kann hier Rechnung getragen werden, da die *Zuverlässigkeit im Sinne hoher Termintreue* über die Reihenfolgeplanung maßgeblich beeinflußt werden kann. Dabei haben Wirkungsanalysen der Prioritätsregelverfahren gezeigt, daß die Erstellung einer Warteschlangendisziplin anhand der Schlupfzeit die Termintreue sehr gut beeinflußt.[17] Im folgenden wird deshalb die **Schlupfzeit** bei der Reihenfolgeplanung berücksichtigt.

Aus statischer Sicht wird der periodenbezogene Umsatz der auftragsorientierten Einzel- oder Kleinserienfertigung ausschließlich durch Entscheidungen über die Annahme oder Ablehnung eingehender Aufträge determiniert. Unter Berücksichtigung eines im Zeitablauf variierenden Auftragsbestands kann der Periodenumsatz zusätzlich durch eine Reihenfolgeplanung mit dem Ziel der Verringerung ablaufbedingter Stillstandszeiten der Potentialfaktoren gesteigert werden. Die oben erwähnten Simulationsuntersuchungen haben gezeigt, daß in bezug auf diese Zielsetzung die KOZ-Regel zu den besten Ergebnissen führt. Weiterhin wird durch diese Prioritätsregel auch die Durchlaufzeit günstig beeinflußt. Durch schnelle und ergebniswirksame Reaktionen auf Anforderungen der Umwelt wird damit eine wichtige Bedingung für die Wettbewerbsfähigkeit auf Märkten mit ständig sich ändernden Anforderungen erfüllt.[18] Andererseits werden durch diese Prioritätsregel Aufträge mit langer Bearbeitungszeit benachteiligt. Weil dieser Schwäche aber mit der Schlupfzeitregel entgegengewirkt werden kann, soll im folgenden auch die **Bearbeitungszeit an der Arbeitsstation** als weiteres Kriterium für die Bestimmung einer Auftragsreihenfolge hinzugezogen werden.

---

16 In der Literatur wird die Diskussion darüber, ob sich Kostenführerschafts- und Differenzierungsstrategie ergänzen können oder gegenseitig ausschließen, kontrovers diskutiert. Das führt zu den sich diametral gegenüberstehenden Unvereinbarkeits- und Simultaneitätshypothesen. Hierzu vgl. *R. Rollberg*, (1996), S. 17 - 24.

17 Vgl. *R. Reichwald / B. Dietel*, (1991), S. 573, *M. Schweitzer*, (1990), S. 659, *G. Zäpfel*, (1982), S. 276.

18 Vgl. *P. Milling*, (1993), S. 14.

Die Reihenfolgeplanung beeinflußt im wesentlichen die folgenden Kostenkomponenten:

1. Kosten für die Überschreitung vereinbarter Liefertermine entstehen hauptsächlich durch Konventionalstrafen und langfristige Goodwill-Verluste. Durch Berücksichtigung von Schlupfzeiten wird diese Kostengröße günstig beeinflußt.

2. Ablaufbedingte Stillstandszeiten der Potentialfaktoren führen zu Umsatzeinbußen. Die KOZ-Regel ist eine Entscheidungsheuristik, mit der gerade diesen Opportunitätskosten Rechnung getragen wird.

3. Reihenfolgeabhängige Umrüstkosten bleiben im weiteren unberücksichtigt, weil diese nur fallspezifisch in einem Entscheidungsmodell erfaßt werden können.

4. Die Zwischenlagerung von Halb- und Fertigfabrikaten führt zu Opportunitätskosten der Kapitalbindung. Diese bedeutende Kostengröße wird durch die vorstehenden Prioritätsregeln nicht hinreichend berücksichtigt. Mit der Schlupfzeit liegt eine terminorientierte Prioritätssregel vor, während die kürzeste Operationszeit ausschließlich den Bearbeitungszeiten an der Arbeitsstation entspricht. Deshalb werden in Erweiterung der dynamischen Werteregel die einem Auftrag zurechenbaren kumulierten Kosten bis zur Arbeitsstation und die bisherige Wertbindungsdauer als Beurteilungsmaßstab der mit diesem Auftrag erzielten **Höhe der Kapitalbindung** herangezogen.[19]

Die vorstehenden Plausibilitätsüberlegungen verdeutlichen, daß unter Wettbewerbsaspekten ein Beitrag zur langfristigen Sicherung des Unternehmensfortbestands geleistet werden kann und daß in einer dynamischen Planungssituation kurzfristig die Gewinnkomponenten günstig beeinflußt werden können. Der approximativen Inferenz wird die folgende Kriterienhierarchie zugrunde gelegt:

---

19 Vgl. *R. Reichwald / B. Dietel*, (1991), S. 568 f.

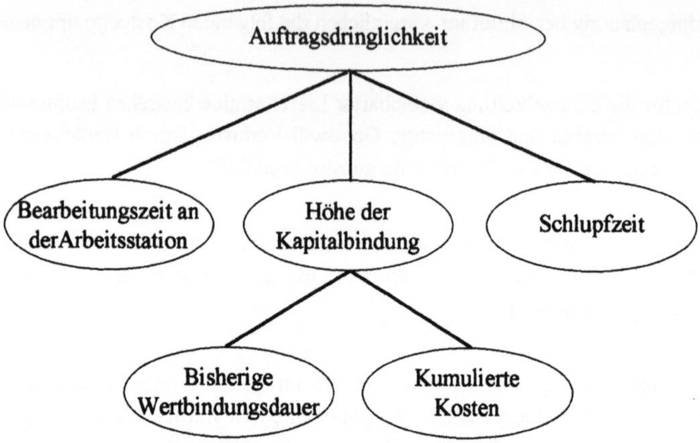

6.3.1.2 Bestimmung linguistischer Terme

Für *alle* Kriterien aus Abschnitt 6.3.1.1 müssen nun geeignete linguistische Terme gefunden und die Anzahl der zu berücksichtigenden primären Terme festgelegt werden. Dabei hat man festgestellt, daß das menschliche Kurzzeitgedächtnis fünf bis sieben Informationen gleichzeitig zu verarbeiten in der Lage ist. Deshalb werden in den meisten Anwendungen zwei bis fünf linguistische Terme verwendet.[20] Außerdem ist es zur Wahrung der Übersichtlichkeit sinnvoll, sich auf wenige primäre Terme zu beschränken.[21] Hier werden die nachstehenden, weitgehend einheitlichen linguistischen Terme festgelegt:

$$T_{\text{Wertbindungsdauer}} = \{\text{ hoch, mittel, niedrig }\}$$

$$T_{\text{Kumulierte Kosten}} = \{\text{ hoch, mittel, niedrig }\}$$

$$T_{\text{Kapitalbindung}} = \{\text{ hoch, mittel, niedrig }\}$$

$$T_{\text{Bearbeitungszeit}} = \{\text{ hoch, mittel, niedrig }\}$$

$$T_{\text{Schlupfzeit}} = \{\text{ ausreichend, nicht ausreichend }\}$$

20 Vgl. *G.W. Hintz*, (1987), S. 101, *W. Nickels*, (1990), S. 149.

21 Vgl. *S. Gottwald*, (1989), S. 214.

Eine systematische Kombination aller linguistischen Terme führt auf der zweiten Hierarchieebene zu $3^2 = 9$ und auf der ersten Hierarchieebene zu $2 \cdot 3^2 = 18$ natürlichsprachlich formulierten Voraussetzungen. Die Bedingungen der zweiten Hierarchieebene beziehen sich auf alle linguistischen Ausprägungen der Kapitalbindung, so daß man eine Regelbasis aus 45 Produktionsregeln erhält.[22] Durch eine hierarchische Untergliederung kann der Aufwand der Auswertung einer Regelmenge deutlich verringert werden.[23] Wenn man in der vorstehenden Kriterienhierarchie die unterste Ebene auflöst und das Kriterium der Kapitalbindung entsprechend ersetzt, so erweitert sich die Regelbasis auf dann $2 \cdot 3^3 = 54$ Produktionsregeln. Es hat sich gezeigt, daß schon mit einer geringen Regelmenge stabile Entscheidungen erzeugt werden.[24]

6.3.1.3 Berechnung von Plausibilitätsziffern

In Anhang 12 sind die Plausibilitätsziffern jeder Produktionsregel in Klammern angegeben. Für die Festlegung von Einsichtigkeitsziffern wird folgende Vorgehensweise vorgeschlagen:

Regelmenge zur Aggregation der 2. Hierarchieebene:

- Den vollständig einsichtigen Regeln wird die Plausibilitätsziffer *eins* zugeordnet. Das sind hier die Regeln 1, 14 und 27, bei denen die verbale Beurteilung beider Teilkriterien mit der linguistischen Beschreibung des Schlußfolgerungsteils übereinstimmt.

- Den nicht einsichtigen Regeln wird die Plausibilitätsziffer null zugewiesen. Das sind die Regeln 9 und 19, weil dort die verbale Bewertung beider Teilkriterien vollständig im Gegensatz zur linguistischen Beschreibung des Schlußfolgerungsteils steht.

- Die anderen Regeln vergleicht man jeweils mit der einsichtigsten Produktionsregel, die einen identischen Schlußfolgerungsteil aufweist. Die Abweichung in der linguistischen Formulierung des Voraussetzungsteils ist dann die Grundlage für die Berechnung einer abgestuften Plausibilitätsziffer. Das sei anhand der Regel 6 verdeutlicht. Hinsichtlich der *Wertbindungsdauer* weicht Regel 6 um *eine* und in bezug auf das Kriterium *Kumulierte Kosten* um zwei Bewertungsstufen von der einsichtigsten Regel 1 ab. Weil die Regeln 9 und 19 eine maximale Abweichung von vier Bewertungsstufen vorgeben, führt jede Abweichungsstufe zu einem Abzug von 0,25. Deshalb errechnet sich für Regel 6 ein Einsichtigkeitswert von $1 - 3 \cdot 0{,}25 = 0{,}25$.

---

22 Vgl. Anhang 12.

23 Vgl. *G.W. Hintz*, (1987), S. 108.

24 Vgl. *G. Schmidt / E. Jacob / B. Lahl / J. Meyer*, (1993), S. 83.

Regelmenge zur Aggregation der 1. Hierarchieebene:

- Auch hier wird jeder vollständig einsichtigen Produktionsregel der Einsichtigkeitsgrad *eins* zugewiesen. Das ist hier Produktionsregel 40, weil ein Auftrag mit der entsprechenden linguistischen Bewertung bezüglich *aller* Kriterien *höchste* Priorität besitzt.

- Produktionsregel 33 besitzt keinen wirtschaftlichen Sinngehalt, weil einem Auftrag mit dieser Bewertung hinsichtlich *aller* Kriterien die *niedrigste* Priorität zugewiesen wird. Diese Regel erhält die Einsichtigkeitsziffer null.

- Die Plausibilitätsziffern der anderen Produktionsregeln berechnet man in gleicher Weise über einen Vergleich mit den idealtypischen Bedingungen der Regel 40. Das sei anhand der Regel 38 gezeigt. Diese weicht insgesamt um drei Bewertungsstufen von Regel 40 ab. Da mit Regel 33 eine maximale Abweichung von fünf Bewertungsstufen vorgegeben ist, führt jede Abweichungsstufe zu einem Abzug von 0,2. Deshalb errechnet sich für Regel 38 eine Plausibilitätsziffer in Höhe von $1 - 3 \cdot 0{,}2 = 0{,}4$.

6.3.2 Festlegung von Basisvariablen

Nachdem man für eine gegebene Kriterienhierarchie eine linguistisch formulierte Wissensbasis erstellt und jede Produktionsregel hinsichtlich ihrer Plausibilität beurteilt hat, wird für jedes Kriterium ohne weitere Spezifizierung durch Unterkriterien eine Basisvariable festgelegt. Diese bezieht sich auf einen *numerischen* Definitionsbereich und muß deshalb *quantifizierbar* sein. Weil alle Aufträge vor einer Arbeitsstation um die frei werdende Kapazität konkurrieren, ist die *relative Dringlichkeit eines Auftrags innerhalb der Warteschlange* von Bedeutung. Also werden für alle Kriterien Basisvariablen in Form von *Verhältnisgrößen* gebildet.

Für das Kriterium der **Schlupfzeit** gelten folgende Bezeichnungen:

T_j : Zeitspanne bis zum vereinbarten Liefertermin von Auftrag $j \in \{1, 2, \dots m\}$

R_j : Restbearbeitungszeit von Auftrag $j \in \{1, 2, \dots m\}$

SZ_j : Schlupfzeit von Auftrag $j \in \{1, 2, \dots m\}$

nSZ_j : Normierte Schlupfzeit von Auftrag $j \in \{1, 2, \dots m\}$

$rnSZ_j$: Relative normierte Schlupfzeit von Auftrag $j \in \{1, 2, \dots m\}$

Es ist zu bestimmen, ob die Schlupfzeiten $SZ_j := T_j - R_j$ oder die normierten Schlupfzeiten $nSZ_j := \frac{T_j}{R_j} - 1$ Grundlage für die noch zu vereinbarende Basisvariable sein sollen.

Über die Schlupfzeiten soll die Termintreue positiv beeinflußt werden. Das bedeutet, daß das *Risiko einer verspäteten Lieferung* gering gehalten werden muß. Dieses verringert sich ceteris paribus bei sinkender Bearbeitungszeit. Einerseits sinkt hierdurch das Risiko eines störungsbedingten Produktionsausfalls, und andererseits steigt die in diesem Fall für eine fristgerechte Lieferung benötigte Wartezeit pro Fertigungszeiteinheit. Geeignete Indikatoren des Risikos einer Lieferterminüberschreitung sind also die normierten Schlupfzeiten nSZ_j, welche gerade die vorgenannte Relation beschreiben. Dagegen lassen die Schlupfzeiten SZ_j dieses Verhältnis außer acht und sind deshalb zur Beurteilung der Auftragsdringlichkeit weniger geeignet. Das verdeutlicht nachstehendes Beispiel.

Vor einer Arbeitsstation warten zwei Aufträge mit folgenden Zeitdaten:

Auftrag 1: $T_1 = 80$, $R_1 = 20 \Rightarrow SZ_1 = 60$ und $nSZ_1 = 3$

Auftrag 2: $T_2 = 42$, $R_2 = 2 \Rightarrow SZ_2 = 40$ und $nSZ_2 = 20$

Das Risiko einer störungsbedingten Produktionsunterbrechung ist bei Auftrag 1 aufgrund der längeren Restbearbeitungszeit wesentlich höher als bei Auftrag 2. Gleichzeitig steht Auftrag 1 für eine termingerechte Fertigstellung wesentlich weniger Wartezeit pro Fertigungszeiteinheit zur Verfügung, die bei einem Produktionsausfall in Anspruch genommen werden muß. Dieser Doppeleffekt läßt es sinnvoll erscheinen, Auftrag 1 als den dringlicheren einzustufen, obwohl nach der absoluten Schlupfzeit SZ_j Auftrag 2 die höhere Priorität zugewiesen wird. Deshalb werden im weiteren die normierten Schlupfzeiten nSZ_j zugrunde gelegt.

Wegen der relativen Bedeutung der Aufträge innerhalb des wartenden Auftragsbestands wird die normierte Schlupfzeit in Relation zum arithmetischen Mittel der normierten Schlupfzeiten aller Aufträge einer Warteschlange als Basisvariable festgelegt. Deshalb muß man für jeden Auftrag die relative normierte Schlupfzeit wie folgt berechnen:

$$rnSZ_j := \frac{m}{\sum_{i=1}^{m} nSZ_i} \cdot nSZ_j,\ j \in \{1, 2, \ldots m\} \qquad \textbf{(6.2)}$$

Für das Kriterium der **Bearbeitungszeit** gelten die folgenden Bezeichnungen:

BZ_j : Bearbeitungszeit von Auftrag $j \in \{1, 2, \ldots m\}$ an der betrachteten Arbeitsstation

rBZ_j : Relative Bearbeitungszeit von Auftrag $j \in \{1, 2, \ldots m\}$ an der betrachteten Arbeitsstation

Auch hier wird mit der Bearbeitungszeit in Relation zur durchschnittlichen Bearbeitungszeit aller wartenden Aufträge eine Größe als Basisvariable vereinbart, die der Bedeutung innerhalb der Warteschlange Rechnung trägt. Man ermittelt die relativen Bearbeitungszeiten wie folgt:

$$r BZ_j := \frac{m}{\sum_{i=1}^{m} BZ_i} \cdot BZ_j, \; j \in \{1, 2, \ldots m\} \qquad \textbf{(6.3)}$$

Für das Unterkriterium der **bisherigen Wertbindungsdauer** gelten folgende Bezeichnungen:

WB_j : Wertbindungsdauer von Auftrag $j \in \{1, 2, \ldots m\}$ bis zur betrachteten Arbeitsstation

rWB_j : Relative Wertbindungsdauer von Auftrag $j \in \{1, 2, \ldots m\}$ bis zur betrachteten Arbeitsstation

t_j : Zeitpunkt des *tatsächlichen* Fertigungsbeginns von Auftrag $j \in \{1, 2, \ldots m\}$

t_e : Zeitpunkt der approximativen Inferenz

Weil mit der Reihenfolgeplanung insbesondere die Wertbindungsdauer *im* Produktionsprozeß günstig beeinflußt werden soll, bleibt hier die der Fertigung zeitlich vorgelagerte Wertbindung von Produktionsfaktoren unberücksichtigt (z.B. die Lagerung von Rohstoffen). Deshalb wird die absolute Wertbindungsdauer für jeden Auftrag wie folgt berechnet:

$$WB_j := t_e - t_j, \; j \in \{1, 2, \ldots m\}$$

Als Basisvariable wird mit der absoluten Wertbindungsdauer eines Auftrags bezogen auf die durchschnittliche Wertbindungsdauer aller Aufträge der Warteschlange eine problemunabhängige Verhältnisgröße vorgeschlagen. Dann führt man nachstehende Rechnungen durch:

$$r WB_j := \frac{m}{\sum_{i=1}^{m} WB_i} \cdot WB_j, \; j \in \{1, 2, \ldots m\}$$

Für das Unterkriterium der **kumulierten Kosten** gelten die folgenden Definitionen:

K_{vj} : Für Auftrag $j \in \{1, 2, \ldots m\}$ seit t_j angefallenen variablen Kosten

rK_{vj} : Relative variablen Kosten von Auftrag $j \in \{1, 2, \ldots m\}$

Als Basisvariable werden die kumulierten variablen Kosten eines Auftrags im Verhältnis zu den durchschnittlichen variablen Kosten des Auftragsbestands vorgeschlagen. Entsprechend berechnet man die folgenden Verhältnisgrößen:

$$rK_{vj} := \frac{m}{\sum_{i=1}^{m} K_{vi}} \cdot K_{vj},\ j \in \{1, 2, \ldots m\} \qquad (6.4)$$

6.3.3 Ermittlung der aktuellen Werte einer Basisvariablen

Für die Bestimmung einer Auftragsreihenfolge benötigt man von jedem Auftrag exakte Werte für die im vorhergehenden Abschnitt definierten Basisvariablen. Deshalb muß geprüft werden, ob dies für alle Basisvariablen möglich ist:

- Der Entscheidungszeitpunkt t_e und die Zeitpunkte t_j sind bekannt, so daß die relativen Wertbindungsdauern rWB_j punktgenau ermittelt werden können.

- Dagegen sind die relativen Bearbeitungszeiten rBZ_j in einer Arbeitsstation sowie die relativen normierten Schlupfzeiten $rnSZ_j$ in der Regel nicht genau bekannt. Hierfür ist ein ganzer Ursachenkomplex verantwortlich, aus dem einzelne Einflußgrößen exemplarisch erwähnt seien:

  Bei einer Einzel- oder Kleinserienfertigung orientiert sich das Produktionsprogramm an den Wünschen der Auftraggeber. Zwar kann eine Fertigung nach dem Baukastenprinzip zu hoher Erzeugnisqualität bei gleichzeitig effizienter Produktion beitragen, dennoch ist der Neuigkeitsgrad eines Auftrags aus fertigungstechnischer Sicht tendenziell höher als bei einer Produktion für den anonymen Markt. Deshalb können die *Bearbeitungszeiten* ex ante nur geschätzt werden. Selbst unter der Annahme exakter Bearbeitungszeiten in den Arbeitsstationen ist die Berechnung präziser *Restbearbeitungszeiten* immer dann nicht möglich, wenn für einzelne Arbeitsgänge mehrere Arbeitsstationen zur Verfügung stehen weil in der Regel eine arbeitsgangbezogene Zuordnung zwischen einem Auftrag und einer Arbeitsstation nicht geplant wird und damit auch die genaue Bearbeitungszeit für eine Verrichtung ex ante nicht bekannt ist. Zusätzlich wird der Zeitbedarf für einen Arbeitsgang von der Personalzuordnung in einer Arbeitsstation und vom Eignungsgrad der zugewiesenen Arbeitskräfte (z.B. fachliche und motivationale Eignung) beeinflußt.

- Während man die Einzelkosten ex post feststellen kann, ist eine punktgenaue Ermittlung der variablen Gemeinkosten und somit aller *angefallenen variablen Kosten* in der Regel nicht möglich. Vielmehr hängt die Datengenauigkeit unter anderem von zwei Aspekten ab. Einerseits muß man den Fristigkeitsgrad der Betrachtung festlegen, weil dieser die

Aufteilung der Gemeinkosten in variable und fixe Bestandteile determiniert.[25] Andererseits werden die variablen Gemeinkosten oftmals nur periodenweise erfaßt,[26] so daß die relativen variablen Kosten rK_{vj} nicht genau bekannt sind.

Insgesamt stellt sich also die Frage, wie man bezüglich einer Basisvariablen als resultierender Größe lediglich größenordnungsmäßig bekannter Komponenten einen exakten Wert ableitet. Die Berechnung der für einen Auftrag charakteristischen Werte einer Basisvariablen durch die Verknüpfung *geschätzter Punktgrößen* ist abzulehnen, weil man frühzeitig auf Informationen über die Struktur möglicher Komponentenwerte verzichtet und damit die Aussagekraft der Werte einer Basisvariablen schmälert. Beispielsweise ist das arithmetische Mittel einer Zahlenreihe nicht sehr aussagekräftig, wenn die Varianz groß ist. Entsprechend ist die Berechnung von Ausprägungen einer Basisvariable auf der Grundlage derartiger Punktwerte noch weniger aussagekräftig. Weiterhin sind mathematisch-statistische Verfahren oft nicht geeignet, weil die Voraussetzungen zur Anwendung der Wahrscheinlichkeitstheorie nicht gegeben sind und die Berechnung objektiver Wahrscheinlichkeiten faktisch nicht möglich ist.[27]

In dieser Situation bietet sich als Erweiterung der erstgenannten Vorgehensweise an, aus dem Erfahrungswissen eines Entscheidungsträgers für die unsicheren Größen in einer Basisvariable *geschätzte Intervallgrenzen* abzuleiten. Diese Vorgehensweise kann man dadurch verfeinern, daß die subjektiven Einschätzungen eines Experten über die Eintrittsmöglichkeiten der Werte in den geschätzten Intervallgrenzen erfragt und in einer Zugehörigkeitsfunktion approximativ erfaßt werden.[28] Einerseits sind hierbei die Anforderungen an den Informationsstand eines Experten nicht so hoch wie bei der Angabe von Wahrscheinlichkeiten, weil sich Zugehörigkeitswerte nicht zu *eins* addieren müssen;[29] andererseits erreicht man durch diese Vorgehensweise eine genauere Abbildung relevanter Sachverhalte als bei einer *sofortigen* Verdichtung relevanter Informationen, die dann als Punktgrößen weiterverarbeitet werden. Die Formeln (6.2), (6.3) und (6.4) erweitern sich dann um unscharfe Größen und können deshalb wie folgt formuliert werden:

$$rnS\tilde{Z}_j := \frac{m \cdot \left(T_j - \tilde{R}_j \right)}{\tilde{R}_j \cdot \sum\limits_{i=1}^{m} \frac{T_i - \tilde{R}_i}{\tilde{R}_i}}, \quad j \in \{1, 2, \ldots m\}$$

25 Vgl. *D. Ahlert / K.P. Franz*, (1992), S. 161.

26 Vgl. *W. Männel*, (1981), S. 115 f.

27 Vgl. Abschnitt 2.3.

28 Hierzu vgl. *C. Rabetge*, (1991), S. 59 - 64.

29 Auf die inhaltlichen und formalen Unterschiede zwischen Möglichkeits- und Wahrscheinlichkeitstheorie wird im folgenden nicht eingegangen. Hierzu vgl. z.B. *B. Demant*, (1993), S. 96 - 103.

$$r\tilde{BZ}_j := \frac{m}{\sum_{i=1}^{m} \tilde{BZ}_i} \cdot \tilde{BZ}_j,\; j \in \{1, 2, \dots m\}$$

$$r\tilde{K}_{vj} := \frac{m}{\sum_{i=1}^{m} \tilde{K}_{vi}} \cdot \tilde{K}_{vj},\; j \in \{1, 2, \dots m\}$$

Die Berechnung unscharfer Werte der Basisvariablen erfolgt über eine additive, subtraktive, multiplikative und divisionale Verknüpfung. Deshalb ist die Formulierung unscharfer Werte in LR-Darstellung sinnvoll, weil dadurch eine EDV-gestützte Berechnung der resultierenden unscharfen Werte der Basisvariablen mit den in Kapitel 5 hergeleiteten Formeln möglich ist. Die punktgenauen Werte m und T_j werden durch charakteristische Zugehörigkeitsfunktionen dargestellt, die stückweise, aber nicht durchgehend stetig sind. Damit ist eine Verknüpfung über die Formeln in Kapitel 5 nicht möglich.[30] Man kann aber auf der Grundlage des ZADEHschen Erweiterungsprinzips subtraktive und multiplikative Verknüpfungen zwischen einem Skalar und einem unscharfen Intervall in LR-Darstellung direkt durchführen.[31]

Im *letzten Schritt* wählt man aus jeder unscharfen Menge einer Basisvariablen eine repräsentative *punktgenaue Größe*, die in den Algorithmus der approximativen Inferenz einfließt. Diesen Wert kann man beispielsweise nach der Flächenschwerpunktmethode berechnen. Danach ermittelt man den Abszissenwert x_s des Flächenschwerpunkts einer Zugehörigkeitsfunktion $\mu_{\tilde{M}} : X \to [\,0;1\,]$ in den Grenzen von a, b $\in$ X wie folgt:[32]

$$x_s = \frac{\int_a^b x \cdot \mu_{\tilde{M}}(x)\,dx}{\int_a^b \mu_{\tilde{M}}(x)\,dx} \tag{6.5}$$

30 Vgl. die Ausführungen zu Beginn von Abschnitt 5.4.1.

31 Hierzu vgl. Anhang 13.

32 Vgl. *W. Pedrycz*, (1993), S. 109, *H.J. Zimmermann*, (1993a), S. 100.

Beispiel 12: (Flächenschwerpunktberechnung)

Man betrachte die unscharfe Zahl $\tilde{M} := < 8 ; 15 ; 3 ; 10 >_{LR}$ mit den nachstehenden Referenzfunktionen:

$$L : R_{+}^{\geq 0} \to R \text{ mit } u \to L(u) := \max \{ 0 ; 1 - u \}$$

$$R : R_{+}^{\geq 0} \to R \text{ mit } v \to R(v) := \max \{ 0 ; 1 - v \}$$

Dann gilt:

$$\mu_{\tilde{M}}(x) = \begin{cases} \max\left\{ 0 ; \frac{1}{3} \cdot x - \frac{5}{3} \right\} & ; \text{ falls } x \leq 8 \\ 1 & ; \text{ falls } 8 \leq x \leq 15 \\ \max\left\{ 0 ; - \frac{1}{10} \cdot x + \frac{5}{2} \right\} & ; \text{ falls } x \geq 15 \end{cases}$$

Mit Formel (6.5) läßt sich der Abszissenwert x_s des Flächenschwerpunktes der unscharfen Zahl $\tilde{M}$ wie folgt berechnen:

$$x_s = \frac{\int_5^8 \left(\frac{1}{3} \cdot x^2 - \frac{5}{3} \cdot x \right) dx + \int_8^{15} x \, dx + \int_{15}^{25} \left(- \frac{1}{10} \cdot x^2 + \frac{5}{2} \cdot x \right) dx}{\int_5^8 \left(\frac{1}{3} \cdot x - \frac{5}{3} \right) dx + \int_8^{15} 1 \, dx + \int_{15}^{25} \left(- \frac{1}{10} \cdot x + \frac{5}{2} \right) dx}$$

Nach einigen Berechnungen erhält man $x_s \approx 13{,}5$.

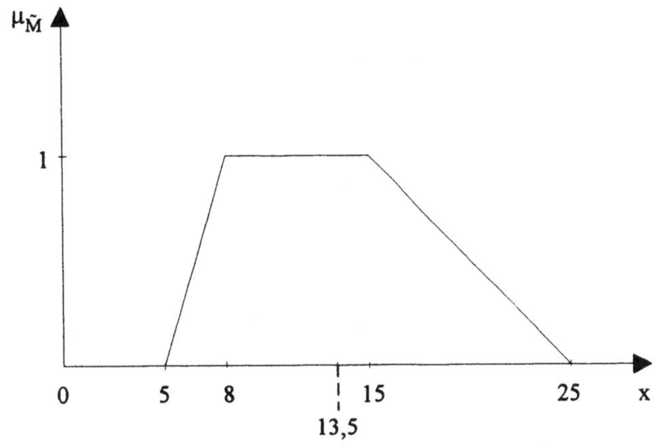

6.3.4 Berechnung einer Warteschlangendisziplin

Nach der Ermittlung punktgenauer Kriterienwerte werden die semantischen Bedeutungen hinsichtlich der entsprechenden linguistischen Terme quantifiziert. Eine wesentliche Annahme im Konzept der linguistischen Variablen ist die kontextabhängige Festlegung der Zugehörigkeitsfunktionen $\mu_t : D \rightarrow [\,0\,;1\,]$, $t \in T_N$.[33] Es hat sich gezeigt, daß Lösungsvorschläge auf der Basis stückweise linearer Zugehörigkeitsfunktionen gegen Veränderungen der vorgegebenen Zugehörigkeitsfunktionen robust sind.[34] Deshalb ist es sinnvoll, sich beispielsweise auf die Verwendung trapezförmiger Zugehörigkeitsfunktionen zu beschränken. Die Parameter kann man durch Befragung der Entscheidungsträger oder in Simulationsstudien bestimmen.[35] Zur Beschreibung der algorithmischen Vorgehensweise der approximativen Inferenz wird hier die nachstehende Datensituation vorgegeben:

33 Vgl. *L.A. Zadeh*, (1987a), S. 376.

34 Vgl. *G.W. Hintz*, (1987), S. 101 f.

35 Vgl. ebenda, S. 157.

	Auftrag 1	Auftrag 2
Wertbindungsdauer		
hoch	0,9	0,8
mittel	0,5	0,6
niedrig	0,1	0,2
Kumulierte Kosten		
hoch	0,6	0,7
mittel	0,2	0,1
niedrig	0	0
Bearbeitungszeit		
hoch	0,8	0,5
mittel	0,5	0,7
niedrig	0,1	0,9
Schlupfzeit		
ausreichend	0,6	0,4
nicht ausreichend	0,3	0,8

Tabelle 1 : Zugehörigkeitsgrade zu den Teilkriterien ohne weitere Untergliederung

1. Schritt: Auswertung der Regelmenge auf der 2. Hierarchieebene

- In einem ersten Teilschritt ermittelt man für jeden Auftrag die Grade der Zugehörigkeit zu den Voraussetzungen der Produktionsregeln.[36] Zur Aggregation der auf die Kriterien der 2. Hierarchieebene bezogenen Zugehörigkeitsgrade wird gemäß den Ausführungen in Abschnitt 6.2.2 der γ-Operator verwendet und beispielsweise $\gamma = 0{,}5$ gesetzt. Für Auftrag 1 errechnet man den Zugehörigkeitsgrad zum Voraussetzungsteil der Regeln 2, 11 und 20 wie folgt:

$$(0{,}9 \cdot 0{,}2)^{0,5} \cdot (1 - 0{,}1 \cdot 0{,}8)^{0,5} \approx 0{,}41$$

Auftrag 1 gehört also mit einem Grad von ungefähr 0,41 zur Menge der Aufträge, die eine hohe Wertbindungsdauer und ein mittleres Niveau kumulierter Kosten aufweisen. Die anderen Zugehörigkeitsgrade werden in gleicher Weise berechnet. Die folgende Tabelle enthält die Ergebnisse des ersten Teilschritts. Alle Zugehörigkeitsgrade sind auf die 2. Nachkommastelle gerundet.

---

36 Vgl. *G.W. Hintz*, (1987), S. 106, *W. Nickels*, (1990), S. 153 f., *H.J. Zimmermann*, (1993a), S. 96.

Voraussetzungsteil in	Auftrag 1	Auftrag 2
Regel 1 / 10 / 19	0,72	0,73
Regel 2 / 11 / 20	0,41	0,26
Regel 3 / 12 / 21	0	0
Regel 4 / 13 / 22	0,49	0,61
Regel 5 / 14 / 23	0,24	0,2
Regel 6 / 15 / 24	0	0
Regel 7 / 16 / 25	0,2	0,33
Regel 8 / 17 / 26	0,07	0,07
Regel 9 / 18 / 27	0	0

Tabelle 2 : Zugehörigkeitsgrade zu den Voraussetzungen der 2. Hierarchieebene

- Im zweiten Teilschritt bestimmt man für jeden Auftrag den Grad der Übereinstimmung mit den linguistischen Bewertungen in den Schlußfolgerungen. Analog zur von ZADEH formulierten compositional rule of inference[37] wertet man alle Produktionsregeln mit identischen Schlußfolgerungen aus, indem man die Zugehörigkeitsgrade aus Tabelle 2 und die entsprechenden Plausibilitätsziffern verknüpft. Diese Vorgehensweise entspricht der menschlichen Denkweise, die den Erfüllungsgrad einer Bedingung zur Plausibilität einer Regel ins Verhältnis setzt.[38] Dabei ist die Verwendung des Minimum- oder des Produktoperators sinnvoll, weil fehlende Plausibilität einer Produktionsregel nicht durch eine höhere Zugehörigkeit zum Voraussetzungsteil dieser Regel kompensiert werden kann.[39] Wenn man den Produktoperator als Spezialfall des γ-Operators auswählt, dann ergibt beispielsweise die Auswertung von Regel 2 für Auftrag 1 einen Zugehörigkeitsgrad von $0{,}41 \cdot 0{,}75 \approx 0{,}31$ zur Menge der Aufträge mit hoher Kapitalbindung. Die Ergebnisse aller Einzelrechnungen sind in den folgenden Tabellen zusammengefaßt.

37 Vgl. *L.A. Zadeh*, (1973), S. 37 f., *L.A. Zadeh*, (1987a), S. 398 f.

38 Vgl. *C. von Altrock*, (1991), S. 198.

39 Vgl. *G.W. Hintz / H.J. Zimmermann*, (1989), S. 325.

Zugehörigkeit zu:	Auftrag 1	Auftrag 2
Regel 1	**0,72**	**0,73**
Regel 2	0,31	0,2
Regel 3	0	0
Regel 4	0,37	0,46
Regel 5	0,12	0,1
Regel 6	0	0
Regel 7	0,1	0,17
Regel 8	0,02	0,02
Regel 9	0	0

Tabelle 3 : Zugehörigkeitsgrade zu den Regeln 1 - 9

Zugehörigkeit zu:	Auftrag 1	Auftrag 2
Regel 10	0,36	0,37
Regel 11	0,31	0,2
Regel 12	0	0
Regel 13	**0,37**	**0,46**
Regel 14	0,24	0,2
Regel 15	0	0
Regel 16	0,1	0,17
Regel 17	0,05	0,05
Regel 18	0	0

Tabelle 4 : Zugehörigkeitsgrade zu den Regeln 10 - 18

Zugehörigkeit zu:	Auftrag 1	Auftrag 2
Regel 19	0	0
Regel 20	0,1	0,07
Regel 21	0	0
Regel 22	**0,12**	0,15
Regel 23	**0,12**	0,1
Regel 24	0	0
Regel 25	0,1	**0,17**
Regel 26	0,05	0,05
Regel 27	0	0

Tabelle 5 : Zugehörigkeitsgrade zu den Regeln 19 - 27

Nach den vorstehenden Berechnungen kann man den Tabellen für jeden Auftrag den Grad der Übereinstimmung mit den verschiedenen linguistischen Bewertungen hinsichtlich der Kapitalbindung entnehmen. Beispielsweise gehört Auftrag 2 mit einem Grad von 0,17 zur Menge der (fiktiven) Aufträge mit niedriger Kapitalbindung.

2. Schritt: Auswertung der Regelmenge auf der 1. Hierarchieebene

Entsprechend der beschriebenen Vorgehensweise errechnet man unter Verwendung der abgeleiteten Zugehörigkeitsgrade in einem ersten Teilschritt die Zugehörigkeitsgrade zu den Voraussetzungen der Produktionsregeln. Diese Werte sind in Tabelle 6 zusammengefaßt.

Voraussetzungsteil in:	Auftrag 1	Auftrag 2
Regel 28	0,41	0,53
Regel 29	0,28	0,42
Regel 30	0,16	0,25
Regel 31	0,58	0,37
Regel 32	0,41	0,28
Regel 33	0,23	0,16
Regel 34	0,31	0,63
Regel 35	0,21	0,5
Regel 36	0,11	0,3
Regel 37	0,45	0,44
Regel 38	0,31	0,34
Regel 39	0,17	0,2
Regel 40	0,13	0,73
Regel 41	0,08	0,57
Regel 42	0,04	0,35
Regel 43	0,2	0,51
Regel 44	0,13	0,59
Regel 45	0,07	0,24

Tabelle 6: Zugehörigkeitsgrade zu den Voraussetzungen der 1. Hierarchieebene

Im zweiten Teilschritt verknüpft man über den Produktoperator die Zugehörigkeitswerte aus Tabelle 6 mit den entsprechenden Plausibilitätsziffern und erhält die folgenden Ergebnisse.

Zugehörigkeit zu:	Auftrag 1	Auftrag 2
Regel 28	0,25	0,32
Regel 29	0,11	0,17
Regel 30	0,03	0,05
Regel 31	0,23	0,15
Regel 32	0,08	0,06
Regel 33	0	0
Regel 34	0,25	0,5
Regel 35	0,13	0,3
Regel 36	0,04	0,12
Regel 37	**0,27**	0,26
Regel 38	0,12	0,14
Regel 39	0,03	0,04
Regel 40	0,13	**0,73**
Regel 41	0,06	0,46
Regel 42	0,02	0,21
Regel 43	0,16	0,41
Regel 44	0,08	0,35
Regel 45	0,03	0,1

Tabelle 7 : Zugehörigkeitsgrade zu den Regeln der 1. Hierarchieebene

Regel 37 bzw. 40 geben für die Aufträge 1 bzw. 2 die maximalen Einsichtigkeitswerte für die Belegung der Arbeitsstation vor. Hierdurch ist eine unscharfe Entscheidung vorgegeben, die Auftrag 2 als optimale unscharfe Entscheidung zur Belegung der Arbeitsstation vorschlägt.

6.4 Beurteilung der approximativen Inferenz

Mit dem Verfahren der approximativen Inferenz liegt ein heuristisches Entscheidungsmodell vor, das die Reihenfolgeplanung vor einer Arbeitsstation unterstützen kann. Der beispielhaft nachgezeichnete Algorithmus verdeutlicht, daß eine **Vielzahl subjektiver Vorgaben** berücksichtigt und in einem **nachvollziehbaren Prozeß** das Zusammenwirken subjektiver Vorgaben jeweils fallbezogen aufeinander abgestimmt werden muß. In der Regel gleichen sich die mit mehreren Ermessensentscheidungen verbundenen Fehleinschätzungen aus und führen dann zu einer insgesamt stabilen Entscheidungsgrundlage.

Ein weiterer Vorteil liegt in der **Art der Wissensakquisition**. Die Wissensbasis ist umgangssprachlich formuliert und ermöglicht deshalb eine bessere Abbildung des im Regelfall nur im Rahmen einer verbalen Analyse zu beschreibenden Erfahrungswissens. Auf dieser Grundlage wird eine Wissensbasis erstellt, indem man eine Kriterienhierarchie, die Anzahl linguistischer Terme und die Plausibilität der Produktionsregeln situativ bestimmt. Neben der **Flexibilität** beim Aufbau einer Wissensbasis bietet die approximative Inferenz den Vorteil, daß man eine **Vielzahl von Teilaspekten** berücksichtigen und durch eine kontrollierbare Aggregation einen Kompromiß zwischen diesen herbeiführen kann. Dadurch läßt sich die Mehrzielproblematik angemessen lösen.[40]

Durch die Abbildung von menschlichem Erfahrungswissen in unscharfen Produktionsregeln verzichtet man bewußt auf eine präzise Systembeschreibung, die einerseits Ressourcen bindet (z.B. die exakte Ermittlung kumulierter Kosten), andererseits aber schnell zu unübersichtlichen Entscheidungsräumen führt und die Entscheidungsqualität nicht sichtbar verbessert. Ein Vorteil ist also gerade die **Verarbeitung pragmatischer Prozeßunschärfe**, weil die Komplexität eines Datenfeldes verringert wird und der Blick für wesentliche Zusammenhänge gewahrt bleibt.[41]

Das Verfahren der approximativen Inferenz wurde für die Einlastungs- und die Maschinenbelegungsplanung in einem flexiblen Fertigungssystem bzw. für die Maschinenbelegungsplanung in einer Papierfabrik getestet, und zwar im Vergleich zu den mit Prioritätsregeln generierten Ergebnissen bzw. im Vergleich mit Vergangenheitsdaten.[42] Die unscharfen wissensbasierten Ansätze erzielten teilweise deutliche Ergebnisverbesserungen.[43] Ähnliche Erfolge hat man mit unscharfen Produktionsregeln in der Reihenfolgeplanung erzielt.[44]

---

40 Vgl. *H.J. Zimmermann*, (1991b), S. 112.

41 Vgl. *H.J. Zimmermann*, (1993b), S. 9.

42 Vgl. *G.W. Hintz*, (1987), S. 179 - 213, *W. Nickels*, (1990), S. 256 - 283.

43 Vgl. *G.W. Hintz*, (1987), S. 199, *W. Nickels*, (1990), S. 281 - 283.

44 Vgl. *I.B. Turksen*, (1992), S. 16 f.

7 Schlußbetrachtung

Ausgangspunkt der vorliegenden Arbeit war die Frage, wie man die Produktionsplanung eines Unternehmens effektiv unterstützen kann. Eine allgemeingültige Antwort ist aufgrund der Vielzahl denkbarer Produktionsstrukturen nicht möglich. Das Problem wird aber strukturiert, indem für idealtypische Fertigungssituationen die Bedeutung bestimmter *Teilbereiche der Produktionsplanung* erkannt und die weitere Untersuchung darauf konzentriert wird. Eine zielorientierte Entscheidungsuntersützung erscheint nur dann möglich, wenn einerseits das menschliche Fachwissen als eines der wichtigsten Potentiale eines Unternehmens annähernd erfaßt und andererseits der Vorteil einer hohen Speicher- und Verarbeitungskapazität von EDV-Anlagen genutzt wird. Die Fuzzy-Set-Theorie ermöglicht die Kombination der vorgenannten Vorteile und liefert die theoretische Grundlage für die Erweiterung algorithmischer und wissensbasierter Ansätze, die jeweils in unterschiedlichen Fertigungssituationen von Bedeutung sind.

Bei der Relaxierung scharf formulierter Restriktionsgrenzen eines LO-Ansatzes ist der Begriff der funktionalen Effizienz von Bedeutung. Es wird nachgewiesen, daß in der Literatur unterschiedliche Effizienzdefinitionen existieren und anschließend begründet, warum nur der auf die Wohlfahrtsökonomie zurückgehende Effizienzbegriff sinnvoll ist. Mit den Zugehörigkeitsfunktionen wird jeder Handlungsalternative ein Zielerreichungsgrad zugeordnet, der Nutzencharakter besitzt. Deshalb *kann* man wegen des Begriffs der unscharfen Entscheidung die funktionale Effizienz einer Lösung auf ein System von Zugehörigkeitsfunktionen beziehen. Jede Lösung mit dieser Eigenschaft ist hinsichtlich des Ergebnisraumes funktional effizient, während die Umkehrung der vorstehenden Aussage im allgemeinen nicht gilt. Also ist es auch *sinnvoll*, eine in bezug auf Zugehörigkeitsfunktionen funktional effiziente Lösung zu suchen.

Die Präferenzen eines Entscheidungsträgers können nur dann in einer Zugehörigkeitsfunktion annähernd erfaßt werden, wenn man den Funktionsverlauf über eine parametrische Variation sich ändernden Entscheidungssituationen anpassen kann. Deshalb werden einige nichtlineare Zugehörigkeitsfunktionen hinsichtlich inhaltlicher und pragmatischer Kriterien diskutiert, um damit zumindest eine Entscheidungshilfe bei der Auswahl eines Funktionstyps zu bieten. Eine Gemeinsamkeit der nichtlinearen Zugehörigkeitsfunktionen besteht darin, daß durch Variation dimensionsloser Parameter die Funktionsverläufe verändert und optimale unscharfe Entscheidungen durch die Berechnung äquivalenter linearer Ersatzprogramme problemlos mit dem Simplexalgorithmus ermittelt werden können.

Für Engpaßsituationen wird eine Heuristik entwickelt, die den Entscheidungsprozeß über Art und Umfang eines kurzfristigen Faktorzukaufs unterstützt. Die Heuristik verdeutlicht, daß die Relaxierung rechter Seiten eines LO-Ansatzes nur im betriebswirtschaftlichen und organisatorischen Zusammenhang gesehen werden kann. Relevante Aspekte eines kurzfristigen Faktorzukaufs werden exemplarisch erwähnt, da der inhaltliche Schwerpunkt und die konzeptionelle Ausrichtung der vorliegenden Arbeit eine weitergehende inhaltliche Analyse dieses komplexen

Problembereichs nicht sinnvoll erscheinen lassen. Vielmehr werden die im letzten Absatz erwähnten Überlegungen weiterentwickelt, indem die Explizierung unscharfer Mengen sowie die inhaltlichen Bewertungsaspekte eines Bezugsweges zusammengeführt werden.

Weiterhin wird eine Systematik entwickelt, mit der Formeln für die erwähnten arithmetischen Verknüpfungen zwischen unscharfen LR-Daten hergeleitet werden. Die theoretischen Grundlagen hierzu werden gelegt, indem Definitionen vereinheitlicht, auf den jeweiligen Zusammenhang zugeschnittene Sätze bewiesen und die Aussagekraft aus der Literatur bekannter Sätze durch Streichung nicht benötigter Voraussetzungen erhöht wird. Die Argumentation über die Definition von Referenzfunktionen ermöglicht die erweiterte Verknüpfung von Teilästen mit beliebigen Referenzfunktionen und enthält als Spezialfall die praktisch relevante Verknüpfung von Zugehörigkeitsfunktionen mit jeweils identischen Referenzfunktionen. Für die erweiterte Multiplikation und die erweiterte Division wird gezeigt, daß die abgeleiteten exakten Formeln immer gelten, während die in der Literatur verwendeten Näherungsformeln im allgemeinen nur unter einschränkenden Bedingungen verwendet werden können.

Im weiteren wird ein wissensbasierter Ansatz zur Untersützung der Reihenfolgeplanung an einer Arbeitsstation aufgestellt. Dieser besteht aus einer Regelmenge, die zentrale produktionswirtschaftliche Zielgrößen berücksichtigt. Die Regelmenge legt man kombinatorisch fest, so daß deren Umfang sowohl von der Anzahl der Kriterien als auch von der Genauigkeit der linguistischen Bewertungen abhängt. Für die Berechnung der Plausibilitätsziffern wird eine Vorgehensweise vorgeschlagen, die einerseits für den Entscheidungsträger leicht verständlich ist und bei einer großen Regelmenge EDV-gestützt durchgeführt werden kann; andererseits wird die in der Literatur vorgeschlagene starre Einteilung in fünf Plausibilitätsklassen[1] aufgehoben, so daß die Berechnung von Glaubwürdigkeitsziffern insbesondere bei einer genaueren Abstufung innerhalb der linguistischen Bewertungen leichter nachvollziehbar ist.

Bei der Ermittlung von statischen Bearbeitungsreihenfolgen muß man für alle Basisvariablen auftragsspezifisch exakte Größen ermitteln und über Zugehörigkeitsfunktionen bewerten. Es wird gezeigt, daß die Ausprägungen der Basisvariablen mit Ausnahme der relativen Wertbindungsdauern im Regelfall nur größenordnungsmäßig bekannt sind. Statt einer mehrfachen Verknüpfung geschätzter Punktgrößen ist es deshalb sinnvoll, die Eintrittsmöglichkeiten einer Vielzahl denkbarer Ausprägungen abzuschätzen und in einer Zugehörigkeitsfunktion abzubilden. Die Formeln aus Kapitel 5 ermöglichen eine Verknüpfung unscharfer Komponenten zu einer resultierenden unscharfen Größe, um erst in einem letzten Schritt eine repräsentative Punktgröße auszuwählen.

Auf dem Weg bis zu einer Realisierung konzeptioneller Vorschläge sind noch Forschungen in verschiedene Richtungen erforderlich. Da die vorliegenden Ansätze wegen ihres allgemeinen Bezugs nicht den Anspruch auf inhaltliche Vollständigkeit in einem offenen Entscheidungsfeld

1 Hierzu vgl. *G.W. Hintz*, (1987), S. 163.

besitzen können, ist deren *fallbezogene Konkretisierung* sowie *inhaltliche Erweiterung* angebracht. Das Potential der Fuzzy-Technologien kann nur dann ausgeschöpft werden, wenn man für konkrete Entscheidungssituationen das Zusammenspiel von Stellgrößen mit subjektiven Ermessensentscheidungen ähnlich einem Uhrwerk aufeinander abstimmt. In einem weiterführenden Schritt sollte man dann versuchen, eine Vielzahl isoliert arbeitender wissensbasierter Systeme zu einer Gesamtkonzeption zusammenzuführen.

Anhang

Anhang 1: Analoge Formulierungen zu Lemma 5.13

Lemma 5.13 / 1:

Man betrachte eine stetige Abbildung $f : \mathbf{R}^2 \to \mathbf{R}$ mit $f : (x;y) \to f(x;y) := x \circ y$. Weiterhin sei $[a;b] \times [d;e] \subset \mathbf{R}^2$ und $f(a,d) \leq f(b,e)$. Dann gilt:
$\forall t \in [a \circ d; b \circ e] \; \exists (c_1;c_2) \in [a;b] \times [d;e]$, so daß $f(c_1;c_2) = t$.

Beweis zu Lemma 5.13 / 1:

Es wird die Intervallhalbierungsmethode verwendet. Danach konstruiert man eine Folge von Intervallen $[a_n;b_n] \subseteq [a;b]$ und $[d_n;e_n] \subseteq [d;e]$, $n \in \mathbf{N}$, wie folgt:

Man setzt $[a_0;b_0] := [a;b]$ und $[d_0;e_0] := [d;e]$

Weiterhin gelte $k_n := \dfrac{a_n + b_n}{2}$ und $\ell_n := \dfrac{d_n + e_n}{2}$, $n \in \mathbf{N}$

Es werde nun ein beliebiges $t \in [a \circ d; b \circ e]$ betrachtet. Dann bestehen die folgenden Möglichkeiten:

1. Fall: $f(k_n;\ell_n) \geq t$

Dann setzt man: $[a_{n+1};b_{n+1}] := [a_n;k_n]$ und $[d_{n+1};e_{n+1}] := [d_n;\ell_n]$

2. Fall: $f(k_n;\ell_n) < t$

Dann setzt man: $[a_{n+1};b_{n+1}] := [k_n;b_n]$ und $[d_{n+1};e_{n+1}] := [\ell_n;e_n]$

Aufgrund dieser Konstruktion gelten die folgenden Eigenschaften:

1. $[a_n;b_n] \subset [a_{n-1};b_{n-1}]$ und $[d_n;e_n] \subset [d_{n-1};e_{n-1}]$, $n \geq 1$

2. $b_n - a_n = \dfrac{b-a}{2^n}$ und $e_n - d_n = \dfrac{e-d}{2^n}$, $n \in \mathbf{N}$

3. $f(a_n;d_n) \leq t$ und $f(b_n;e_n) \geq t$, $n \in \mathbf{N}$

Das wird aus dem folgenden eingeschobenen Beweis durch vollständige Induktion klar:

Induktionsanfang:

Für n = 0 wird die 2./3. Eigenschaft und für n = 1 zusätzlich die 1. Eigenschaft erfüllt.

Induktionsschritt:

Wenn alle Eigenschaften für ein $n \in \mathbf{N}$ erfüllt werden, so gilt das auch für $n + 1 \in \mathbf{N}$, da:

1. beim 1. Fall aufgrund der Intervallkonstruktion gilt:

$$[a_{n+1}; b_{n+1}] = [a_n; 0{,}5(a_n + b_n)] \subset [a_n; b_n]$$

$$[d_{n+1}; e_{n+1}] = [d_n; 0{,}5(d_n + e_n)] \subset [d_n; e_n]$$

beim 2. Fall aufgrund der Intervallkonstruktion gilt:

$$[a_{n+1}; b_{n+1}] = [0{,}5(a_n + b_n); b_n] \subset [a_n; b_n]$$

$$[d_{n+1}; e_{n+1}] = [0{,}5(d_n + e_n); e_n] \subset [d_n; e_n]$$

2. aufgrund der Konstruktion und der Induktionsvoraussetzung gilt:

$$b_{n+1} - a_{n+1} = \frac{b_n - a_n}{2} = \frac{(b-a)2^{-n}}{2} = \frac{b-a}{2^{n+1}}$$

$$e_{n+1} - d_{n+1} = \frac{e_n - d_n}{2} = \frac{(e-d)2^{-n}}{2} = \frac{e-d}{2^{n+1}}$$

3. beim 1. Fall aufgrund der Konstruktion und der Induktionsvoraussetzung gilt:

$$f(a_{n+1}; d_{n+1}) = f(a_n; d_n) \le t \text{ und } f(b_{n+1}; e_{n+1}) = f(k_n; \ell_n) \ge t$$

beim 2. Fall aufgrund der Konstruktion und der Induktionsvoraussetzung gilt:

$$f(a_{n+1}; d_{n+1}) = f(k_n; \ell_n) < t \text{ und } f(b_{n+1}; e_{n+1}) = f(b_n; e_n) \ge t$$

Wegen der 1. Eigenschaft sind die Folgen $(a_n)_{n \ge 1}$ und $(d_n)_{n \ge 1}$ monoton wachsend und nach oben beschränkt und die Folgen $(b_n)_{n \ge 1}$ und $(e_n)_{n \ge 1}$ monoton fallend und nach unten beschränkt. Deshalb sind sie konvergent.

Aus der 2. Eigenschaft folgt:

$$\lim_{n \to \infty} (b_n - a_n) = 0 \quad \Leftrightarrow \quad \lim_{n \to \infty} b_n = \lim_{n \to \infty} a_n$$

$$\lim_{n \to \infty} (e_n - d_n) = 0 \quad \Leftrightarrow \quad \lim_{n \to \infty} e_n = \lim_{n \to \infty} d_n$$

Wegen der Konvergenz existieren also $c_1 , c_2 \in \mathbf{R}$, für die gilt:

$$c_1 := \lim_{n \to \infty} a_n = \lim_{n \to \infty} b_n \text{ und } c_2 := \lim_{n \to \infty} d_n = \lim_{n \to \infty} e_n$$

Aufgrund der Stetigkeit der Abbildung f und der 3. Eigenschaft erhält man:

$$f (c_1 ; c_2) = f (\lim_{n \to \infty} a_n ; \lim_{n \to \infty} d_n) = \lim_{n \to \infty} f (a_n ; d_n) \leq t$$

$$f (c_1 ; c_2) = f (\lim_{n \to \infty} b_n ; \lim_{n \to \infty} e_n) = \lim_{n \to \infty} f (b_n ; e_n) \geq t$$

$$\Rightarrow f (c_1 ; c_2) = t$$

Q.e.d.

Lemma 5.13 / 2:

Man betrachte eine stetige Abbildung $f : \mathbf{R}^2 \rightarrow \mathbf{R}$ mit $f : (x ; y) \rightarrow f (x ; y) := x \circ y$.
Weiterhin sei $[a ; b] \times [d ; e] \subset \mathbf{R}^2$ und $f(a , e) \leq f(b , d)$. Dann gilt:
$\forall t \in [a \circ e ; b \circ d] \; \exists \; (c_1 ; c_2) \in [a ; b] \times [d ; e]$, so daß $f (c_1 ; c_2) = t$.

Beweis zu Lemma 5.13 / 2:

Es wird die Intervallhalbierungsmethode verwendet. Danach konstruiert man eine Folge von Intervallen $[a_n ; b_n] \subseteq [a ; b]$ und $[d_n ; e_n] \subseteq [d ; e]$, $n \in \mathbf{N}$, wie folgt:

Man setzt $[a_0 ; b_0] := [a ; b]$ und $[d_0 ; e_0] := [d ; e]$.

Weiterhin gelte $k_n := \dfrac{a_n + b_n}{2}$ und $\ell_n := \dfrac{d_n + e_n}{2}$, $n \in \mathbf{N}$

Es werde nun ein beliebiges $t \in [a \circ e; b \circ d]$ betrachtet. Dann bestehen die folgenden Möglichkeiten:

1. Fall: $f(k_n; \ell_n) \geq t$

Dann setzt man: $[a_{n+1}; b_{n+1}] := [a_n; k_n]$ und $[d_{n+1}; e_{n+1}] := [\ell_n; e_n]$

2. Fall: $f(k_n; \ell_n) < t$

Dann setzt man: $[a_{n+1}; b_{n+1}] := [k_n; b_n]$ und $[d_{n+1}; e_{n+1}] := [d_n; \ell_n]$

Aufgrund dieser Konstruktion gelten die folgenden Eigenschaften:

1. $[a_n; b_n] \subset [a_{n-1}; b_{n-1}]$ und $[d_n; e_n] \subset [d_{n-1}; e_{n-1}]$, $n \geq 1$

2. $b_n - a_n = \dfrac{b-a}{2^n}$ und $e_n - d_n = \dfrac{e-d}{2^n}$, $n \in \mathbf{N}$

3. $f(a_n; e_n) \leq t$ und $f(b_n; d_n) \geq t$, $n \in \mathbf{N}$

Das wird aus dem folgenden eingeschobenen Beweis durch vollständige Induktion klar.

Induktionsanfang:

Für $n = 0$ wird die 2./3. Eigenschaft und für $n = 1$ zusätzlich die 1. Eigenschaft erfüllt.

Induktionsschritt:

Wenn alle Eigenschaften für ein $n \in \mathbf{N}$ erfüllt werden, so gilt das auch für $n + 1 \in \mathbf{N}$, weil:

1. beim 1. Fall aufgrund der Intervallkonstruktion gilt:

   $[a_{n+1}; b_{n+1}] = [a_n; 0{,}5(a_n + b_n)] \subset [a_n; b_n]$

   $[d_{n+1}; e_{n+1}] = [0{,}5(d_n + e_n); e_n] \subset [d_n; e_n]$

   beim 2. Fall aufgrund der Intervallkonstruktion gilt:

   $[a_{n+1}; b_{n+1}] = [0{,}5(a_n + b_n); b_n] \subset [a_n; b_n]$

   $[d_{n+1}; e_{n+1}] = [d_n; 0{,}5(d_n + e_n)] \subset [d_n; e_n]$

2. aufgrund der Konstruktion und der Induktionsvoraussetzung gilt:

$$b_{n+1} - a_{n+1} = \frac{b_n - a_n}{2} = \frac{(b-a)2^{-n}}{2} = \frac{b-a}{2^{n+1}}$$

$$e_{n+1} - d_{n+1} = \frac{e_n - d_n}{2} = \frac{(e-d)2^{-n}}{2} = \frac{e-d}{2^{n+1}}$$

3. beim 1. Fall aufgrund der Konstruktion und der Induktionsvoraussetzung gilt:

$$f(a_{n+1};e_{n+1}) = f(a_n;e_n) \leq t \text{ und } f(b_{n+1};d_{n+1}) = f(k_n;\ell_n) \geq t$$

beim 2. Fall aufgrund der Konstruktion und der Induktionsvoraussetzung gilt:

$$f(a_{n+1};e_{n+1}) = f(k_n;\ell_n) < t \text{ und } f(b_{n+1};d_{n+1}) = f(b_n;d_n) \geq t$$

Wegen der 1. Eigenschaft sind die Folgen $(a_n)_{n \geq 1}$ und $(d_n)_{n \geq 1}$ monoton wachsend und nach oben beschränkt und die Folgen $(b_n)_{n \geq 1}$ und $(e_n)_{n \geq 1}$ monoton fallend und nach unten beschränkt. Deshalb sind sie konvergent.

Aus der 2. Eigenschaft folgt:

$$\lim_{n \to \infty} (b_n - a_n) = 0 \Leftrightarrow \lim_{n \to \infty} b_n = \lim_{n \to \infty} a_n$$

$$\lim_{n \to \infty} (e_n - d_n) = 0 \Leftrightarrow \lim_{n \to \infty} e_n = \lim_{n \to \infty} d_n$$

Wegen der Konvergenz existieren also c_1, $c_2 \in \mathbf{R}$, für die gilt:

$$c_1 := \lim_{n \to \infty} a_n = \lim_{n \to \infty} b_n \text{ und } c_2 := \lim_{n \to \infty} d_n = \lim_{n \to \infty} e_n$$

Aufgrund der Stetigkeit der Abbildung f und der 3. Eigenschaft erhält man:

$$f(c_1;c_2) = f(\lim_{n \to \infty} a_n ; \lim_{n \to \infty} e_n) = \lim_{n \to \infty} f(a_n;e_n) \leq t$$

$$f(c_1;c_2) = f(\lim_{n \to \infty} b_n ; \lim_{n \to \infty} d_n) = \lim_{n \to \infty} f(b_n;d_n) \geq t$$

$$\Rightarrow f(c_1;c_2) = t$$

Q.e.d.

Lemma 5.13 / 3:

Man betrachte eine stetige Abbildung $f : \mathbf{R}^2 \to \mathbf{R}$ mit $f : (x;y) \to f(x;y) := x \circ y$.
Weiterhin sei $[a;b] \times [d;e] \subset \mathbf{R}^2$ und $f(a,e) \geq f(b,d)$. Dann gilt:
$\forall t \in [b \circ d; a \circ e]\ \exists\ (c_1;c_2) \in [a;b] \times [d;e]$, so daß $f(c_1;c_2) = t$.

Beweis zu Lemma 5.13 / 3:

Es wird die Intervallhalbierungsmethode verwendet. Danach konstruiert man eine Folge von Intervallen $[a_n;b_n] \subseteq [a;b]$ und $[d_n;e_n] \subseteq [d;e]$, $n \in \mathbf{N}$, wie folgt:

Man setzt $[a_0;b_0] := [a;b]$ und $[d_0;e_0] := [d;e]$.

Weiterhin gelte $k_n := \dfrac{a_n + b_n}{2}$ und $\ell_n := \dfrac{d_n + e_n}{2}$, $n \in \mathbf{N}$

Es werde nun ein beliebiges $t \in [b \circ d; a \circ e]$ betrachtet. Dann bestehen die folgenden Möglichkeiten:

1. Fall: $f(k_n;\ell_n) \geq t$

Dann setzt man: $[a_{n+1};b_{n+1}] := [k_n;b_n]$ und $[d_{n+1};e_{n+1}] := [d_n;\ell_n]$

2. Fall: $f(k_n;\ell_n) < t$

Dann setzt man: $[a_{n+1};b_{n+1}] := [a_n;k_n]$ und $[d_{n+1};e_{n+1}] := [\ell_n;e_n]$

Aufgrund dieser Konstruktion gelten die folgenden Eigenschaften:

1. $[a_n;b_n] \subset [a_{n-1};b_{n-1}]$ und $[d_n;e_n] \subset [d_{n-1};e_{n-1}]$, $n \geq 1$

2. $b_n - a_n = \dfrac{b-a}{2^n}$ und $e_n - d_n = \dfrac{e-d}{2^n}$, $n \in \mathbf{N}$

3. $f(a_n;e_n) \geq t$ und $f(b_n;d_n) \leq t$, $n \in \mathbf{N}$

Das wird aus dem folgenden eingeschobenen Beweis durch vollständige Induktion klar:

Induktionsanfang:

Für $n = 0$ wird die 2./3. Eigenschaft und für $n = 1$ zusätzlich die 1. Eigenschaft erfüllt.

Induktionsschritt:

Wenn alle Eigenschaften für ein $n \in \mathbf{N}$ erfüllt werden, so gilt das auch für $n + 1 \in \mathbf{N}$, weil:

1. beim 1. Fall aufgrund der Intervallkonstruktion gilt:

$$[a_{n+1}; b_{n+1}] = [0{,}5(a_n + b_n); b_n] \subset [a_n; b_n]$$

$$[d_{n+1}; e_{n+1}] = [d_n; 0{,}5(d_n + e_n)] \subset [d_n; e_n]$$

beim 2. Fall aufgrund der Intervallkonstruktion gilt:

$$[a_{n+1}; b_{n+1}] = [a_n; 0{,}5(a_n + b_n)] \subset [a_n; b_n]$$

$$[d_{n+1}; e_{n+1}] = [0{,}5(d_n + e_n); e_n] \subset [d_n; e_n]$$

2. aufgrund der Konstruktion und der Induktionsvoraussetzung gilt:

$$b_{n+1} - a_{n+1} = \frac{b_n - a_n}{2} = \frac{(b - a)2^{-n}}{2} = \frac{b - a}{2^{n+1}}$$

$$e_{n+1} - d_{n+1} = \frac{e_n - d_n}{2} = \frac{(e - d)2^{-n}}{2} = \frac{e - d}{2^{n+1}}$$

3. beim 1. Fall aufgrund der Konstruktion und der Induktionsvoraussetzung gilt:

$$f(a_{n+1}; e_{n+1}) = f(k_n; \ell_n) \geq t \text{ und } f(b_{n+1}; d_{n+1}) = f(b_n; d_n) \leq t$$

beim 2. Fall aufgrund der Konstruktion und der Induktionsvoraussetzung gilt:

$$f(a_{n+1}; e_{n+1}) = f(a_n; e_n) \geq t \text{ und } f(b_{n+1}; d_{n+1}) = f(k_n; \ell_n) < t$$

Wegen der 1. Eigenschaft sind die Folgen $(a_n)_{n \geq 1}$ und $(d_n)_{n \geq 1}$ monoton wachsend und nach oben beschränkt und die Folgen $(b_n)_{n \geq 1}$ und $(e_n)_{n \geq 1}$ monoton fallend und nach unten beschränkt. Deshalb sind sie konvergent.

Aus der 2. Eigenschaft folgt:

$$\lim_{n \to \infty} (b_n - a_n) = 0 \Leftrightarrow \lim_{n \to \infty} b_n = \lim_{n \to \infty} a_n$$

$$\lim_{n \to \infty} (e_n - d_n) = 0 \Leftrightarrow \lim_{n \to \infty} e_n = \lim_{n \to \infty} d_n$$

Wegen der Konvergenz existieren also $c_1, c_2 \in \mathbf{R}$, für die gilt:

$$c_1 := \lim_{n \to \infty} a_n = \lim_{n \to \infty} b_n \text{ und } c_2 := \lim_{n \to \infty} d_n = \lim_{n \to \infty} e_n$$

Aufgrund der Stetigkeit der Abbildung f und der 3. Eigenschaft erhält man:

$$f(c_1 ; c_2) = f(\lim_{n \to \infty} a_n ; \lim_{n \to \infty} e_n) = \lim_{n \to \infty} f(a_n ; e_n) \geq t$$

$$f(c_1 ; c_2) = f(\lim_{n \to \infty} b_n ; \lim_{n \to \infty} d_n) = \lim_{n \to \infty} f(b_n ; d_n) \leq t$$

$$\Rightarrow f(c_1 ; c_2) = t$$

Q.e.d.

Anhang 2: Analoge Formulierung zu Theorem 1

Theorem 1.1:

Es seien unscharfe Zahlen $\tilde{M}$ und $\tilde{N}$ durch $\mu_{\tilde{M}} : \mathbf{R} \to [0;1]$ und $\mu_{\tilde{N}} : \mathbf{R} \to [0;1]$ gegeben und man betrachte eine stetige, **streng monotone** binäre Verknüpfung $\circ$.
Für die Intervalle $[a_m ; b_m]$ bzw. $[a_n ; b_n]$, $a_i, b_i \in \mathbf{R}$, $i \in \{m, n\}$, gelte:
$a_m \geq m_u$ bzw. $a_n \geq n_u$. **Beide Intervalle** liegen also **im monoton fallenden Bereich** von $\mu_{\tilde{M}}$ bzw. $\mu_{\tilde{N}}$. Außerdem gelte für alle $x_m \in [a_m ; b_m]$ und $y_n \in [a_n ; b_n]$:

$$\mu_{\tilde{M}}(x_m) = \mu_{\tilde{N}}(y_n) = \lambda, \lambda \in [0;1]$$

Daraus folgt:

$\forall t \in [a_m \circ a_n ; b_m \circ b_n]$ gilt: $\mu_{\tilde{M} \circ \tilde{N}}(t) = \lambda$, falls $\circ$ streng monoton steigend ist.

$\forall t \in [b_m \circ b_n ; a_m \circ a_n]$ gilt: $\mu_{\tilde{M} \circ \tilde{N}}(t) = \lambda$, falls $\circ$ streng monoton fallend ist.

Beweis zu Theorem 1.1:

Sei $x_m \in [a_m ; b_m]$ und $y_n \in [a_n ; b_n]$ beliebig gegeben.

Es können drei Fälle auftreten:

1. Fall: $x < x_m \;\wedge\; x \circ y = x_m \circ y_n$

Daraus folgt gemäß Lemma 5.10: $y > y_n$

Die Zugehörigkeitsfunktion $\mu_{\tilde{N}}$ ist aufgrund der Konvexität der unscharfen Zahl $\tilde{N}$ im Intervall $[\, n_u ; \infty [$ monoton fallend.

Wegen der Voraussetzungen gilt:

$$[\, y_n ; \infty [\;\subseteq\; [\, a_n ; \infty [\;\subseteq\; [\, n_u ; \infty [$$

Deshalb folgt, daß die Zugehörigkeitsfunktion $\mu_{\tilde{N}}$ im Intervall $[\, y_n ; \infty [$ monoton fallend ist und daß deshalb $\mu_{\tilde{N}}(y) \leq \mu_{\tilde{N}}(y_n) = \lambda$.

$$\Rightarrow \min \{ \mu_{\tilde{M}}(x) \, ; \, \mu_{\tilde{N}}(y) \} \leq \lambda$$

$$\Rightarrow \sup_{\substack{x \circ y = x_m \circ y_n \\ mit\ x < x_m}} \min \{ \mu_{\tilde{M}}(x) \, ; \, \mu_{\tilde{N}}(y) \} \leq \lambda$$

2. Fall: $x > x_m \;\wedge\; x \circ y = x_m \circ y_n$

Die Zugehörigkeitsfunktion $\mu_{\tilde{M}}$ ist aufgrund der Konvexität der unscharfen Zahl $\tilde{M}$ im Intervall $[\, m_u ; \infty [$ monoton fallend.

Wegen der Voraussetzungen gilt:

$$[\, x_m ; \infty [\;\subseteq\; [\, a_m ; \infty [\;\subseteq\; [\, m_u ; \infty [$$

Also ist die Zugehörigkeitsfunktion $\mu_{\tilde{M}}$ im Intervall $[\, x_m ; \infty [$ monoton fallend und es gilt:

$$\mu_{\tilde{M}}(x) \leq \mu_{\tilde{M}}(x_m) = \lambda$$

$$\Rightarrow \min \{ \mu_{\tilde{M}}(x) \, ; \, \mu_{\tilde{N}}(y) \} \leq \lambda$$

$$\Rightarrow \sup_{\substack{x \circ y = x_m \circ y_n \\ mit\ x > x_m}} \min \{ \mu_{\tilde{M}}(x) \, ; \, \mu_{\tilde{N}}(y) \} \leq \lambda$$

3. Fall: $x = x_m \;\wedge\; y = y_n$

Nach Voraussetzung gilt: $\mu_{\tilde{M}}(x) = \mu_{\tilde{N}}(y) = \lambda$

$$\Rightarrow \min \{ \mu_{\tilde{M}}(x) \,;\, \mu_{\tilde{N}}(y) \} = \lambda$$

$$\Rightarrow \sup_{\substack{x \circ y = x_m \circ y_n \\ mit\ x = x_m}} \{ \min \{ \mu_{\tilde{M}}(x) \,;\, \mu_{\tilde{N}}(y) \} \} = \lambda$$

Unter Berücksichtigung des Erweiterungsprinzips nach ZADEH erhält man insgesamt:

$$\mu_{\tilde{M} \circ \tilde{N}}(x_m \circ y_n) = \lambda$$

Für alle 2-Tupel $(x / y) \in [a_m ; b_m] \times [a_n ; b_n]$ ist folgende Implikation bewiesen:

$$\mu_{\tilde{M}}(x) = \mu_{\tilde{N}}(y) = \lambda \quad \Rightarrow \quad \mu_{\tilde{M} \circ \tilde{N}}(x \circ y) = \lambda \qquad \textbf{(A.1)}$$

Nach Voraussetzung gilt weiter, daß die streng monoton fallende und binäre Verknüpfung $f : [a_m ; b_m] \times [a_n ; b_n] \to [b_m \circ b_n ; a_m \circ a_n]$ mit $f(x, y) := x \circ y$ stetig ist.

Gemäß Lemma 5.13 ergibt sich:

$$\forall\, t \in [b_m \circ b_n ; a_m \circ a_n]\ \exists\, (x, y) \in [a_m ; b_m] \times [a_n ; b_n] \text{ mit } t = x \circ y$$

Wenn $x \in [a_m ; b_m]$ und $y \in [a_n ; b_n]$, so gilt nach Voraussetzung:

$$\mu_{\tilde{M}}(x) = \mu_{\tilde{N}}(y) = \lambda$$

Wegen (A.1) folgt: $\mu_{\tilde{M} \circ \tilde{N}}(x \circ y) = \mu_{\tilde{M} \circ \tilde{N}}(t) = \lambda$

Mit Lemma 5.13 / 1 erhält man für streng monoton steigende Verknüpfungen die analogen Überlegungen.

Q.e.d.

Anhang 3: Analoge Formulierung zu Theorem 2

Theorem 2.1:

Es seien unscharfe Zahlen $\tilde{M}$ und $\tilde{N}$ durch $\mu_{\tilde{M}} : R \to [0;1]$ und $\mu_{\tilde{N}} : R \to [0;1]$ gegeben. Weiterhin betrachte man eine stetige, **hybride** binäre Verknüpfung $\circ$.

Für die Intervalle $[a_m ; b_m]$ bzw. $[a_n ; b_n]$, $a_i, b_i \in R$, $i \in \{m, n\}$, gelte:

$a_m \geq m_u$ bzw. $b_n \leq n_o$. Das Intervall $[\, a_m ; b_m \,]$ liegt also im **monoton fallenden Bereich** von $\mu_{\tilde{M}}$ und das Intervall $[\, a_n ; b_n \,]$ liegt im **monoton steigenden Bereich** von $\mu_{\tilde{N}}$.

Außerdem gelte für alle $x_m \in [\, a_m ; b_m \,]$ und $y_n \in [\, a_n ; b_n \,]$:

$\mu_{\tilde{M}}(x_m) = \mu_{\tilde{N}}(y_n) = \lambda, \lambda \in [\, 0;1 \,]$

Daraus folgt:

$\forall\, t \in [\, a_m \circ b_n ; b_m \circ a_n \,]$ erhält man: $\mu_{\tilde{M} \circ \tilde{N}}(t) = \lambda$, falls die 1. Implikation gilt.

$\forall\, t \in [\, b_m \circ a_n ; a_m \circ b_n \,]$ erhält man: $\mu_{\tilde{M} \circ \tilde{N}}(t) = \lambda$, falls die 2. Implikation gilt.

Beweis zu Theorem 2.1:

Sei $x_m \in [\, a_m ; b_m \,]$ und $y_n \in [\, a_n ; b_n \,]$ beliebig gegeben.

Es können drei Fälle auftreten:

1. Fall: $x < x_m \;\wedge\; x \circ y = x_m \circ y_n$

Daraus folgt gemäß Lemma 5.11: $y < y_n$

Die Zugehörigkeitsfunktion $\mu_{\tilde{N}}$ ist aufgrund der Konvexität der unscharfen Zahl $\tilde{N}$ im Intervall $]-\infty ; n_o\,]$ monoton steigend.

Wegen der Voraussetzungen gilt:

$]-\infty ; y_n\,] \subseteq\;]-\infty ; b_n\,] \subseteq\;]-\infty ; n_o\,]$

Deshalb ist die Zugehörigkeitsfunktion $\mu_{\tilde{N}}$ auch im Intervall $]-\infty ; y_n\,]$ monoton steigend und es gilt: $\mu_{\tilde{N}}(y) \leq \mu_{\tilde{N}}(y_n) = \lambda$

$\Rightarrow \min \{\, \mu_{\tilde{M}}(x) \,;\, \mu_{\tilde{N}}(y) \,\} \leq \lambda$

$$\Rightarrow \sup_{\substack{x \circ y = x_m \circ y_n \\ \textit{mit } x < x_m}} \{\, \min \{\, \mu_{\tilde{M}}(x) \,;\, \mu_{\tilde{N}}(y) \,\}\,\} \leq \lambda$$

2. Fall: $x > x_m \quad \wedge \quad x \circ y = x_m \circ y_n$

Die Zugehörigkeitsfunktion $\mu_{\tilde{M}}$ ist aufgrund der Konvexität der unscharfen Zahl $\tilde{M}$ im Intervall $[\, m_u ; \infty [$ monoton fallend.

Wegen der Voraussetzungen gilt:

$$[\, x_m ; \infty [\;\subseteq\; [\, a_m ; \infty [\;\subseteq\; [\, m_u ; \infty [$$

Deshalb ist die Zugehörigkeitsfunktion $\mu_{\tilde{M}}$ auch im Intervall $[\, x_m ; \infty [$ monoton fallend.

$$\Rightarrow \mu_{\tilde{M}}(x) \le \mu_{\tilde{M}}(x_m) = \lambda$$

$$\Rightarrow \min \{ \mu_{\tilde{M}}(x) ; \mu_{\tilde{N}}(y) \} \le \lambda$$

$$\Rightarrow \sup_{\substack{x \circ y = x_m \circ y_n \\ mit\ x > x_m}} \min \{ \mu_{\tilde{M}}(x) ; \mu_{\tilde{N}}(y) \} \le \lambda$$

3. Fall : $x = x_m \quad \wedge \quad y = y_n$

Nach Voraussetzung gilt: $\mu_{\tilde{M}}(x) = \mu_{\tilde{N}}(y) = \lambda$

$$\Rightarrow \min \{ \mu_{\tilde{M}}(x) ; \mu_{\tilde{N}}(y) \} \le \lambda$$

$$\Rightarrow \sup_{\substack{x \circ y = x_m \circ y_n \\ mit\ x > x_m}} \min \{ \mu_{\tilde{M}}(x) ; \mu_{\tilde{N}}(y) \} \le \lambda$$

Mit dem Erweiterungsprinzip nach ZADEH erhält man deshalb:

$$\mu_{\tilde{M} \circ \tilde{N}}(x_m \circ y_n) = \lambda$$

Für alle 2-Tupel $(x / y) \in [\, a_m ; b_m] \times [\, a_n ; b_n]$ ist folgende Implikation bewiesen:

$$\mu_{\tilde{M}}(x) = \mu_{\tilde{N}}(y) = \lambda \;\Rightarrow\; \mu_{\tilde{M} \circ \tilde{N}}(x \circ y) = \lambda \qquad \textbf{(A.2)}$$

Nach Voraussetzung gilt außerdem, daß die hybride binäre Verknüpfung

$f : [\, a_m ; b_m] \times [\, a_n ; b_n] \rightarrow [\, b_m \circ a_n ; a_m \circ b_n]$ mit $f(x, y) := x \circ y$ stetig ist.

Gemäß Lemma 5.13 / 3 ergibt sich:

$\forall\, t \in [\, b_m \circ a_n ; a_m \circ b_n \,] \;\; \exists\, (x, y) \in [\, a_m ; b_m \,] \times [\, a_n ; b_n \,]$ mit $t = x \circ y$

Wenn $x \in [\, a_m ; b_m \,]$ und $y \in [\, a_n ; b_n \,]$, so gilt nach Voraussetzung:

$$\mu_{\tilde{M}}(x) = \mu_{\tilde{N}}(y) = \lambda$$

Wegen (A.2) ergibt sich:

$$\mu_{\tilde{M} \circ \tilde{N}}(x \circ y) = \mu_{\tilde{M} \circ \tilde{N}}(t) = \lambda$$

Mit Lemma 5.13 / 2 erhält man die analogen Überlegungen, falls die 1. Implikation gilt.

Q.e.d.

Anhang 4: Ermittlung des linken Teilastes einer additiv verknüpften unscharfen Zahl

Für jedes $\lambda \in \chi_2$ gilt:

$$\mu_{\tilde{M}}(x) = L_{\tilde{M}}\left(\frac{m_u - x}{\alpha}\right) = \lambda \Leftrightarrow L_{\tilde{M}}^{-1}(\lambda) = \frac{m_u - x}{\alpha} \Leftrightarrow x = m_u - \alpha L_{\tilde{M}}^{-1}(\lambda)$$

$$\mu_{\tilde{N}}(y) = L_{\tilde{N}}\left(\frac{n_u - y}{\delta}\right) = \lambda \Leftrightarrow L_{\tilde{N}}^{-1}(\lambda) = \frac{n_u - y}{\delta} \Leftrightarrow y = n_u - \delta L_{\tilde{N}}^{-1}(\lambda)$$

$$\Rightarrow x + y = m_u + n_u - \alpha L_{\tilde{M}}^{-1}(\lambda) - \delta L_{\tilde{N}}^{-1}(\lambda)$$

$$\Leftrightarrow m_u + n_u - (x + y) = \alpha L_{\tilde{M}}^{-1}(\lambda) + \delta L_{\tilde{N}}^{-1}(\lambda) =: L^{-1}(\lambda) \qquad \textbf{(A.3)}$$

$$\Leftrightarrow L(m_u + n_u - (x + y)) = \lambda, x + y \leq m_u + n_u$$

Zur 1. Eigenschaft:

Nach Voraussetzung gilt:

$$L_{\tilde{M}}(0) = 1 \text{ und } L_{\tilde{N}}(0) = 1$$

$$\Leftrightarrow L_{\tilde{M}}^{-1}(1) = 0 \text{ und } L_{\tilde{N}}^{-1}(1) = 0$$

$$\Rightarrow L^{-1}(1) = \alpha L_{\tilde{M}}^{-1}(1) + \delta L_{\tilde{N}}^{-1}(1) = 0$$

$$\Leftrightarrow L(0) = 1$$

Zur 2. Eigenschaft:

Fall a: $0 \notin \chi_2$

Es seien die folgenden streng monoton fallenden Referenzfunktionen gegeben:
$L_{\tilde{M}} : [0;\infty[\rightarrow]0;1]$ und $L_{\tilde{N}} : [0;\infty[\rightarrow]0;1]$
Diese sind aufgrund der 1. und 3. Eigenschaft von Referenzfunktionen nach Satz 5.5 bijektiv.
Die Umkehrfunktionen besitzen die gleichen Eigenschaften.

$\Rightarrow L^{-1} :]0;1] \rightarrow [0;\infty[$ ist streng monoton fallend und nach Satz 5.4 auch bijektiv, weil $L^{-1}(1) = 0$ und $\lim_{\lambda \to 0} L^{-1}(\lambda) = \infty$.

$\Leftrightarrow L : [0;\infty[\rightarrow]0;1]$ ist streng monoton fallend und bijektiv. **(A.4)**

Man erhält das gleiche Ergebnis, wenn genau *eine* der Zugehörigkeitsfunktionen einen linksseitigen Schnittpunkt mit der Abszisse besitzt.

Fall b: $0 \in \chi_2$

Man geht von den folgenden streng monoton fallenden Referenzfunktionen aus:
$L_{\tilde{M}} : [0;u_{ml}] \rightarrow [0;1]$ und $L_{\tilde{N}} : [0;u_{nl}] \rightarrow [0;1]$
Diese sind nach Satz 5.7 bijektiv und die Inversen besitzen die gleichen Eigenschaften.
$\Rightarrow L^{-1} : [0;1] \rightarrow [0;u_s]$, $u_s := \alpha u_{ml} + \delta u_{nl}$, ist streng monoton fallend und nach Satz 5.7 bijektiv, weil $L^{-1}(1) = 0$ und $L^{-1}(0) = u_s$.

$\Leftrightarrow L : [0;u_s] \rightarrow [0;1]$ ist streng monoton fallend und bijektiv. **(A.5)**

Es wird im folgenden gezeigt, daß $L(u) = 0,\ u \geq u_s$.

Bei der additiven Verknüpfung gilt für alle $x \leq x_l$ und $y \leq y_l$:

$$u_m \geq u_{ml} \text{ und } u_n \geq u_{nl}$$

$$\Rightarrow \alpha u_m + \delta u_n \geq u_s \qquad \textbf{(A.6)}$$

Außerdem errechnet man folgende Grenzwerte:

$$\lim_{u_m \to \infty} (\alpha\, u_m + \delta\, u_n) = \infty \text{ und } \lim_{u_n \to \infty} (\alpha\, u_m + \delta\, u_n) = \infty$$

Mit (A.6) ergibt sich deshalb:

$\forall\ (u_m ; u_n) \in [\, u_{ml} ; \infty [\ \times\ [\, u_{nl} ; \infty [\ \ \exists\ u \in [\, u_s ; \infty [$, so daß gilt:

$$\alpha\, u_m + \delta\, u_n = u \qquad \textbf{(A.7)}$$

Weiterhin zeigt man, daß für alle $u \in [\, u_s ; \infty [$ mindestens *ein* 2-Tupel $(u_m ; u_n) \in [\, u_{ml} ; \infty [\ \times\ [\, u_{nl} ; \infty [$ exiatiert, für das $\alpha\, u_m + \delta\, u_n = u$. **(A.8)**

Hierzu betrachtet man eine Funktion $F : [\, u_{ml} ; \infty [\ \to \mathrm{R}$ mit $F(u_m) := \alpha\, u_m + \delta\, u_{nl}$

Diese Abbildung ist stetig, streng monoton wachsend und divergent, so daß sich mit Satz 5.6 die bijektive Abbildung des Definitionsbereichs in das Intervall $[\, u_s ; \infty [$ ergibt. Für jedes $u \in [\, u_s ; \infty [$ findet man also genau *ein* 2-Tupel $(u_m ; u_{nl})$ mit $u_m \in [\, u_{ml} ; \infty [$, so daß $F(u_m) = u$. Damit ergibt sich (A.8).

Aus der 2. Eigenschaft für Referenzfunktionen folgt hier:

$$L_{\tilde{M}}(u_m) = 0\ \ \forall\ u_m \geq u_{ml} \text{ und } L_{\tilde{N}}(u_n) = 0\ \ \forall\ u_n \geq u_{nl}$$

$$\Leftrightarrow\ L_{\tilde{M}}^{-1}(\{0\}) = \{\, u_m \,|\, u_m \geq u_{ml} \,\} \text{ und } L_{\tilde{N}}^{-1}(\{0\}) = \{\, u_n \,|\, u_n \geq u_{nl} \,\}$$

Mit (A.3), (A.7) und (A.8) folgt dann:

$$L^{-1}(\{0\}) = \{\, u \,|\, u \geq u_s \,\}$$

$$\Leftrightarrow\ L(u) = 0,\ u \geq u_s \qquad \textbf{(A.9)}$$

Aus (A.5) und (A.9) folgt dann die 2. Eigenschaft.

Zur 3. Eigenschaft:

Fall a: $0 \notin \chi_2$

Nach Voraussetzung gilt:

$$\lim_{u_m \to \infty} L_{\tilde{M}}(u_m) = 0 \text{ und } \lim_{u_n \to \infty} L_{\tilde{N}}(u_n) = 0$$

$$\Leftrightarrow\ \lim_{\lambda \to 0} L_{\tilde{M}}^{-1}(\lambda) = \infty \text{ und } \lim_{\lambda \to 0} L_{\tilde{N}}^{-1}(\lambda) = \infty$$

$$\Rightarrow \lim_{\lambda \to 0} L^{-1}(\lambda) = \alpha \lim_{\lambda \to 0} L_{\tilde{M}}^{-1}(\lambda) + \delta \lim_{\lambda \to 0} L_{\tilde{N}}^{-1}(\lambda) = \infty$$

$$\Leftrightarrow \lim_{u \to \infty} L(u) = 0$$

Hierbei wird zweimal Satz 5.8 verwendet.

Wenn genau *eine* der unscharfen Zahlen einen linksseitigen Schnittpunkt mit der Abszisse besitzt, so folgt die Eigenschaft analog.

Fall b: $0 \in \chi_2$

Die Eigenschaft folgt aus (A.9).

Es ist noch zu zeigen, daß gilt:

$$\mu_{\tilde{M}+\tilde{N}}(x+y) = L(m_u + n_u - (x+y)),\ x + y \leq m_u + n_u$$

Die Voraussetzungen von Theorem 1 werden erfüllt, weil:

1. Die Addition ist eine stetige Verknüpfung in **R**.

2. Die Addition ist eine streng monoton steigende binäre Verknüpfung in **R**.

3. Im Intervall $]-\infty; m_u]$ ist die Zugehörigkeitsfunktion $\mu_{\tilde{M}}$ monoton steigend. Im Intervall $]-\infty; n_u]$ ist die Zugehörigkeitsfunktion $\mu_{\tilde{N}}$ monoton steigend.

Für alle 2-Tupel $(x; y) \in \mathbf{R}^2$ mit $\mu_{\tilde{M}}(x) = \mu_{\tilde{N}}(y) = \lambda,\ \lambda \in \chi_2$, gilt nach Definition:

$x \leq m_u \quad \wedge \quad y \leq n_u$

Wegen Theorem 1 erhält man: $\mu_{\tilde{M}+\tilde{N}}(x+y) = \lambda,\ \lambda \in \chi_2$

Nach (A.3) gilt: $L(m_u + n_u - (x+y)) = \lambda,\ \lambda \in \chi_2$

$$\Rightarrow \mu_{\tilde{M}+\tilde{N}}(x+y) = L(m_u + n_u - (x+y)),\ x + y \leq m_u + n_u \qquad \textbf{(A.10)}$$

Die Referenzfunktion L bestimmt man wegen (A.3) wie folgt:

Fall a: $0 \notin \chi_2$

$$L(m_u + n_u - (x + y)) = \left[\alpha L_{\tilde{M}}^{-1}(\lambda) + \delta L_{\tilde{N}}^{-1}(\lambda)\right]^{-1}, x + y \le m_u + n_u$$

Fall b: $0 \in \chi_2$

Berücksichtigt man zusätzlich (A.9), so folgt:

$$L(m_u + n_u - (x + y)) = \begin{cases} \left[\alpha L_{\tilde{M}}^{-1}(\lambda) + \delta L_{\tilde{N}}^{-1}(\lambda)\right]^{-1} \\ \qquad \textit{wenn } x_l + y_l \le x + y \le m_u + n_u \\ \\ 0 \qquad \textit{wenn } x + y \le x_l + y_l \end{cases}$$

Wenn die linken monoton steigenden Teiläste identische Gestaltfunktionen besitzen, dann ist das gleichbedeutend mit $L_{\tilde{M}}^{-1} \equiv L_{\tilde{N}}^{-1}$.

Für die linken Teiläste folgt aus (A.3):

$$L^{-1}(\lambda) = m_u + n_u - (x + y) \text{ und } L_{\tilde{M}}^{-1}(\lambda) = \frac{m_u + n_u - (x + y)}{\alpha + \delta}$$

$$\Leftrightarrow \quad L(m_u + n_u - (x + y)) = L_{\tilde{M}}\left(\frac{m_u + n_u - (x + y)}{\alpha + \delta}\right) = \lambda$$

Mit (A.10) erhält man:

$$\mu_{\tilde{M} + \tilde{N}}(x + y) = L_{\tilde{M}}\left(\frac{m_u + n_u - (x + y)}{\alpha + \delta}\right) = \lambda, x + y \le m_u + n_u$$

Anhang 5: Ermittlung des rechten Teilastes einer subtraktiv verknüpften unscharfen Zahl

Für alle $\lambda \in \chi_4$ gilt:

$$\mu_{\tilde{M}}(x) = R_{\tilde{M}}\left(\frac{x - m_o}{\gamma}\right) = \lambda \Leftrightarrow R_{\tilde{M}}^{-1}(\lambda) = \frac{x - m_o}{\gamma} \Leftrightarrow x = m_o + \gamma R_{\tilde{M}}^{-1}(\lambda)$$

$$\mu_{\tilde{N}}(y) = L_{\tilde{N}}\left(\frac{n_u - y}{\delta}\right) = \lambda \Leftrightarrow L_{\tilde{N}}^{-1}(\lambda) = \frac{n_u - y}{\delta} \Leftrightarrow y = n_u - \delta L_{\tilde{N}}^{-1}(\lambda)$$

$$\Rightarrow x - y = m_o - n_u + \gamma R_{\tilde{M}}^{-1}(\lambda) + \delta L_{\tilde{N}}^{-1}(\lambda)$$

$$\Rightarrow x - y - (m_o - n_u) = \gamma R_{\tilde{M}}^{-1}(\lambda) + \delta L_{\tilde{N}}^{-1}(\lambda) =: R^{-1}(\lambda) \qquad \textbf{(A.11)}$$

$$\Leftrightarrow R(x - y - (m_o - n_u)) = \lambda, x - y \geq m_o - n_u$$

Zur 1. Eigenschaft:

Nach Voraussetzung gilt:

$$R_{\tilde{M}}(0) = 1 \text{ und } L_{\tilde{N}}(0) = 1$$

$$\Leftrightarrow R_{\tilde{M}}^{-1}(1) = 0 \text{ und } L_{\tilde{N}}^{-1}(1) = 0$$

$$\Rightarrow R^{-1}(1) = \gamma R_{\tilde{M}}^{-1}(1) + \delta L_{\tilde{N}}^{-1}(1) = 0$$

$$\Leftrightarrow R(0) = 1$$

Zur 2. Eigenschaft:

Fall a: $0 \notin \chi_4$

Man betrachte die folgenden streng monoton fallenden Referenzfunktionen:

$R_{\tilde{M}} : [0;\infty[\rightarrow]0;1]$ und $L_{\tilde{N}} : [0;\infty[\rightarrow]0;1]$

Diese sind nach Satz 5.5 in Verbindung mit der 1. und 3. Eigenschaft von Referenzfunktionen bijektiv. Die Umkehrfunktionen besitzen die gleichen Eigenschaften.

$\Rightarrow R^{-1}:]\,0;1\,] \rightarrow [\,0;\infty\,[$ ist streng monoton fallend und nach Satz 5.4 bijektiv, denn es ist $R^{-1}(1) = 0$ und $\lim\limits_{\lambda \rightarrow 0} R^{-1}(\lambda) = \infty$

$\Leftrightarrow R: [\,0;\infty\,[\rightarrow]\,0;1\,]$ ist streng monoton fallend und bijektiv. **(A.12)**

Wenn genau *eine* der Zugehörigkeitsfunktionen einen entsprechenden Schnittpunkt mit der Abszisse besitzt, so folgt (A.12) analog.

Fall b: $0 \in \chi_4$

Es seien die folgenden streng monoton fallenden Referenzfunktionen gegeben:

$R_{\tilde{M}}: [\,0;v_{mr}\,] \rightarrow [\,0;1\,]$ und $L_{\tilde{N}}: [\,0;u_{nl}\,] \rightarrow [\,0;1\,]$

Diese sind nach Satz 5.7 bijektiv und die Inversen besitzen die gleichen Eigenschaften.

$\Rightarrow R^{-1}: [\,0;1\,] \rightarrow [\,0;v_s\,]$, $v_s := \gamma\, v_{mr} + \delta\, u_{nl}$, ist streng monoton fallend und nach Satz 5.7 bijektiv, weil $R^{-1}(1) = 0$ und $R^{-1}(0) = v_s$.

$\Leftrightarrow R: [\,0;v_s\,] \rightarrow [\,0;1\,]$ ist streng monoton fallend und bijektiv. **(A.13)**

Im folgenden wird gezeigt, daß $R(v) = 0,\ v \geq v_s$.

Bei der subtraktiven Verknüpfung erhält man für alle $x \geq x_r$ und $y \leq y_l$:

$v_m \geq v_{mr}$ und $u_n \geq u_{nl}$

$\Rightarrow \gamma\, v_m + \delta\, u_n \geq v_s$ **(A.14)**

Außerdem folgt:

$\lim\limits_{v_m \rightarrow \infty} (\gamma\, v_m + \delta\, u_n) = \infty$ und $\lim\limits_{u_n \rightarrow \infty} (\gamma\, v_m + \delta\, u_n) = \infty$

Mit (A.14) ergibt sich deshalb:

$\forall\ (v_m;u_n) \in [\,v_{mr};\infty\,[\times [\,u_{nl};\infty\,[\ \exists\ v \in [\,v_s;\infty\,[$, so daß gilt:

$\gamma\, v_m + \delta\, u_n = v$ **(A.15)**

Darüber hinaus findet man für jedes $v \in [\,v_s;\infty\,[$ mindestens *ein* 2-Tupel $(v_m;u_n) \in [\,v_{mr};\infty\,[\times [\,u_{nl};\infty\,[$, für das $\gamma\, v_m + \delta\, u_n = v$ gilt. **(A.16)**

Betrachtet man die Abbildung $F: [\,v_{mr};\infty\,[\rightarrow \mathbb{R}$ mit $F(v_m) := \gamma\, v_m + \delta\, u_{nl}$, so findet man nach Satz 5.6 genau *ein* 2-Tupel $(v_m;u_{nl})$, $v_m \in [\,v_{mr};\infty\,[$, so daß $F(v_m) = v$.

Wegen der 2. Eigenschaft der Referenzfunktionen folgt hier:

$$R_{\tilde{M}}(v_m) = 0 \;\forall\; v_m \geq v_{mr} \text{ und } L_{\tilde{N}}(u_n) = 0 \;\forall\; u_n \geq u_{nl}$$

$$\Leftrightarrow R_{\tilde{M}}^{-1}(\{0\}) = \{ v_m \mid v_m \geq v_{mr} \} \text{ und } L_{\tilde{N}}^{-1}(\{0\}) = \{ u_n \mid u_n \geq u_{nl} \}$$

Nach (A.11), (A.15) und (A.16) gilt dann:

$$R^{-1}(\{0\}) = \{ v \mid v \geq v_s \}$$

$$\Leftrightarrow R(v) = 0,\; v \geq v_s \qquad \textbf{(A.17)}$$

Aus (A.13) und (A.17) folgt die 2. Eigenschaft.

Zur 3. Eigenschaft:

Fall a: $0 \notin \chi_4$

Nach Voraussetzung gilt:

$$\lim_{v_m \to \infty} R_{\tilde{M}}(v_m) = 0 \text{ und } \lim_{u_n \to \infty} L_{\tilde{N}}(u_n) = 0$$

$$\Leftrightarrow \lim_{\lambda \to 0} R_{\tilde{M}}^{-1}(\lambda) = \infty \text{ und } \lim_{\lambda \to 0} L_{\tilde{N}}^{-1}(\lambda) = \infty$$

$$\Rightarrow \lim_{\lambda \to 0} R^{-1}(\lambda) = \gamma \cdot \lim_{\lambda \to 0} R_{\tilde{M}}^{-1}(\lambda) + \delta \cdot \lim_{\lambda \to 0} L_{\tilde{N}}^{-1}(\lambda) = \infty$$

$$\Leftrightarrow \lim_{v \to \infty} R(v) = 0$$

Hierbei wird zweimal Satz 5.8 verwendet.

Wenn genau *eine* der unscharfen Zahlen einen entsprechenden Schnittpunkt mit der Abszisse annimmt, so folgt die Eigenschaft analog.

Fall b: $0 \in \chi_4$

Die Eigenschaft folgt aus (A.17).

Es ist noch zu zeigen, daß gilt:

$$\mu_{\tilde{M}-\tilde{N}}(x - y) = R(x - y - (m_o - n_u)),\; x - y \geq m_o - n_u$$

Hier sind die Voraussetzungen von Theorem 2.1 erfüllt, weil:

1. Die Subtraktion ist eine stetige Verknüpfung in R.
2. Die Subtraktion ist eine hybride binäre Verknüpfung in R.
3. Im Intervall $[\, m_o \,; \infty \,[$ ist die Zugehörigkeitsfunktion $\mu_{\tilde{M}}$ monoton fallend.
   Im Intervall $]\, -\infty \,; n_u \,]$ ist die Zugehörigkeitsfunktion $\mu_{\tilde{N}}$ monoton steigend.

Für alle 2-Tupel $(x\,;y) \in R^2$ mit $\mu_{\tilde{M}}(x) = \mu_{\tilde{N}}(y) = \lambda,\ \lambda \in \chi_4$, gilt definitionsgemäß:

$x \geq m_o \quad \wedge \quad y \leq n_u$

Wegen Theorem 2.1 erhält man: $\mu_{\tilde{M}-\tilde{N}}(x - y) = \lambda,\ \lambda \in \chi_4$

Wegen (A.11) gilt: $R(x - y - (m_o - n_u)) = \lambda,\ \lambda \in \chi_4$

$$\Rightarrow \mu_{\tilde{M}-\tilde{N}}(x - y) = R(x - y - (m_o - n_u)),\ x - y \geq m_o - n_u \qquad \textbf{(A.18)}$$

Die Referenzfunktion R kann man wegen (A.11) folgendermaßen aus den Referenzfunktionen $R_{\tilde{M}}$ und $L_{\tilde{N}}$ ableiten:

Fall a: $0 \notin \chi_4$

$$R(x - y - (m_o - n_u)) = \left[\delta\, L_{\tilde{N}}^{-1}(\lambda) + \gamma\, R_{\tilde{M}}^{-1}(\lambda)\right]^{-1},\ x - y \geq m_o - n_u$$

Fall b: $0 \in \chi_4$

Berücksichtigt man zusätzlich (A.17), so erweitert sich die Formel zu:

$$R(x - y - (m_o - n_u)) = \begin{cases} \left[\delta\, L_{\tilde{N}}^{-1}(\lambda) + \gamma\, R_{\tilde{M}}^{-1}(\lambda)\right]^{-1} & \\ \qquad \textit{wenn}\ m_o - n_u \leq x - y \leq x_r - y_l & \\ & \\ 0 \qquad \textit{wenn}\ x - y \geq x_r - y_l & \end{cases}$$

Wenn die Teiläste Referenzfunktionen mit identischen Gestaltfunktionen besitzen, dann ist $R_{\tilde{M}} \equiv L_{\tilde{N}}$. Das ist äquivalent zu $R_{\tilde{M}}^{-1} \equiv L_{\tilde{N}}^{-1}$. Aus (A.11) ergibt sich dann:

$$R^{-1}(\lambda) = x - y - (m_o - n_u) \text{ und } R_{\tilde{M}}^{-1}(\lambda) = \frac{x - y - (m_o - n_u)}{\gamma + \delta}$$

$$\Leftrightarrow R(x - y - (m_o - n_u)) = R_{\tilde{M}}\left(\frac{x - y - (m_o - n_u)}{\gamma + \delta}\right) = \lambda$$

Aus (A.18) folgt also:

$$\mu_{\tilde{M}-\tilde{N}}(x - y) = R_{\tilde{M}}\left(\frac{x - y - (m_o - n_u)}{\gamma + \delta}\right), \quad x - y \geq m_o - n_u$$

Anhang 6: Approximative Ermittlung des rechten Teilastes einer multiplikativ verknüpften unscharfen Zahl

Für alle $\lambda \in \chi_1$ gilt:

$$\mu_{\tilde{M}}(x) = R_{\tilde{M}}\left(\frac{x - m_o}{\gamma}\right) = \lambda \text{ und } \mu_{\tilde{N}}(y) = R_{\tilde{N}}\left(\frac{y - n_o}{\beta}\right) = \lambda$$

Die Vernachlässigung der Inversen $R_{\tilde{N}}^{-1}(\lambda)$ im letzten Term von (5.22) führt zur folgenden Abschätzung:

$$x y - m_o n_o \approx m_o \beta R_{\tilde{N}}^{-1}(\lambda) + n_o \gamma R_{\tilde{M}}^{-1}(\lambda) + \gamma \beta R_{\tilde{M}}^{-1}(\lambda) =: \hat{R}^{-1}(\lambda) \qquad \textbf{(A.19)}$$

Zur 1. Eigenschaft

Nach Voraussetzung gilt:

$$R_{\tilde{M}}(0) = 1 \text{ und } R_{\tilde{N}}(0) = 1$$

$$\Leftrightarrow R_{\tilde{M}}^{-1}(1) = 0 \text{ und } R_{\tilde{N}}^{-1}(1) = 0$$

$$\Rightarrow \hat{R}^{-1}(1) = m_o \beta R_{\tilde{N}}^{-1}(1) + \gamma(n_o + \beta) R_{\tilde{M}}^{-1}(1) = 0$$

$$\Leftrightarrow \hat{R}(0) = 1$$

Zur 2. Eigenschaft:

Fall a: $0 \notin \chi_1$

Man betrachte die folgenden streng monoton fallenden Referenzfunktionen:

$R_{\tilde{M}} : [\,0;\infty\,[\; \rightarrow \;]\,0;1\,]$ und $R_{\tilde{N}} : [\,0;\infty\,[\; \rightarrow \;]\,0;1\,]$

Diese sind wegen der 1. und 3. Eigenschaften von Referenzfunktionen nach Satz 5.5 bijektiv. Die Inversen besitzen die gleichen Eigenschaften.

Weiterhin gilt:

- $\hat{R}^{-1}$ ist nach Satz 5.9 streng monoton fallend
- $\lim\limits_{\lambda \to 0} \hat{R}^{-1}(\lambda) = m_o\, \beta \lim\limits_{\lambda \to 0} R_{\tilde{N}}^{-1}(\lambda) + \gamma\,(n_o + \beta) \lim\limits_{\lambda \to 0} R_{\tilde{M}}^{-1}(\lambda) = \infty$ **(A.20)**
- Es ist $\hat{R}^{-1}(1) = 0$

Nach Satz 5.4 ist die Funktion $\hat{R}^{-1} : \;]\,0;1\,] \rightarrow [\,0;\infty\,[$ auch bijektiv.

$\Leftrightarrow$ $\hat{R} : [\,0;\infty\,[\; \rightarrow \;]\,0;1\,]$ ist streng monoton fallend und bijektiv. **(A.21)**

Dieses Ergebnis erhält man analog, wenn genau *eine* der Zugehörigkeitsfunktionen einen rechtsseitigen Schnittpunkt mit der Abszisse besitzt.

Fall b: $0 \in \chi_1$

Es seien die folgenden streng monoton fallenden Referenzfunktionen gegeben:

$R_{\tilde{M}} : [\,0;v_{mr}\,] \rightarrow [\,0;1\,]$ und $R_{\tilde{N}} : [\,0;v_{nr}\,] \rightarrow [\,0;1\,]$

Diese sind nach Satz 5.7 bijektiv, so daß die Inversen die gleichen Eigenschaften besitzen.

$\Rightarrow$ $\hat{R}^{-1} : [\,0;1\,] \rightarrow [\,0;\hat{v}_s\,]$, $\hat{v}_s := \gamma\,(n_o + \beta)\, v_{mr} + m_o\, \beta\, v_{nr}$, ist streng monoton fallend und nach Satz 5.7 bijektiv, weil $\hat{R}^{-1}(1) = 0$ und $\hat{R}^{-1}(0) = \hat{v}_s$.

$\Leftrightarrow$ $\hat{R} : [\,0;\hat{v}_s\,] \rightarrow [\,0;1\,]$ ist streng monoton fallend und bijektiv. **(A.22)**

Weiterhin ist $\hat{R}(v) = 0,\ v \geq \hat{v}_s$.

Bei der erweiterten Multiplikation gilt für alle $x \geq x_r$ und $y \geq y_r$:

$$v_m \geq v_{mr} \text{ und } v_n \geq v_{nr}$$

$$\Rightarrow \gamma (n_o + \beta) v_m + m_o \beta v_n \geq \hat{v}_s \qquad \textbf{(A.23)}$$

Außerdem gilt folgendes Grenzwertverhalten:

$$\lim_{v_m \to \infty} (\gamma (n_o + \beta) v_m + m_o \beta v_n) = \infty$$

$$\lim_{v_n \to \infty} (\gamma (n_o + \beta) v_m + m_o \beta v_n) = \infty$$

Mit (A.23) ergibt sich:

$\forall (v_m ; v_n) \in [v_{mr} ; \infty[\times [v_{nr} ; \infty[\ \exists\ v \in [\hat{v}_s ; \infty[$, so daß gilt:

$$\gamma (n_o + \beta) v_m + m_o \beta v_n = v \qquad \textbf{(A.24)}$$

Weiterhin zeigt man:

$\forall\ v \in [\hat{v}_s ; \infty[\ \exists (v_m ; v_n) \in [v_{mr} ; \infty[\times [v_{nr} ; \infty[$, für das gilt:

$$\gamma (n_o + \beta) v_m + m_o \beta v_n = v \qquad \textbf{(A.25)}$$

Das folgt direkt aus der Abbildung $F : [v_{mr} ; \infty[\to \mathsf{R}$, die durch die Abbildungsvorschrift $F(v_m) := \gamma (n_o + \beta) v_m + m_o \beta v_{nr}$ gegeben ist, in Verbindung mit Satz 5.6.

Wegen $R_{\tilde{M}}^{-1}(\{0\}) = \{ v_m \mid v_m \geq v_{mr} \}$ und $R_{\tilde{N}}^{-1}(\{0\}) = \{ v_n \mid v_n \geq v_{nr} \}$ ergibt sich aus (A.19), (A.24) und (A.25): $\hat{R}^{-1}(\{0\}) = \{ v \mid v \geq \hat{v}_s \}$

$$\Leftrightarrow \hat{R}(v) = 0,\ v \geq \hat{v}_s \qquad \textbf{(A.26)}$$

Mit (A.22) und (A.26) folgt die 2. Eigenschaft.

Zur 3. Eigenschaft:

Fall a: $0 \notin \chi_1$

Die Eigenschaft ist nach Satz 5.8 äquivalent zu (A.20).

Fall b: $0 \in \chi_1$

Die Eigenschaft folgt aus (A.26).

Im 2. Schritt wird die folgende Approximation nachgewiesen:

$\mu_{\tilde{M} \times \tilde{N}}(x\,y) \approx \hat{R}(x\,y - m_o\,n_o),\ x\,y \geq m_o\,n_o$

Für alle 2-Tupel $(x\,;y) \in \mathbf{R}^2$ mit $\mu_{\tilde{M}}(x) = \mu_{\tilde{N}}(y) = \lambda,\ \lambda \in \chi_1$, gilt nach Definition:

$x \geq m_o \quad \wedge \quad y \geq n_o$

Wegen Theorem 1.1 erhält man: $\mu_{\tilde{M} \times \tilde{N}}(x\,y) = \lambda,\ \lambda \in \chi_1$

Nach (A.19) gilt: $\hat{R}(x\,y - m_o\,n_o) \approx \lambda,\ \lambda \in \chi_1$

$\Rightarrow \mu_{\tilde{M} \times \tilde{N}}(x\,y) \approx \hat{R}(x\,y - m_o\,n_o),\ x\,y \geq m_o\,n_o$

Die Referenzfunktion $\hat{R}$ ermittelt man aus (A.19) wie folgt:

Fall a: $0 \notin \chi_1$

$\hat{R}(x\,y - m_o\,n_o) \approx \left[\, m_o\,\beta\,R_{\tilde{N}}^{-1}(\lambda) + \gamma\,(n_o + \beta)\,R_{\tilde{M}}^{-1}(\lambda)\,\right]^{-1},\ x\,y \geq m_o\,n_o$

Fall b: $0 \in \chi_1$

Nach (A.26) erweitert sich die Formel zu:

$$\hat{R}(x\,y - m_o\,n_o) \approx \begin{cases} \left[\, m_o\,\beta\,R_{\tilde{N}}^{-1}(\lambda) + \gamma\,(n_o + \beta)\,R_{\tilde{M}}^{-1}(\lambda)\,\right]^{-1} & \\ \qquad \textit{wenn}\ m_o\,n_o \leq x\,y \leq (x_r - m_o)(n_o + \beta) + m_o\,y_r & \\ 0 \qquad \textit{wenn}\ x\,y \geq (x_r - m_o)(n_o + \beta) + m_o\,y_r & \end{cases}$$

Wenn identische Gestaltfunktionen die rechten Teiläste beschreiben, ergibt sich aus (A.19) folgende Approximation: $R_{\tilde{M}}^{-1}(\lambda) \approx \dfrac{x\,y - m_o\,n_o}{m_o\,\beta + n_o\,\gamma + \gamma\,\beta},\ x\,y \geq m_o\,n_o$

$$\Rightarrow R_{\tilde{M}}\left(\frac{x\,y - m_o\,n_o}{m_o\,\beta + n_o\,\gamma + \gamma\,\beta}\right) \approx \lambda,\ \lambda \in \chi_1$$

Wegen $\mu_{\tilde{M}}(x) = \mu_{\tilde{N}}(y) = \lambda,\ \lambda \in \chi_1$, folgt aus Theorem 1:

$$\mu_{\tilde{M}\times\tilde{N}}(x\,y) = \lambda,\ \lambda \in \chi_1$$

$$\Rightarrow\ \mu_{\tilde{M}\times\tilde{N}}(x\,y)\ \approx\ R_{\tilde{M}}\left(\frac{x\,y - m_o\,n_o}{m_o\,\beta + n_o\,\gamma + \gamma\,\beta}\right),\ x\,y \geq m_o\,n_o$$

Anhang 7: Beispiel zu Fußnote 56 aus Kapitel 5

Es seien die linken Äste positiven unscharfen Zahlen $\tilde{M}$ und $\tilde{N}$ durch die Referenzfunktionen

$$L_{\tilde{M}} : [\,0;\infty\,[\ \rightarrow [\,0;1\,] \quad \text{mit} \quad u_m \mapsto L_{\tilde{M}}(u_m) := \begin{cases} \sqrt{1 - 3\,u_m}\ ; & 0 \leq u_m \leq \frac{1}{3} \\ 0\ ; & u_m > \frac{1}{3} \end{cases}$$

sowie

$$L_{\tilde{N}} : [\,0;\infty\,[\ \rightarrow [\,0;1\,] \quad \text{mit} \quad u_n \mapsto L_{\tilde{N}}(u_n) := \begin{cases} \sqrt{1 - \frac{5}{3}u_n}\ ; & 0 \leq u_n \leq \frac{3}{5} \\ 0\ ; & u_n > \frac{3}{5} \end{cases}$$

gegeben. Weiterhin gelten die folgenden Werte:

$$m_u = \frac{1}{2}\ ;\ \alpha = 1\ ;\ n_u = \frac{3}{2}\ ;\ \delta = 2$$

Für die hier relevanten streng monoton fallenden Bereiche $\left[\,0;\,{}^1\!/_3\,\right]$ bzw. $\left[\,0;\,{}^3\!/_5\,\right]$ der Referenzfunktionen $L_{\tilde{M}}$ bzw. $L_{\tilde{N}}$ erhält man die streng monoton fallende und bijektive Funktion $\hat{L}^{-1} : [\,0;1\,] \rightarrow \left[\,0;\,{}^{13}\!/_{30}\,\right]$ mit $\hat{L}^{-1}(\lambda) = -\frac{13}{30}\lambda^2 + \frac{13}{30}$, für die gilt:
$\hat{L}^{-1}(0) = \frac{13}{30} = \hat{u}_s$ und $\hat{L}^{-1}(1) = 0$
Es ergibt sich die streng monoton fallende und bijektive Funktion $\hat{L} : \left[\,0;\,{}^{13}\!/_{30}\,\right] \rightarrow [\,0;1\,]$

mit der folgenden Abbildungsvorschrift: $\hat{L}(u) = \sqrt{1 - \frac{30}{13}u}$

Die Zugehörigkeitsfunktion der unscharfen Zahl $\tilde{M} \times \tilde{N}$ läßt sich approximativ darstellen durch:[1]

$$\mu_{\tilde{M} \times \tilde{N}}(z) \approx \begin{cases} \sqrt{\frac{30}{13} z - \frac{19}{26}} & ; \frac{19}{60} \le z \le \frac{3}{4} \\ 0 & ; z \le \frac{19}{60} \end{cases}$$

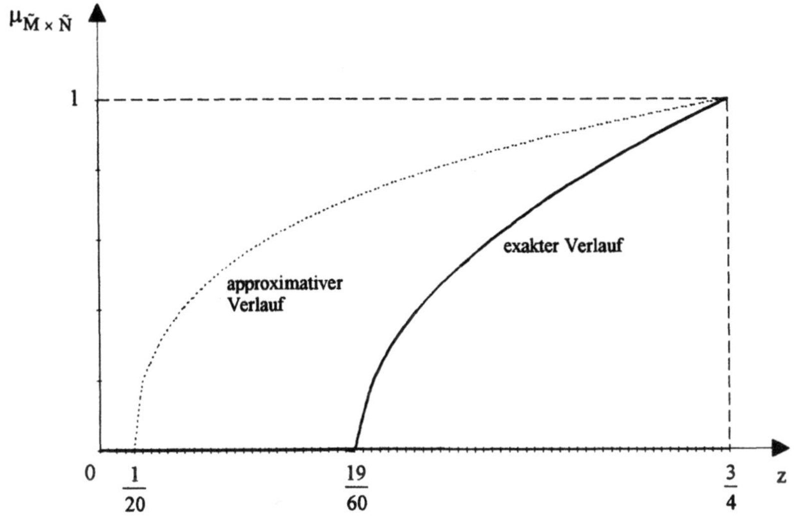

1 Der exakte Verlauf der Zugehörigkeitsfunktion $\mu_{\tilde{M} \times \tilde{N}}$ wird mit der nachstehenden Funktionsvorschrift beschrieben:

$$\mu_{\tilde{M} \times \tilde{N}}(z) = \begin{cases} \sqrt{-\frac{3}{8} + \sqrt{\frac{5}{2} z + \frac{1}{64}}} & ; \frac{1}{20} \le z \le \frac{3}{4} \\ 0 & ; z \le \frac{1}{20} \end{cases}$$

Anhang 8: Erweiterte Multiplikation zwischen negativen unscharfen Zahlen

Für alle $\lambda \in \chi_2$ gilt:

$$\mu_{\tilde{M}}(x) = L_{\tilde{M}}\left(\frac{m_u - x}{\alpha}\right) = \lambda \Leftrightarrow L_{\tilde{M}}^{-1}(\lambda) = \frac{m_u - x}{\alpha} \Leftrightarrow x = m_u - \alpha L_{\tilde{M}}^{-1}(\lambda)$$

$$\mu_{\tilde{N}}(y) = L_{\tilde{N}}\left(\frac{n_u - y}{\delta}\right) = \lambda \Leftrightarrow L_{\tilde{N}}^{-1}(\lambda) = \frac{n_u - y}{\delta} \Leftrightarrow y = n_u - \delta L_{\tilde{N}}^{-1}(\lambda)$$

$$\Rightarrow x y = m_u n_u - m_u \delta L_{\tilde{N}}^{-1}(\lambda) - n_u \alpha L_{\tilde{M}}^{-1}(\lambda) + \alpha \delta L_{\tilde{M}}^{-1}(\lambda) L_{\tilde{N}}^{-1}(\lambda)$$

$$\Leftrightarrow x y - m_u n_u = - m_u \delta L_{\tilde{N}}^{-1}(\lambda) - n_u \alpha L_{\tilde{M}}^{-1}(\lambda) + \alpha \delta L_{\tilde{M}}^{-1}(\lambda) L_{\tilde{N}}^{-1}(\lambda)$$

$$=: R^{-1}(\lambda), x y \geq m_u n_u \tag{A.27}$$

Die Vernachlässigung der Inversen $L_{\tilde{N}}^{-1}(\lambda)$ im letzten Term von (A.27) führt zur folgenden Abschätzung:

$$x y - m_u n_u \approx - m_u \delta L_{\tilde{N}}^{-1}(\lambda) - n_u \alpha L_{\tilde{M}}^{-1}(\lambda) + \alpha \delta L_{\tilde{M}}^{-1}(\lambda) =: \hat{R}^{-1}(\lambda) \tag{A.28}$$

Für alle $\lambda \in \chi_1$ gilt:

$$\mu_{\tilde{M}}(x) = R_{\tilde{M}}\left(\frac{x - m_o}{\gamma}\right) = \lambda \Leftrightarrow R_{\tilde{M}}^{-1}(\lambda) = \frac{x - m_o}{\gamma} \Leftrightarrow x = m_o + \gamma R_{\tilde{M}}^{-1}(\lambda)$$

$$\mu_{\tilde{N}}(y) = R_{\tilde{N}}\left(\frac{y - n_o}{\beta}\right) = \lambda \Leftrightarrow R_{\tilde{N}}^{-1}(\lambda) = \frac{y - n_o}{\beta} \Leftrightarrow y = n_o + \beta R_{\tilde{N}}^{-1}(\lambda)$$

$$\Rightarrow x y = m_o n_o + m_o \beta R_{\tilde{N}}^{-1}(\lambda) + n_o \gamma R_{\tilde{M}}^{-1}(\lambda) + \gamma \beta R_{\tilde{M}}^{-1}(\lambda) R_{\tilde{N}}^{-1}(\lambda)$$

$$\Leftrightarrow m_o n_o - x y = - m_o \beta R_{\tilde{N}}^{-1}(\lambda) - n_o \gamma R_{\tilde{M}}^{-1}(\lambda) - \gamma \beta R_{\tilde{M}}^{-1}(\lambda) R_{\tilde{N}}^{-1}(\lambda)$$

$$=: L^{-1}(\lambda) \tag{A.29}$$

$$\Rightarrow L^{-1}(\lambda) = -\gamma (n_o + \beta R_{\tilde{N}}^{-1}(\lambda)) R_{\tilde{M}}^{-1}(\lambda) - m_o \beta R_{\tilde{N}}^{-1}(\lambda) \tag{A.30}$$

Die Vernachlässigung der Inversen $R_{\tilde{N}}^{-1}(\lambda)$ im letzten Term von (A.29) führt zur folgenden Abschätzung:

$$m_o\, n_o \; - \; x\,y \;\approx\; - \; m_o\, \beta\, R_{\tilde{N}}^{-1}(\lambda) \; - \; n_o\, \gamma\, R_{\tilde{M}}^{-1}(\lambda) \; - \; \gamma\, \beta\, R_{\tilde{M}}^{-1}(\lambda) \; =: \; \hat{L}^{-1}(\lambda) \qquad \textbf{(A.31)}$$

$$\Rightarrow \; \hat{L}^{-1}(\lambda) \; = \; - \; \gamma\,(n_o + \beta)\, R_{\tilde{M}}^{-1}(\lambda) \; - \; m_o\, \beta\, R_{\tilde{N}}^{-1}(\lambda)$$

Ermittlung exakter Zugehörigkeitsfunktionen

Rechter Teilast der unscharfen Zahl $\tilde{M} \times \tilde{N}$

Zur 1. Eigenschaft

Nach Voraussetzung gilt:

$$L_{\tilde{M}}(0) \; = \; 1 \text{ und } L_{\tilde{N}}(0) \; = \; 1$$

$$\Leftrightarrow \; L_{\tilde{M}}^{-1}(1) \; = \; 0 \text{ und } L_{\tilde{N}}^{-1}(1) \; = \; 0$$

$$\Rightarrow \; R^{-1}(1) \; = \; - \, m_u\, \delta\, L_{\tilde{N}}^{-1}(1) \; - \; n_u\, \alpha\, L_{\tilde{M}}^{-1}(1) \; + \; \alpha\, \delta\, L_{\tilde{M}}^{-1}(1)\, L_{\tilde{N}}^{-1}(1) \; = \; 0$$

$$\Leftrightarrow \; R(0) \; = \; 1$$

Zur 2. Eigenschaft:

Fall a: $0 \notin \chi_2$

Man betrachte folgende streng monoton fallenden Referenzfunktionen:

$L_{\tilde{M}} : [\,0;\infty\,[\; \rightarrow \;]\,0;1\,]$ und $L_{\tilde{N}} : [\,0;\infty\,[\; \rightarrow \;]\,0;1\,]$

Diese sind wegen der 1. und 3. Eigenschaft von Referenzfunktionen nach Satz 5.5 bijektiv.

Die Umkehrfunktionen besitzen die gleichen Eigenschaften.

$\Rightarrow \; R^{-1} : \;]\,0;1\,] \; \rightarrow \; [\,0;\infty\,[$ ist streng monoton fallend und nach Satz 5.4 bijektiv, weil $R^{-1}(1) \; = \; 0$ und $\lim\limits_{\lambda \to 0} \; R^{-1}(\lambda) \; = \; \infty$.

$\Leftrightarrow \; R : [\,0;\infty\,[\; \rightarrow \;]\,0;1\,]$ ist streng monoton fallend und bijektiv. **(A.32)**

Falls genau *eine* unscharfe Zahl einen linksseitigen Schnittpunkt mit der Abszisse besitzt, erhält man das gleiche Ergebnis.

Fall b: $0 \in \chi_2$

Es seien die folgenden streng monoton fallenden Referenzfunktionen gegeben:

$L_{\tilde{M}} : [\,0; u_{ml}\,] \rightarrow [\,0;1\,]$ und $L_{\tilde{N}} : [\,0; u_{nl}\,] \rightarrow [\,0;1\,]$

Diese sind nach Satz 5.7 bijektiv und die Inversen besitzen die gleichen Eigenschaften.

$\Rightarrow$ Die Funktion $R^{-1} : [\,0;1\,] \rightarrow [\,0; v_s\,]$, $v_s := -\, m_u\, \delta\, u_{nl} - n_u\, \alpha\, u_{ml} + \alpha\, \delta\, u_{ml}\, u_{nl}$, ist streng monoton fallend und gemäß Satz 5.7 bijektiv, weil $R^{-1}(1) = 0$ und $R^{-1}(0) = v_s$.

$\Leftrightarrow$ $R : [\,0; v_s\,] \rightarrow [\,0;1\,]$ ist streng monoton fallend und bijektiv. **(A.33)**

Im folgenden wird gezeigt, daß $R(v) = 0,\ v \geq v_s$.

Bei der multiplikativen Verknüpfung erhält man für alle $x \leq x_l$ und $y \leq y_l$:

$u_m \geq u_{ml}$ und $u_n \geq u_{nl}$

$$\Rightarrow\ -\, m_u\, \delta\, u_n - n_u\, \alpha\, u_m + \alpha\, \delta\, u_m\, u_n \geq v_s \qquad \textbf{(A.34)}$$

Außerdem folgt:

$$\lim_{u_m \to \infty} (\, -\, m_u\, \delta\, u_n - n_u\, \alpha\, u_m + \alpha\, \delta\, u_m\, u_n\,) = \infty$$

$$\lim_{u_n \to \infty} (\, -\, m_u\, \delta\, u_n - n_u\, \alpha\, u_m + \alpha\, \delta\, u_m\, u_n\,) = \infty$$

Mit (A.34) ergibt sich deshalb:

$\forall\ (u_m; u_n) \in [\,u_{ml}; \infty\,[\ \times\ [\,u_{nl}; \infty\,[\ \ \exists\ v \in [\,v_s; \infty\,[$, so daß gilt:

$$-\, m_u\, \delta\, u_n - n_u\, \alpha\, u_m + \alpha\, \delta\, u_m\, u_n = v \qquad \textbf{(A.35)}$$

Weiterhin zeigt man:

$\forall\ v \in [\,v_s; \infty\,[\ \ \exists\, (u_m; u_n) \in [\,u_{ml}; \infty\,[\ \times\ [\,u_{nl}; \infty\,[$, so daß gilt:

$$-\, m_u\, \delta\, u_n - n_u\, \alpha\, u_m + \alpha\, \delta\, u_m\, u_n = v \qquad \textbf{(A.36)}$$

Man betrachte $F : [\,u_{nl}; \infty\,[\ \rightarrow \mathsf{R}$ mit $F(u_n) := -\, m_u\, \delta\, u_n - n_u\, \alpha\, u_{ml} + \alpha\, \delta\, u_{ml}\, u_n$. Nach Satz 5.6 wird der Definitionsbereich $[\,u_{nl}; \infty\,[$ bijektiv auf das Intervall $[\,v_s; \infty\,[$

abgebildet. Also findet man für jedes $v \in [\, v_s ; \infty [$ genau *ein* 2-Tupel $(u_{ml} ; u_n)$ mit $u_n \in [\, u_{nl} ; \infty [$, für das gilt: $F(u_n) = v$.

Wegen $L_{\tilde{M}}^{-1}(\{0\}) = \{ u_m \,|\, u_m \geq u_{ml} \}$ und $L_{\tilde{N}}^{-1}(\{0\}) = \{ u_n \,|\, u_n \geq u_{nl} \}$ ergibt sich aus (A.27), (A.35) und (A.36):

$$R^{-1}(\{0\}) = \{ v \,|\, v \geq v_s \}$$

$$\Leftrightarrow \; R(v) = 0, \; v \geq v_s \qquad \textbf{(A.37)}$$

Aus (A.33) und (A.37) folgt die 2. Eigenschaft.

Zur 3. Eigenschaft:

Fall a: $0 \notin \chi_2$

Nach Voraussetzung gilt:

$$\lim_{u_m \to \infty} L_{\tilde{M}}(u_m) = 0 \text{ und } \lim_{u_n \to \infty} L_{\tilde{N}}(u_n) = 0$$

$$\Leftrightarrow \lim_{\lambda \to 0} L_{\tilde{M}}^{-1}(\lambda) = \infty \text{ und } \lim_{\lambda \to 0} L_{\tilde{N}}^{-1}(\lambda) = \infty$$

$$\Rightarrow \lim_{\lambda \to 0} R^{-1}(\lambda) = -\, n_u \alpha \lim_{\lambda \to 0} L_{\tilde{M}}^{-1}(\lambda) - m_u \delta \lim_{\lambda \to 0} L_{\tilde{N}}^{-1}(\lambda)$$

$$+\, \alpha \delta \lim_{\lambda \to 0} L_{\tilde{M}}^{-1}(\lambda)\, L_{\tilde{N}}^{-1}(\lambda) = \infty$$

$$\Leftrightarrow \lim_{v \to \infty} R(v) = 0$$

Hierbei wird zweimal Satz 5.8 verwendet.

Wenn *eine* der Zugehörigkeitsfunktionen einen linksseitigen Schnittpunkt mit der Abszisse besitzt, so erhält man in analoger Weise dieses Ergebnis.

Fall b: $0 \in \chi_2$

Die Eigenschaft folgt aus (A.37).

Im 2. Schritt wird gezeigt, daß gilt: $\mu_{\tilde{M} \times \tilde{N}}(x\,y) = R(x\,y - m_u\,n_u) = \lambda,\ x\,y \geq m_u n_u$

Die Voraussetzungen von Theorem 1 sind erfüllt, denn es gilt:

1. Die Multiplikation ist eine stetige Verknüpfung in $R_-^{\leq 0}$.

2. Die Multiplikation ist eine streng monoton fallende binäre Verknüpfung in $R_-^{\leq 0}$, weil für alle $x_j,\ y_j \in R_-^{\leq 0},\ j \in \{1,\ 2\}$, die folgende Implikation gilt:

   $$x_1 < y_1 \quad \wedge \quad x_2 < y_2 \quad \Rightarrow \quad x_1\,x_2 > y_1\,y_2$$

3. Im Intervall $]-\infty;m_u]$ ist die Zugehörigkeitsfunktion $\mu_{\tilde{M}}$ monoton steigend.

   Im Intervall $]-\infty;n_u]$ ist die Zugehörigkeitsfunktion $\mu_{\tilde{N}}$ monoton steigend.

Für alle 2-Tupel $(x;y) \in R^2$ mit $\mu_{\tilde{M}}(x) = \mu_{\tilde{N}}(y) = \lambda,\ \lambda \in \chi_2$, gilt nach Definition:

$$x \leq m_u \quad \wedge \quad y \leq n_u$$

Wegen Theorem 1 erhält man: $\mu_{\tilde{M} \times \tilde{N}}(x\,y) = \lambda,\ \lambda \in \chi_2$

Nach (A.27) gilt: $R(x\,y - m_u\,n_u) = \lambda,\ \lambda \in \chi_2$

$$\Rightarrow \mu_{\tilde{M} \times \tilde{N}}(x\,y) = R(x\,y - m_u\,n_u),\ x\,y \geq m_u\,n_u \qquad \textbf{(A.38)}$$

Linker Teilast der unscharfen Zahl $\tilde{M} \times \tilde{N}$

Zur 1. Eigenschaft:

Nach Voraussetzung gilt:

$$R_{\tilde{M}}(0) = 1 \text{ und } R_{\tilde{N}}(0) = 1$$

$$\Leftrightarrow R_{\tilde{M}}^{-1}(1) = 0 \text{ und } R_{\tilde{N}}^{-1}(1) = 0$$

$$\Rightarrow L^{-1}(1) = -m_o\,\beta\,R_{\tilde{N}}^{-1}(1) - n_o\,\gamma\,R_{\tilde{M}}^{-1}(1) - \gamma\,\beta\,R_{\tilde{M}}^{-1}(1)\,R_{\tilde{N}}^{-1}(1) = 0$$

$$\Leftrightarrow L(0) = 1$$

Zur 2. Eigenschaft:

Alle Zugehörigkeitsfunktionen sind in R definiert. Wenn also höchstens *ein* Teilast einen rechtsseitigen Schnittpunkt mit der Abszisse besitzt, dann gilt:

$\mu_{\tilde{M}}(x) > 0, x \geq 0$ und / oder $\mu_{\tilde{N}}(y) > 0, y \geq 0$

Das steht im Widerspruch zur Definition einer negativen unscharfen Zahl.

Deshalb werden die folgenden streng monoton fallenden Referenzfunktionen vorausgesetzt:

$R_{\tilde{M}} : [0; v_{mr}] \to [0;1]$ und $R_{\tilde{N}} : [0; v_{nr}] \to [0;1]$

Diese sind nach Satz 5.7 bijektiv, so daß die Inversen die gleichen Eigenschaften aufweisen.

Nach Satz 5.14 und Satz 5.16 gilt:

$n_o + \beta R_{\tilde{N}}^{-1}(\lambda) \leq 0$

Mit (A.30) und Satz 5.9 ergibt sich deshalb:

$L^{-1} : [0;1] \to [0; u_s]$, $u_s := -n_o \gamma v_{mr} - m_o \beta v_{nr} - \gamma \beta v_{mr} v_{nr}$, ist streng monoton fallend und nach Satz 5.7 auch bijektiv, weil $L^{-1}(1) = 0$ und $L^{-1}(0) = u_s$.

$\Leftrightarrow$ Die Funktion $L : [0; u_s] \to [0;1]$ ist streng monoton fallend und bijektiv. **(A.39)**

Weiterhin wird nun gezeigt, daß $L(u) = 0, u \geq u_s$.

Bei der multiplikativen Verknüpfung wird die nachstehende Fallunterscheidung betrachtet:

1. $x_r \leq x \leq 0$ und $y_r \leq y \leq 0$

2. $x_r \leq x \leq 0$ und $y > 0$

3. $x > 0$ und $y_r \leq y \leq 0$ **(A.40)**

4. $x > 0$ und $y > 0$

   Hier können die beiden Fälle $x y \leq x_r y_r$ und $x y > x_r y_r$ auftreten, wobei der letztere aufgrund des Erweiterungsprinzips ohne Bedeutung ist und im weiteren nicht mehr betrachtet wird.

Für alle Fälle ergibt sich also:

$$x y \leq x_r y_r \quad \textbf{(A.41)}$$

$$\Leftrightarrow m_o n_o - x y \geq m_o n_o - x_r y_r$$

$$\Leftrightarrow -m_o\,\beta\,\frac{y-n_o}{\beta} - n_o\,\gamma\,\frac{x-m_o}{\gamma} - \gamma\,\beta\,\frac{x-m_o}{\gamma}\,\frac{y-n_o}{\beta} \geq$$

$$-m_o\,\beta\,\frac{y_r-n_o}{\beta} - n_o\,\gamma\,\frac{x_r-m_o}{\gamma} - \gamma\,\beta\,\frac{x_r-m_o}{\gamma}\,\frac{y_r-n_o}{\beta}$$

$$\Leftrightarrow -m_o\,\beta\,v_n - n_o\,\gamma\,v_m - \gamma\,\beta\,v_m\,v_n \geq -m_o\,\beta\,v_{nr} - n_o\,\gamma\,v_{mr} - \gamma\,\beta\,v_{mr}\,v_{nr}$$

$$\Leftrightarrow -m_o\,\beta\,v_n - n_o\,\gamma\,v_m - \gamma\,\beta\,v_m\,v_n \geq u_s \qquad \textbf{(A.42)}$$

Für den 1. Fall folgt zusätzlich zu (A.41):

$$x\,y \geq 0$$

$$\Leftrightarrow m_o\,n_o - x\,y \leq m_o\,n_o$$

$$\Leftrightarrow -m_o\,\beta\,v_n - n_o\,\gamma\,v_m - \gamma\,\beta\,v_m\,v_n \leq m_o\,n_o$$

Also folgt mit (A.42):

$$\forall\,(v_m\,;v_n) \in \left[v_{mr}\ ;\ -\frac{m_o}{\gamma}\right] \times \left[v_{nr}\ ;\ -\frac{n_o}{\beta}\right] \text{gilt:}$$

$$-m_o\,\beta\,v_n - n_o\,\gamma\,v_m - \gamma\,\beta\,v_m\,v_n \in [\,u_s\,;m_o\,n_o\,] \qquad \textbf{(A.43)}$$

Für den 2. Fall folgt zusätzlich zu (A.41):

$$x\,y \leq 0$$

$$\Leftrightarrow m_o\,n_o - x\,y \geq m_o\,n_o$$

$$\Leftrightarrow -m_o\,\beta\,v_n - n_o\,\gamma\,v_m - \gamma\,\beta\,v_m\,v_n \geq m_o\,n_o$$

Weiterhin gilt:

$$-m_o\,\beta\,v_n - n_o\,\gamma\,v_m - \gamma\,\beta\,v_m\,v_n = -\beta\,(\,m_o + \gamma\,v_m\,)\,v_n - n_o\,\gamma\,v_m$$

und $v_m < -\frac{m_o}{\gamma} \Leftrightarrow m_o + \gamma\,v_m < 0$

Deshalb gilt für jedes $v_m \in \left[\,v_{mr}\ ;\ -\frac{m_o}{\gamma}\right[$ folgendes Grenzwertverhalten:

$$\lim_{v_n \to \infty} (-m_o \beta v_n - n_o \gamma v_m - \gamma \beta v_m v_n) = \infty$$

Insgesamt ergibt sich:

$$\forall (v_m ; v_n) \in \left[v_{mr} ; -\frac{m_o}{\gamma} \right] \times \left] -\frac{n_o}{\beta} ; \infty \right[\text{ gilt:}$$

$$-m_o \beta v_n - n_o \gamma v_m - \gamma \beta v_m v_n \in [\, m_o n_o ; \infty [\qquad \textbf{(A.44)}$$

Für den 3. Fall folgt zusätzlich zu (A.41):

$$x y \leq 0$$

$$\Leftrightarrow m_o n_o - x y \geq m_o n_o$$

$$\Leftrightarrow -m_o \beta v_n - n_o \gamma v_m - \gamma \beta v_m v_n \geq m_o n_o$$

Weiterhin gilt:

$$-m_o \beta v_n - n_o \gamma v_m - \gamma \beta v_m v_n = -\gamma (n_o + \beta v_n) v_m - m_o \beta v_n$$

und: $v_n < -\frac{n_o}{\beta} \Leftrightarrow n_o + \beta v_n < 0$

Deshalb gilt $\forall v_n \in \left[v_{nr} ; -\frac{n_o}{\beta} \right[$ folgende Divergenz:

$$\lim_{v_m \to \infty} (-m_o \beta v_n - n_o \gamma v_m - \gamma \beta v_m v_n) = \infty$$

Insgesamt ergibt sich:

$$\forall (v_m ; v_n) \in \left] -\frac{m_o}{\gamma} ; \infty \right[\times \left[v_{nr} ; -\frac{n_o}{\beta} \right] \text{ gilt:}$$

$$-m_o \beta v_n - n_o \gamma v_m - \gamma \beta v_m v_n \in [\, m_o n_o ; \infty [\qquad \textbf{(A.45)}$$

Für den 4. Fall folgt zusätzlich zu (A.41):

$$x y > 0$$

$$\Leftrightarrow m_o n_o - x y < m_o n_o$$

$\Leftrightarrow\ - m_o\,\beta\,v_n - n_o\,\gamma\,v_m - \gamma\,\beta\,v_m\,v_n < m_o\,n_o$

Also folgt mit (A.42):

$\forall\,(v_m ; v_n) \in \left]-\dfrac{m_o}{\gamma}\,;\,\infty\right[\times \left]-\dfrac{n_o}{\beta}\,;\,\infty\right[$ gilt:

$- m_o\,\beta\,v_n - n_o\,\gamma\,v_m - \gamma\,\beta\,v_m\,v_n \in [\,u_s\,; m_o\,n_o\,[$ **(A.46)**

Wenn für mindestens *eine* Zugehörigkeitsfunktion der Schnittpunkt mit der Abszisse in den Ursprung fällt (d.h. $x_r = 0$ und/oder $y_r = 0$), dann folgt wegen $u_s = m_o\,n_o - x_r\,y_r$ nachstehender Widerspruch:

$m_o\,n_o \le - m_o\,\beta\,v_n - n_o\,\gamma\,v_m - \gamma\,\beta\,v_m\,v_n < m_o\,n_o$

$\Leftrightarrow\ 0 < x\,y \le 0$

Es tritt dann der wegen des Erweiterungsprinzips unbedeutende Fall $x\,y > 0$ ein. Deshalb ist folgende Einschränkung erforderlich:

$x_r < 0$ und $y_r < 0$ **(A.47)**

Unter Berücksichtigung von (A.47) folgt aus (A.43), (A.44), (A.45) und (A.46):

$\forall\,(v_m ; v_n) \in [\,v_{mr}\,;\infty\,[\ \times\ [\,v_{nr}\,;\infty\,[\ \ \exists\ u \in [\,u_s\,;\infty\,[$, so daß gilt:

$- m_o\,\beta\,v_n - n_o\,\gamma\,v_m - \gamma\,\beta\,v_m\,v_n = u$ **(A.48)**

Im folgenden wird gezeigt:

$\forall\ u \in [\,u_s\,;\infty\,[\ \exists\,(v_m ; v_n) \in [\,v_{mr}\,;\infty\,[\ \times\ [\,v_{nr}\,;\infty\,[$, so daß gilt:

$- m_o\,\beta\,v_n - n_o\,\gamma\,v_m - \gamma\,\beta\,v_m\,v_n = u$ **(A.49)**

Hierzu betrachte man die Abbildung $F : [\,v_{nr}\,;\infty\,[\ \rightarrow \mathbb{R}$ mit der Abbildungsvorschrift $F(v_n) := -\beta\,(m_o + \gamma\,v_{mr})\,v_n - n_o\,\gamma\,v_{mr}$. F ist stetig, streng monoton wachsend [2] und divergent. Nach Satz 5.6 wird der Definitionsbereich $[\,v_{nr}\,;\infty\,[$ bijektiv in das Intervall

2 Das ergibt sich aus der folgenden Äquivalenz: $x_r < 0 \quad \Leftrightarrow \quad m_o + \gamma\,v_{mr} < 0$

$[\ u_s ; \infty [$ abgebildet. Also findet man für jedes $u \in [\ u_s ; \infty [$ genau *ein* 2-Tupel $(\ v_{mr} ; v_n\ )$ mit $v_n \in [\ v_{nr} ; \infty [$, so daß $- m_o\ \beta\ v_n - n_o\ \gamma\ v_{mr} - \gamma\ \beta\ v_{mr}\ v_n = u$ gilt.

Es ist $R_{\tilde{N}}^{-1}(\{0\}) = \{\ v_n \mid v_n \geq v_{nr}\ \}$ und $R_{\tilde{M}}^{-1}(\{0\}) = \{\ v_m \mid v_m \geq v_{mr}\ \}$. Mit (A.30), (A.48) und (A.49) folgt daraus: $L^{-1}(\{\ 0\ \}) = \{\ u \mid u \geq u_s\ \}$

$$\Leftrightarrow\ L(u) = 0,\ u \geq u_s \qquad \textbf{(A.50)}$$

Aus (A.39) und (A.50) folgt die 2. Eigenschaft.

Zur 3. Eigenschaft:

Diese folgt aus (A.50).

Es ist noch zu zeigen, daß gilt:

$$\mu_{\tilde{M} \times \tilde{N}}(x\,y) = L(m_o\, n_o - x\,y),\ x\,y \leq m_o\, n_o$$

$$\mu_{\tilde{M} \times \tilde{N}}(x\,y) = 1,\ m_o\, n_o \leq x\,y \leq m_u\, n_u$$

Es sind immer die Voraussetzungen von Theorem 1.1 oder Theorem 2.1 gegeben, weil:

1. Die Multiplikation ist eine stetige Verknüpfung in R.

2. Die Multiplikation ist eine streng monotone binäre Verknüpfung in $R_+^{>0}$ und $R_-^{\leq 0}$, weil zusätzlich für alle $x_j,\ y_j \in R_+^{>0},\ j \in \{\ 1,\ 2\ \}$, die folgende Implikation gilt:

$$x_1 < y_1 \quad \wedge \quad x_2 < y_2 \quad \Rightarrow \quad x_1\, x_2 < y_1\, y_2$$

3. Die Multiplikation ist eine hybride binäre Verknüpfung für die Multiplikation zwischen Werten aus $R_+^{>0}$ und $R_-^{\leq 0}$, denn es gelten folgende Implikationen:

$$0 < x_1 < y_1 \quad \wedge \quad x_2 < y_2 \leq 0 \quad \Rightarrow \quad x_1\, y_2 > y_1\, x_2$$

$$x_1 < y_1 \leq 0 \quad \wedge \quad 0 < x_2 < y_2 \quad \Rightarrow \quad x_1\, y_2 < y_1\, x_2$$

4. Die Zugehörigkeitsfunktion $\mu_{\tilde{M}}$ ist monoton fallend im Intervall $[\ m_u ; 0\ ]$

   Die Zugehörigkeitsfunktion $\mu_{\tilde{N}}$ ist monoton fallend im Intervall $[\ n_u ; 0\ ]$

5. Im Intervall $]\,0\,;\infty\,[$ sind beide Zugehörigkeitsfunktionen sowohl monoton steigend als auch monoton fallend.

Anmerkung:

Bei der Erzeugung der Zugehörigkeitsfunktion $\mu_{\tilde{M}\times\tilde{N}}$ in $R_{-}^{\leq 0}$ wird für den 2. Fall in (A.40) gegen die Bedingung $b_n \leq n_o$ aus Theorem 2.1 verstoßen. Hierbei handelt es sich um eine hinreichende Bedingung, aus der sich der monoton steigende Verlauf der Zugehörigkeitsfunktion $\mu_{\tilde{N}}$ im Intervall $]-\infty\,; y_n\,]$ ableiten läßt. Dieser Verstoß verbietet hier nicht die Anwendung von Theorem 2.1, weil man nur das Intervall $]\,0\,; y_n\,]$ betrachtet. Dort verläuft die Zugehörigkeitsfunktion $\mu_{\tilde{N}}$ immer konstant und damit monoton steigend. Für den 3. Fall in (A.40) argumentiert man analog.

Für alle 2-Tupel $(x\,;y) \in \mathbf{R}^2$ mit $\mu_{\tilde{M}}(x) = \mu_{\tilde{N}}(y) = \lambda,\ \lambda \in \chi_1$, gilt definitionsgemäß:

$$x \geq m_o \quad \wedge \quad y \geq n_o$$

Wegen Theorem 1.1 bzw. Theorem 2.1 erhält man: $\mu_{\tilde{M}\times\tilde{N}}(x\,y) = \lambda,\ \lambda \in \chi_1$

Nach (A.29) gilt: $L\,(m_o\, n_o - x\,y) = \lambda,\ \lambda \in \chi_1$

$$\Rightarrow\ \mu_{\tilde{M}\times\tilde{N}}(x\,y) = L\,(m_o\, n_o - x\,y),\ x\,y \leq m_o\, n_o \qquad \textbf{(A.51)}$$

Weitere Voraussetzung ist: $\mu_{\tilde{M}}(x) = 1,\ m_u \leq x \leq m_o$ und $\mu_{\tilde{N}}(y) = 1,\ n_u \leq y \leq n_o$

Aus Theorem 1.1 folgt dann: $\mu_{\tilde{M}\times\tilde{N}}(x\,y) = 1,\ m_o\, n_o \leq x\,y \leq m_u\, n_u$

In Verbindung mit (A.38) und (A.51) erhält man:

$$\mu_{\tilde{M}\times\tilde{N}}(x\,y) = \begin{cases} L\,(m_o\, n_o - x\,y)\ ; & x\,y \leq m_o\, n_o \\ 1 & ;\ m_o\, n_o \leq x\,y \leq m_u\, n_u \\ R\,(x\,y - m_u\, n_u)\ ; & x\,y \geq m_u\, n_u \end{cases}$$

Es ergibt sich die folgende Formel:

$$\tilde{M} \times \tilde{N} = < m_u \,;\, m_o \,;\alpha\,;\,\gamma >_{L_{\tilde{M}} R_{\tilde{M}}} \times < n_u \,;\, n_o \,;\delta\,;\,\beta >_{L_{\tilde{N}} R_{\tilde{N}}}$$

$$= < m_o\, n_o \,;\, m_u\, n_u \,; 1 \,;\, 1 >_{LR}$$

Die Referenzfunktion L läßt sich aufgrund von (A.30) und (A.50) in der folgenden Weise aus den Referenzfunktionen der unscharfen Zahlen $\tilde{M}$ und $\tilde{N}$ ableiten:

$$L(\,m_o\, n_o - x\, y\,) = \begin{cases} \left[-m_o\, \beta\, R_{\tilde{N}}^{-1}(\lambda) - n_o\, \gamma\, R_{\tilde{M}}^{-1}(\lambda) - \gamma\, \beta\, R_{\tilde{M}}^{-1}(\lambda) R_{\tilde{N}}^{-1}(\lambda) \right]^{-1} \\ \qquad \textit{wenn}\;\; x_r\, y_r \le x\, y \le m_o\, n_o \\ 0 \qquad \textit{wenn}\;\; x\, y \le x_r\, y_r \end{cases}$$

Die Referenzfunktion R kann man aufgrund von (A.27) wie folgt aus den Referenzfunktionen der unscharfen Zahlen $\tilde{M}$ und $\tilde{N}$ ableiten:

Fall a: $0 \notin \chi_2$

$$R(x\, y - m_u\, n_u) = \left[-m_u\, \delta\, L_{\tilde{N}}^{-1}(\lambda) - n_u\, \alpha\, L_{\tilde{M}}^{-1}(\lambda) + \alpha\, \delta\, L_{\tilde{M}}^{-1}(\lambda)\, L_{\tilde{N}}^{-1}(\lambda) \right]^{-1}$$

wenn $x\, y \ge m_u\, n_u$

Fall b: $0 \in \chi_2$

Berücksichtigt man zusätzlich (A.37), so ergibt sich:

$$R(\,x\, y - m_u\, n_u\,) = \begin{cases} \left[-m_u\, \delta\, L_{\tilde{N}}^{-1}(\lambda) - n_u\, \alpha\, L_{\tilde{M}}^{-1}(\lambda) + \alpha\, \delta\, L_{\tilde{M}}^{-1}(\lambda)\, L_{\tilde{N}}^{-1}(\lambda) \right]^{-1} \\ \qquad \textit{wenn}\;\; m_u\, n_u \le x\, y \le x_l\, y_l \\ 0 \qquad \textit{wenn}\;\; x\, y \ge x_l\, y_l \end{cases}$$

Im folgenden wird eine Näherungslösung gemäß (A. 28) und (A. 31) ermittelt.

Bestimmung approximativer Zugehörigkeitsfunktionen

Rechter Teilast der unscharfen Zahl $\tilde{M} \times \tilde{N}$

Zur 1. Eigenschaft:

Nach Voraussetzung gilt:

$$L_{\tilde{M}}(0) = 1 \text{ und } L_{\tilde{N}}(0) = 1$$

$$\Leftrightarrow \; L_{\tilde{M}}^{-1}(1) = 0 \text{ und } L_{\tilde{N}}^{-1}(1) = 0$$

$$\Rightarrow \; \hat{R}^{-1}(1) = -m_u \delta \, L_{\tilde{N}}^{-1}(1) - \alpha(n_u - \delta) \, L_{\tilde{M}}^{-1}(1) = 0$$

$$\Leftrightarrow \; \hat{R}(0) = 1$$

Zur 2. Eigenschaft:

Fall a: $0 \notin \chi_2$

Es seien die folgenden streng monoton fallenden Referenzfunktionen gegeben:

$$L_{\tilde{M}} : [0;\infty[\; \rightarrow \;]0;1] \text{ und } L_{\tilde{N}} : [0;\infty[\; \rightarrow \;]0;1]$$

Diese sind wegen der 1. und 3. Eigenschaften von Referenzfunktionen nach Satz 5.5 bijektiv.

Die Inversen besitzen die gleichen Eigenschaften.

Weiterhin gilt:

- $\hat{R}^{-1}$ ist nach Satz 5.9 streng monoton fallend
- $$\lim_{\lambda \to 0} \hat{R}^{-1}(\lambda) = -m_u \delta \lim_{\lambda \to 0} L_{\tilde{N}}^{-1}(\lambda) - n_u \alpha \lim_{\lambda \to 0} L_{\tilde{M}}^{-1}(\lambda) + \alpha \delta \lim_{\lambda \to 0} L_{\tilde{M}}^{-1}(\lambda) = \infty \qquad \textbf{(A.52)}$$
- Es ist $\hat{R}^{-1}(1) = 0$

Nach Satz 5.4 ist die Funktion $\hat{R}^{-1} :]0;1] \rightarrow [0;\infty[$ auch bijektiv.

$\Leftrightarrow \hat{R} : [\,0;\infty\,[\ \rightarrow\ ]\,0;1\,]$ ist streng monoton fallend und bijektiv. **(A.53)**

Das gleiche Ergebnis erhält man, wenn genau *eine* der Zugehörigkeitsfunktionen einen linksseitigen Schnittpunkt mit der Abszisse besitzt.

Fall b: $0 \in \chi_2$

Es seien die folgenden streng monoton fallenden Referenzfunktionen gegeben:

$L_{\tilde{M}} : [\,0;u_{ml}\,] \rightarrow [\,0;1\,]$ und $L_{\tilde{N}} : [\,0;u_{nl}\,] \rightarrow [\,0;1\,]$

Diese sind nach Satz 5.7 bijektiv, so daß die Inversen die gleichen Eigenschaften besitzen.

$\Rightarrow \hat{R}^{-1} : [\,0;1\,] \rightarrow [\,0;\hat{v}_s\,]$, $\hat{v}_s := -\,m_u\,\delta\,u_{nl} - n_u\,\alpha\,u_{ml} + \alpha\,\delta\,u_{ml}$, ist streng monoton fallend und nach Satz 5.7 bijektiv, weil $\hat{R}^{-1}(1) = 0$ und $\hat{R}^{-1}(0) = \hat{v}_s$.

$\Leftrightarrow \hat{R} : [\,0;\hat{v}_s\,] \rightarrow [\,0;1\,]$ ist streng monoton fallend und bijektiv. **(A.54)**

Im folgenden wird gezeigt, daß $\hat{R}(v) = 0,\ v \geq \hat{v}_s$.

Bei der multiplikativen Verknüpfung gilt für alle $x \leq x_l$ und $y \leq y_l$:

$u_m \geq u_{ml}$ und $u_n \geq u_{nl}$

$$\Rightarrow -\,m_u\,\delta\,u_n - n_u\,\alpha\,u_m + \alpha\,\delta\,u_m \geq \hat{v}_s \qquad \textbf{(A.55)}$$

Außerdem erhält man folgende Divergenzen:

$$\lim_{u_m \to \infty} (-\,m_u\,\delta\,u_n - n_u\,\alpha\,u_m + \alpha\,\delta\,u_m) = \infty$$

$$\lim_{u_n \to \infty} (-\,m_u\,\delta\,u_n - n_u\,\alpha\,u_m + \alpha\,\delta\,u_m) = \infty$$

Mit (A.55) ergibt sich:

$\forall\ (u_m;u_n) \in [\,u_{ml};\infty\,[\ \times\ [\,u_{nl};\infty\,[\ \ \exists\ v \in [\,\hat{v}_s;\infty\,[$, so daß gilt:

$$-\,m_u\,\delta\,u_n - n_u\,\alpha\,u_m + \alpha\,\delta\,u_m = v \qquad \textbf{(A.56)}$$

Weiterhin zeigt man:

$\forall\ v \in [\,\hat{v}_s;\infty\,[\ \ \exists\,(u_m;u_n) \in [\,u_{ml};\infty\,[\ \times\ [\,u_{nl};\infty\,[$, so daß gilt:

$$-\,m_u\,\delta\,u_n - n_u\,\alpha\,u_m + \alpha\,\delta\,u_m = v \qquad \textbf{(A.57)}$$

Hierzu betrachte man die stetige, streng monoton wachsende und divergente Abbildung $F : [\, u_{ml} ; \infty [\; \rightarrow R$ mit der Vorschrift $F(u_m) := -\, m_u\, \delta\, u_{nl} - n_u\, \alpha\, u_m + \alpha\, \delta\, u_m$. Es ist $F(u_{ml}) = \hat{v}_s$, so daß man nach Satz 5.6 die bijektive Abbildung in das Intervall $[\, \hat{v}_s ; \infty [$ erhält. Daraus folgt Behauptung (A.57).

Wegen $L_{\tilde{M}}^{-1}(\{0\}) = \{\, u_m \,|\, u_m \geq u_{ml} \,\}$ und $L_{\tilde{N}}^{-1}(\{0\}) = \{\, u_n \,|\, u_n \geq u_{nl} \,\}$ ergibt sich aus (A.28), (A.56) und (A.57): $\hat{R}^{-1}(\{0\}) = \{\, v \,|\, v \geq \hat{v}_s \,\}$

$$\Leftrightarrow \hat{R}(v) = 0,\; v \geq \hat{v}_s \qquad \textbf{(A.58)}$$

Zur 3. Eigenschaft:

Fall a: $0 \notin \chi_2$

Die Eigenschaft ist nach Satz 5.8 äquivalent zu (A.52).

Fall b: $0 \in \chi_2$

Die Eigenschaft folgt aus (A.58).

Für alle 2-Tupel $(x ; y) \in R^2$ mit $\mu_{\tilde{M}}(x) = \mu_{\tilde{N}}(y) = \lambda,\; \lambda \in \chi_2$, gilt nach Definition:

$x \leq m_u \quad \wedge \quad y \leq n_u$

Wegen Theorem 1 erhält man: $\mu_{\tilde{M} \times \tilde{N}}(x\, y) = \lambda,\; \lambda \in \chi_2$

Nach (A.28) gilt: $\hat{R}(x\, y - m_u\, n_u) \approx \lambda,\; \lambda \in \chi_2$

$$\Rightarrow \mu_{\tilde{M} \times \tilde{N}}(x\, y) \approx \hat{R}(x\, y - m_u\, n_u),\; x\, y \geq m_u\, n_u$$

Linker Teilast der unscharfen Zahl $\tilde{M} \times \tilde{N}$

Zur 1. Eigenschaft:

Nach Voraussetzung gilt:

$R_{\tilde{M}}(0) = 1$ und $R_{\tilde{N}}(0) = 1$

$\Leftrightarrow R_{\tilde{M}}^{-1}(1) = 0$ und $R_{\tilde{N}}^{-1}(1) = 0$

$$\Rightarrow \hat{L}^{-1}(1) = -m_o \beta \, R_{\tilde{N}}^{-1}(1) - \gamma\,(n_o + \beta)\, R_{\tilde{M}}^{-1}(1) = 0$$

$$\Leftrightarrow \hat{L}(0) = 1$$

Der Nachweis der 2. und 3. Eigenschaft erfordert weitere Vorüberlegungen:[3]

Wenn $v_{nr} > 1$, dann findet man immer ein $\lambda' \in \,]\,0;1\,[$, so daß gilt:

$$R_{\tilde{N}}^{-1}(\lambda') \geq 1$$

In Verbindung mit Satz 5.14 kann man deshalb schließen:

$$n_o + \beta \leq n_o + \beta \, R_{\tilde{N}}^{-1}(\lambda') < 0$$

Falls $v_{nr} = 1$, so gilt:

$$R_{\tilde{N}}^{-1}(0) = 1$$

Mit Satz 5.16 erhält man:

$$n_o + \beta = n_o + \beta \, R_{\tilde{N}}^{-1}(0) \leq 0$$

Wenn $v_{nr} < 1$, dann gilt für alle $\lambda \in [\,0;1\,]$:

$$R_{\tilde{N}}^{-1}(\lambda) \leq v_{nr} < 1$$

$$\Rightarrow n_o + \beta \, R_{\tilde{N}}^{-1}(\lambda) < n_o + \beta$$

Gemäß Satz 5.14 und Satz 5.16 gilt andererseits:

$$n_o + \beta \, R_{\tilde{N}}^{-1}(\lambda) \leq 0$$

Der Faktor $n_o + \beta$ ist also allgemeingültig weder positiv noch negativ.

Zur 2. Eigenschaft:

Man betrachte die folgenden streng monoton fallenden Referenzfunktionen:

$$R_{\tilde{M}} : [\,0; v_{mr}\,] \to [\,0;1\,] \text{ und } R_{\tilde{N}} : [\,0; v_{nr}\,] \to [\,0;1\,]$$

---

3 Wenn man im letzten Ausdruck von (A.29) die Umkehrfunktion $R_{\tilde{M}}^{-1}(\lambda)$ vernachlässigt, gelten die analogen Überlegungen für den Achsenabschnittspunkt v_{mr}.

Diese sind nach Satz 5.7 bijektiv und die Inversen besitzen die gleichen Eigenschaften.

$\Rightarrow \hat{L}^{-1} : [\,0;1\,] \rightarrow [\,0;\hat{u}_s\,],\ \hat{u}_s := -\,m_o\,\beta\,v_{nr} - \gamma\,(\,n_o + \beta\,)\,v_{mr}$, ist nach Satz 5.9 streng monoton fallend, falls gilt:[4]

$v_{nr} \geq 1$ oder $n_o + \beta \leq 0$, wenn $v_{nr} < 1$ **(A.59)**

Gemäß Satz 5.7 ist $\hat{L}^{-1}$ auch bijektiv, weil $\hat{L}^{-1}(\,1\,) = 0$ und $\hat{L}^{-1}(\,0\,) = \hat{u}_s$

$\Leftrightarrow \hat{L} : [\,0;\hat{u}_s\,] \rightarrow [\,0;1\,]$ ist streng monoton fallend und bijektiv. **(A.60)**

Außerdem gilt:

Für jedes $u \in [\,\hat{u}_s;\infty\,[$ existiert mindestens *ein* $(\,v_m;v_n\,) \in [\,v_{mr};\infty\,[\ \times\ [\,v_{nr};\infty\,[$, für das $-\gamma\,(\,n_o + \beta\,)\,v_m - m_o\,\beta\,v_n = u$ gilt. **(A.61)**

Nach Satz 5.6 folgt das direkt aus der stetigen, streng monoton wachsenden und divergenten Abbildung $F : [\,v_{nr};\infty\,[\ \rightarrow \mathrm{R}$ mit $F(\,v_n\,) := -\,\gamma\,(\,n_o + \beta\,)\,v_{mr} - m_o\,\beta\,v_n$.

Wegen $R_{\tilde{M}}^{-1}(\{0\}) = \{\,v_m \mid v_m \geq v_{mr}\,\}$ und $R_{\tilde{N}}^{-1}(\{0\}) = \{\,v_n \mid v_n \geq v_{nr}\,\}$ ergibt sich aus (A.31) und (A.61): $[\,\hat{u}_s;\infty\,[\ \subseteq \hat{L}^{-1}(\{0\})$[5]

$\Leftrightarrow \hat{L}(\,u\,) = 0,\ u \geq \hat{u}_s$ **(A.63)**

Mit (A.60) und (A.63) folgt die 2. Eigenschaft.

---

4 Die nachfolgende Bedingung (A.59) ist hinreichend aber nicht notwendig für die strenge Monotonie der Funktion $\hat{L}^{-1}$ sowie für (A.60). Vgl. die Anmerkung zu Satz 5.9.

Der *allgemeine* Nachweis der 2. Eigenschaft erfordert diese Bedingung.

5 Wenn $n_o + \beta \leq 0$, dann erhält man zusätzlich:

$\forall\ (\,v_m;v_n\,) \in [\,v_{mr};\infty\,[\ \times\ [\,v_{nr};\infty\,[\ \exists\ u \in [\,\hat{u}_s;\infty\,[$, so daß gilt:

$-\gamma\,(\,n_o + \beta\,)\,v_m - m_o\,\beta\,v_n = u$ **(A.62)**

In Verbindung mit (A.61) folgt dann $[\,\hat{u}_s;\infty\,[\ = \hat{L}^{-1}(\{0\})$

Für $n_o + \beta > 0$ liegt ein Verstoß gegen (A.62) vor, weil für jedes $v_n \in [\,v_{nr};\infty\,[$ die folgende Äquivalenz gilt: $v_m > v_{mr} + \dfrac{m_o\,\beta\,(\,v_{nr} - v_n\,)}{\gamma\,(\,n_o + \beta\,)} \Leftrightarrow -\gamma\,(\,n_o + \beta\,)\,v_m - m_o\,\beta\,v_n < \hat{u}_s$

Hier ergibt sich dann: $[\,\hat{u}_s;\infty\,[\ \subset \hat{L}^{-1}(\{0\})$

Zur 3. Eigenschaft:

Diese folgt aus (A.63).

Für alle 2-Tupel $(x;y) \in \mathrm{R}^2$ mit $\mu_{\tilde{M}}(x) = \mu_{\tilde{N}}(y) = \lambda, \lambda \in \chi_1$, gilt definitionsgemäß:

$x \geq m_o \quad \wedge \quad y \geq n_o$

Wegen Theorem 1.1 bzw. Theorem 2.1 erhält man: $\mu_{\tilde{M} \times \tilde{N}}(xy) = \lambda, \lambda \in \chi_1$

Nach (A.31) gilt: $\hat{L}(m_o n_o - xy) \approx \lambda, \lambda \in \chi_1$

$\Rightarrow \mu_{\tilde{M} \times \tilde{N}}(xy) \approx \hat{L}(m_o n_o - xy), xy \leq m_o n_o$ [6]

Weitere Voraussetzung ist:

$\mu_{\tilde{M}}(x) = 1, m_u \leq x \leq m_o$ und $\mu_{\tilde{N}}(y) = 1, n_u \leq y \leq n_o$

Aus Theorem 1.1 folgt dann: $\mu_{\tilde{M} \times \tilde{N}}(xy) = 1, m_o n_o \leq xy \leq m_u n_u$

Insgesamt läßt sich die Zugehörigkeitsfunktion $\mu_{\tilde{M} \times \tilde{N}}$ in R approximieren durch:

$$\mu_{\tilde{M} \times \tilde{N}}(xy) \approx \begin{cases} \hat{L}(m_o n_o - xy) \; ; & xy \leq m_o n_o \\ 1 \; ; & m_o n_o \leq xy \leq m_u n_u \\ \hat{R}(xy - m_u n_u) \; ; & xy \geq m_u n_u \end{cases}$$

Es ergibt sich folgende Näherungsformel:

$$\tilde{M} \times \tilde{N} = \langle m_u ; m_o ; \alpha ; \gamma \rangle_{L_{\tilde{M}} R_{\tilde{M}}} \times \langle n_u ; n_o ; \delta ; \beta \rangle_{L_{\tilde{N}} R_{\tilde{N}}}$$

$$\approx \langle m_o n_o ; m_u n_u ; 1 ; 1 \rangle_{\hat{L}\hat{R}}$$

Wegen (A.31) und (A.63) läßt sich die Referenzfunktion $\hat{L}$ wie folgt aus den Referenzfunktionen der unscharfen Zahlen $\tilde{M}$ und $\tilde{N}$ bestimmen:

6 Vgl. die Anmerkung zum 4. Fall in (A.40). Der rechnerisch mögliche Fall $xy > m_o n_o$ ist dadurch ausgeschlossen.

$$\hat{L}(m_o\, n_o - x\, y) \approx \begin{cases} \left[-m_o\, \beta\, R_{\tilde{N}}^{-1}(\lambda) - \gamma\,(n_o + \beta)\, R_{\tilde{M}}^{-1}(\lambda)\right]^{-1} \\ \qquad \textit{wenn}\ (x_r - m_o)(n_o + \beta) + m_o\, y_r \le x\, y \le m_o\, n_o \\ \\ 0 \qquad \textit{wenn}\ x\, y \le (x_r - m_o)(n_o + \beta) + m_o\, y_r \end{cases}$$

Die Referenzfunktion $\hat{R}$ ermittelt man nach (A.28) wie folgt:

Fall a: $0 \notin \chi_2$

$$\hat{R}(x\, y - m_u\, n_u) \approx \left[-m_u\, \delta\, L_{\tilde{N}}^{-1}(\lambda) - \alpha\,(n_u - \delta)\, L_{\tilde{M}}^{-1}(\lambda)\right]^{-1},\ x\, y \ge m_u\, n_u$$

Fall b: $0 \in \chi_2$

Nach (A.58) erweitert sich die Formel zu:

$$\hat{R}(x\, y - m_u\, n_u) \approx \begin{cases} \left[-m_u\, \delta\, L_{\tilde{N}}^{-1}(\lambda) - \alpha\,(n_u - \delta)\, L_{\tilde{M}}^{-1}(\lambda)\right]^{-1} \\ \qquad \textit{wenn}\ m_u\, n_u \le x\, y \le (x_l - m_u)(n_u - \delta) + m_u\, y_l \\ \\ 0 \qquad \textit{wenn}\ x\, y \ge (x_l - m_u)(n_u - \delta) + m_u\, y_l \end{cases}$$

Ein Spezialfall ergibt sich, wenn zwei LR-Zahlen vom gleichen LR-Typ vorliegen. Die zu verknüpfenden Äste besitzen also identische Gestaltfunktionen. Für die rechten Teiläste erhält man aus (A.31):

$$R_{\tilde{M}}^{-1}(\lambda) \approx \frac{m_o\, n_o - x\, y}{-m_o\, \beta - n_o\, \gamma - \gamma\, \beta},\ \lambda \in \chi_1$$

Daraus ergibt sich:

$$R_{\tilde{M}}\left(\frac{m_o\, n_o - x\, y}{-m_o\, \beta - n_o\, \gamma - \gamma\, \beta}\right) \approx \lambda,\ \lambda \in \chi_1$$

Wegen $\mu_{\tilde{M}}(x) = \mu_{\tilde{N}}(y) = \lambda, \lambda \in \chi_1$, folgt aus Theorem 1.1 oder Theorem 2.1:

$$\mu_{\tilde{M} \times \tilde{N}}(x\,y) = \lambda, \lambda \in \chi_1$$

$$\Rightarrow \mu_{\tilde{M} \times \tilde{N}}(x\,y) \approx R_{\tilde{M}}\left(\frac{m_o\,n_o - x\,y}{-\,m_o\,\beta - n_o\,\gamma - \gamma\,\beta}\right),\; x\,y \le m_o\,n_o$$

Analog errechnet sich durch (A.28):

$$\mu_{\tilde{M} \times \tilde{N}}(x\,y) \approx L_{\tilde{M}}\left(\frac{x\,y - m_u\,n_u}{-\,m_u\,\delta - n_u\,\alpha + \alpha\,\delta}\right),\; x\,y \ge m_u\,n_u$$

Insgesamt ergibt sich:

$$\mu_{\tilde{M} \times \tilde{N}}(x\,y) \approx \begin{cases} R_{\tilde{M}}\left(\dfrac{m_o\,n_o - x\,y}{-\,m_o\,\beta - n_o\,\gamma - \gamma\,\beta}\right) & ;\; \text{falls } x\,y \le m_o\,n_o \\ 1 & ;\; m_o\,n_o \le x\,y \le m_u\,n_u \\ L_{\tilde{M}}\left(\dfrac{x\,y - m_u\,n_u}{-\,m_u\,\delta - n_u\,\alpha + \alpha\,\delta}\right) & ;\; \text{falls } x\,y \ge m_u\,n_u \end{cases}$$

Man erhält die folgende Formel:

$$\tilde{M} \times \tilde{N} = <m_u\,;\, m_o\,;\alpha\,;\,\gamma>_{L_{\tilde{M}}R_{\tilde{M}}} \times <n_u\,;\, n_o\,;\delta\,;\,\beta>_{L_{\tilde{M}}R_{\tilde{M}}}$$

$$\approx <m_o\,n_o\;;\; m_u\,n_u\;;\; -\,m_o\,\beta - n_o\,\gamma - \gamma\,\beta\;;\; -\,m_u\,\delta - n_u\,\alpha + \alpha\,\delta>_{R_{\tilde{M}}L_{\tilde{M}}}$$

Definiert man $L := L_{\tilde{M}}$ und $R := R_{\tilde{M}}$, so ergibt sich:

$$\tilde{M} \times \tilde{N} = <m_u\,;\, m_o\,;\alpha\,;\,\gamma>_{LR} \times <n_u\,;\, n_o\,;\delta\,;\,\beta>_{LR}$$

$$\approx <m_o\,n_o\;;\; m_u\,n_u\;;\; -\,m_o\,\beta - n_o\,\gamma - \gamma\,\beta\;;\; -\,m_u\,\delta - n_u\,\alpha + \alpha\,\delta>_{RL}$$

Anhang 9: Erweiterte Multiplikation zwischen negativen und positiven unscharfen Zahlen

Für die folgenden Berechnungen wird eine negative unscharfe Zahl $\tilde{M}$ sowie eine positive unscharfe Zahl $\tilde{N}$ unterstellt.

Für alle $\lambda \in \chi_3$ gilt:

$$\mu_{\tilde{M}}(x) = L_{\tilde{M}}\left(\frac{m_u - x}{\alpha}\right) = \lambda \Leftrightarrow L_{\tilde{M}}^{-1}(\lambda) = \frac{m_u - x}{\alpha} \Leftrightarrow x = m_u - \alpha L_{\tilde{M}}^{-1}(\lambda)$$

$$\mu_{\tilde{N}}(y) = R_{\tilde{N}}\left(\frac{y - n_o}{\beta}\right) = \lambda \Leftrightarrow R_{\tilde{N}}^{-1}(\lambda) = \frac{y - n_o}{\beta} \Leftrightarrow y = n_o + \beta R_{\tilde{N}}^{-1}(\lambda)$$

$$\Rightarrow x y = m_u n_o + m_u \beta R_{\tilde{N}}^{-1}(\lambda) - n_o \alpha L_{\tilde{M}}^{-1}(\lambda) - \alpha \beta L_{\tilde{M}}^{-1}(\lambda) R_{\tilde{N}}^{-1}(\lambda)$$

$$\Leftrightarrow m_u n_o - x y = - m_u \beta R_{\tilde{N}}^{-1}(\lambda) + n_o \alpha L_{\tilde{M}}^{-1}(\lambda) + \alpha \beta L_{\tilde{M}}^{-1}(\lambda) R_{\tilde{N}}^{-1}(\lambda)$$

$$=: L^{-1}(\lambda),\ x y \leq m_u n_o \qquad \textbf{(A.64)}$$

Die Vernachlässigung der Inversen $R_{\tilde{N}}^{-1}(\lambda)$ im letzten Term von (A.64) führt zur folgenden Abschätzung:

$$m_u n_o - x y \approx - m_u \beta R_{\tilde{N}}^{-1}(\lambda) + n_o \alpha L_{\tilde{M}}^{-1}(\lambda) + \alpha \beta L_{\tilde{M}}^{-1}(\lambda) =: \hat{L}^{-1}(\lambda) \qquad \textbf{(A.65)}$$

Für alle $\lambda \in \chi_4$ gilt:

$$\mu_{\tilde{M}}(x) = R_{\tilde{M}}\left(\frac{x - m_o}{\gamma}\right) = \lambda \Leftrightarrow R_{\tilde{M}}^{-1}(\lambda) = \frac{x - m_o}{\gamma} \Leftrightarrow x = m_o + \gamma R_{\tilde{M}}^{-1}(\lambda)$$

$$\mu_{\tilde{N}}(y) = L_{\tilde{N}}\left(\frac{n_u - y}{\delta}\right) = \lambda \Leftrightarrow L_{\tilde{N}}^{-1}(\lambda) = \frac{n_u - y}{\delta} \Leftrightarrow y = n_u - \delta L_{\tilde{N}}^{-1}(\lambda)$$

$$\Rightarrow x y = m_o n_u - m_o \delta L_{\tilde{N}}^{-1}(\lambda) + n_u \gamma R_{\tilde{M}}^{-1}(\lambda) - \gamma \delta R_{\tilde{M}}^{-1}(\lambda) L_{\tilde{N}}^{-1}(\lambda)$$

$$\Leftrightarrow x y - m_o n_u = - m_o \delta L_{\tilde{N}}^{-1}(\lambda) + n_u \gamma R_{\tilde{M}}^{-1}(\lambda) - \gamma \delta R_{\tilde{M}}^{-1}(\lambda) L_{\tilde{N}}^{-1}(\lambda)$$

$$=: R^{-1}(\lambda) \qquad \textbf{(A.66)}$$

$$\Rightarrow R^{-1}(\lambda) = L_{\tilde{N}}^{-1}(\lambda)\,\delta(-m_o - \gamma R_{\tilde{M}}^{-1}(\lambda)) + n_u \gamma R_{\tilde{M}}^{-1}(\lambda) \qquad \textbf{(A.67)}$$

Die Vernachlässigung der Inversen $R_{\tilde{M}}^{-1}(\lambda)$ im letzten Term von (A.66) führt zur folgenden Abschätzung:

$$x y - m_o n_u \approx -m_o \delta L_{\tilde{N}}^{-1}(\lambda) + n_u \gamma R_{\tilde{M}}^{-1}(\lambda) - \gamma \delta L_{\tilde{N}}^{-1}(\lambda) =: \hat{R}^{-1}(\lambda) \qquad \textbf{(A.68)}$$

$$\Rightarrow \hat{R}^{-1}(\lambda) = n_u \gamma R_{\tilde{M}}^{-1}(\lambda) + \delta(-m_o - \gamma)\, L_{\tilde{N}}^{-1}(\lambda) \qquad \textbf{(A.69)}$$

Ermittlung exakter Zugehörigkeitsfunktionen

Linker Teilast der unscharfen Zahl $\tilde{M} \times \tilde{N}$

Zur 1. Eigenschaft:

Nach Voraussetzung gilt:

$L_{\tilde{M}}(0) = 1$ und $R_{\tilde{N}}(0) = 1$

$\Leftrightarrow L_{\tilde{M}}^{-1}(1) = 0$ und $R_{\tilde{N}}^{-1}(1) = 0$

$\Rightarrow L^{-1}(1) = -m_u \beta R_{\tilde{N}}^{-1}(1) + n_o \alpha L_{\tilde{M}}^{-1}(1) + \alpha \beta L_{\tilde{M}}^{-1}(1) R_{\tilde{N}}^{-1}(1) = 0$

$\Leftrightarrow L(0) = 1$

Zur 2. Eigenschaft:

Fall a: $0 \notin \chi_3$

Es werden die folgenden streng monoton fallenden Referenzfunktionen betrachtet:
$L_{\tilde{M}} : [0;\infty[\rightarrow]0;1]$ und $R_{\tilde{N}} : [0;\infty[\rightarrow]0;1]$

Diese sind wegen der 1. und 3. Eigenschaft von Referenzfunktionen nach Satz 5.5 bijektiv.

Die Umkehrfunktionen besitzen die gleichen Eigenschaften.

$\Rightarrow L^{-1} :]0;1] \rightarrow [0;\infty[$ ist streng monoton fallend und nach Satz 5.4 auch bijektiv, weil $L^{-1}(1) = 0$ und $\lim\limits_{\lambda \to 0} L^{-1}(\lambda) = \infty$.

$\Leftrightarrow L : [0;\infty[\rightarrow]0;1]$ ist streng monoton fallend und bijektiv. **(A.70)**

Man erhält das gleiche Ergebnis, wenn genau *einer* der zu verknüpfenden Äste einen entsprechenden Schnittpunkt mit der Abszisse besitzt.

Fall b: $0 \in \chi_3$

Es seien die folgenden streng monoton fallenden Referenzfunktionen gegeben:

$L_{\tilde{M}} : [\,0;u_{ml}\,] \rightarrow [\,0;1\,]$ und $R_{\tilde{N}} : [\,0;v_{nr}\,] \rightarrow [\,0;1\,]$

Diese sind nach Satz 5.7 bijektiv, so daß die Inversen die gleichen Eigenschaften aufweisen.

$\Rightarrow$ Die Funktion $L^{-1} : [\,0;1\,] \rightarrow [\,0;u_s\,]$, $u_s := -\,m_u\,\beta\,v_{nr} + n_o\,\alpha\,u_{ml} + \alpha\,\beta\,u_{ml}\,v_{nr}$, ist streng monoton fallend und gemäß Satz 5.7 bijektiv, weil $L^{-1}(1) = 0$ und $L^{-1}(0) = u_s$.

$\Leftrightarrow$ $L : [\,0;u_s\,] \rightarrow [\,0;1\,]$ ist streng monoton fallend und bijektiv. **(A.71)**

Weiterhin ist $L(u) = 0,\ u \geq u_s$.

Bei der multiplikativen ergibt sich für alle $x \leq x_l$ und $y \geq y_r$:

$u_m \geq u_{ml}$ und $v_n \geq v_{nr}$

$$\Rightarrow\ -\,m_u\,\beta\,v_n + n_o\,\alpha\,u_m + \alpha\,\beta\,u_m\,v_n \geq u_s \qquad \textbf{(A.72)}$$

Außerdem erhält man die folgenden Divergenzen:

$$\lim_{u_m \to \infty} (-\,m_u\,\beta\,v_n + n_o\,\alpha\,u_m + \alpha\,\beta\,u_m\,v_n) = \infty$$

$$\lim_{v_n \to \infty} (-\,m_u\,\beta\,v_n + n_o\,\alpha\,u_m + \alpha\,\beta\,u_m\,v_n) = \infty$$

Mit (A.72) ergibt sich deshalb:

$\forall\ (u_m;v_n) \in [\,u_{ml};\infty[\ \times\ [\,v_{nr};\infty[\ \ \exists\ u \in [\,u_s;\infty[$, so daß gilt:

$$-\,m_u\,\beta\,v_n + n_o\,\alpha\,u_m + \alpha\,\beta\,u_m\,v_n = u \qquad \textbf{(A.73)}$$

Im folgenden wird nachgewiesen, daß:

$\forall\ u \in [\,u_s;\infty[\ \ \exists\ (u_m;v_n) \in [\,u_{ml};\infty[\ \times\ [\,v_{nr};\infty[$, so daß gilt:

$$-\,m_u\,\beta\,v_n + n_o\,\alpha\,u_m + \alpha\,\beta\,u_m\,v_n = u \qquad \textbf{(A.74)}$$

Mit der Funktion $F : [\,v_{nr};\infty[\ \rightarrow \mathbf{R}$ und $F(v_n) := -\,m_u\,\beta\,v_n + n_o\,\alpha\,u_{ml} + \alpha\,\beta\,u_{ml}\,v_n$ findet man wegen Satz 5.6 für jeden Wert $u \in [\,u_s;\infty[$ genau *ein* 2-Tupel $(u_{ml};v_n)$ mit

$v_n \in [\, v_{nr} \,; \infty\, [$, das über die vorstehende Abbildung F auf $u \in [\, u_s \,; \infty\, [$ abgebildet wird. Aufgrund von $L_{\tilde{M}}^{-1}(\{0\}) = \{\, u_m \mid u_m \geq u_{ml} \,\}$ und $R_{\tilde{N}}^{-1}(\{0\}) = \{\, v_n \mid v_n \geq v_{nr} \,\}$ ergibt sich mit (A.64), (A.73) und (A.74): $L^{-1}(\{0\}) = \{\, u \mid u \geq u_s \,\}$

$$\Leftrightarrow \; L(u) = 0,\; u \geq u_s \tag{A.75}$$

Zur 3. Eigenschaft:

Fall a: $0 \notin \chi_3$

Nach Voraussetzung gilt:

$$\lim_{u_m \to \infty} L_{\tilde{M}}(u_m) = 0 \text{ und } \lim_{v_n \to \infty} R_{\tilde{N}}(v_n) = 0$$

$$\Leftrightarrow \lim_{\lambda \to 0} L_{\tilde{M}}^{-1}(\lambda) = \infty \text{ und } \lim_{\lambda \to 0} R_{\tilde{N}}^{-1}(\lambda) = \infty$$

$$\Rightarrow \lim_{\lambda \to 0} L^{-1}(\lambda) = n_o\, \alpha \lim_{\lambda \to 0} L_{\tilde{M}}^{-1}(\lambda) - m_u\, \beta \lim_{\lambda \to 0} R_{\tilde{N}}^{-1}(\lambda)$$

$$+ \alpha\, \beta \lim_{\lambda \to 0} L_{\tilde{M}}^{-1}(\lambda)\, R_{\tilde{N}}^{-1}(\lambda) = \infty$$

$$\Leftrightarrow \lim_{u \to \infty} L(u) = 0$$

Es wird zweimal Satz 5.8 verwendet.

Diese Eigenschaft wird ebenso erfüllt, falls genau *eine* Referenzfunktion einen entsprechenden Schnittpunkt mit der Abszisse besitzt.

Fall b: $0 \in \chi_3$

Diese Eigenschaft folgt aus (A.75).

Es muß noch gezeigt werden, daß gilt: $\mu_{\tilde{M} \times \tilde{N}}(x\,y) = L(m_u\, n_o - x\,y),\; x\,y \leq m_u\, n_o$

Hier sind die Voraussetzungen von Theorem 2 gegeben, weil:

1. Die Multiplikation ist eine stetige Verknüpfung in R.

2. Die Multiplikation ist eine hybride binäre Verknüpfung für die Multiplikation zwischen Werten aus $\mathsf{R}_{-}^{\leq 0}$ und $\mathsf{R}_{+}^{\geq 0}$, denn es gilt folgende Implikation:

$$x_1 < y_1 \leq 0 \quad \wedge \quad 0 \leq x_2 < y_2 \quad \Rightarrow \quad x_1\, y_2 < y_1\, x_2$$

$$0 \leq x_1 < y_1 \quad \wedge \quad x_2 < y_2 \leq 0 \quad \Rightarrow \quad x_1\, y_2 > y_1\, x_2$$

3. Im Intervall $]-\infty\,;\, m_u\,]$ ist die Zugehörigkeitsfunktion $\mu_{\tilde{M}}$ monoton steigend.

   Im Intervall $[\, n_o\,;\,\infty\,[$ ist die Zugehörigkeitsfunktion $\mu_{\tilde{N}}$ monoton fallend.

Für alle 2-Tupel $(x\,;y) \in \mathsf{R}^2$ mit $\mu_{\tilde{M}}(x) = \mu_{\tilde{N}}(y) = \lambda,\ \lambda \in \chi_3$, gilt nach Definition:

$$x \leq m_u \quad \wedge \quad y \geq n_o$$

Wegen Theorem 2 erhält man: $\mu_{\tilde{M}\times\tilde{N}}(x\,y) = \lambda,\ \lambda \in \chi_3$

Nach (A.64) gilt: $L\,(m_u\, n_o - x\,y) = \lambda,\ \lambda \in \chi_3$

$$\Rightarrow \mu_{\tilde{M}\times\tilde{N}}(x\,y) = L\,(m_u\, n_o - x\,y),\ x\,y \leq m_u\, n_o \qquad \textbf{(A.76)}$$

Rechter Teilast der unscharfen Zahl $\tilde{M} \times \tilde{N}$

Zur 1. Eigenschaft:

Nach Voraussetzung gilt:

$$R_{\tilde{M}}(0) = 1 \text{ und } L_{\tilde{N}}(0) = 1$$

$$\Leftrightarrow R_{\tilde{M}}^{-1}(1) = 0 \text{ und } L_{\tilde{N}}^{-1}(1) = 0$$

$$\Rightarrow R^{-1}(1) = n_u\,\gamma\, R_{\tilde{M}}^{-1}(1) - m_o\,\delta\, L_{\tilde{N}}^{-1}(1) - \gamma\,\delta\, R_{\tilde{M}}^{-1}(1)\, L_{\tilde{N}}^{-1}(1) = 0$$

$$\Leftrightarrow R(0) = 1$$

Zur 2. Eigenschaft:

Alle Zugehörigkeitsfunktionen sind in R definiert. Wenn also höchstens *ein* Teilast einen entsprechenden Schnittpunkt mit der Abszisse besitzt, dann gilt:

$\mu_{\tilde{M}}(x) > 0, x \geq 0$ und / oder $\mu_{\tilde{N}}(y) > 0, y \leq 0$

Das steht im Widerspruch zur Definition einer negativen bzw. positiven unscharfen Zahl.

Deshalb werden die folgenden streng monoton fallenden Referenzfunktionen vorausgesetzt:

$R_{\tilde{M}} : [\, 0; v_{mr} \,] \rightarrow [\, 0;1 \,]$ und $L_{\tilde{N}} : [\, 0; v_{nr} \,] \rightarrow [\, 0;1 \,]$

Diese sind nach Satz 5.7 bijektiv, so daß die Inversen die gleichen Eigenschaften aufweisen.

Nach Satz 5.14 und Satz 5.16 gilt:

$- m_o - \gamma \; R_{\tilde{M}}^{-1}(\lambda) \geq 0$

Mit (A.67) und Satz 5.9 ergibt sich deshalb:

Die Funktion $R^{-1} : [\, 0;1 \,] \rightarrow [\, 0; v_s \,]$, $v_s := n_u \gamma v_{mr} - m_o \delta u_{nl} - \gamma \delta v_{mr} u_{nl}$, ist streng monoton fallend und gemäß Satz 5.7 auch bijektiv, weil $R^{-1}(1) = 0$ und $R^{-1}(0) = v_s$.

$\Leftrightarrow$ Die Funktion $R : [\, 0; v_s \,] \rightarrow [\, 0;1 \,]$ ist streng monoton fallend und bijektiv. **(A.77)**

Im folgenden wird gezeigt, daß $R(v) = 0, v \geq v_s$.

Dazu betrachtet man die folgende Fallunterscheidung:

(A.78)

1. $x_r \leq x \leq 0$ und $0 \leq y \leq y_l$
2. $x_r \leq x \leq 0$ und $y < 0$
3. $x > 0$ und $0 \leq y \leq y_l$
4. $x > 0$ und $y < 0$

   Hier können die beiden Fälle $x\,y \geq x_r\,y_l$ und $x\,y < x_r\,y_l$ auftreten, wobei der letztere aufgrund des Erweiterungsprinzips ohne Bedeutung ist und im weiteren nicht mehr betrachtet wird.

Für alle Fälle ergibt sich also:

$$x\,y \geq x_r\,y_l \qquad \textbf{(A.79)}$$

$$\Leftrightarrow \; x\,y - m_o\,n_u \geq x_r\,y_l - m_o\,n_u$$

$$\Leftrightarrow\ -m_o\,\delta\,\frac{n_u - y}{\delta} + n_u\,\gamma\,\frac{x - m_o}{\gamma} - \gamma\,\delta\,\frac{x - m_o}{\gamma}\,\frac{n_u - y}{\delta} \geq$$

$$-m_o\,\delta\,\frac{n_u - y_l}{\delta} + n_u\,\gamma\,\frac{x_r - m_o}{\gamma} - \gamma\,\delta\,\frac{x_r - m_o}{\gamma}\,\frac{n_u - y_l}{\delta}$$

$$\Leftrightarrow\ -m_o\,\delta\,u_n + n_u\,\gamma\,v_m - \gamma\,\delta\,v_m\,u_n \geq -m_o\,\delta\,u_{nl} + n_u\,\gamma\,v_{mr} - \gamma\,\delta\,v_{mr}\,u_{nl}$$

$$\Leftrightarrow\ -m_o\,\delta\,u_n + n_u\,\gamma\,v_m - \gamma\,\delta\,v_m\,u_n \geq v_s \qquad \textbf{(A.80)}$$

Für den 1. Fall folgt zusätzlich zu (A.79):

$$x\,y \leq 0$$

$$\Leftrightarrow\ x\,y - m_o\,n_u \leq -m_o\,n_u$$

$$\Leftrightarrow\ -m_o\,\delta\,u_n + n_u\,\gamma\,v_m - \gamma\,\delta\,v_m\,u_n \leq -m_o\,n_u$$

Also folgt mit (A.80):

$$\forall\,(v_m\,;u_n) \in \left[\,v_{mr}\,;\,-\frac{m_o}{\gamma}\right] \times \left[\,u_{nl}\,;\,\frac{n_u}{\delta}\right] \text{ gilt:}$$

$$-m_o\,\delta\,u_n + n_u\,\gamma\,v_m - \gamma\,\delta\,v_m\,u_n \in [\,v_s\,;-m_o\,n_u\,] \qquad \textbf{(A.81)}$$

Für den 2. Fall folgt zusätzlich zu (A.79):

$$x\,y \geq 0$$

$$\Leftrightarrow\ x\,y - m_o\,n_u \geq -m_o\,n_u$$

$$\Leftrightarrow\ -m_o\,\delta\,u_n + n_u\,\gamma\,v_m - \gamma\,\delta\,v_m\,u_n \geq -m_o\,n_u$$

Weiterhin gilt:

$$-m_o\,\delta\,u_n + n_u\,\gamma\,v_m - \gamma\,\delta\,v_m\,u_n = u_n\,\delta\,(-m_o - \gamma\,v_m) + n_u\,\gamma\,v_m$$

und: $v_m < -\frac{m_o}{\gamma} \Leftrightarrow -m_o - \gamma\,v_m > 0$

Deshalb erhält man für jedes $v_m \in \left[\,v_{mr}\,;\,-\frac{m_o}{\gamma}\right[$ folgende Divergenz:

$$\lim_{u_n \to \infty} \left(- m_o \, \delta \, u_n + n_u \, \gamma \, v_m - \gamma \, \delta \, v_m \, u_n \right) = \infty$$

Insgesamt ergibt sich:

$$\forall \left(v_m ; u_n \right) \in \left[v_{mr} \; ; \; - \frac{m_o}{\gamma} \right] \times \left] \frac{n_u}{\delta} \; ; \; \infty \right[\text{ gilt:}$$

$$- m_o \, \delta \, u_n + n_u \, \gamma \, v_m - \gamma \, \delta \, v_m \, u_n \in \left[- m_o \, n_u \; ; \; \infty \right[\qquad \textbf{(A.82)}$$

Für den 3. Fall folgt zusätzlich zu (A.79):

$$x \, y \geq 0$$

$$\Leftrightarrow \; x \, y - m_o \, n_u \geq - m_o \, n_u$$

$$\Leftrightarrow \; - m_o \, \delta \, u_n + n_u \, \gamma \, v_m - \gamma \, \delta \, v_m \, u_n \geq - m_o \, n_u$$

Weiterhin gilt:

$$- m_o \, \delta \, u_n + n_u \, \gamma \, v_m - \gamma \, \delta \, v_m \, u_n = v_m \, \gamma \left(n_u - \delta \, u_n \right) - m_o \, \delta \, u_n$$

sowie: $u_n < \frac{n_u}{\delta} \; \Leftrightarrow \; n_u - \delta \, u_n > 0$

Deshalb gilt $\forall \, u_n \in \left[u_{nl} \; ; \; \frac{n_u}{\delta} \right[$ nachstehende Divergenz:

$$\lim_{v_m \to \infty} \left(- m_o \, \delta \, u_n + n_u \, \gamma \, v_m - \gamma \, \delta \, v_m \, u_n \right) = \infty$$

Insgesamt ergibt sich:

$$\forall \left(v_m ; u_n \right) \in \left] - \frac{m_o}{\gamma} \; ; \; \infty \right[\times \left[u_{nl} \; ; \; \frac{n_u}{\delta} \right] \text{gilt:}$$

$$- m_o \, \delta \, u_n + n_u \, \gamma \, v_m - \gamma \, \delta \, v_m \, u_n \in \left[- m_o \, n_u \, ; \infty \right[\qquad \textbf{(A.83)}$$

Für den 4. Fall folgt zusätzlich zu (A.79):

$$x \, y < 0$$

$$\Leftrightarrow \; x \, y - m_o \, n_u < - m_o \, n_u$$

$\Leftrightarrow \; - m_o \, \delta \, u_n + n_u \, \gamma \, v_m - \gamma \, \delta \, v_m \, u_n < - m_o \, n_u$

Also folgt mit (A.80):

$\forall \, (v_m ; u_n) \in \left] - \frac{m_o}{\gamma} ; \infty \right[\times \left] \frac{n_u}{\delta} ; \infty \right[$ gilt:

$$- m_o \, \delta \, u_n + n_u \, \gamma \, v_m - \gamma \, \delta \, v_m \, u_n \in [\, v_s ; - m_o \, n_u \, [\qquad \textbf{(A.84)}$$

Wenn für mindestens *eine* Zugehörigkeitsfunktion der Schnittpunkt mit der Abszisse in den Ursprung fällt (d.h. $x_r = 0$ und / oder $y_l = 0$), dann folgt wegen $v_s = x_r \, y_l - m_o \, n_u$ folgender Widerspruch:

$$- m_o \, n_u \leq - m_o \, \delta \, u_n + n_u \, \gamma \, v_m - \gamma \, \delta \, v_m \, u_n < - m_o \, n_u$$

$$\Leftrightarrow \; 0 \leq x \, y < 0$$

Es tritt hier nur der wegen des Erweiterungsprinzips unbedeutende Fall $x \, y < 0$ ein. Das erfordert folgende Einschränkung:

$$x_r < 0 \text{ und } y_l > 0 \qquad \textbf{(A.85)}$$

Unter Berücksichtigung von (A.85) folgt dann aus (A.81), (A.82), (A.83) und (A.84):

$\forall \, (v_m ; u_n) \in [\, v_{mr} ; \infty \, [\; \times \; [\, u_{nl} ; \infty \, [\; \exists \; v \in [\, v_s ; \infty \, [$, so daß gilt:

$$- m_o \, \delta \, u_n + n_u \, \gamma \, v_m - \gamma \, \delta \, v_m \, u_n = v \qquad \textbf{(A.86)}$$

Weiterhin gilt:

$\forall \; v \in [\, v_s ; \infty \, [\; \exists \, (v_m ; u_n) \in [\, v_{mr} ; \infty \, [\; \times \; [\, u_{nl} ; \infty \, [$, so daß gilt:

$$- m_o \, \delta \, u_n + n_u \, \gamma \, v_m - \gamma \, \delta \, v_m \, u_n = v \qquad \textbf{(A.87)}$$

Begründung: Betrachtet man die Abbildung $F : [\, u_{nl} ; \infty \, [\; \rightarrow \mathbf{R}$ mit der Funktionsvorschrift $F(u_n) := u_n \, \delta \, (- m_o - \gamma \, v_{mr}) + n_u \, \gamma \, v_{mr}$, so ist diese Abbildung stetig, streng monoton wachsend [7] und divergent, so daß man nach Satz 5.6 die bijektive Abbildung in das Intervall

---

7 Das ergibt sich aus der folgenden Äquivalenz: $x_r < 0 \quad \Leftrightarrow \quad - m_o - \gamma \, v_{mr} > 0$

$[\, v_s ; \infty [$ erhält. Man findet also für jedes $v \in [\, v_s ; \infty [$ ein 2-Tupel $(v_{mr} ; u_n)$ mit $u_n \in [\, u_{nl} ; \infty [$, so daß $-\, m_o \,\delta\, u_n + n_u \,\gamma\, v_m - \gamma\, \delta\, v_m\, u_n = v$.

Aufgrund von $L_{\tilde{N}}^{-1}(\{0\}) = \{ u_n \mid u_n \geq u_{nl} \}$ und $R_{\tilde{M}}^{-1}(\{0\}) = \{ v_m \mid v_m \geq v_{mr} \}$ ergibt sich aus (A.66), (A.86) und (A.87): $R^{-1}(\{ 0 \}) = \{ v \mid v \geq v_s \}$

$$\Leftrightarrow R(v) = 0,\; v \geq v_s \qquad \textbf{(A.88)}$$

Zur 3. Eigenschaft:

Diese folgt aus (A.88).

Im 2. Schritt zeigt man:

$$\mu_{\tilde{M} \times \tilde{N}}(x\,y) = R\,(x\,y - m_o\, n_u),\; x\,y \geq m_o\, n_u$$

$$\mu_{\tilde{M} \times \tilde{N}}(x\,y) = 1,\; m_u\, n_o \leq x\,y \leq m_o\, n_u$$

Es sind immer die Voraussetzungen von Theorem 1.1 oder Theorem 2.1 gegeben, weil:

1. Die Multiplikation ist eine stetige Verknüpfung in R.

2. Die Multiplikation ist eine hybride binäre Verknüpfung für die Multiplikation zwischen Werten aus $R_-^{\leq 0}$ und $R_+^{\geq 0}$.

3. Die Multiplikation ist eine streng monotone binäre Verknüpfung in $R_-^{\leq 0}$ und $R_+^{\geq 0}$, weil folgende Implikationen gelten:

   $$x_1 < y_1 \leq 0 \quad \wedge \quad x_2 < y_2 \leq 0 \quad \Rightarrow \quad x_1\, x_2 > y_1\, y_2$$

   $$0 \leq x_1 < y_1 \quad \wedge \quad 0 \leq x_2 < y_2 \quad \Rightarrow \quad x_1\, x_2 < y_1\, y_2$$

4. Die Zugehörigkeitsfunktion $\mu_{\tilde{M}}$ ist monoton fallend im Intervall $[\, m_u ; 0\,]$.

   Die Zugehörigkeitsfunktion $\mu_{\tilde{N}}$ ist monoton steigend im Intervall $[\, 0 ; n_o\,]$.

5. Die Zugehörigkeitsfunktion $\mu_{\tilde{M}}$ ist im Intervall $]\, 0 ; \infty\, [$ sowohl monoton steigend als auch monoton fallend. Das gleiche gilt für die Zugehörigkeitsfunktion $\mu_{\tilde{N}}$ im Intervall $]\, -\infty ; 0\, [$.

Anmerkung:

Bei der Erzeugung der Zugehörigkeitsfunktion $\mu_{\tilde{M} \times \tilde{N}}$ in $R_+^{\geq 0}$ wird für den 2. Fall in (A.78) gegen die Bedingung $a_n \geq n_u$ aus Theorem 1.1 verstoßen. Hierbei handelt es sich um eine hinreichende Bedingung, aus der sich der monoton fallende Verlauf der Zugehörigkeitsfunktion $\mu_{\tilde{N}}$ im Intervall $[\, y_n ; \infty \,[$ ableiten läßt. Dieser Verstoß verbietet hier nicht die Anwendung von Theorem 1.1, weil man nur das Intervall $[\, y_n ; 0 \,[$ betrachtet. Dort verläuft die Zugehörigkeitsfunktion $\mu_{\tilde{N}}$ immer konstant und damit monoton fallend. Für den 3. Fall in (A.78) argumentiert man analog.

Für alle 2-Tupel $(x ; y) \in R^2$ mit $\mu_{\tilde{M}}(x) = \mu_{\tilde{N}}(y) = \lambda, \lambda \in \chi_4$, gilt nach Definition:

$x \geq m_o \quad \wedge \quad y \leq n_u$

Wegen Theorem 1.1 bzw. Theorem 2.1 erhält man: $\mu_{\tilde{M} \times \tilde{N}}(x y) = \lambda, \lambda \in \chi_4$

Nach (A.66) gilt: $R(x y - m_o n_u) = \lambda, \lambda \in \chi_4$

$$\Rightarrow \mu_{\tilde{M} \times \tilde{N}}(x y) = R(x y - m_o n_u), x y \geq m_o n_u \qquad \textbf{(A.89)}$$

Weitere Voraussetzung ist: $\mu_{\tilde{M}}(x) = 1, m_u \leq x \leq m_o$ und $\mu_{\tilde{N}}(y) = 1, n_u \leq y \leq n_o$

Aus Theorem 2.1 folgt dann: $\mu_{\tilde{M} \times \tilde{N}}(x y) = 1, m_u n_o \leq x y \leq m_o n_u$

Mit (A.76) und (A.89) bestimmt man die Zugehörigkeitsfunktion $\mu_{\tilde{M} \times \tilde{N}}$ in R wie folgt:

$$\mu_{\tilde{M} \times \tilde{N}}(x y) = \begin{cases} L(m_u n_o - x y) ; & x y \leq m_u n_o \\ 1 ; & m_u n_o \leq x y \leq m_o n_u \\ R(x y - m_o n_u) ; & x y \geq m_o n_u \end{cases}$$

Es ergibt sich die folgende Formel:

$$\begin{aligned} \tilde{M} \times \tilde{N} &= < m_u ; m_o ; \alpha ; \gamma >_{L_{\tilde{M}} R_{\tilde{M}}} \times < n_u ; n_o ; \delta ; \beta >_{L_{\tilde{N}} R_{\tilde{N}}} \\ &= < m_u n_o ; m_o n_u ; 1 ; 1 >_{LR} \end{aligned}$$

Die Referenzfunktion R läßt sich aufgrund von (A.66) und (A.88) in der folgenden Weise aus den Referenzfunktionen der unscharfen Zahlen $\tilde{M}$ und $\tilde{N}$ ableiten:

$$R(x\,y - m_o\,n_u) = \begin{cases} \left[-m_o\,\delta\,L_{\tilde{N}}^{-1}(\lambda) + n_u\,\gamma\,R_{\tilde{M}}^{-1}(\lambda) - \gamma\,\delta\,R_{\tilde{M}}^{-1}(\lambda)\,L_{\tilde{N}}^{-1}(\lambda) \right]^{-1} \\ \qquad \textit{wenn}\;\; m_o\,n_u \leq x\,y \leq x_r\,y_l \\ \\ 0 \qquad \textit{wenn}\;\; x\,y \geq x_r\,y_l \end{cases}$$

Die Referenzfunktion L kann man aufgrund von (A.64) wie folgt aus den Referenzfunktionen der unscharfen Zahlen $\tilde{M}$ und $\tilde{N}$ ableiten:

Fall a: $0 \notin \chi_3$

$$L(m_u\,n_o - x\,y) = \left[-m_u\,\beta\,R_{\tilde{N}}^{-1}(\lambda) + n_o\,\alpha\,L_{\tilde{M}}^{-1}(\lambda) + \alpha\,\beta\,L_{\tilde{M}}^{-1}(\lambda)\,R_{\tilde{N}}^{-1}(\lambda) \right]^{-1}$$

wenn $x\,y \leq m_u\,n_o$

Fall b: $0 \in \chi_3$

Berücksichtigt man zusätzlich (A.75), so erweitert sich die Formel zu:

$$L(m_u\,n_o - x\,y) = \begin{cases} \left[-m_u\,\beta\,R_{\tilde{N}}^{-1}(\lambda) + n_o\,\alpha\,L_{\tilde{M}}^{-1}(\lambda) + \alpha\,\beta\,L_{\tilde{M}}^{-1}(\lambda)R_{\tilde{N}}^{-1}(\lambda) \right]^{-1} \\ \qquad \textit{wenn}\;\; x_l\,y_r \leq x\,y \leq m_u\,n_o \\ \\ 0 \qquad \textit{wenn}\;\; x\,y \leq x_l\,y_r \end{cases}$$

Im folgenden wird eine Näherungslösung gemäß (A. 65) und (A. 68) ermittelt.

Bestimmung approximativer Zugehörigkeitsfunktionen

Linker Teilast der unscharfen Zahl $\tilde{M} \times \tilde{N}$

Zur 1. Eigenschaft:

Nach Voraussetzung gilt:

$$L_{\tilde{M}}(0) = 1 \text{ und } R_{\tilde{N}}(0) = 1$$

$$\Leftrightarrow L_{\tilde{M}}^{-1}(1) = 0 \text{ und } R_{\tilde{N}}^{-1}(1) = 0$$

$$\Rightarrow \hat{L}^{-1}(1) = n_o \alpha L_{\tilde{M}}^{-1}(1) - m_u \beta R_{\tilde{N}}^{-1}(1) + \alpha \beta L_{\tilde{M}}^{-1}(1) = 0$$

$$\Leftrightarrow \hat{L}(0) = 1$$

Zur 2. Eigenschaft:

Fall a: $0 \notin \chi_3$

Es seien die folgenden streng monoton fallenden Referenzfunktionen gegeben:
$L_{\tilde{M}} : [0;\infty[\rightarrow]0;1]$ und $R_{\tilde{N}} : [0;\infty[\rightarrow]0;1]$

Diese sind wegen der 1. und 3. Eigenschaften von Referenzfunktionen nach Satz 5.5 bijektiv.

Die Inversen besitzen die gleichen Eigenschaften.

Weiterhin gilt:

- $\hat{L}^{-1}$ ist nach Satz 5.9 streng monoton fallend

- $$\lim_{\lambda \to 0} \hat{L}^{-1}(\lambda) = -m_u \beta \lim_{\lambda \to 0} R_{\tilde{N}}^{-1}(\lambda) + n_o \alpha \lim_{\lambda \to 0} L_{\tilde{M}}^{-1}(\lambda) + \alpha \beta \lim_{\lambda \to 0} L_{\tilde{M}}^{-1}(\lambda) = \infty \qquad \textbf{(A.90)}$$

- Es ist $\hat{L}^{-1}(1) = 0$

Nach Satz 5.4 ist die Funktion $\hat{L}^{-1} :]\,0;1\,] \rightarrow [\,0;\infty\,[$ auch bijektiv.

$\Leftrightarrow\ \hat{L} : [\,0;\infty\,[\rightarrow]\,0;1\,]$ ist streng monoton fallend und bijektiv. **(A.91)**

Das gleiche Ergebnis erhält man, wenn genau *eine* Zugehörigkeitsfunktion einen Schnittpunkt mit der Abszisse besitzt.

Fall b: $0 \in \chi_3$

Es seien die folgenden streng monoton fallenden Referenzfunktionen gegeben:

$L_{\tilde{M}} : [\,0;u_{ml}\,] \rightarrow [\,0;1\,]$ und $R_{\tilde{N}} : [\,0;v_{nr}\,] \rightarrow [\,0;1\,]$

Diese sind nach Satz 5.7 bijektiv. Die Umkehrfunktionen besitzen die gleichen Eigenschaften.

$\Rightarrow \hat{L}^{-1} : [\,0;1\,] \rightarrow [\,0;\hat{u}_s\,]$, $\hat{u}_s := \alpha\,(n_o + \beta)\,u_{ml} - m_u\,\beta\,v_{nr}$, ist streng monoton fallend und nach Satz 5.7 bijektiv, denn es ist $\hat{L}^{-1}(1) = 0$ und $\hat{L}^{-1}(0) = \hat{u}_s$.

$\Leftrightarrow\ \hat{L} : [\,0;\hat{u}_s\,] \rightarrow [\,0;1\,]$ ist streng monoton fallend und bijektiv. **(A.92)**

Weiterhin ist $\hat{L}(u) = 0,\ u \geq \hat{u}_s$.

Bei der multiplikativen Verknüpfung gilt für alle $x \leq x_l$ und $y \geq y_r$:

$u_m \geq u_{ml}$ und $v_n \geq v_{nr}$

$\Rightarrow\ \alpha\,(n_o + \beta)\,u_m - m_u\,\beta\,v_n \geq \hat{u}_s$ **(A.93)**

Außerdem erhält man folgendes Grenzwertverhalten:

$$\lim_{u_m \to \infty} (\alpha\,(n_o + \beta)\,u_m - m_u\,\beta\,v_n) = \infty$$

$$\lim_{v_n \to \infty} (\alpha\,(n_o + \beta)\,u_m - m_u\,\beta\,v_n) = \infty$$

Mit (A.93) ergibt sich:

$\forall\ (u_m;v_n) \in [\,u_{ml};\infty\,[\times [\,v_{nr};\infty\,[\ \exists\ u \in [\,\hat{u}_s;\infty\,[$, so daß gilt:

$\alpha\,(n_o + \beta)\,u_m - m_u\,\beta\,v_n = u$ **(A.94)**

Im folgenden wird gezeigt, daß:

$\forall\ u \in [\,\hat{u}_s;\infty\,[\ \exists\,(u_m;v_n) \in [\,u_{ml};\infty\,[\times [\,v_{nr};\infty\,[$, für das gilt:

$\alpha\,(n_o + \beta)\,u_m - m_u\,\beta\,v_n = u$ **(A.95)**

Das ergibt sich unmittelbar aus Satz 5.6 und der Abbildung $F : [\, u_{ml} \,; \infty [\; \rightarrow \mathsf{R}$ mit der Funktionsvorschrift $F(u_m) := \alpha(n_o + \beta)\, u_m - m_u \beta\, v_{nr}$.

Wegen $L_{\tilde{M}}^{-1}(\{0\}) = \{ u_m \mid u_m \geq u_{ml} \}$ und $R_{\tilde{N}}^{-1}(\{0\}) = \{ v_n \mid v_n \geq v_{nr} \}$ erhält man aus (A.65), (A.94) und (A.95): $\hat{L}^{-1}(\{0\}) = \{ u \mid u \geq \hat{u}_s \}$

$$\Leftrightarrow \hat{L}(u) = 0,\; u \geq \hat{u}_s \qquad \textbf{(A.96)}$$

Zur 3. Eigenschaft:

Fall a: $0 \notin \chi_3$

Die Eigenschaft ist nach Satz 5.8 gleichbedeutend mit (A.90).

Fall b: $0 \in \chi_3$

Die Eigenschaft folgt aus (A.96).

Für alle $(x\,; y) \in \mathsf{R}^2$ mit $\mu_{\tilde{M}}(x) = \mu_{\tilde{N}}(y) = \lambda,\ \lambda \in \chi_3$, gilt nach Definition:

$x \leq m_u \quad \wedge \quad y \geq n_o$

Wegen Theorem 2 erhält man: $\mu_{\tilde{M} \times \tilde{N}}(x\,y) = \lambda,\ \lambda \in \chi_3$

Nach (A.65) gilt: $\hat{L}(m_u\, n_o - x\,y) \approx \lambda,\ \lambda \in \chi_3$

$\Rightarrow \mu_{\tilde{M} \times \tilde{N}}(x\,y) \approx \hat{L}(m_u\, n_o - x\,y),\ x\,y \leq m_u\, n_o$

Rechter Teilast der unscharfen Zahl $\tilde{M} \times \tilde{N}$

Zur 1. Eigenschaft:

Nach Voraussetzung gilt:

$R_{\tilde{M}}(0) = 1$ und $L_{\tilde{N}}(0) = 1$

$\Leftrightarrow R_{\tilde{M}}^{-1}(1) = 0$ und $L_{\tilde{N}}^{-1}(1) = 0$

$\Rightarrow \hat{R}^{-1}(1) = n_u\, \gamma\, R_{\tilde{M}}^{-1}(1) - m_o\, \delta\, L_{\tilde{N}}^{-1}(1) - \gamma\, \delta\, L_{\tilde{N}}^{-1}(1) = 0$

$\Leftrightarrow \hat{R}(0) = 1$

Für den Nachweis der 2. und 3. Eigenschaft sind die folgenden Vorüberlegungen wichtig:[8]

Falls $v_{mr} > 1$, findet man immer ein $\lambda' \in \,]\,0;1\,[$, für das gilt:

$R_{\tilde{M}}^{-1}(\lambda') \geq 1$

Deshalb folgt in Verbindung mit Satz 5.14:

$m_o + \gamma \leq m_o + \gamma\, R_{\tilde{M}}^{-1}(\lambda') < 0$ und damit auch $-m_o - \gamma > 0$.

Falls $v_{mr} = 1$, so gilt:

$R_{\tilde{M}}^{-1}(0) = 1$

Mit Satz 5.16 erhält man:

$m_o + \gamma = m_o + \gamma\, R_{\tilde{M}}^{-1}(0) \leq 0$

$\Rightarrow -m_o - \gamma \geq 0$

Wenn $v_{mr} < 1$, so gilt für alle $\lambda \in [\,0;1\,]$:

$R_{\tilde{M}}^{-1}(\lambda) \leq v_{mr} < 1$

$\Rightarrow m_o + \gamma\, R_{\tilde{M}}^{-1}(\lambda) < m_o + \gamma$

$\Leftrightarrow -m_o - \gamma\, R_{\tilde{M}}^{-1}(\lambda) > -m_o - \gamma$

Gemäß Satz 5.14 und Satz 5.16 gilt andererseits:

$m_o + \gamma\, R_{\tilde{M}}^{-1}(\lambda) \leq 0$

$\Leftrightarrow -m_o - \gamma\, R_{\tilde{M}}^{-1}(\lambda) \geq 0$

Der Faktor $-m_o - \gamma$ ist also allgemeingültig weder positiv noch negativ.

Zur 2. Eigenschaft:

Es seien die folgenden streng monoton fallenden Referenzfunktionen gegeben:

$R_{\tilde{M}} : [\,0; v_{mr}\,] \rightarrow [\,0;1\,]$ und $L_{\tilde{N}} : [\,0; u_{nl}\,] \rightarrow [\,0;1\,]$

---

8 Wenn man im letzten Ausdruck in (A.66) die Umkehrfunktion $L_{\tilde{N}}^{-1}(\lambda)$ vernachlässigt, dann gelten die analogen Überlegungen für den Achsenabschnittspunkt u_{nl}.

Diese sind nach Satz 5.7 bijektiv, so daß die Inversen die gleichen Eigenschaften aufweisen.

$\Rightarrow \hat{R}^{-1} : [\,0;1\,] \rightarrow [\,0;\hat{v}_s\,]$, $\hat{v}_s := \delta\,(-\,m_o\,-\,\gamma\,)\,u_{nl}\,+\,n_u\,\gamma\,v_{mr}$, ist nach Satz 5.9 streng monoton fallend, falls gilt:[9]

$$v_{mr} \geq 1 \text{ oder } -\,m_o\,-\,\gamma \geq 0, \text{ wenn } v_{mr} < 1 \qquad \textbf{(A.97)}$$

Gemäß Satz 5.7 ist $\hat{R}^{-1}$ auch bijektiv, weil $\hat{R}^{-1}(1) = 0$ und $\hat{R}^{-1}(0) = \hat{v}_s$.

$$\Leftrightarrow\ \hat{R} : [\,0;\hat{v}_s\,] \rightarrow [\,0;1\,] \text{ ist streng monoton fallend und bijektiv.} \qquad \textbf{(A.98)}$$

Darüber hinaus existiert für jeden Wert $v \in [\,\hat{v}_s;\infty\,[$ mindestens *ein* 2-Tupel $(\,v_m;u_n\,) \in [\,v_{mr};\infty\,[\ \times\ [\,u_{nl};\infty\,[$, so daß $\delta\,(-\,m_o\,-\,\gamma\,)\,u_n\,+\,n_u\,\gamma\,v_m = v$. **(A.99)**

Gemäß Satz 5.6 folgt das aus der stetigen, streng monoton wachsenden und divergenten Funktion $F : [\,v_{mr};\infty\,[\ \rightarrow \mathsf{R}$ mit $F(\,v_m\,) := \delta\,(-\,m_o\,-\,\gamma\,)\,u_{nl}\,+\,n_u\,\gamma\,v_m$.

Wegen $R_{\tilde{M}}^{-1}(\{0\}) = \{\,v_m \mid v_m \geq v_{mr}\,\}$ und $L_{\tilde{N}}^{-1}(\{0\}) = \{\,u_n \mid u_n \geq u_{nl}\,\}$ ergibt sich aus (A.69) und (A.99): $[\,\hat{v}_s;\infty\,[\ \subseteq \hat{R}^{-1}(\{0\})$ [10]

$$\Leftrightarrow\ \hat{R}(\,v\,) = 0,\ v \geq \hat{v}_s \qquad \textbf{(A.101)}$$

Aus (A.98) und (A.101) folgt die 2. Eigenschaft.

Zur 3. Eigenschaft:

Diese folgt aus (A.101).

---

9 Die nachfolgende Bedingung (A.97) ist hinreichend aber nicht notwendig für die strenge Monotonie der Funktion $\hat{R}^{-1}$ sowie für (A.98). Vgl. die Anmerkung zu Satz 5.9. Der *allgemeine* Nachweis der 2. Eigenschaft erfordert diese Bedingung.

10 Wenn $m_o + \gamma \leq 0$, dann gilt zusätzlich:

$\forall\ (\,v_m;u_n\,) \in [\,v_{mr};\infty\,[\ \times\ [\,u_{nl};\infty\,[\ \ \exists\ v \in [\,\hat{v}_s;\infty\,[$, so daß gilt:

$$\delta\,(-\,m_o\,-\,\gamma\,)\,u_n\,+\,n_u\,\gamma\,v_m = v \qquad \textbf{(A.100)}$$

In Verbindung mit (A.99) folgt dann: $[\,\hat{v}_s;\infty\,[\ = \hat{R}^{-1}(\{0\})$

Für $m_o + \gamma > 0$ liegt ein Verstoß gegen (A.100) vor, weil für jedes $v_m \in [\,v_{mr};\infty\,[$ folgende Äquivalenz gilt: $u_n > u_{nl} + \dfrac{n_u\,\gamma\,(\,v_{mr} - v_m\,)}{\delta\,(\,-m_o - \gamma\,)} \quad \Leftrightarrow \quad \delta\,(\,-m_o - \gamma\,)\,u_n + n_u\,\gamma\,v_m < \hat{v}_s$

Hier ergibt sich dann: $[\,\hat{v}_s;\infty\,[\ \subset \hat{R}^{-1}(\{0\})$

Für alle 2-Tupel $(x;y) \in \mathsf{R}^2$ mit $\mu_{\tilde{M}}(x) = \mu_{\tilde{N}}(y) = \lambda,\ \lambda \in \chi_4$, gilt nach Definition:

$x \geq m_o \quad \wedge \quad y \leq n_u$

Wegen Theorem 1.1 bzw. Theorem 2.1 erhält man: $\mu_{\tilde{M} \times \tilde{N}}(x\,y) = \lambda,\ \lambda \in \chi_4$

Nach (A.68) gilt: $\hat{R}\,(x\,y - m_o\,n_u) \approx \lambda,\ \lambda \in \chi_4$

$\Rightarrow\ \mu_{\tilde{M} \times \tilde{N}}(x\,y) \approx \hat{R}\,(x\,y - m_o\,n_u),\ x\,y \geq m_o\,n_u$ [11]

Weitere Voraussetzung ist:

$\mu_{\tilde{M}}(x) = 1,\ m_u \leq x \leq m_o$ und $\mu_{\tilde{N}}(y) = 1,\ n_u \leq y \leq n_o$

Aus Theorem 2.1 folgt dann: $\mu_{\tilde{M} \times \tilde{N}}(x\,y) = 1,\ m_u\,n_o \leq x\,y \leq m_o\,n_u$

Die Zugehörigkeitsfunktion $\mu_{\tilde{M} \times \tilde{N}}$ läßt sich in R folgendermaßen approximieren:

$$\mu_{\tilde{M} \times \tilde{N}}(x\,y) \approx \begin{cases} \hat{L}\,(m_u\,n_o - x\,y)\ ; & x\,y \leq m_u\,n_o \\ 1 & ;\ m_u\,n_o \leq x\,y \leq m_o\,n_u \\ \hat{R}\,(x\,y - m_o\,n_u)\ ; & x\,y \geq m_o\,n_u \end{cases}$$

Es ergibt sich folgende Näherungsformel:

$$\begin{aligned} \tilde{M} \times \tilde{N} &= \langle m_u\,;\, m_o\,;\alpha\,;\,\gamma \rangle_{L_{\tilde{M}} R_{\tilde{M}}} \times \langle n_u\,;\, n_o\,;\delta\,;\,\beta \rangle_{L_{\tilde{N}} R_{\tilde{N}}} \\ &\approx \langle m_u\,n_o\,;\, m_o\,n_u\,;1\,;\,1 \rangle_{\hat{L}\hat{R}} \end{aligned}$$

Wegen (A.68) und (A.101) läßt sich die Referenzfunktion $\hat{R}$ wie folgt aus den Referenzfunktionen der unscharfen Zahlen $\tilde{M}$ und $\tilde{N}$ ableiten:

11 Vgl. die Anmerkung zum 4. Fall in (A.78). Der mögliche Fall $x\,y < m_o\,n_u$ ist dadurch ausgeschlossen.

$$\hat{R}(x\,y - m_o\,n_u) \approx \begin{cases} \left[-m_o\,\delta\,L_{\tilde{N}}^{-1}(\lambda) + \gamma\,(n_u - \delta)\,R_{\tilde{M}}^{-1}(\lambda)\right]^{-1} \\ \qquad \textit{wenn}\ m_o\,n_u \le x\,y \le (x_r - m_o)(n_u - \delta) + m_o\,y_l \\ \\ 0 \qquad \textit{wenn}\ x\,y \ge (x_r - m_o)(n_u - \delta) + m_o\,y_l \end{cases}$$

Die Referenzfunktion $\hat{L}$ läßt sich aufgrund von (A.65) in der folgenden Weise aus den Referenzfunktionen der unscharfen Zahlen $\tilde{M}$ und $\tilde{N}$ ableiten:

Fall a: $0 \notin \chi_3$

$$\hat{L}(m_u\,n_o - x\,y) \approx \left[-m_u\beta\,R_{\tilde{N}}^{-1}(\lambda) + n_o\alpha\,L_{\tilde{M}}^{-1}(\lambda) + \alpha\,\beta\,L_{\tilde{M}}^{-1}(\lambda)\right]^{-1},\ x\,y \le m_u\,n_o$$

Fall b: $0 \in \chi_3$

Nach (A.96) erweitert sich die Formel zu:

$$\hat{L}(m_u\,n_o - x\,y) \approx \begin{cases} \left[-m_u\,\beta\,R_{\tilde{N}}^{-1}(\lambda) + \alpha\,(n_o + \beta)\,L_{\tilde{M}}^{-1}(\lambda)\right]^{-1} \\ \qquad \textit{wenn}\ (x_l - m_u)(n_o + \beta) + m_u\,y_r \le x\,y \le m_u\,n_o \\ \\ 0 \qquad \textit{wenn}\ x\,y \le (x_l - m_u)(n_o + \beta) + m_u\,y_r \end{cases}$$

Ein Spezialfall ergibt sich, wenn zwei LR-Zahlen vom gleichen LR-Typ vorliegen. Für den rechten Teilast erhält man aus (A.68):

$$R_{\tilde{M}}^{-1}(\lambda) \approx \frac{x\,y - m_o\,n_u}{-m_o\,\delta + n_u\,\gamma - \gamma\,\delta},\ \lambda \in \chi_4$$

Deshalb gilt hier:

$$R_{\tilde{M}}\left(\frac{x\,y - m_o\,n_u}{-m_o\,\delta + n_u\,\gamma - \gamma\,\delta}\right) \approx \lambda,\ \lambda \in \chi_4$$

Wegen $\mu_{\tilde{M}}(x) = \mu_{\tilde{N}}(y) = \lambda, \lambda \in \chi_4$, folgt aus Theorem 1.1 oder Theorem 2.1:

$$\mu_{\tilde{M}\times\tilde{N}}(xy) = \lambda, \lambda \in \chi_4$$

Daraus ergibt sich folgende Abschätzung:

$$\mu_{\tilde{M}\times\tilde{N}}(xy) \approx R_{\tilde{M}}\left(\frac{xy - m_o n_u}{-m_o \delta + n_u \gamma - \gamma \delta}\right), \quad xy \geq m_o n_u$$

Analog errechnet sich für den linken Teilast aus (A.65):

$$\mu_{\tilde{M}\times\tilde{N}}(xy) \approx L_{\tilde{M}}\left(\frac{m_u n_o - xy}{-m_u \beta + n_o \alpha + \alpha \beta}\right), \quad xy \leq m_u n_o$$

Insgesamt ergibt sich:

$$\mu_{\tilde{M}\times\tilde{N}}(xy) \approx \begin{cases} L_{\tilde{M}}\left(\dfrac{m_u n_o - xy}{-m_u \beta + n_o \alpha + \alpha \beta}\right) & ; \; xy \leq m_u n_o \\ 1 & ; \; m_u n_o \leq xy \leq m_o n_u \\ R_{\tilde{M}}\left(\dfrac{xy - m_o n_u}{-m_o \delta + n_u \gamma - \gamma \delta}\right) & ; \; xy \geq m_o n_u \end{cases}$$

Man erhält die folgende Formel:

$$\tilde{M} \times \tilde{N} = < m_u ; m_o ; \alpha ; \gamma >_{L_{\tilde{M}} R_{\tilde{M}}} \times < n_u ; n_o ; \delta ; \beta >_{R_{\tilde{M}} L_{\tilde{M}}}$$

$$\approx < m_u n_o \; ; \; m_o n_u \; ; \; -m_u \beta + n_o \alpha + \alpha \beta \; ; \; -m_o \delta + n_u \gamma - \gamma \delta >_{L_{\tilde{M}} R_{\tilde{M}}}$$

Definiert man $L := L_{\tilde{M}}$ und $R := R_{\tilde{M}}$, so ergibt sich:

$$\tilde{M} \times \tilde{N} = < m_u ; m_o ; \alpha ; \gamma >_{LR} \times < n_u ; n_o ; \delta ; \beta >_{RL}$$

$$\approx < m_u n_o \; ; \; m_o n_u \; ; \; -m_u \beta + n_o \alpha + \alpha \beta \; ; \; -m_o \delta + n_u \gamma - \gamma \delta >_{LR}$$

Anhang 10: Erweiterte Division negativer unscharfer Zahlen

Für alle $\lambda \in \chi_4$ gilt:

$$\mu_{\tilde{M}}(x) = R_{\tilde{M}}\left(\frac{x - m_o}{\gamma}\right) = \lambda \Leftrightarrow R_{\tilde{M}}^{-1}(\lambda) = \frac{x - m_o}{\gamma} \Leftrightarrow x = m_o + \gamma R_{\tilde{M}}^{-1}(\lambda)$$

$$\mu_{\tilde{N}}(y) = L_{\tilde{N}}\left(\frac{n_u - y}{\delta}\right) = \lambda \Leftrightarrow L_{\tilde{N}}^{-1}(\lambda) = \frac{n_u - y}{\delta} \Leftrightarrow y = n_u - \delta L_{\tilde{N}}^{-1}(\lambda)$$

$$\Rightarrow \frac{x}{y} = \frac{m_o + \gamma R_{\tilde{M}}^{-1}(\lambda)}{n_u - \delta L_{\tilde{N}}^{-1}(\lambda)} \Leftrightarrow \frac{m_o}{n_u} - \frac{x}{y} = \frac{-m_o \delta L_{\tilde{N}}^{-1}(\lambda) - n_u \gamma R_{\tilde{M}}^{-1}(\lambda)}{n_u(n_u - \delta L_{\tilde{N}}^{-1}(\lambda))}$$

$$=: L^{-1}(\lambda), \frac{x}{y} \leq \frac{m_o}{n_u} \quad \textbf{(A.102)}$$

Durch Vernachlässigung der Umkehrfunktion $L_{\tilde{N}}^{-1}(\lambda)$ im Nenner von (A.102) ergibt sich die folgende Abschätzung:

$$\frac{m_o}{n_u} - \frac{x}{y} \approx \frac{-m_o \delta L_{\tilde{N}}^{-1}(\lambda) - n_u \gamma R_{\tilde{M}}^{-1}(\lambda)}{n_u(n_u - \delta)} =: \overline{L}^{-1}(\lambda) \quad \textbf{(A.103)}$$

Für alle $\lambda \in \chi_3$ gilt:

$$\mu_{\tilde{M}}(x) = L_{\tilde{M}}\left(\frac{m_u - x}{\alpha}\right) = \lambda \Leftrightarrow L_{\tilde{M}}^{-1}(\lambda) = \frac{m_u - x}{\alpha} \Leftrightarrow x = m_u - \alpha L_{\tilde{M}}^{-1}(\lambda)$$

$$\mu_{\tilde{N}}(y) = R_{\tilde{N}}\left(\frac{y - n_o}{\beta}\right) = \lambda \Leftrightarrow R_{\tilde{N}}^{-1}(\lambda) = \frac{y - n_o}{\beta} \Leftrightarrow y = n_o + \beta R_{\tilde{N}}^{-1}(\lambda)$$

$$\Rightarrow \frac{x}{y} = \frac{m_u - \alpha L_{\tilde{M}}^{-1}(\lambda)}{n_o + \beta R_{\tilde{N}}^{-1}(\lambda)} \Leftrightarrow \frac{x}{y} - \frac{m_u}{n_o} = \frac{-n_o \alpha L_{\tilde{M}}^{-1}(\lambda) - m_u \beta R_{\tilde{N}}^{-1}(\lambda)}{n_o(n_o + \beta R_{\tilde{N}}^{-1}(\lambda))}$$

$$=: R^{-1}(\lambda), \frac{x}{y} \geq \frac{m_u}{n_o} \quad \textbf{(A.104)}$$

Durch Vernachlässigung der Umkehrfunktion $R_{\tilde{N}}^{-1}(\lambda)$ im Nenner von (A.104) ergibt sich die folgende Abschätzung:

$$\frac{x}{y} - \frac{m_u}{n_o} \approx \frac{-n_o\,\alpha\,L_{\tilde{M}}^{-1}(\lambda) - m_u\,\beta\,R_{\tilde{N}}^{-1}(\lambda)}{n_o\,(n_o + \beta)} =: \bar{R}^{-1}(\lambda) \qquad \textbf{(A.105)}$$

Ermittlung exakter Zugehörigkeitsfunktionen

Rechter Teilast der unscharfen Zahl $\tilde{M} \div \tilde{N}$

Zur 1. Eigenschaft:

Nach Voraussetzung gilt:

$L_{\tilde{M}}(0) = 1$ und $R_{\tilde{N}}(0) = 1$

$\Leftrightarrow L_{\tilde{M}}^{-1}(1) = 0$ und $R_{\tilde{N}}^{-1}(1) = 0$

$$\Rightarrow R^{-1}(1) = \frac{-n_o\,\alpha\,L_{\tilde{M}}^{-1}(1) - m_u\,\beta\,R_{\tilde{N}}^{-1}(1)}{n_o\,(n_o + \beta\,R_{\tilde{N}}^{-1}(1))} = 0$$

$\Leftrightarrow R(0) = 1$

Zur 2. Eigenschaft:

Fall a: $0 \notin \chi_4$

Ausgangspunkt sind streng monoton fallende Referenzfunktionen $R_{\tilde{N}} : [\,0; v_{nr}\,] \rightarrow [\,0;1\,]$ und $L_{\tilde{M}} : [\,0;\infty\,[\; \rightarrow\;]\,0;1\,]$. Diese sind wegen der 1. und 3. Eigenschaft nach Satz 5.5/5.7 bijektiv. Die Inversen besitzen die gleichen Eigenschaften. Für alle $(\lambda_1/\lambda_2) \in\;]\,0;1\,]^2$ mit $\lambda_1 < \lambda_2$ erhält man:

$$-n_o\,\alpha\,L_{\tilde{M}}^{-1}(\lambda_1) - m_u\,\beta\,R_{\tilde{N}}^{-1}(\lambda_1) > -n_o\,\alpha\,L_{\tilde{M}}^{-1}(\lambda_2) - m_u\,\beta\,R_{\tilde{N}}^{-1}(\lambda_2) \geq 0 \qquad \textbf{(A.106)}$$

Aus Satz 5.14 folgt:

$$n_o + \beta\,R_{\tilde{N}}^{-1}(\lambda_2) < n_o + \beta\,R_{\tilde{N}}^{-1}(\lambda_1) < 0$$

$$\Rightarrow 0 < n_o\,(n_o + \beta\,R_{\tilde{N}}^{-1}(\lambda_1)) < n_o\,(n_o + \beta\,R_{\tilde{N}}^{-1}(\lambda_2)) \qquad \textbf{(A.107)}$$

Aus (A.106) und (A.107) folgt:

$$\frac{-n_o\,\alpha\,L_{\tilde{M}}^{-1}(\lambda_1) - m_u\,\beta\,R_{\tilde{N}}^{-1}(\lambda_1)}{n_o\,(n_o + \beta\,R_{\tilde{N}}^{-1}(\lambda_1))} > \frac{-n_o\,\alpha\,L_{\tilde{M}}^{-1}(\lambda_2) - m_u\,\beta\,R_{\tilde{N}}^{-1}(\lambda_2)}{n_o\,(n_o + \beta\,R_{\tilde{N}}^{-1}(\lambda_2))}$$

$$\Leftrightarrow R^{-1}(\lambda_1) > R^{-1}(\lambda_2)$$

Die Funktion R^{-1} ist also im Intervall $]\,0;1\,]$ streng monoton fallend.

$\Rightarrow$ Die Funktion $R^{-1}:]\,0;1\,] \to [\,0;\infty\,[$ ist nach Satz 5.4 bijektiv, weil $R^{-1}(1) = 0$ und $\lim_{\lambda \to 0} R^{-1}(\lambda) = \infty$.

$\Leftrightarrow$ $R: [\,0;\infty\,[\to]\,0;1\,]$ ist streng monoton fallend und bijektiv. **(A.108)**

Fall b: $0 \in \chi_3$

Im Unterschied zu Fall a betrachtet man eine streng monoton fallende und nach Satz 5.7 bijektive Referenzfunktion $L_{\tilde{M}}: [\,0;u_{ml}\,] \to [\,0;1\,]$. Die Umkehrfunktion besitzt die gleichen Eigenschaften. Insgesamt ist die Funktion R^{-1} im Intervall $]\,0;1\,]$ streng monoton fallend. Zusätzlich gilt: $R^{-1}(1) = 0$.

Wenn $y_r = 0$, dann bleibt der zulässige Definitionsbereich der Funktion R^{-1} auf das Intervall $]\,0;1\,]$ beschränkt. Man zeigt wie bei Fall a, daß (A.108) gilt.

Wenn $y_r < 0$, dann ist die Funktion R^{-1} im zulässigen Definitionsbereich $[\,0;1\,]$ streng monoton fallend, da für alle $(x/y) \in \mathbb{R}^2$ mit $\mu_{\tilde{M}}(x) = \mu_{\tilde{N}}(y) = \lambda$, $\lambda \in]\,0;1\,]$, gilt:

$$\frac{x}{y} < \frac{x_l}{y_r}$$

$$\Leftrightarrow \frac{n_o\,x - m_u\,y}{n_o\,y} < \frac{n_o\,x_l - m_u\,y_r}{n_o\,y_r}$$

$$\Leftrightarrow \frac{-n_o\,\alpha\,\dfrac{m_u - x}{\alpha} - m_u\,\beta\,\dfrac{y - n_o}{\beta}}{n_o\left(n_o + \beta\,\dfrac{y - n_o}{\beta}\right)} < \frac{-n_o\,\alpha\,\dfrac{m_u - x_l}{\alpha} - m_u\,\beta\,\dfrac{y_r - n_o}{\beta}}{n_o\left(n_o + \beta\,\dfrac{y_r - n_o}{\beta}\right)}$$

$$\Leftrightarrow \frac{-n_o\,\alpha\,L_{\tilde{M}}^{-1}(\lambda) - m_u\,\beta\,R_{\tilde{N}}^{-1}(\lambda)}{n_o\,(n_o + \beta\,R_{\tilde{N}}^{-1}(\lambda))} < \frac{-n_o\,\alpha\,L_{\tilde{M}}^{-1}(0) - m_u\,\beta\,R_{\tilde{N}}^{-1}(0)}{n_o\,(n_o + \beta\,R_{\tilde{N}}^{-1}(0))}$$

$\Leftrightarrow \; R^{-1}(\lambda) \; < \; R^{-1}(0)$

$\Rightarrow \; R^{-1}: [\,0;1\,] \rightarrow [\,0; v_s\,],\; v_s := \dfrac{-\,m_u\,\beta\,v_{nr} \; - \; n_o\,\alpha\,u_{ml}}{n_o\,(\,n_o \; + \; \beta\,v_{nr}\,)}$, ist nach Satz 5.7 auch bijektiv, weil $R^{-1}(1) \; = \; 0$ und $R^{-1}(0) \; = \; v_s$.

$\Leftrightarrow$ $R : [\,0; v_s\,] \rightarrow [\,0;1\,]$ ist streng monoton fallend und bijektiv. **(A.109)**

Im folgenden wird gezeigt, daß $R\,(\,v\,) \; = \; 0,\; v \; \geq \; v_s$.

Bei der divisionalen Verknüpfung der Teiläste unterscheidet man zwei Fälle:

1. $y_r \; \leq \; y \; < \; 0$ und $x \; \leq \; x_l$
2. $y_r \; < \; 0 \; < \; y$ und $x \; \leq \; x_l$

(A.110)

Zu 1.

Hier gilt:

$u_m \; \geq \; u_{ml}$ und $v_{nr} \; \leq \; v_n \; < \; - \; \dfrac{n_o}{\beta}$

Aus der letzten Ungleichung folgt:

$n_o \; + \; \beta\,v_{nr} \; \leq \; n_o \; + \; \beta\,v_n \; < \; 0$

Deshalb erhält man:

$$\frac{-\,n_o\,\alpha\,u_m \; - \; m_u\,\beta\,v_n}{n_o \; + \; \beta\,v_n} \; \leq \; \frac{-\,n_o\,\alpha\,u_{ml} \; - \; m_u\,\beta\,v_{nr}}{n_o \; + \; \beta\,v_n} \; \leq \; \frac{-\,n_o\,\alpha\,u_{ml} \; - \; m_u\,\beta\,v_{nr}}{n_o \; + \; \beta\,v_{nr}}$$

$$\Rightarrow \; \frac{-\,n_o\,\alpha\,u_m \; - \; m_u\,\beta\,v_n}{n_o\,(\,n_o \; + \; \beta\,v_n\,)} \; \geq \; v_s \qquad \textbf{(A.111)}$$

Weiter gilt:

$$\lim_{u_m \rightarrow \infty} \; \frac{-\,n_o\,\alpha\,u_m \; - \; m_u\,\beta\,v_n}{n_o\,(\,n_o \; + \; \beta\,v_n\,)} \; = \; \infty$$

Mit (A.111) ergibt sich deshalb folgende Aussage:

$\forall \; (\,u_m; v_n\,) \; \in \; [\,u_{ml}; \infty\,[\; \times \left[\; v_{nr} \; ; \; - \; \dfrac{n_o}{\beta} \;\right[\;\; \exists \; v \; \in \; [\,v_s; \infty\,[$ und man erhält:

$$\frac{-n_o \alpha u_m - m_u \beta v_n}{n_o (n_o + \beta v_n)} = v \tag{A.112}$$

Außerdem gilt:

$$\forall\ v \in [\, v_s ; \infty [\ \exists\, (u_m ; v_n) \in [\, u_{ml} ; \infty [\ \times \left[\, v_{nr} ; -\frac{n_o}{\beta} \right[\text{, so daß gilt:}$$

$$\frac{-n_o \alpha u_m - m_u \beta v_n}{n_o (n_o + \beta v_n)} = v \tag{A.113}$$

Das folgt direkt aus der Abbildung $F : [\, u_{ml} ; \infty [\ \rightarrow \mathbb{R}$ mit der Abbildungsvorschrift $F(u_m) := \dfrac{-n_o \alpha u_m - m_u \beta v_{nr}}{n_o (n_o + \beta v_{nr})}$ in Verbindung mit Satz 5.6.

Zu 2.

Hier folgt:

$$\frac{x}{y} < 0$$

$$\Leftrightarrow \frac{x}{y} - \frac{m_u}{n_o} < -\frac{m_u}{n_o}$$

$$\Leftrightarrow \frac{-n_o \alpha u_m - m_u \beta v_n}{n_o (n_o + \beta v_n)} < -\frac{m_u}{n_o} \tag{A.114}$$

Es ergeben sich die folgenden Grenzwertaussagen:

$$\lim_{u_m \to \infty} \frac{-n_o \alpha u_m - m_u \beta v_n}{n_o (n_o + \beta v_n)} = -\infty \text{ und } \lim_{v_n \to \infty} \frac{-n_o \alpha u_m - m_u \beta v_n}{n_o (n_o + \beta v_n)} = -\frac{m_u}{n_o}^{(-)},$$

weil man durch Umformung erhält: $\dfrac{-n_o \alpha u_m - m_u \beta v_n}{n_o (n_o + \beta v_n)} = -\dfrac{m_u}{n_o} + \dfrac{m_u - \alpha u_m}{n_o + \beta v_n}$

Mit (A.114) folgt dann:

$\forall \; (u_m ; v_n) \in [\, u_{ml} ; \infty [\; \times \; \left]- \frac{n_o}{\beta} ; \infty \right[\;\; \exists \; v \in \left]- \infty ; - \frac{m_u}{n_o} \right[$, so daß gilt:

$$\frac{- n_o \, \alpha \, u_m - m_u \, \beta \, v_n}{n_o \, (n_o + \beta \, v_n)} = v \tag{A.115}$$

Außerdem erhält man:

$\forall \; v \in \left]- \infty ; - \frac{m_u}{n_o} \right[\;\; \exists \, (u_m ; v_n) \in [\, u_{ml} ; \infty [\; \times \; \left]- \frac{n_o}{\beta} ; \infty \right[$, und es gilt:

$$\frac{- n_o \, \alpha \, u_m - m_u \, \beta \, v_n}{n_o \, (n_o + \beta \, v_n)} = v \tag{A.116}$$

Hierzu betrachte man die Abbildung $F : \left]- \frac{n_o}{\beta} ; \infty \right[\rightarrow \mathbf{R}$ mit der Abbildungsvorschrift

$F (v_n) := \frac{n_o \, \alpha \, u_{ml} + m_u \, \beta \, v_n}{n_o \, (n_o + \beta \, v_n)} = \frac{m_u}{n_o} - \frac{m_u - \alpha \, u_{ml}}{n_o + \beta \, v_n}$, die stetig und streng monoton fallend ist und folgendes Grenzwertverhalten besitzt:

$$\lim_{v_n \rightarrow - \frac{n_o}{\beta}^{(+)}} F (v_n) = \infty \quad \text{und} \quad \lim_{v_n \rightarrow \infty} F (v_n) = \frac{m_u}{n_o}^{(+)}$$

Sei ein beliebiges $p \in \left]- \frac{n_o}{\beta} ; \infty \right[$ gegeben. Nach Satz 5.5 wird durch die Funktion F das Teilintervall $[\, p ; \infty [$ bijektiv auf den Bereich $\left] \frac{m_u}{n_o} ; F (p) \right]$ und nach Satz 5.4 das Teilintervall $\left]- \frac{n_o}{\beta} ; p \right]$ bijektiv auf das Intervall $[\, F (p) ; \infty [$ abgebildet. Deshalb ist die Abbildung $G : \left]- \frac{n_o}{\beta} ; \infty \right[\rightarrow \left]- \infty ; - \frac{m_u}{n_o} \right[$ mit $G := - F$ bijektiv. Also existiert für alle $v \in \left]- \infty ; - \frac{m_u}{n_o} \right[$ ein $(u_{ml} ; v_n)$ mit $v_n \in \left]- \frac{n_o}{\beta} ; \infty \right[$, so daß $G (v_n) = v$.

Wegen $L_{\tilde{M}}^{-1}(\{0\}) = \{ \, u_m \,|\, u_m \geq u_{ml} \, \}$ und $R_{\tilde{N}}^{-1}(\{0\}) = \{ \, v_n \,|\, v_n \geq v_{nr} \, \}$ ergibt sich aus (A.104), (A.112), (A.113), (A.115) und (A.116):

$$R^{-1}(\{ 0 \}) = \{ \, v \,|\, v \in [\, v_s ; \infty [\quad \text{oder} \quad v \in \,]- \infty ; - m_u/n_o \,[\, \}$$

$$\Rightarrow R(v) = 0,\ v \geq v_s \qquad \textbf{(A.117)}$$ [12]

Zur 3. Eigenschaft:

Fall a: $0 \notin \chi_3$

Die Eigenschaft ist nach Satz 5.8 äquivalent zur Divergenz der Inversen.

Fall b: $0 \in \chi_3$

Die Eigenschaft folgt aus (A.117).

Es ist noch zu zeigen, daß $\mu_{\tilde{M} \div \tilde{N}}\left(\frac{x}{y}\right) = R\left(\frac{x}{y} - \frac{m_u}{n_o}\right),\ \frac{x}{y} \geq \frac{m_u}{n_o}$

Die Voraussetzungen von Theorem 2 werden erfüllt, weil:

1. Die Division ist in $\mathbb{R}_{-}^{<0}$ eine stetige Verknüpfung.

2. Die Division ist eine hybride binäre Verknüpfung in $\mathbb{R}_{-}^{<0}$, weil man für alle $x_j, y_j \in \mathbb{R}_{-}^{<0}$, $j \in \{1, 2\}$, folgende Implikation erhält:

   $$x_1 < y_1 \quad \text{und} \quad x_2 < y_2 \quad \Rightarrow \quad \frac{x_1}{y_2} > \frac{y_1}{x_2}$$

3. Im Intervall $[\, n_o\,; 0\, [$ ist die Zugehörigkeitsfunktion $\mu_{\tilde{N}}$ monoton fallend

   Im Intervall $]\, -\infty\,; m_u\,]$ ist die Zugehörigkeitsfunktion $\mu_{\tilde{M}}$ monoton steigend

Für alle 2-Tupel $(x; y) \in \mathbb{R}^2$ mit $\mu_{\tilde{M}}(x) = \mu_{\tilde{N}}(y) = \lambda,\ \lambda \in \chi_3$, gilt nach Definition:

$$x \leq m_u \quad \wedge \quad y \geq n_o$$

Wegen Theorem 2 erhält man: $\mu_{\tilde{M} \div \tilde{N}}\left(\frac{x}{y}\right) = \lambda,\ \lambda \in \chi_3$

Nach (A.104) gilt: $R\left(\frac{x}{y} - \frac{m_u}{n_o}\right) = \lambda,\ \lambda \in \chi_3$

---

12 $R(v) = 0 \quad \forall\, v < -\frac{m_u}{n_o}$ ist gleichbedeutend mit $\mu_{\tilde{M} \div \tilde{N}}\left(\frac{x}{y}\right) = 0 \ \forall\ \frac{x}{y} < 0$. Dieser rechnerisch mögliche Fall wird im folgenden per Definition ausgeschlossen, weil man aus der Referenzfunktion R den rechten monoton fallenden Teil von $\mu_{\tilde{M} \div \tilde{N}}$ ermittelt. Es gilt also $\frac{x}{y} \geq \frac{m_u}{n_o}$.

$$\Rightarrow \mu_{\tilde{M} \div \tilde{N}}\left(\frac{x}{y}\right) = R\left(\frac{x}{y} - \frac{m_u}{n_o}\right), \ \frac{x}{y} \geq \frac{m_u}{n_o} \qquad \textbf{(A.118)}$$

Linker Teilast der unscharfen Zahl $\tilde{M} \div \tilde{N}$

Zur 1. Eigenschaft:

Nach Voraussetzung gilt:

$R_{\tilde{M}}(0) = 1$ und $L_{\tilde{N}}(0) = 1$

$\Leftrightarrow R^{-1}_{\tilde{M}}(1) = 0$ und $L^{-1}_{\tilde{N}}(1) = 0$

$$\Rightarrow L^{-1}(1) = \frac{-m_o\,\delta\,L^{-1}_{\tilde{N}}(1) - n_u\,\gamma\,R^{-1}_{\tilde{M}}(1)}{n_u\,(n_u - \delta\,L^{-1}_{\tilde{N}}(1))} = 0$$

$\Leftrightarrow L(0) = 1$

Zur 2. Eigenschaft:

Fall a: $0 \notin \chi_4$

Es seien die folgenden streng monoton fallenden Referenzfunktionen angenommen:

$R_{\tilde{M}} : [\,0; v_{mr}\,] \rightarrow [\,0;1\,]$ und $L_{\tilde{N}} : [\,0;\infty[\, \rightarrow\,]0;1\,]$

Diese sind aufgrund der 1. und 3. Eigenschaft von Referenzfunktionen nach Satz 5.5/5.7 bijektiv. Die Umkehrfunktionen weisen die gleichen Eigenschaften auf. Die Funktion L^{-1} ist im Intervall $]\,0;1\,]$ streng monoton fallend, weil man für alle $(\lambda_1/\lambda_2) \in\,]\,0;1\,]^2$ mit $\lambda_1 < \lambda_2$ erhält:

$R^{-1}_{\tilde{M}}(\lambda_1) > R^{-1}_{\tilde{M}}(\lambda_2)$ und $L^{-1}_{\tilde{N}}(\lambda_1) > L^{-1}_{\tilde{N}}(\lambda_2)$

Aus Satz 5.14 folgt dann:

$m_o + \gamma\,R^{-1}_{\tilde{M}}(\lambda_2) < m_o + \gamma\,R^{-1}_{\tilde{M}}(\lambda_1) < 0$

$n_u - \delta\,L^{-1}_{\tilde{N}}(\lambda_1) < n_u - \delta\,L^{-1}_{\tilde{N}}(\lambda_2) < 0$

$$\Rightarrow \frac{m_o + \gamma\, R_{\tilde{M}}^{-1}(\lambda_2)}{n_u - \delta\, L_{\tilde{N}}^{-1}(\lambda_2)} > \frac{m_o + \gamma\, R_{\tilde{M}}^{-1}(\lambda_1)}{n_u - \delta\, L_{\tilde{N}}^{-1}(\lambda_1)}$$

$$\Leftrightarrow \frac{m_o}{n_u} - \frac{m_o + \gamma\, R_{\tilde{M}}^{-1}(\lambda_2)}{n_u - \delta\, L_{\tilde{N}}^{-1}(\lambda_2)} < \frac{m_o}{n_u} - \frac{m_o + \gamma\, R_{\tilde{M}}^{-1}(\lambda_1)}{n_u - \delta\, L_{\tilde{N}}^{-1}(\lambda_1)}$$

$$\Leftrightarrow L^{-1}(\lambda_2) < L^{-1}(\lambda_1)$$

Weiterhin gilt $L^{-1}(1) = 0$ und folgendes Grenzwertverhalten:

$$\lim_{\lambda \to 0} L^{-1}(\lambda) = \frac{m_o}{n_u} - \lim_{\lambda \to 0} \left(\frac{m_o + \gamma\, R_{\tilde{M}}^{-1}(\lambda)}{n_u - \delta\, L_{\tilde{N}}^{-1}(\lambda)} \right)$$

$$= \frac{m_o}{n_u} - \frac{x_r}{n_u - \delta \lim\limits_{\lambda \to 0} L_{\tilde{N}}^{-1}(\lambda)} = \frac{m_o}{n_u}^{(-)}$$

$$\Rightarrow L^{-1} : \left]0;1\right] \to \left[0 ; \frac{m_o}{n_u}\right[\text{ ist nach Satz 5.3 auch bijektiv}$$

$$\Leftrightarrow L : \left[0 ; \frac{m_o}{n_u}\right[\to \left]0;1\right] \text{ ist streng monoton fallend und bijektiv} \qquad \textbf{(A.119)}$$

Fall b: $0 \in \chi_4$

Im Unterschied zu Fall a betrachtet man hier eine streng monoton fallende und nach Satz 5.7 bijektive Referenzfunktion $L_{\tilde{N}} : [0; u_{nl}] \to [0;1]$ an. Die Inverse besitzt die gleichen Eigenschaften, so daß die Funktion L^{-1} im Intervall $]0;1]$ streng monoton fallend ist. Das gilt auch für das Intervall $[0;1]$, weil für alle $(x/y) \in \mathbb{R}^2$ mit $\mu_{\tilde{M}}(x) = \mu_{\tilde{N}}(y) = \lambda$, $\lambda \in]0;1]$ gilt:

$$\frac{x}{y} > \frac{x_r}{y_l}$$

$$\Leftrightarrow \frac{m_o}{n_u} - \frac{x}{y} < \frac{m_o}{n_u} - \frac{x_r}{y_l}$$

$$\Leftrightarrow \frac{m_o\, y - n_u\, x}{n_u\, y} < \frac{m_o\, y_l - n_u\, x_r}{n_u\, y_l}$$

$$\Leftrightarrow \frac{- m_o\, \delta \frac{n_u - y}{\delta} - n_u\, \gamma \frac{x - m_o}{\gamma}}{n_u \left(n_u - \delta \frac{n_u - y}{\delta} \right)} < \frac{- m_o\, \delta \frac{n_u - y_l}{\delta} - n_u\, \gamma \frac{x_r - m_o}{\gamma}}{n_u \left(n_u - \delta \frac{n_u - y_l}{\delta} \right)}$$

$$\Leftrightarrow \frac{- m_o\, \delta\, L_{\tilde{N}}^{-1}(\lambda) - n_u\, \gamma\, R_{\tilde{M}}^{-1}(\lambda)}{n_u\,(n_u - \delta\, L_{\tilde{N}}^{-1}(\lambda))} < \frac{- m_o\, \delta\, L_{\tilde{N}}^{-1}(0) - n_u\, \gamma\, R_{\tilde{M}}^{-1}(0)}{n_u\,(n_u - \delta\, L_{\tilde{N}}^{-1}(0))}$$

$$\Leftrightarrow L^{-1}(\lambda) < L^{-1}(0)$$

$\Rightarrow L^{-1} : [\,0;1\,] \rightarrow [\,0;u_s\,],\ u_s := \dfrac{- m_o\, \delta\, u_{nl} - n_u\, \gamma\, v_{mr}}{n_u\,(n_u - \delta\, u_{nl})}$, ist nach Satz 5.7 auch bijektiv,

weil $L^{-1}(1) = 0$ und $L^{-1}(0) = u_s$.

$\Leftrightarrow L : [\,0;u_s\,] \rightarrow [\,0;1\,]$ ist streng monoton fallend und bijektiv. **(A.120)**

Im folgenden wird gezeigt, daß $L(u) = 0,\ u \geq u_s$.

Bei der Verknüpfung der Äste erhält man für alle $x \geq x_r$ und $y \leq y_l$:

$$\frac{x}{y} \leq \frac{x_r}{y_l}$$

$$\Leftrightarrow \frac{m_o}{n_u} - \frac{x}{y} \geq \frac{m_o}{n_u} - \frac{x_r}{y_l}$$

$$\Leftrightarrow \frac{- m_o\, \delta\, u_n - n_u\, \gamma\, v_m}{n_u\,(n_u - \delta\, u_n)} \geq \frac{- m_o\, \delta\, u_{nl} - n_u\, \gamma\, v_{mr}}{n_u\,(n_u - \delta\, u_{nl})}$$

$$\Rightarrow \frac{- m_o\, \delta\, u_n - n_u\, \gamma\, v_m}{n_u\,(n_u - \delta\, u_n)} \geq u_s \qquad \textbf{(A.121)}$$

Außerdem gelten folgende Grenzwertaussagen:

$$\lim_{v_m \to \infty} \frac{- m_o\, \delta\, u_n - n_u\, \gamma\, v_m}{n_u\,(n_u - \delta\, u_n)} = \infty \text{ und } \lim_{u_n \to \infty} \frac{- m_o\, \delta\, u_n - n_u\, \gamma\, v_m}{n_u\,(n_u - \delta\, u_n)} = \frac{m_o}{n_u}$$

Mit (A.121) ergibt sich deshalb:

$\forall\ (v_m; u_n) \in [\, v_{mr}; \infty [\ \times [\, u_{nl}; \infty [\ \exists\ u \in [\, u_s; \infty [$, so daß gilt:

$$\frac{-\,m_o\,\delta\,u_n - n_u\,\gamma\,v_m}{n_u\,(n_u - \delta\,u_n)} = u \tag{A.122}$$

Im folgenden zeigt man:

$\forall\ u \in [\, u_s; \infty [\ \exists\, (v_m; u_n) \in [\, v_{mr}; \infty [\ \times\ [\, u_{nl}; \infty [$, so daß:

$$\frac{-\,m_o\,\delta\,u_n - n_u\,\gamma\,v_m}{n_u\,(n_u - \delta\,u_n)} = u \tag{A.123}$$

Es genügt der Nachweis, daß für alle $u \in [\, u_s; \infty [$ genau *ein* 2-Tupel $(v_m; u_{nl})$ mit $v_m \in [\, v_{mr}; \infty [$ existiert, für das $\frac{-\,m_o\,\delta\,u_{nl} - n_u\,\gamma\,v_m}{n_u\,(n_u - \delta\,u_{nl})} = u$ gilt. Das folgt nach Satz 5.6 aus der stetigen, streng monoton wachsenden und divergenten Funktion $F : [\, v_{mr}; \infty [\ \to \mathbf{R}$ mit $F(v_m) := \frac{-\,m_o\,\delta\,u_{nl} - n_u\,\gamma\,v_m}{n_u\,(n_u - \delta\,u_{nl})}$.

Wegen $R_{\tilde{M}}^{-1}(\{0\}) = \{\, v_m | \, v_m \geq v_{mr} \}$ und $L_{\tilde{N}}^{-1}(\{0\}) = \{\, u_n \,|\, u_n \geq u_{nl} \}$ ergibt sich aus (A.102), (A.122) und (A.123): $L^{-1}(\{0\}) = \{\, u \,|\, u \geq u_s \}$

$$\Leftrightarrow\ L(u) = 0,\ u \geq u_s \tag{A.124}$$

Aus (A. 120) und (A.124) folgt die 2. Eigenschaft.

Zur 3. Eigenschaft:

Fall a: $0 \notin \chi_4$

Nach Satz 5.8 gilt:

$$\lim_{u \to \frac{m_o}{n_u}^{(-)}} L(u) = 0 \quad \Leftrightarrow \quad \lim_{\lambda \to 0} L^{-1}(\lambda) = \frac{m_o}{n_u}^{(-)}$$

Anmerkung: $\lim_{u \to \frac{m_o}{n_u}^{(-)}} L(u) = 0$ ist gleichbedeutend mit $\lim_{\frac{x}{y} \to 0^{(+)}} \mu_{\tilde{M} \div \tilde{N}}\left(\frac{x}{y}\right) = 0$

Fall b: $0 \in \chi_4$

Die Eigenschaft folgt aus (A.124).

Im 2. Schritt zeigt man:

$$\mu_{\tilde{M} \div \tilde{N}}\left(\frac{x}{y}\right) = L\left(\frac{m_o}{n_u} - \frac{x}{y}\right), \ \frac{x}{y} \le \frac{m_o}{n_u}$$

$$\mu_{\tilde{M} \div \tilde{N}}\left(\frac{x}{y}\right) = 1, \ \frac{m_o}{n_u} \le \frac{x}{y} \le \frac{m_u}{n_o}$$

Die Voraussetzungen von Theorem 1 oder Theorem 2.1 sind hier immer erfüllt, weil:

1. Die Division ist in $R \setminus \{ 0 \}$ eine stetige Verknüpfung. Das zeigt man analog zur erweiterten Addition.

2. Die Division ist eine hybride binäre Verknüpfung in $R_{-}^{\le 0}$.

3. Die Division ist eine streng monoton fallende binäre Verknüpfung bei der Division zweier Werte aus $R_{+}^{\ge 0}$ und $R_{-}^{< 0}$, denn es gilt folgende Implikation:

   $$0 \le x_1 < y_1 \quad \text{und} \quad x_2 < y_2 < 0 \quad \Rightarrow \quad \frac{x_1}{x_2} > \frac{y_1}{y_2}$$

4. Im Intervall $[\, m_u ; 0 \,[$ ist die Zugehörigkeitsfunktion $\mu_{\tilde{M}}$ monoton fallend
   Im Intervall $]\, -\infty ; n_o \,]$ ist die Zugehörigkeitsfunktion $\mu_{\tilde{N}}$ monoton steigend

5. Im Intervall $[\, 0 ; \infty \,[$ ist die Zugehörigkeitsfunktion $\mu_{\tilde{M}}$ sowohl monoton steigend als auch monoton fallend.

Anmerkung:

Bei der Erzeugung der Zugehörigkeitsfunktion $\mu_{\tilde{M} \div \tilde{N}}$ in $R_{-}^{\le 0}$ wird gegen die Bedingung $b_m \le m_o$ aus Theorem 1 verstoßen. Hierbei handelt es sich um eine hinreichende Bedingung, aus der sich der monoton steigende Verlauf der Zugehörigkeitsfunktion $\mu_{\tilde{M}}$ im Intervall $]\, -\infty ; x_m \,]$ ableiten läßt. Dieser Verstoß verbietet hier nicht die Anwendung von Theorem 1, weil man nur das Intervall $[\, 0 ; x_m \,]$ betrachtet. Dort verläuft die Zugehörigkeitsfunktion $\mu_{\tilde{M}}$ immer konstant und damit monoton steigend.

Für alle 2-Tupel $(x;y) \in \mathsf{R}^2$ mit $\mu_{\tilde{M}}(x) = \mu_{\tilde{N}}(y) = \lambda,\ \lambda \in \chi_4$, gilt nach Definition:

$x \geq m_o \quad \wedge \quad y \leq n_u$

Wegen Theorem 1 oder Theorem 2.1 erhält man: $\mu_{\tilde{M} \div \tilde{N}}\left(\frac{x}{y}\right) = \lambda,\ \lambda \in \chi_4$

Nach (A.102) gilt: $L\left(\frac{m_o}{n_u} - \frac{x}{y}\right) = \lambda,\ \lambda \in \chi_4$

$$\Rightarrow \mu_{\tilde{M} \div \tilde{N}}\left(\frac{x}{y}\right) = L\left(\frac{m_o}{n_u} - \frac{x}{y}\right) = \lambda,\ \frac{x}{y} \leq \frac{m_o}{n_u} \qquad \textbf{(A.125)}$$

Weitere Voraussetzung ist:

$\mu_{\tilde{M}}(x) = 1,\ m_u \leq x \leq m_o$ und $\mu_{\tilde{N}}(y) = 1,\ n_u \leq y \leq n_o$

Aus Theorem 2.1 folgt dann: $\mu_{\tilde{M} \div \tilde{N}}\left(\frac{x}{y}\right) = 1,\ \frac{m_o}{n_u} \leq \frac{x}{y} \leq \frac{m_u}{n_o}$

Mit (A.118) und (A.125) ermittelt man die Zugehörigkeitsfunktion $\mu_{\tilde{M} \div \tilde{N}}$ in R wie folgt:

$$\mu_{\tilde{M} \div \tilde{N}}\left(\frac{x}{y}\right) = \begin{cases} L\left(\frac{m_o}{n_u} - \frac{x}{y}\right) & ;\ \frac{x}{y} \leq \frac{m_o}{n_u} \\ 1 & ;\ \frac{m_o}{n_u} \leq \frac{x}{y} \leq \frac{m_u}{n_o} \\ R\left(\frac{x}{y} - \frac{m_u}{n_o}\right) & ;\ \frac{x}{y} \geq \frac{m_u}{n_o} \end{cases}$$

Man erhält folgende Formel:

$$\tilde{M} \div \tilde{N} = \langle m_u ; m_o ; \alpha ; \gamma \rangle_{L_{\tilde{M}} R_{\tilde{M}}} \div \langle n_u ; n_o ; \delta ; \beta \rangle_{L_{\tilde{N}} R_{\tilde{N}}}$$

$$= \left\langle \frac{m_o}{n_u} ; \frac{m_u}{n_o} ; 1 ; 1 \right\rangle_{LR}$$

Die Referenzfunktion L kann man aufgrund von (A.102) und (A.119) wie folgt aus den Referenzfunktionen der unscharfen Zahlen $\tilde{M}$ und $\tilde{N}$ ableiten:

Fall a: $0 \notin \chi_4$

$$L\left(\frac{m_o}{n_u} - \frac{x}{y}\right) = \left[\frac{-m_o\,\delta\,L_{\tilde{N}}^{-1}(\lambda) - n_u\,\gamma\,R_{\tilde{M}}^{-1}(\lambda)}{n_u\,(n_u - \delta\,L_{\tilde{N}}^{-1}(\lambda))}\right]^{-1}, 0 < \frac{x}{y} \leq \frac{m_o}{n_u}$$

Fall b: $0 \in \chi_4$

Berücksichtigt man zusätzlich (A.124), dann erweitert sich die Formel wie folgt:

$$L\left(\frac{m_o}{n_u} - \frac{x}{y}\right) = \begin{cases} \left[\dfrac{-m_o\,\delta\,L_{\tilde{N}}^{-1}(\lambda) - n_u\,\gamma\,R_{\tilde{M}}^{-1}(\lambda)}{n_u\,(n_u - \delta\,L_{\tilde{N}}^{-1}(\lambda))}\right]^{-1} & ; \dfrac{x_I}{y_I} \leq \dfrac{x}{y} \leq \dfrac{m_o}{n_u} \\ 0 & ; \dfrac{x}{y} \leq \dfrac{x_I}{y_I} \end{cases}$$

Die Referenzfunktion R kann man aufgrund von (A.104) und (A.108) wie folgt aus den Referenzfunktionen der unscharfen Zahlen $\tilde{M}$ und $\tilde{N}$ ableiten:

Fall a: $0 \notin \chi_3$

$$R\left(\frac{x}{y} - \frac{m_u}{n_o}\right) = \left[\frac{-n_o\,\alpha\,L_{\tilde{M}}^{-1}(\lambda) - m_u\,\beta\,R_{\tilde{N}}^{-1}(\lambda)}{n_o\,(n_o + \beta\,R_{\tilde{N}}^{-1}(\lambda))}\right]^{-1}, \frac{x}{y} \geq \frac{m_u}{n_o}$$

Fall b: $0 \in \chi_3$

Berücksichtigt man zusätzlich (A.117), so erweitert sich die Formel wie folgt:

$$R\left(\frac{x}{y} - \frac{m_u}{n_o}\right) = \begin{cases} \left[\dfrac{-n_o\,\alpha\,L_{\tilde{M}}^{-1}(\lambda) - m_u\,\beta\,R_{\tilde{N}}^{-1}(\lambda)}{n_o\,(n_o + \beta\,R_{\tilde{N}}^{-1}(\lambda))}\right]^{-1} & ; \dfrac{m_u}{n_o} \le \dfrac{x}{y} \le \dfrac{x_l}{y_r} \\ 0 & ; \dfrac{x}{y} \ge \dfrac{x_l}{y_r} \end{cases}$$

Ermittlung approximativer Zugehörigkeitsfunktionen

Rechter Teilast der unscharfen Zahl $\tilde{M} \div \tilde{N}$

Zur 1. Eigenschaft:

Nach Voraussetzung gilt:

$$L_{\tilde{M}}(0) = 1 \text{ und } R_{\tilde{N}}(0) = 1$$

$$\Leftrightarrow L_{\tilde{M}}^{-1}(1) = 0 \text{ und } R_{\tilde{N}}^{-1}(1) = 0$$

$$\Rightarrow \overline{R}^{-1}(1) = \frac{-n_o\,\alpha\,L_{\tilde{M}}^{-1}(1) - m_u\,\beta\,R_{\tilde{N}}^{-1}(1)}{n_o\,(n_o + \beta)} = 0$$

$$\Leftrightarrow \overline{R}(0) = 1$$

Zur 2. Eigenschaft:

Fall a: $0 \notin \chi_3$

Man betrachte die folgenden streng monoton fallenden Referenzfunktionen:

$R_{\tilde{N}} : [\,0;v_{nr}\,] \rightarrow [\,0;1\,]$ und $L_{\tilde{M}} : [\,0;\infty[\, \rightarrow \,]0;1\,]$

Diese sind aufgrund der 1. und 3. Eigenschaft von Referenzfunktionen nach Satz 5.5/5.7 bijektiv. Die Inversen besitzen die gleichen Eigenschaften und nach Satz 5.9 erhält man eine streng monoton fallende Funktion $\overline{R}^{-1} : \,]0;1\,] \rightarrow [\,0;\infty[$, die nach Satz 5.4 auch bijektiv ist, weil $\overline{R}^{-1}(1) = 0$ und $\lim\limits_{\lambda \to 0} \overline{R}^{-1}(\lambda) = \infty$.

$\Leftrightarrow \overline{R} : [\,0;\infty[\, \rightarrow \,]0;1\,]$ ist streng monoton fallend und bijektiv. **(A.126)**

Die Grenzwertaussage gilt nur dann und die Funktion $\overline{R}^{-1}$ ist nur dann streng monoton fallend, wenn eine der folgenden Bedingungen erfüllt ist:[13]

$v_{nr} > 1$ oder $n_o + \beta < 0$, falls $v_{nr} \leq 1$ **(A.127)**

Fall b: $0 \in \chi_3$

Hier ist im Unterschied zu Fall a eine streng monoton fallende und bijektive Referenzfunktion $L_{\tilde{M}} : [\,0\,; u_{ml}\,] \rightarrow [\,0\,;1\,]$ gegeben, deren Inverse die gleichen Eigenschaften. besitzt. Wenn (A.127) gilt, dann erhält man nach Satz 5.7 und 5.9 die streng monoton fallende und bijektive Funktion $\overline{R}^{-1} : [\,0\,;1\,] \rightarrow [\,0\,;\overline{v}_s], \; \overline{v}_s := \dfrac{-\,m_u\,\beta\,v_{nr} - n_o\,\alpha\,u_{ml}}{n_o\,(\,n_o + \beta\,)}$, da $\overline{R}^{-1}(1) = 0$ und $\overline{R}^{-1}(0) = \overline{v}_s$.

$\Leftrightarrow \; \overline{R} : [\,0\,;\overline{v}_s\,] \rightarrow [\,0\,;1\,]$ ist streng monoton fallend und bijektiv. **(A.128)**

Weiter gilt hier: $\overline{R}(\,v\,) = 0, \; v \geq \overline{v}_s$

Bei der divisionalen Verknüpfung der Äste erhält man für beide Fälle aus (A.110):[14]

$u_m \geq u_{ml}$ und $v_n \geq v_{nr}$

$$\Rightarrow \frac{-\,m_u\,\beta\,v_n - n_o\,\alpha\,u_m}{n_o\,(\,n_o + \beta\,)} \geq \frac{-\,m_u\,\beta\,v_{nr} - n_o\,\alpha\,u_{ml}}{n_o\,(\,n_o + \beta\,)}$$

$$\Leftrightarrow \frac{-\,m_u\,\beta\,v_n - n_o\,\alpha\,u_m}{n_o\,(\,n_o + \beta\,)} \geq \overline{v}_s \qquad \textbf{(A.129)}$$

Weiterhin erhält man die folgende Divergenzen:

$$\lim_{u_m \rightarrow \infty} \frac{-\,m_u\,\beta\,v_n - n_o\,\alpha\,u_m}{n_o\,(\,n_o + \beta\,)} = \infty \text{ und } \lim_{v_n \rightarrow \infty} \frac{-\,m_u\,\beta\,v_n - n_o\,\alpha\,u_m}{n_o\,(\,n_o + \beta\,)} = \infty$$

Also ergibt sich mit (A.129):

---

13 Vgl. S. 289. Es liegt eine hinreichende und notwendige Bedingung vor, weil bei Nichterfüllung $\overline{R}^{-1}$ entweder nicht existiert oder streng monoton steigt. Bedingung (A. 127) wird im folgenden vorausgesetzt.

14 Die nachfolgende Rechnung gilt bei dieser Approximation auch für alle $y \in R_+^{>0}$ mit $y_r < 0$ und steht damit im Widerspruch zu dem Ergebnis der exakten Rechnung. Dieser Fall wird im weiteren nicht betrachtet. Vgl. auch Fußnote 12.

$\forall\ (u_m ; v_n) \in [\, u_{ml} ; \infty [\ \times [\, v_{nr} ; \infty [\ \exists\ v \in [\, \overline{v}_s ; \infty [$ und man erhält:

$$\frac{-m_u \beta v_n - n_o \alpha u_m}{n_o (n_o + \beta)} = v \qquad \textbf{(A.130)}$$

Im folgenden gilt es noch zu zeigen, daß für alle $v \in [\, \overline{v}_s ; \infty [$ mindestens *ein* 2-Tupel $(u_m ; v_n) \in [\, u_{ml} ; \infty [\ \times\ [\, v_{nr} ; \infty [$ existiert, so daß $\frac{-m_u \beta v_n - n_o \alpha u_m}{n_o (n_o + \beta)} = v$. **(A.131)**

Durch die stetige, streng monoton wachsende und divergente Abbildung $F : [\, u_{ml} ; \infty [\ \rightarrow \mathbb{R}$ mit $F(u_m) := \frac{-m_u \beta v_{nr} - n_o \alpha u_m}{n_o (n_o + \beta)}$ weist man mit Satz 5.6 nach, daß genau *ein* $(u_m ; v_{nr})$ mit $u_m \in [\, u_{ml} ; \infty [$ existiert, für das gilt: $F(u_m) = v$.

Wegen $L_{\tilde{M}}^{-1}(\{0\}) = \{ u_m \mid u_m \geq u_{ml} \}$ und $R_{\tilde{N}}^{-1}(\{0\}) = \{ v_n \mid v_n \geq v_{nr} \}$ ergibt sich aus (A.105), (A.130) und (A.131): $\overline{R}^{-1}(\{ 0 \}) = \{ v \mid v \geq \overline{v}_s \}$

$$\Leftrightarrow \overline{R}(v) = 0,\ v \geq \overline{v}_s \qquad \textbf{(A.132)}$$

Aus (A.128) und (A.132) folgt die 2. Eigenschaft.

Zur 3. Eigenschaft:

Fall a: $0 \notin \chi_3$

Diese Eigenschaft ist nach Satz 5.8 äquivalent zur Divergenz der Umkehrfunktion $\overline{R}^{-1}(\lambda)$.

Fall b: $0 \in \chi_3$

Die Eigenschaft folgt aus (A.132).

Weiter gilt die Approximation: $\mu_{\tilde{M} \div \tilde{N}}\left(\frac{x}{y}\right) \approx \overline{R}\left(\frac{x}{y} - \frac{m_u}{n_o}\right),\ \frac{x}{y} \geq \frac{m_u}{n_o}$

Begründung: Für alle 2-Tupel $(x ; y) \in \mathbb{R}^2$ mit $\mu_{\tilde{M}}(x) = \mu_{\tilde{N}}(y) = \lambda,\ \lambda \in \chi_3$, gilt nach Definition: $x \leq m_u \quad \wedge \quad y \geq n_o$

Mit Theorem 2 erhält man: $\mu_{\tilde{M} \div \tilde{N}}\left(\frac{x}{y}\right) = \lambda,\ \lambda \in \chi_3$

Wegen (A.105) gilt: $\overline{R}\left(\frac{x}{y} - \frac{m_u}{n_o}\right) \approx \lambda,\ \lambda \in \chi_3$

$$\Rightarrow \mu_{\tilde{M} \div \tilde{N}}\left(\frac{x}{y}\right) \approx \overline{R}\left(\frac{x}{y} - \frac{m_u}{n_o}\right), \ \frac{x}{y} \geq \frac{m_u}{n_o} \qquad \textbf{(A.133)}$$

Linker Teilast der unscharfen Zahl $\tilde{M} \div \tilde{N}$

Zur 1. Eigenschaft:

Nach Voraussetzung gilt:

$$R_{\tilde{M}}(0) = 1 \text{ und } L_{\tilde{N}}(0) = 1$$

$$\Leftrightarrow R_{\tilde{M}}^{-1}(1) = 0 \text{ und } L_{\tilde{N}}^{-1}(1) = 0$$

$$\Rightarrow \overline{L}^{-1}(1) = \frac{-m_o \,\delta\, L_{\tilde{N}}^{-1}(1) - n_u \,\gamma\, R_{\tilde{M}}^{-1}(1)}{n_u(n_u - \delta)} = 0$$

$$\Leftrightarrow \overline{L}(0) = 1$$

Zur 2. Eigenschaft:

Fall a: $0 \notin \chi_4$

Man betrachte die folgenden streng monoton fallenden Referenzfunktionen:

$$R_{\tilde{M}} : [\,0; v_{mr}\,] \rightarrow [\,0;1\,] \text{ und } L_{\tilde{N}} : [\,0;\infty[\, \rightarrow \,]0;1\,]$$

Diese sind wegen der 1. und 3. Eigenschaft von Referenzfunktionen nach Satz 5.5/5.7 bijektiv und die Umkehrfunktionen besitzen die gleichen Eigenschaften. Deshalb ist die Abbildung $\overline{L}^{-1} : \,]0;1\,] \rightarrow [\,0;\infty[$ nach Satz 5.9 streng monoton fallend und nach Satz 5.4 bijektiv, denn es ist $\overline{L}^{-1}(1) = 0$ und $\lim\limits_{\lambda \to 0} \overline{L}^{-1}(\lambda) = \infty$.

$\Leftrightarrow \overline{L} : [\,0;\infty[\, \rightarrow \,]0;1\,]$ ist streng monoton fallend und bijektiv.[15] **(A.134)**

---

15 Der Definitionsbereich der approximativen Funktion $\overline{L}$ muß auf den Bereich $\left[\,0\,;\,\frac{m_o}{n_u}\right[$ beschränkt werden. Vgl. auch die Rechnung zur exakten Referenzfunktion L.

Fall b: $0 \in \chi_4$

Im Unterschied zu Fall a geht man hier von einer streng monoton fallenden Referenzfunktion $L_{\tilde{N}} : [\,0; u_{nl}\,] \rightarrow [\,0;1\,]$ aus, die nach Satz 5.7 auch bijektiv ist. Die Inverse besitzt die gleichen Eigenschaften.

$\Rightarrow \overline{L}^{-1} : [\,0;1\,] \rightarrow [\,0; \overline{u}_s\,],\ \overline{u}_s := \dfrac{-\,m_o\,\delta\,u_{nl} - n_u\,\gamma\,v_{mr}}{n_u\,(\,n_u - \delta\,)}$, ist nach Satz 5.9 streng monoton fallend und gemäß Satz 5.7 bijektiv, weil $\overline{L}^{-1}(1) = 0$ und $\overline{L}^{-1}(0) = \overline{u}_s$.

$\Leftrightarrow\ \overline{L} : [\,0; \overline{u}_s\,] \rightarrow [\,0;1\,]$ ist streng monoton fallend und bijektiv. **(A.135)**

Weiterhin ist $\overline{L}(\,u\,) = 0,\ u \geq \overline{u}_s$.

Bei der divisionalen Verknüpfung der Äste erhält man für alle $x \geq x_r$ und $y \leq y_l$:

$v_m \geq v_{mr}$ und $u_n \geq u_{nl}$

$$\Rightarrow \quad \frac{-\,m_o\,\delta\,u_n - n_u\,\gamma\,v_m}{n_u\,(\,n_u - \delta\,)} \;\geq\; \frac{-\,m_o\,\delta\,u_{nl} - n_u\,\gamma\,v_{mr}}{n_u\,(\,n_u - \delta\,)}$$

$$\Leftrightarrow \quad \frac{-\,m_o\,\delta\,u_n - n_u\,\gamma\,v_m}{n_u\,(\,n_u - \delta\,)} \;\geq\; \overline{u}_s \qquad \textbf{(A.136)}$$

Außerdem erhält man folgende Divergenzen:

$$\lim_{u_n \to \infty} \frac{-\,m_o\,\delta\,u_n - n_u\,\gamma\,v_m}{n_u\,(\,n_u - \delta\,)} = \infty \quad \text{und} \quad \lim_{v_m \to \infty} \frac{-\,m_o\,\delta\,u_n - n_u\,\gamma\,v_m}{n_u\,(\,n_u - \delta\,)} = \infty$$

Mit (A.136) ergibt sich deshalb:

$\forall\ (\,u_n; v_m\,) \in [\,u_{nl}; \infty\,[\ \times\ [\,v_{mr}; \infty\,[\ \ \exists\ u \in [\,\overline{u}_s; \infty\,[$, so daß gilt:

$$\frac{-\,m_o\,\delta\,u_n - n_u\,\gamma\,v_m}{n_u\,(\,n_u - \delta\,)} = u \qquad \textbf{(A.137)}$$

Im folgenden gilt es noch zu zeigen, daß für alle $u \in [\,\overline{u}_s; \infty\,[$ mindestens *ein* 2-Tupel $(\,u_n; v_m\,) \in [\,u_{nl}; \infty\,[\ \times\ [\,v_{mr}; \infty\,[$ existiert, so daß gilt:

$$\frac{-\,m_o\,\delta\,u_n - n_u\,\gamma\,v_m}{n_u\,(\,n_u - \delta\,)} = u \qquad \textbf{(A.138)}$$

Mit der stetigen, streng monoton steigenden und divergenten Funktion $F : [\, v_{mr} \,; \infty \,[\ \rightarrow \mathsf{R}$ und der Abbildungsvorschrift $F(v_m) := \dfrac{-\, m_o\, \delta\, u_{nl} - n_u\, \gamma\, v_m}{n_u\,(n_u - \delta)}$ findet man nach Satz 5.6 genau *ein* 2-Tupel $(u_{nl} \,; v_m)$ mit $v_m \in [\, v_{mr} \,; \infty \,[$, für das $F(v_m) = u$ gilt.

Wegen $R_{\tilde{M}}^{-1}(\{0\}) = \{ v_m \mid v_m \geq v_{mr} \}$ und $L_{\tilde{N}}^{-1}(\{0\}) = \{ u_n \mid u_n \geq u_{nl} \}$ ergibt sich aus (A.103), (A.137) und (A.138): $\overline{L}^{-1}(\{0\}) = \{ u \mid u \geq \overline{u}_s \}$

$$\Leftrightarrow \overline{L}(u) = 0,\ u \geq \overline{u}_s \qquad \textbf{(A.139)}$$

Aus (A.135) und (A.139) folgt die 2. Eigenschaft.

Zur 3. Eigenschaft:

Fall a: $0 \notin \chi_4$

Nach Satz 5.8 gilt:

$$\lim_{\lambda \to 0} \overline{L}^{-1}(\lambda) = \infty \quad \Leftrightarrow \quad \lim_{u \to \infty} \overline{L}(u) = 0$$

Fall b: $0 \in \chi_4$

Die Eigenschaft folgt aus (A.139).

Es muß noch gezeigt werden, daß gilt:

$$\mu_{\tilde{M} \div \tilde{N}}\left(\frac{x}{y}\right) \approx \overline{L}\left(\frac{m_o}{n_u} - \frac{x}{y}\right),\ \frac{x}{y} \leq \frac{m_o}{n_u}$$

$$\mu_{\tilde{M} \div \tilde{N}}\left(\frac{x}{y}\right) = 1,\ \frac{m_o}{n_u} \leq \frac{x}{y} \leq \frac{m_u}{n_o}$$

Für jedes 2-Tupel $(x / y) \in \mathsf{R}^2$ mit $\mu_{\tilde{M}}(x) = \mu_{\tilde{N}}(y) = \lambda,\ \lambda \in \chi_4$, gilt nach Definition:

$$x \geq m_o \quad \wedge \quad y \leq n_u$$

Wegen Theorem 1 oder Theorem 2.1 erhält man: $\mu_{\tilde{M} \div \tilde{N}}\left(\dfrac{x}{y}\right) = \lambda,\ \lambda \in \chi_4$

Mit (A.103) folgt: $\overline{L}\left(\dfrac{m_o}{n_u} - \dfrac{x}{y}\right) \approx \lambda,\ \lambda \in \chi_4$

$$\Rightarrow \mu_{\tilde{M}\div\tilde{N}}\left(\frac{x}{y}\right) \approx \overline{L}\left(\frac{m_o}{n_u} - \frac{x}{y}\right),\ \frac{x}{y} \le \frac{m_o}{n_u} \qquad \textbf{(A.140)}$$

Weiterhin gilt $\mu_{\tilde{M}}(x) = 1,\ m_u \le x \le m_o$ und $\mu_{\tilde{N}}(y) = 1,\ n_u \le y \le n_o$

Aus Theorem 2.1 folgt dann: $\mu_{\tilde{M}\div\tilde{N}}\left(\frac{x}{y}\right) = 1,\ \frac{m_o}{n_u} \le \frac{x}{y} \le \frac{m_u}{n_o}$

Wegen (A.133) und (A.140) kann man $\mu_{\tilde{M}\div\tilde{N}}$ in R wie folgt approximieren:

$$\mu_{\tilde{M}\div\tilde{N}}\left(\frac{x}{y}\right) \approx \begin{cases} \overline{L}\left(\frac{m_o}{n_u} - \frac{x}{y}\right) & ;\ \frac{x}{y} \le \frac{m_o}{n_u} \\ 1 & ;\ \frac{m_o}{n_u} \le \frac{x}{y} \le \frac{m_u}{n_o} \\ \overline{R}\left(\frac{x}{y} - \frac{m_u}{n_o}\right) & ;\ \frac{x}{y} \ge \frac{m_u}{n_o} \end{cases}$$

Es ergibt sich die folgende Näherungsformel:

$$\tilde{M} \div \tilde{N} = \langle m_u\,;\, m_o\,;\alpha\,;\,\gamma \rangle_{L_{\tilde{M}}R_{\tilde{M}}} \div \langle n_u\,;\, n_o\,;\delta\,;\,\beta \rangle_{L_{\tilde{N}}R_{\tilde{N}}}$$

$$\approx \left\langle \frac{m_o}{n_u}\,;\,\frac{m_u}{n_o}\,;1\,;\,1 \right\rangle_{\overline{L}\,\overline{R}}$$

Die Referenzfunktion $\overline{L}$ kann man wegen (A.103) und (A.134) folgendermaßen aus den Referenzfunktionen der unscharfen Zahlen $\tilde{M}$ und $\tilde{N}$ approximieren:

Fall a: $0 \notin \chi_4$

$$\overline{L}\left(\frac{m_o}{n_u} - \frac{x}{y}\right) \approx \left[\frac{-\,m_o\,\delta\,L_{\tilde{N}}^{-1}(\lambda) - n_u\,\gamma\,R_{\tilde{M}}^{-1}(\lambda)}{n_u\,(n_u - \delta)}\right]^{-1},\ 0 < \frac{x}{y} \le \frac{m_o}{n_u}$$

Fall b: $0 \in \chi_4$

Berücksichtigt man zusätzlich (A.135) und (A.139), dann erweitert sich die Formel zu:

$$\overline{L}\left(\frac{m_o}{n_u} - \frac{x}{y}\right) \approx \begin{cases} \left[\dfrac{-m_o\,\delta\,L_{\tilde N}^{-1}(\lambda) - n_u\,\gamma\,R_{\tilde M}^{-1}(\lambda)}{n_u\,(n_u - \delta)}\right]^{-1} \\ \qquad \textit{wenn}\quad \dfrac{m_o}{n_u} - \dfrac{m_o\,y_l - n_u\,x_r}{n_u\,(n_u - \delta)} \le \dfrac{x}{y} \le \dfrac{m_o}{n_u} \\ 0 \qquad \textit{wenn}\quad \dfrac{x}{y} \le \dfrac{m_o}{n_u} - \dfrac{m_o\,y_l - n_u\,x_r}{n_u\,(n_u - \delta)} \end{cases}$$

Die Referenzfunktion $\overline{R}$ kann man wegen (A.105) und (A.126) wie folgt aus den Referenzfunktionen der unscharfen Zahlen $\tilde{M}$ und $\tilde{N}$ approximieren:

Fall a: $0 \notin \chi_3$

$$\overline{R}\left(\frac{x}{y} - \frac{m_u}{n_o}\right) \approx \left[\frac{-n_o\,\alpha\,L_{\tilde M}^{-1}(\lambda) - m_u\,\beta\,R_{\tilde N}^{-1}(\lambda)}{n_o\,(n_o + \beta)}\right]^{-1},\ \frac{x}{y} \ge \frac{m_u}{n_o}$$

Fall b: $0 \in \chi_3$

Berücksichtigt man zusätzlich (A.128) und (A.132), so erhält man:

$$\overline{R}\left(\frac{x}{y}-\frac{m_u}{n_o}\right)\approx\begin{cases}\left[\dfrac{-n_o\,\alpha\,L_{\tilde{M}}^{-1}(\lambda)-m_u\,\beta\,R_{\tilde{N}}^{-1}(\lambda)}{n_o\,(\,n_o+\beta\,)}\right]^{-1} & \\ \qquad\textit{wenn}\ \dfrac{m_u}{n_o}\le\dfrac{x}{y}\le\dfrac{m_u}{n_o}+\dfrac{n_o\,x_l-m_u\,y_r}{n_o\,(\,n_o+\beta\,)} & \\ 0\qquad\textit{wenn}\ \dfrac{x}{y}\ge\dfrac{m_u}{n_o}+\dfrac{n_o\,x_l-m_u\,y_r}{n_o\,(\,n_o+\beta\,)} & \end{cases}$$

Ein Spezialfall liegt vor, wenn die unscharfen Zahlen vom gleichen LR-Typ sind. Für alle $x, y \in \mathsf{R}$ mit $\mu_{\tilde{M}}(x) = \mu_{\tilde{N}}(y) = \lambda,\ \lambda \in \chi_4$, folgt nach Theorem 1 oder Theorem 2.1:

$$\mu_{\tilde{M}\div\tilde{N}}\left(\frac{x}{y}\right) = \lambda,\ \lambda \in \chi_4$$

Für den linken Teilast erhält man nach (A.103): $L_{\tilde{N}}^{-1}(\lambda) \approx \dfrac{\dfrac{m_o}{n_u}-\dfrac{x}{y}}{\dfrac{-m_o\,\delta-n_u\,\gamma}{n_u\,(\,n_u-\delta\,)}},\ \dfrac{x}{y}\le\dfrac{m_o}{n_u}$

$$\Rightarrow L_{\tilde{N}}\left(\frac{\dfrac{m_o}{n_u}-\dfrac{x}{y}}{\dfrac{-m_o\,\delta-n_u\,\gamma}{n_u\,(\,n_u-\delta\,)}}\right)\approx\lambda,\ \lambda\in\chi_4$$

Insgesamt ergibt sich damit:

$$\mu_{\tilde{M}\div\tilde{N}}\left(\frac{x}{y}\right)\approx L_{\tilde{N}}\left(\frac{\dfrac{m_o}{n_u}-\dfrac{x}{y}}{\dfrac{-m_o\,\delta-n_u\,\gamma}{n_u\,(\,n_u-\delta\,)}}\right),\ \frac{x}{y}\le\frac{m_o}{n_u}$$

Analog rechnet man für den rechten Teilast von $\mu_{\tilde{M}\div\tilde{N}}$, so daß man folgende Annäherung in R erhält:

$$\mu_{\tilde{M} \div \tilde{N}}\left(\frac{x}{y}\right) \approx \begin{cases} L_{\tilde{N}}\left(\dfrac{\dfrac{m_o}{n_u} - \dfrac{x}{y}}{\dfrac{-m_o\,\delta - n_u\,\gamma}{n_u\,(n_u - \delta)}}\right) & ; \quad \dfrac{x}{y} \le \dfrac{m_o}{n_u} \\[2ex] 1 & ; \quad \dfrac{m_o}{n_u} \le \dfrac{x}{y} \le \dfrac{m_u}{n_o} \\[2ex] R_{\tilde{N}}\left(\dfrac{\dfrac{x}{y} - \dfrac{m_u}{n_o}}{\dfrac{-n_o\,\alpha - m_u\,\beta}{n_o\,(n_o + \beta)}}\right) & ; \quad \dfrac{x}{y} \ge \dfrac{m_u}{n_o} \end{cases}$$

Man erhält die folgende Formel:

$$\begin{aligned} \tilde{M} \div \tilde{N} &= < m_u\,;\, m_o\,;\, \alpha\,;\, \gamma >_{L_{\tilde{M}} R_{\tilde{M}}} \div < n_u\,;\, n_o\,;\, \delta\,;\, \beta >_{L_{\tilde{N}} R_{\tilde{N}}} \\ &= < \frac{m_o}{n_u}\,;\, \frac{m_u}{n_o}\,;\, \frac{-m_o\,\delta - n_u\,\gamma}{n_u\,(n_u - \delta)}\,;\, \frac{-n_o\,\alpha - m_u\,\beta}{n_o\,(n_o + \beta)} >_{L_{\tilde{N}} R_{\tilde{N}}} \end{aligned}$$

Definiert man $R := L_{\tilde{N}}$ und $L := R_{\tilde{N}}$, so ergibt sich die nachstehende Formel:

$$\begin{aligned} \tilde{M} \div \tilde{N} &= < m_u\,;\, m_o\,;\, \alpha\,;\, \gamma >_{LR} \div < n_u\,;\, n_o\,;\, \delta\,;\, \beta >_{RL} \\ &\approx < \frac{m_o}{n_u}\,;\, \frac{m_u}{n_o}\,;\, \frac{-m_o\,\delta - n_u\,\gamma}{n_u\,(n_u - \delta)}\,;\, \frac{-n_o\,\alpha - m_u\,\beta}{n_o\,(n_o + \beta)} >_{RL} \end{aligned}$$

Anhang 11: Erweiterte Division zwischen negativen und positiven unscharfen Zahlen

Für die folgenden Berechnungen wird eine negative unscharfe Zahl $\tilde{M}$ sowie eine positive unscharfe Zahl $\tilde{N}$ unterstellt.

Für alle $\lambda \in \chi_1$ gilt:

$$\mu_{\tilde{M}}(x) = R_{\tilde{M}}\left(\frac{x - m_o}{\gamma}\right) = \lambda \Leftrightarrow R_{\tilde{M}}^{-1}(\lambda) = \frac{x - m_o}{\gamma} \Leftrightarrow x = m_o + \gamma R_{\tilde{M}}^{-1}(\lambda)$$

$$\mu_{\tilde{N}}(y) = R_{\tilde{N}}\left(\frac{y - n_o}{\beta}\right) = \lambda \Leftrightarrow R_{\tilde{N}}^{-1}(\lambda) = \frac{y - n_o}{\beta} \Leftrightarrow y = n_o + \beta R_{\tilde{N}}^{-1}(\lambda)$$

$$\Rightarrow \frac{x}{y} = \frac{m_o + \gamma R_{\tilde{M}}^{-1}(\lambda)}{n_o + \beta R_{\tilde{N}}^{-1}(\lambda)} \Leftrightarrow \frac{x}{y} - \frac{m_o}{n_o} = \frac{n_o \gamma R_{\tilde{M}}^{-1}(\lambda) - m_o \beta R_{\tilde{N}}^{-1}(\lambda)}{n_o(n_o + \beta R_{\tilde{N}}^{-1}(\lambda))}$$

$$=: R^{-1}(\lambda), \frac{x}{y} \geq \frac{m_o}{n_o} \qquad \textbf{(A.141)}$$

Die Vernachlässigung der Inversen $R_{\tilde{N}}^{-1}(\lambda)$ im Nenner von (A.141) führt zu der folgenden Abschätzung:

$$\frac{x}{y} - \frac{m_o}{n_o} \approx \frac{n_o \gamma R_{\tilde{M}}^{-1}(\lambda) - m_o \beta R_{\tilde{N}}^{-1}(\lambda)}{n_o(n_o + \beta)} =: \overline{R}^{-1}(\lambda) \qquad \textbf{(A.142)}$$

Für alle $\lambda \in \chi_2$ gilt:

$$\mu_{\tilde{M}}(x) = L_{\tilde{M}}\left(\frac{m_u - x}{\alpha}\right) = \lambda \Leftrightarrow L_{\tilde{M}}^{-1}(\lambda) = \frac{m_u - x}{\alpha} \Leftrightarrow x = m_u - \alpha L_{\tilde{M}}^{-1}(\lambda)$$

$$\mu_{\tilde{N}}(y) = L_{\tilde{N}}\left(\frac{n_u - y}{\delta}\right) = \lambda \Leftrightarrow L_{\tilde{N}}^{-1}(\lambda) = \frac{n_u - y}{\delta} \Leftrightarrow y = n_u - \delta L_{\tilde{N}}^{-1}(\lambda)$$

$$\Rightarrow \frac{x}{y} = \frac{m_u - \alpha L_{\tilde{M}}^{-1}(\lambda)}{n_u - \delta L_{\tilde{N}}^{-1}(\lambda)} \Leftrightarrow \frac{m_u}{n_u} - \frac{x}{y} = \frac{n_u \alpha L_{\tilde{M}}^{-1}(\lambda) - m_u \delta L_{\tilde{N}}^{-1}(\lambda)}{n_u(n_u - \delta L_{\tilde{N}}^{-1}(\lambda))}$$

$$=: L^{-1}(\lambda), \frac{x}{y} \leq \frac{m_u}{n_u} \qquad \textbf{(A.143)}$$

Die Vernachlässigung der Inversen $L_{\tilde{N}}^{-1}(\lambda)$ im Nenner von (A.143) führt zu der folgenden Abschätzung:

$$\frac{m_u}{n_u} - \frac{x}{y} \approx \frac{n_u \alpha L_{\tilde{M}}^{-1}(\lambda) - m_u \delta L_{\tilde{N}}^{-1}(\lambda)}{n_u (n_u - \delta)} =: \overline{L}^{-1}(\lambda) \qquad \textbf{(A.144)}$$

Ermittlung exakter Zugehörigkeitsfunktionen

Linker Teilast der unscharfen Zahl $\tilde{M} \div \tilde{N}$

Zur 1. Eigenschaft:

Nach Voraussetzung gilt:

$$L_{\tilde{M}}(0) = 1 \text{ und } L_{\tilde{N}}(0) = 1$$

$$\Leftrightarrow L_{\tilde{M}}^{-1}(1) = 0 \text{ und } L_{\tilde{N}}^{-1}(1) = 0$$

$$\Rightarrow L^{-1}(1) = \frac{n_u \alpha L_{\tilde{M}}^{-1}(1) - m_u \delta L_{\tilde{N}}^{-1}(1)}{n_u (n_u - \delta L_{\tilde{N}}^{-1}(1))} = 0$$

$$\Leftrightarrow L(0) = 1$$

Zur 2. Eigenschaft:

Fall a: $0 \notin \chi_2$

Es seien die folgenden streng monoton fallenden Referenzfunktionen gegeben:

$$L_{\tilde{M}} : [0;\infty[\rightarrow]0;1] \text{ und } L_{\tilde{N}} : [0;u_{nl}] \rightarrow [0;1]$$

Diese sind wegen der 1. und 3. Eigenschaft nach Satz 5.5/5.7 bijektiv. Die Inversen besitzen die gleichen Eigenschaften. Für alle $(\lambda_1/\lambda_2) \in]0;1]^2$ mit $\lambda_1 < \lambda_2$ gilt:

$$n_u \alpha L_{\tilde{M}}^{-1}(\lambda_1) - m_u \delta L_{\tilde{N}}^{-1}(\lambda_1) > n_u \alpha L_{\tilde{M}}^{-1}(\lambda_2) - m_u \delta L_{\tilde{N}}^{-1}(\lambda_2) \geq 0 \qquad \textbf{(A.145)}$$

Mit Satz 5.14 ergibt sich:

$$0 < n_u - \delta L_{\tilde{N}}^{-1}(\lambda_1) < n_u - \delta L_{\tilde{N}}^{-1}(\lambda_2) \qquad \textbf{(A.146)}$$

Aus (A.145) und (A.146) folgt dann:

$$\frac{n_u\,\alpha\,L_{\tilde{M}}^{-1}(\lambda_1) - m_u\,\delta\,L_{\tilde{N}}^{-1}(\lambda_1)}{n_u\,(n_u - \delta\,L_{\tilde{N}}^{-1}(\lambda_1))} > \frac{n_u\,\alpha\,L_{\tilde{M}}^{-1}(\lambda_2) - m_u\,\delta\,L_{\tilde{N}}^{-1}(\lambda_2)}{n_u\,(n_u - \delta\,L_{\tilde{N}}^{-1}(\lambda_2))}$$

$$\Leftrightarrow\; L^{-1}(\lambda_1) > L^{-1}(\lambda_2)$$

Die Funktion L^{-1} ist also im Intervall $]\,0\,;1\,]$ streng monoton fallend.

$\Rightarrow$ $L^{-1} :]\,0;1\,] \rightarrow [\,0;\infty\,[$ ist gemäß Satz 5.4 auch bijektiv, weil $L^{-1}(1) = 0$ und $\lim_{\lambda \rightarrow 0} L^{-1}(\lambda) = \infty$.

$\Leftrightarrow$ $L : [\,0;\infty\,[\;\rightarrow\;]\,0;1\,]$ ist streng monoton fallend und bijektiv. **(A.147)**

Fall b: $0 \in \chi_2$

Im Unterschied zu Fall a ist hier eine streng monoton fallende und nach Satz 5.7 bijektive Referenzfunktion $L_{\tilde{M}} : [\,0\,; u_{ml}\,] \rightarrow [\,0\,;1\,]$ gegeben. Die Umkehrfunktion besitzt die gleichen Eigenschaften, so daß die Funktion L^{-1} im Intervall $]\,0\,;1\,]$ streng monoton fallend ist. Zusätzlich ist $L^{-1}(1) = 0$.

Wenn $y_l = 0$, dann bleibt der zulässige Definitionsbereich der Funktion L^{-1} auf das Intervall $]\,0\,;1\,]$ beschränkt. Man zeigt wie bei Fall a, daß (A.147) gilt.

Wenn $y_l > 0$, dann ist die Funktion L^{-1} im zulässigen Definitionsbereich $[\,0\,;1\,]$ streng monoton fallend, weil für alle $(\,x\,/\,y\,) \in \mathsf{R}^2$ mit $\mu_{\tilde{M}}(x) = \mu_{\tilde{N}}(y) = \lambda,\ \lambda \in \,]\,0\,;1\,]$, gilt:

$$\frac{x}{y} > \frac{x_l}{y_l}$$

$$\Leftrightarrow\; \frac{m_u}{n_u} - \frac{x}{y} < \frac{m_u}{n_u} - \frac{x_l}{y_l}$$

$$\Leftrightarrow\; \frac{m_u\,y - n_u\,x}{n_u\,y} < \frac{m_u\,y_l - n_u\,x_l}{n_u\,y_l}$$

$$\Leftrightarrow \frac{n_u\,\alpha\,\dfrac{m_u - x}{\alpha} - m_u\,\delta\,\dfrac{n_u - y}{\delta}}{n_u\left(n_u - \delta\,\dfrac{n_u - y}{\delta}\right)} < \frac{n_u\,\alpha\,\dfrac{m_u - x_l}{\alpha} - m_u\,\delta\,\dfrac{n_u - y_l}{\delta}}{n_u\left(n_u - \delta\,\dfrac{n_u - y_l}{\delta}\right)}$$

$$\Leftrightarrow \frac{n_u\,\alpha\,L_{\tilde{M}}^{-1}(\lambda) - m_u\,\delta\,L_{\tilde{N}}^{-1}(\lambda)}{n_u(n_u - \delta\,L_{\tilde{N}}^{-1}(\lambda))} < \frac{n_u\,\alpha\,L_{\tilde{M}}^{-1}(0) - m_u\,\delta\,L_{\tilde{N}}^{-1}(0)}{n_u(n_u - \delta\,L_{\tilde{N}}^{-1}(0))}$$

$$\Leftrightarrow L^{-1}(\lambda) < L^{-1}(0)$$

$\Rightarrow L^{-1} : [\,0;1\,] \to [\,0;u_s\,],\ u_s := \dfrac{n_u\,\alpha\,u_{ml} - m_u\,\delta\,u_{nl}}{n_u(n_u - \delta\,u_{nl})}$, ist nach Satz 5.7 auch bijektiv, weil $L^{-1}(1) = 0$ und $L^{-1}(0) = u_s$.

$\Leftrightarrow L : [\,0;u_s\,] \to [\,0;1\,]$ ist streng monoton fallend und bijektiv. **(A.148)**

Im folgenden wird gezeigt, daß $L(u) = 0,\ u \geq u_s$.

Bei der divisionalen Verknüpfung der Teiläste unterscheidet man zwei Fälle:

1. $0 < y \leq y_l$ und $x \leq x_l$
2. $y < 0 < y_l$ und $x \leq x_l$

(A.149)

Zu 1.

Hier gilt:

$$u_m \geq u_{ml} \text{ und } u_{nl} \leq u_n < \frac{n_u}{\delta}$$

Aus der letzten Ungleichung folgt:

$$n_u - \delta\,u_{nl} \geq n_u - \delta\,u_n > 0$$

Deshalb erhält man:

$$\frac{n_u\,\alpha\,u_m - m_u\,\delta\,u_n}{n_u - \delta\,u_n} \geq \frac{n_u\,\alpha\,u_{ml} - m_u\,\delta\,u_{nl}}{n_u - \delta\,u_n} \geq \frac{n_u\,\alpha\,u_{ml} - m_u\,\delta\,u_{nl}}{n_u - \delta\,u_{nl}}$$

$$\Rightarrow \frac{n_u\,\alpha\,u_m - m_u\,\delta\,u_n}{n_u(n_u - \delta\,u_n)} \geq u_s \qquad \textbf{(A.150)}$$

Weiter gilt:

$$\lim_{u_m \to \infty} \frac{n_u \alpha u_m - m_u \delta u_n}{n_u (n_u - \delta u_n)} = \infty$$

Mit (A.150) folgt dann:

$\forall \; (u_m ; u_n) \in [\, u_{ml} ; \infty [\; \times \left[\, u_{nl} \; ; \; \frac{n_u}{\delta} \right[\; \exists \; u \in [\, u_s ; \infty [$ und man erhält:

$$\frac{n_u \alpha u_m - m_u \delta u_n}{n_u (n_u - \delta u_n)} = u \qquad \textbf{(A.151)}$$

Weiterhin gilt folgende Aussage:

$\forall \; u \in [\, u_s ; \infty [\; \exists \, (u_m ; u_n) \in [\, u_{ml} ; \infty [\; \times \left[\, u_{nl} \; ; \; \frac{n_u}{\delta} \right[$, so daß:

$$\frac{n_u \alpha u_m - m_u \delta u_n}{n_u (n_u - \delta u_n)} = u \qquad \textbf{(A.152)}$$

Es genügt der Nachweis, daß man für alle $u \in [\, u_s ; \infty [$ genau *ein* 2-Tupel $(u_m ; u_{nl})$ mit $u_m \in [\, u_{ml} ; \infty [$ findet, für das gilt: $\frac{n_u \alpha u_m - m_u \delta u_n}{n_u (n_u - \delta u_n)} = u$. Mit der stetigen, streng monoton wachsenden und divergenten Abbildung $F : [\, u_{ml} ; \infty [\; \to R$, die durch die Vorschrift $F (u_m) := \frac{n_u \alpha u_m - m_u \delta u_{nl}}{n_u (n_u - \delta u_{nl})}$ gegeben ist, folgt das aus Satz 5.6.

Zu 2.

Hier folgt:

$$\frac{x}{y} > 0$$

$$\Leftrightarrow \frac{m_u}{n_u} - \frac{x}{y} < \frac{m_u}{n_u}$$

$$\Leftrightarrow \frac{n_u \alpha u_m - m_u \delta u_n}{n_u (n_u - \delta u_n)} < \frac{m_u}{n_u} \qquad \textbf{(A.153)}$$

Es gelten folgende Grenzwertaussagen:

$$\lim_{u_m \to \infty} \frac{n_u \alpha u_m - m_u \delta u_n}{n_u (n_u - \delta u_n)} = -\infty \text{ und } \lim_{u_n \to \infty} \frac{n_u \alpha u_m - m_u \delta u_n}{n_u (n_u - \delta u_n)} = \frac{m_u}{n_u}^{(-)},$$

weil man durch Umformung erhält: $\frac{n_u \alpha u_m - m_u \delta u_n}{n_u (n_u - \delta u_n)} = \frac{m_u}{n_u} - \frac{m_u - \alpha u_m}{n_u - \delta u_n}$

Wegen (A.153) gilt die folgende Aussage:

$\forall \; (u_m ; u_n) \in [u_{ml} ; \infty [\times \left] \frac{n_u}{\delta} ; \infty \right[\; \exists \; u \in \left] -\infty ; \frac{m_u}{n_u} \right[$, so daß gilt:

$$\frac{n_u \alpha u_m - m_u \delta u_n}{n_u (n_u - \delta u_n)} = u \qquad \textbf{(A.154)}$$

Außerdem existiert für jedes $u \in \left] -\infty ; \frac{m_u}{n_u} \right[$ mindestens *ein* 2-Tupel $(u_m ; u_n)$ mit $(u_m ; u_n) \in [u_{ml} ; \infty [\times \left] \frac{n_u}{\delta} ; \infty \right[$, so daß $\frac{n_u \alpha u_m - m_u \delta u_n}{n_u (n_u - \delta u_n)} = u$ gilt. **(A.155)**

Hierzu betrachte man die Abbildung $F : \left] \frac{n_u}{\delta} ; \infty \right[\to \mathbb{R}$ mit der Abbildungsvorschrift $F (u_n) := - \frac{n_u \alpha u_{ml} - m_u \delta u_n}{n_u (n_u - \delta u_n)} = - \frac{m_u}{n_u} + \frac{m_u - \alpha u_{ml}}{n_u - \delta u_n}$. Diese ist stetig und streng monoton fallend und weist folgendes Grenzwertverhalten auf:

$$\lim_{u_n \to \frac{n_u}{\delta}^{(+)}} F (u_n) = \infty \text{ und } \lim_{u_n \to \infty} F (u_n) = - \frac{m_u}{n_u}^{(+)}$$

Sei ein beliebiges $p \in \left] \frac{n_u}{\delta} ; \infty \right[$ angenommen. Nach Satz 5.5 wird durch die Funktion F das Teilintervall $[p ; \infty [$ bijektiv auf den Bereich $\left] - \frac{m_u}{n_u} ; F (p) \right]$ und nach Satz 5.4 das Teilintervall $\left] \frac{n_u}{\delta} ; p \right]$ bijektiv auf das Intervall $[F (p) ; \infty [$ abgebildet. Deshalb ist die

Abbildung G: $\left]\frac{n_u}{\delta}\,;\,\infty\right[\;\to\; \left]-\infty\,;\,\frac{m_u}{n_u}\right[$ mit $G := -F$ bijektiv. Also existiert für jedes $u \in \left]-\infty\,;\,\frac{m_u}{n_u}\right[$ genau *ein* $(u_{ml}\,;u_n)$ mit $u_n \in \left]\frac{n_u}{\delta}\,;\,\infty\right[$ mit $G(u_n) = u$.

Wegen $L_{\tilde{M}}^{-1}(\{0\}) = \{u_m \mid u_m \geq u_{ml}\}$ und $L_{\tilde{N}}^{-1}(\{0\}) = \{u_n \mid u_n \geq u_{nl}\}$ ergibt sich aus (A.143), (A.151), (A.152), (A.154) und (A.155):

$$L^{-1}(\{0\}) = \{u \mid u \in [u_s\,;\infty[\quad \text{oder} \quad u \in]-\infty; m_u/n_u[\ \}$$

$\Rightarrow L(u) = 0,\ u \geq u_s$ [16] **(A.156)**

Zur 3. Eigenschaft:

Fall a: $0 \notin \chi_2$

Nach Satz 5.8 gilt: $\lim_{\lambda \to 0} L^{-1}(\lambda) = \infty \quad \Leftrightarrow \quad \lim_{u \to \infty} L(u) = 0$

Fall b: $0 \in \chi_2$

Die Eigenschaft folgt aus (A.156).

Es ist noch zu zeigen, daß gilt: $\mu_{\tilde{M} \div \tilde{N}}\left(\frac{x}{y}\right) = L\left(\frac{m_u}{n_u} - \frac{x}{y}\right),\ \frac{x}{y} \leq \frac{m_u}{n_u}$

Die Voraussetzungen von Theorem 1 sind erfüllt, weil:

1. Die Division ist in $\mathbf{R} \setminus \{0\}$ eine stetige Verknüpfung.

2. Die Division ist eine streng monoton steigende binäre Verknüpfung für die Division von Werten aus $\mathbf{R}_-^{\leq 0}$ und $\mathbf{R}_+^{> 0}$, weil für alle x_j, y_j, $j \in \{1, 2\}$, folgende Implikation gilt:

$$x_1 < y_1 \leq 0 \quad \text{und} \quad 0 < x_2 < y_2 \quad \Rightarrow \quad \frac{x_1}{x_2} < \frac{y_1}{y_2}$$

16 $L(u) = 0 \ \forall\ u < \frac{m_u}{n_u}$ ist gleichbedeutend mit $\mu_{\tilde{M} \div \tilde{N}}\left(\frac{x}{y}\right) = 0 \ \forall\ \frac{x}{y} > 0$.

Dieser rechnerisch mögliche Fall wird im folgenden ausgeschlossen, weil man aus der Referenzfunktion L den linken monoton steigenden Teil von $\mu_{\tilde{M} \div \tilde{N}}$ ermittelt. Es gilt also $\frac{x}{y} \leq \frac{m_u}{n_u}$.

3. Im Intervall $]-\infty; m_u]$ ist die Zugehörigkeitsfunktion $\mu_{\tilde{M}}$ monoton steigend

   Im Intervall $]0; n_u]$ ist die Zugehörigkeitsfunktion $\mu_{\tilde{N}}$ monoton steigend

Für alle 2-Tupel $(x; y) \in \mathsf{R}^2$ mit $\mu_{\tilde{M}}(x) = \mu_{\tilde{N}}(y) = \lambda, \lambda \in \chi_2$, gilt nach Definition:

$$x \leq m_u \quad \wedge \quad y \leq n_u$$

Wegen Theorem 1 erhält man: $\mu_{\tilde{M} \div \tilde{N}}\left(\frac{x}{y}\right) = \lambda, \lambda \in \chi_2$

Nach (A.143) gilt: $L\left(\frac{m_u}{n_u} - \frac{x}{y}\right) = \lambda, \lambda \in \chi_2$

$$\Rightarrow \mu_{\tilde{M} \div \tilde{N}}\left(\frac{x}{y}\right) = L\left(\frac{m_u}{n_u} - \frac{x}{y}\right) = \lambda, \frac{x}{y} \leq \frac{m_u}{n_u} \qquad \textbf{(A.157)}$$

Rechter Teilast der unscharfen Zahl $\tilde{M} \div \tilde{N}$

Zur 1. Eigenschaft:

Nach Voraussetzung gilt:

$$R_{\tilde{M}}(0) = 1 \text{ und } R_{\tilde{N}}(0) = 1$$

$$\Leftrightarrow R_{\tilde{M}}^{-1}(1) = 0 \text{ und } R_{\tilde{N}}^{-1}(1) = 0$$

$$\Rightarrow R^{-1}(1) = \frac{n_o \gamma R_{\tilde{M}}^{-1}(1) - m_o \beta R_{\tilde{N}}^{-1}(1)}{n_o (n_o + \beta R_{\tilde{N}}^{-1}(1))} = 0$$

$$\Leftrightarrow R(0) = 1$$

Zur 2. Eigenschaft:

Fall a: $0 \notin \chi_1$

Man betrachte die folgenden streng monoton fallenden Referenzfunktionen:

$$R_{\tilde{M}} : [0; v_{mr}] \rightarrow [0;1] \text{ und } R_{\tilde{N}} : [0;\infty[\rightarrow]0;1]$$

Diese sind aufgrund der 1. und 3. Eigenschaft von Referenzfunktionen nach Satz 5.5/5.7 bijektiv. Die Umkehrfunktionen weisen die gleichen Eigenschaften auf. Darüber hinaus gilt für alle $(\lambda_1 / \lambda_2) \in \,]0;1]^2$ mit $\lambda_1 < \lambda_2$:

$$R_{\tilde{M}}^{-1}(\lambda_1) > R_{\tilde{M}}^{-1}(\lambda_2) \text{ und } R_{\tilde{N}}^{-1}(\lambda_1) > R_{\tilde{N}}^{-1}(\lambda_2)$$

Mit Satz 5.14 folgt dann:

$$m_o + \gamma\, R_{\tilde{M}}^{-1}(\lambda_2) < m_o + \gamma\, R_{\tilde{M}}^{-1}(\lambda_1) < 0$$

$$n_o + \beta\, R_{\tilde{N}}^{-1}(\lambda_1) > n_o + \beta\, R_{\tilde{N}}^{-1}(\lambda_2) > 0$$

$$\Rightarrow \frac{m_o + \gamma R_{\tilde{M}}^{-1}(\lambda_2)}{n_o + \beta R_{\tilde{N}}^{-1}(\lambda_2)} < \frac{m_o + \gamma R_{\tilde{M}}^{-1}(\lambda_1)}{n_o + \beta R_{\tilde{N}}^{-1}(\lambda_1)}$$

$$\Leftrightarrow \frac{m_o + \gamma R_{\tilde{M}}^{-1}(\lambda_2)}{n_o + \beta R_{\tilde{N}}^{-1}(\lambda_2)} - \frac{m_o}{n_o} < \frac{m_o + \gamma R_{\tilde{M}}^{-1}(\lambda_1)}{n_o + \beta R_{\tilde{N}}^{-1}(\lambda_1)} - \frac{m_o}{n_o}$$

$$\Leftrightarrow \frac{n_o \gamma R_{\tilde{M}}^{-1}(\lambda_2) - m_o \beta R_{\tilde{N}}^{-1}(\lambda_2)}{n_o (n_o + \beta R_{\tilde{N}}^{-1}(\lambda_2))} < \frac{n_o \gamma R_{\tilde{M}}^{-1}(\lambda_1) - m_o \beta R_{\tilde{N}}^{-1}(\lambda_1)}{n_o (n_o + \beta R_{\tilde{N}}^{-1}(\lambda_1))}$$

$$\Leftrightarrow R^{-1}(\lambda_2) < R^{-1}(\lambda_1)$$

Die Funktion R^{-1} ist also im Intervall $]0;1]$ streng monoton fallend.

Weiterhin gilt $R^{-1}(1) = 0$ sowie der folgende Grenzwert:

$$\lim_{\lambda \to 0} R^{-1}(\lambda) = -\frac{m_o}{n_o} + \lim_{\lambda \to 0} \left(\frac{m_o + \gamma R_{\tilde{M}}^{-1}(\lambda)}{n_o + \beta R_{\tilde{N}}^{-1}(\lambda)} \right)$$

$$= -\frac{m_o}{n_o} + \frac{x_r}{n_o + \beta \lim\limits_{\lambda \to 0} R_{\tilde{N}}^{-1}(\lambda)} \overset{(-)}{=} -\frac{m_o}{n_o}$$

$$\Rightarrow R^{-1} : \,]0;1] \to \left[0 \,;\, -\frac{m_o}{n_o}\right[\text{ ist nach Satz 5.3 auch bijektiv}$$

$$\Leftrightarrow \; R : \left[0 \; ; \; -\frac{m_o}{n_o} \right[\; \rightarrow \;] \, 0 ; 1 \,] \text{ ist streng monoton fallend und bijektiv.} \qquad \textbf{(A.158)}$$

Fall b: $0 \in \chi_1$

Im Unterschied zu Fall a nimmt man eine streng monoton fallende und bijektive Referenzfunktion $R_{\tilde{N}} : [\, 0 ; v_{nr} \,] \rightarrow [\, 0 ; 1 \,]$ an. Die Umkehrfunktion besitzt die gleichen Eigenschaften, so daß die Funktion R^{-1} im Intervall $]\, 0 ; 1 \,]$ streng monoton fallend ist. Das gilt auch für das Intervall $[\, 0 ; 1 \,]$, weil für alle $(x / y) \in \mathsf{R}^2$ mit $\mu_{\tilde{M}}(x) = \mu_{\tilde{N}}(y) = \lambda$, $\lambda \in \,]\, 0 ; 1 \,]$, gilt:

$$\frac{x}{y} < \frac{x_r}{y_r}$$

$$\Leftrightarrow \; \frac{x}{y} - \frac{m_o}{n_o} < \frac{x_r}{y_r} - \frac{m_o}{n_o}$$

$$\Leftrightarrow \; \frac{n_o \, x - m_o \, y}{n_o \, y} < \frac{n_o \, x_r - m_o \, y_r}{n_o \, y_r}$$

$$\Leftrightarrow \; \frac{n_o \, \gamma \dfrac{x - m_o}{\gamma} - m_o \, \beta \dfrac{y - n_o}{\beta}}{n_o \left(n_o + \beta \dfrac{y - n_o}{\beta} \right)} < \frac{n_o \, \gamma \dfrac{x_r - m_o}{\gamma} - m_o \, \beta \dfrac{y_r - n_o}{\beta}}{n_o \left(n_o + \beta \dfrac{y_r - n_o}{\beta} \right)}$$

$$\Leftrightarrow \; \frac{n_o \, \gamma \, R_{\tilde{M}}^{-1}(\lambda) - m_o \, \beta \, R_{\tilde{N}}^{-1}(\lambda)}{n_o \, (n_o + \beta \, R_{\tilde{N}}^{-1}(\lambda))} < \frac{n_o \, \gamma \, R_{\tilde{M}}^{-1}(0) - m_o \, \beta \, R_{\tilde{N}}^{-1}(0)}{n_o \, (n_o + \beta \, R_{\tilde{N}}^{-1}(0))}$$

$$\Leftrightarrow \; R^{-1}(\lambda) < R^{-1}(0)$$

$\Rightarrow \; R^{-1} : [\, 0 ; 1 \,] \rightarrow [\, 0 ; v_s \,]$, $v_s := \dfrac{n_o \, \gamma \, v_{mr} - m_o \, \beta \, v_{nr}}{n_o \, (n_o + \beta \, v_{nr})}$, ist nach Satz 5.7 auch bijektiv, weil $R^{-1}(1) = 0$ und $R^{-1}(0) = v_s$.

$$\Leftrightarrow \; R : [\, 0 ; v_s \,] \rightarrow [\, 0 ; 1 \,] \text{ ist streng monoton fallend und bijektiv.} \qquad \textbf{(A.159)}$$

Im folgenden wird gezeigt, daß $R(v) = 0$, $v \geq v_s$.

Bei der divisionalen Verknüpfung der Äste erhält man für alle $x \geq x_r$ und $y \geq y_r$:

$$\frac{x}{y} \geq \frac{x_r}{y_r}$$

$$\Leftrightarrow \frac{x}{y} - \frac{m_o}{n_o} \geq \frac{x_r}{y_r} - \frac{m_o}{n_o}$$

$$\Leftrightarrow \frac{n_o\,\gamma\,v_m - m_o\,\beta\,v_n}{n_o\,(\,n_o + \beta\,v_n\,)} \geq \frac{n_o\,\gamma\,v_{mr} - m_o\,\beta\,v_{nr}}{n_o\,(\,n_o + \beta\,v_{nr}\,)}$$

$$\Leftrightarrow \frac{n_o\,\gamma\,v_m - m_o\,\beta\,v_n}{n_o\,(\,n_o + \beta\,v_n\,)} \geq v_s \qquad \textbf{(A.160)}$$

Außerdem erhält man:

$$\lim_{v_m \to \infty} \frac{n_o\,\gamma\,v_m - m_o\,\beta\,v_n}{n_o\,(\,n_o + \beta\,v_n\,)} = \infty \text{ und } \lim_{v_n \to \infty} \frac{n_o\,\gamma\,v_m - m_o\,\beta\,v_n}{n_o\,(\,n_o + \beta\,v_n\,)} = -\frac{m_o}{n_o}$$

Mit (A.160) ergibt sich deshalb:

$\forall\ (v_m ; v_n) \in [\,v_{mr} ; \infty\,[\ \times\ [\,v_{nr} ; \infty\,[\ \exists\ v \in [\,v_s ; \infty\,[$, so daß gilt:

$$\frac{n_o\,\gamma\,v_m - m_o\,\beta\,v_n}{n_o\,(\,n_o + \beta\,v_n\,)} = v \qquad \textbf{(A.161)}$$

Darüber hinaus existiert für jedes $v \in [\,v_s ; \infty\,[$ mindestens *ein* 2-Tupel $(v_m ; v_n)$ mit $(v_m ; v_n) \in [\,v_{mr} ; \infty\,[\ \times\ [\,v_{nr} ; \infty\,[$, für das $\frac{n_o\,\gamma\,v_m - m_o\,\beta\,v_n}{n_o\,(\,n_o + \beta\,v_n\,)} = v$ gilt. **(A.162)**

Dazu genügt der Nachweis, daß man für alle $v \in [\,v_s ; \infty\,[$ genau *ein* 2-Tupel $(v_m ; v_{nr})$ mit $v_m \in [\,v_{mr} ; \infty\,[$ findet, so daß man $\frac{n_o\,\gamma\,v_m - m_o\,\beta\,v_n}{n_o\,(\,n_o + \beta\,v_n\,)} = v$ erhält. Das folgt nach Satz 5.6 aus der streng monoton steigenden und divergenten Abbildung $F : [\,v_{mr} ; \infty\,[\ \to \mathrm{R}$, die mit $F(v_m) = \frac{n_o\,\gamma\,v_m - m_o\,\beta\,v_{nr}}{n_o\,(\,n_o + \beta\,v_{nr}\,)}$ gegeben ist.

Wegen $R_{\tilde{M}}^{-1}(\{0\}) = \{\,v_m \mid v_m \geq v_{mr}\,\}$ und $R_{\tilde{N}}^{-1}(\{0\}) = \{\,v_n \mid v_n \geq v_{nr}\,\}$ ergibt sich aus (A.141), (A.161) und (A.162):

$$R^{-1}(\{0\}) = \{\,v \mid v \geq v_s\,\}$$

$$\Leftrightarrow R(v) = 0,\ v \geq v_s \qquad \textbf{(A.163)}$$

Die 2. Eigenschaft folgt mit (A.159) und (A.163).

Zur 3. Eigenschaft:

Fall a: $0 \notin \chi_1$

Nach Satz 5.8 gilt:

$$\lim_{\lambda \to 0} R^{-1}(\lambda) = -\frac{m_o}{n_o}^{(-)} \Leftrightarrow \lim_{v \to -\frac{m_o}{n_o}^{(-)}} R(v) = 0$$

Anmerkung: $\lim_{v \to -\frac{m_o}{n_o}^{(-)}} R(v) = 0$ ist äquivalent zu $\lim_{\frac{x}{y} \to 0^{(-)}} \mu_{\tilde{M} \div \tilde{N}}\left(\frac{x}{y}\right) = 0$

Fall b: $0 \in \chi_1$

Die Eigenschaft folgt aus (A.163).

Im 2. Schritt zeigt man:

$$\mu_{\tilde{M} \div \tilde{N}}\left(\frac{x}{y}\right) = R\left(\frac{x}{y} - \frac{m_o}{n_o}\right), \ \frac{x}{y} \geq \frac{m_o}{n_o}$$

$$\mu_{\tilde{M} \div \tilde{N}}\left(\frac{x}{y}\right) = 1, \ \frac{m_u}{n_u} \leq \frac{x}{y} \leq \frac{m_o}{n_o}$$

Die Voraussetzungen von Theorem 1.1 oder Theorem 2 sind hier immer erfüllt, weil:

1. Die Division ist in $R \setminus \{ 0 \}$ eine stetige Verknüpfung.

2. Die Division ist eine streng monoton steigende binäre Verknüpfung für die Division zweier Werte aus $R_-^{\leq 0}$ und $R_+^{> 0}$.

3. Die Division ist eine hybride binäre Verknüpfung in $R_+^{> 0}$, weil für alle $x_j, y_j \in R_+^{> 0}$, $j \in \{ 1, 2 \}$, die folgende Implikation gilt:

$$x_1 < y_1 \quad \wedge \quad x_2 < y_2 \quad \Rightarrow \quad \frac{x_1}{y_2} < \frac{y_1}{x_2}$$

4. Im Intervall $[\ m_u\ ;0\ ]$ ist die Zugehörigkeitsfunktion $\mu_{\tilde{M}}$ monoton fallend.
   Im Intervall $[\ n_u\ ;\infty\ [$ ist die Zugehörigkeitsfunktion $\mu_{\tilde{N}}$ monoton fallend.

5. Im Intervall $]\ 0\ ;\infty\ [$ ist $\mu_{\tilde{M}}$ sowohl monoton steigend als auch monoton fallend.

Anmerkung:

Bei der Erzeugung der Zugehörigkeitsfunktion $\mu_{\tilde{M} \div \tilde{N}}$ in $R_+^{>0}$ wird gegen die Bedingung $b_m \leq m_o$ aus Theorem 2 verstoßen. Hierbei handelt es sich um eine hinreichende Bedingung, aus der sich der monoton steigende Verlauf der Zugehörigkeitsfunktion $\mu_{\tilde{M}}$ im Intervall $[\ -\infty\ ; x_m\ ]$ ableiten läßt. Dieser Verstoß verbietet hier nicht die Anwendung von Theorem 2, weil man nur das Intervall $]\ 0\ ; x_m\ ]$ betrachtet. Dort verläuft die Zugehörigkeitsfunktion $\mu_{\tilde{M}}$ immer konstant und damit monoton steigend.

Für alle 2-Tupel $(\ x\ ;\ y\ ) \in R^2$ mit $\mu_{\tilde{M}}(\ x\ ) = \mu_{\tilde{N}}(\ y\ ) = \lambda,\ \lambda \in \chi_1$, gilt nach Definition:

$x \geq m_o \quad \wedge \quad y \geq n_o$

Wegen Theorem 1.1 oder Theorem 2 erhält man: $\mu_{\tilde{M} \div \tilde{N}}\left(\frac{x}{y}\right) = \lambda,\ \lambda \in \chi_1$

Nach (A.141) gilt: $R\left(\frac{x}{y} - \frac{m_o}{n_o}\right) = \lambda,\ \lambda \in \chi_1$

$$\Rightarrow \mu_{\tilde{M} \div \tilde{N}}\left(\frac{x}{y}\right) = R\left(\frac{x}{y} - \frac{m_o}{n_o}\right) = \lambda,\ \frac{x}{y} \geq \frac{m_o}{n_o} \qquad \textbf{(A.164)}$$

Weitere Voraussetzung ist:

$\mu_{\tilde{M}}(\ x\ ) = 1,\ m_u \leq x \leq m_o$ und $\mu_{\tilde{N}}(\ y\ ) = 1,\ n_u \leq y \leq n_o$

Aus Theorem 1.1 folgt dann: $\mu_{\tilde{M} \div \tilde{N}}\left(\frac{x}{y}\right) = 1,\ \frac{m_u}{n_u} \leq \frac{x}{y} \leq \frac{m_o}{n_o}$

Mit (A.157) und (A.164) ermittelt man die Zugehörigkeitsfunktion $\mu_{\tilde{M} \div \tilde{N}}$ in R wie folgt:

$$\mu_{\tilde{M} \div \tilde{N}}\left(\frac{x}{y}\right) = \begin{cases} L\left(\frac{m_u}{n_u} - \frac{x}{y}\right) & ; \quad \frac{x}{y} \le \frac{m_u}{n_u} \\ 1 & ; \quad \frac{m_u}{n_u} \le \frac{x}{y} \le \frac{m_o}{n_o} \\ R\left(\frac{x}{y} - \frac{m_o}{n_o}\right) & ; \quad \frac{x}{y} \ge \frac{m_o}{n_o} \end{cases}$$

Man erhält folgende Formel:

$$\tilde{M} \div \tilde{N} = < m_u \, ; \, m_o \, ; \alpha \, ; \gamma >_{L_{\tilde{M}} R_{\tilde{M}}} \div < n_u \, ; \, n_o \, ; \delta \, ; \, \beta >_{L_{\tilde{N}} R_{\tilde{N}}}$$

$$= < \frac{m_u}{n_u} \, ; \, \frac{m_o}{n_o} ; 1 \, ; \, 1 >_{LR}$$

Die Referenzfunktion L kann man aufgrund von (A.143) und (A.147) wie folgt aus den Referenzfunktionen der unscharfen Zahlen $\tilde{M}$ und $\tilde{N}$ ableiten:

Fall a: $0 \notin \chi_2$

$$L\left(\frac{m_u}{n_u} - \frac{x}{y}\right) = \left[\frac{n_u \, \alpha \, L_{\tilde{M}}^{-1}(\lambda) - m_u \, \delta \, L_{\tilde{N}}^{-1}(\lambda)}{n_u \, (n_u - \delta \, L_{\tilde{N}}^{-1}(\lambda))}\right]^{-1}, \quad \frac{x}{y} \le \frac{m_u}{n_u}$$

Fall b: $0 \in \chi_2$

Berücksichtigt man zusätzlich (A.156), dann erweitert sich die Formel wie folgt:

$$L\left(\frac{m_u}{n_u} - \frac{x}{y}\right) = \begin{cases} \left[\frac{n_u \, \alpha \, L_{\tilde{M}}^{-1}(\lambda) - m_u \, \delta \, L_{\tilde{N}}^{-1}(\lambda)}{n_u \, (n_u - \delta \, L_{\tilde{N}}^{-1}(\lambda))}\right]^{-1} & ; \quad \frac{x_1}{y_1} \le \frac{x}{y} \le \frac{m_u}{n_u} \\ 0 & ; \quad \frac{x}{y} \le \frac{x_1}{y_1} \end{cases}$$

Die Referenzfunktion R kann man wegen (A.141) und (A.158) wie folgt aus den Referenzfunktionen der unscharfen Zahlen $\tilde{M}$ und $\tilde{N}$ ableiten:

Fall a: $0 \notin \chi_1$

$$R\left(\frac{x}{y} - \frac{m_o}{n_o}\right) = \left[\frac{n_o\,\gamma\,R_{\tilde{M}}^{-1}(\lambda) - m_o\,\beta\,R_{\tilde{N}}^{-1}(\lambda)}{n_o\,(n_o + \beta\,R_{\tilde{N}}^{-1}(\lambda))}\right]^{-1}, \quad \frac{m_o}{n_o} \le \frac{x}{y} < 0$$

Fall b: $0 \in \chi_1$

Berücksichtigt man zusätzlich (A.163), so erweitert sich die Formel wie folgt:

$$R\left(\frac{x}{y} - \frac{m_o}{n_o}\right) = \begin{cases} \left[\dfrac{n_o\,\gamma\,R_{\tilde{M}}^{-1}(\lambda) - m_o\,\beta\,R_{\tilde{N}}^{-1}(\lambda)}{n_o\,(n_o + \beta\,R_{\tilde{N}}^{-1}(\lambda))}\right]^{-1} & ; \quad \dfrac{m_o}{n_o} \le \dfrac{x}{y} \le \dfrac{x_r}{y_r} \\ 0 & ; \quad \dfrac{x}{y} \ge \dfrac{x_r}{y_r} \end{cases}$$

Ermittlung approximativer Zugehörigkeitsfunktionen

Linker Teilast der unscharfen Zahl $\tilde{M} \div \tilde{N}$

Zur 1. Eigenschaft:

Nach Voraussetzung gilt:

$$L_{\tilde{M}}(0) = 1 \text{ und } L_{\tilde{N}}(0) = 1$$

$$\Leftrightarrow L_{\tilde{M}}^{-1}(1) = 0 \text{ und } L_{\tilde{N}}^{-1}(1) = 0$$

$$\Rightarrow \bar{L}^{-1}(1) = \frac{n_u\,\alpha\,L_{\tilde{M}}^{-1}(1) - m_u\,\delta\,L_{\tilde{N}}^{-1}(1)}{n_u\,(n_u - \delta)} = 0$$

$$\Leftrightarrow \bar{L}(0) = 1$$

Zur 2. Eigenschaft:

Fall a: $0 \notin \chi_2$

Es seien die folgenden streng monoton fallenden Referenzfunktionen gegeben:

$L_{\tilde{N}} : [\,0; u_{nl}\,] \rightarrow [\,0;1\,]$ und $L_{\tilde{M}} : [\,0;\infty[\, \rightarrow \,]0;1\,]$

Diese sind aufgrund der 1. und 3. Eigenschaft von Referenzfunktionen nach Satz 5.5/5.7 bijektiv, so daß die Umkehrfunktionen die gleichen Eigenschaften besitzen. Die Abbildung $\overline{L}^{-1} : \,]0;1\,] \rightarrow [\,0;\infty\,[$ ist nach Satz 5.9 streng monoton fallend und nach Satz 5.4 auch bijektiv, weil $\overline{L}^{-1}(1) = 0$ und $\lim\limits_{\lambda \to 0} \overline{L}^{-1}(\lambda) = \infty$.

$\Leftrightarrow \; \overline{L} : [\,0;\infty\,[\, \rightarrow \,]\,0;1\,]$ ist streng monoton fallend und bijektiv. **(A.165)**

Die Grenzwertaussage gilt nur dann und die Funktion $\overline{L}^{-1}$ ist nur dann streng monoton fallend, wenn eine der folgenden Bedingungen erfüllt ist:[17]

$u_{nl} > 1$ oder $n_u - \delta > 0$, falls $u_{nl} \leq 1$ **(A.166)**

Fall b: $0 \in \chi_2$

Im Unterschied zu Fall a geht man von einer streng monoton fallenden und bijektiven Referenzfunktionen $L_{\tilde{M}} : [\,0; u_{ml}\,] \rightarrow [\,0;1\,]$. Die Umkehrfunktion besitzt die gleichen Eigenschaften. Falls (A.166) gilt, erhält man nach Satz 5.7/Satz 5.9 die streng monoton fallende und bijektive Funktion $\overline{L}^{-1} : [\,0;1\,] \rightarrow [\,0;\overline{u}_s\,]$, $\overline{u}_s := \dfrac{n_u\,\alpha\,u_{ml} - m_u\,\delta\,u_{nl}}{n_u\,(\,n_u - \delta\,)}$, denn

es ist $\overline{L}^{-1}(1) = 0$ und $\overline{L}^{-1}(0) = \overline{u}_s$.

$\Leftrightarrow \; \overline{L} : [\,0;\overline{u}_s\,] \rightarrow [\,0;1\,]$ ist streng monoton fallend und bijektiv. **(A.167)**

Mit (A.167) ist die 2. Eigenschaft erfüllt, wenn man folgenden Nachweis erbringt:

$\overline{L}(\,u\,) = 0, \; u \geq \overline{u}_s$

17 Vgl. S. 183 f. Es liegt eine hinreichende und notwendige Bedingung vor, weil bei Nichterfüllung $\overline{L}^{-1}$ entweder nicht existiert oder streng monoton steigt. Bedingung (A.166) wird im folgenden vorausgesetzt.

Bei der divisionalen Verknüpfung der Äste erhält man für beide Fälle aus (A.149):[18]

$u_{ml} \leq u_m$ und $u_{nl} \leq u_n$

$$\Rightarrow \frac{n_u \alpha u_m - m_u \delta u_n}{n_u (n_u - \delta)} \geq \frac{n_u \alpha u_{ml} - m_u \delta u_{nl}}{n_u (n_u - \delta)}$$

$$\Leftrightarrow \frac{n_u \alpha u_m - m_u \delta u_n}{n_u (n_u - \delta)} \geq \bar{u}_s \qquad \textbf{(A.168)}$$

Weiterhin erkennt man folgende Divergenzen:

$\lim\limits_{u_m \to \infty} \frac{n_u \alpha u_m - m_u \delta u_n}{n_u (n_u - \delta)} = \infty$ und $\lim\limits_{u_n \to \infty} \frac{n_u \alpha u_m - m_u \delta u_n}{n_u (n_u - \delta)} = \infty$, so daß sich

mit (A.168) ergibt:

$\forall\ (u_m ; u_n) \in [\, u_{ml} ; \infty [\ \times [\, u_{nl} ; \infty [\ \ \exists\ u \in [\, \bar{u}_s ; \infty [$ und man erhält:

$$\frac{n_u \alpha u_m - m_u \delta u_n}{n_u (n_u - \delta)} = u \qquad \textbf{(A.169)}$$

Im folgenden wird gezeigt, daß für alle $u \in [\, \bar{u}_s ; \infty [$ mindestens *ein* 2-Tupel $(u_m ; u_n)$ mit $(u_m ; u_n) \in [\, u_{ml} ; \infty [\ \times\ [\, u_{nl} ; \infty [$ existiert, so daß $\frac{n_u \alpha u_m - m_u \delta u_n}{n_u (n_u - \delta)} = u$. **(A.170)**

Diesen Nachweis führt man über die stetige, streng monoton wachsende und divergente Abbildung $F : [\, u_{ml} ; \infty [\ \to R$, die durch die Vorschrift $F(u_m) := \frac{n_u \alpha u_m - m_u \delta u_{nl}}{n_u (n_u - \delta)}$ definiert wird. Nach Satz 5.6 gibt es genau *ein* 2-Tupel $(u_m ; u_{nl})$ mit $u_m \in [\, u_{ml} ; \infty [$, für das $F(u_m) = u$ gilt.

Wegen $L_M^{-1}(\{0\}) = \{ u_m \mid u_m \geq u_{ml} \}$ und $L_N^{-1}(\{0\}) = \{ u_n \mid u_n \geq u_{nl} \}$ erhält man aus (A.144), (A.169) und (A.170): $\bar{L}^{-1}(\{ 0 \}) = \{ u \mid u \geq \bar{u}_s \}$

$$\Leftrightarrow \bar{L}(u) = 0,\ u \geq \bar{u}_s \qquad \textbf{(A.171)}$$

18 Da die nachfolgende Rechnung hier auch für alle $y \in R_-^{<0}$ mit $y_1 > 0$ gilt, steht die Approximation damit im Widerspruch zu dem Ergebnis der exakten Rechnung. Dieser rechnerisch mögliche Fall ist aber im weiteren nicht von Bedeutung. Vgl. Fußnote 16.

Zur 3. Eigenschaft:

Fall a: $0 \notin \chi_2$

Nach Satz 5.8 gilt: $\lim\limits_{\lambda \to 0} \quad \overline{L}^{-1}(\lambda) = \infty \quad \Leftrightarrow \quad \lim\limits_{u \to \infty} \quad \overline{L}(u) = 0$

Fall b: $0 \in \chi_2$

Die Eigenschaft folgt aus (A.171).

Ferner gilt folgende Abschätzung: $\mu_{\tilde{M} \div \tilde{N}}\left(\frac{x}{y}\right) \approx \overline{L}\left(\frac{m_u}{n_u} - \frac{x}{y}\right), \; \frac{x}{y} \le \frac{m_u}{n_u}$

Begründung: Für alle 2-Tupel $(x; y) \in \mathsf{R}^2$ mit $\mu_{\tilde{M}}(x) = \mu_{\tilde{N}}(y) = \lambda, \lambda \in \chi_2$, gilt:

$x \le m_u \quad \wedge \quad y \le n_u$

Wegen Theorem 1 erhält man: $\mu_{\tilde{M} \div \tilde{N}}\left(\frac{x}{y}\right) = \lambda, \lambda \in \chi_2$

Gemäß (A.144) gilt die Abschätzung: $\overline{L}\left(\frac{m_u}{n_u} - \frac{x}{y}\right) \approx \lambda, \lambda \in \chi_2$

$$\Rightarrow \mu_{\tilde{M} \div \tilde{N}}\left(\frac{x}{y}\right) \approx \overline{L}\left(\frac{m_u}{n_u} - \frac{x}{y}\right), \; \frac{x}{y} \le \frac{m_u}{n_u} \qquad \textbf{(A.172)}$$

Rechter Teilast der unscharfen Zahl $\tilde{M} \div \tilde{N}$

Zur 1. Eigenschaft:

Nach Voraussetzung gilt:

$R_{\tilde{M}}(0) = 1$ und $R_{\tilde{N}}(0) = 1$

$\Leftrightarrow R_{\tilde{M}}^{-1}(1) = 0$ und $R_{\tilde{N}}^{-1}(1) = 0$

$$\Rightarrow \overline{R}^{-1}(1) = \frac{n_o \, \gamma \, R_{\tilde{M}}^{-1}(1) - m_o \, \beta \, R_{\tilde{N}}^{-1}(1)}{n_o \, (n_o + \beta)} = 0$$

$\Leftrightarrow \overline{R}(0) = 1$

Zur 2. Eigenschaft:

Fall a: $0 \notin \chi_1$

Es seien die folgenden streng monoton fallenden Referenzfunktionen gegeben:

$R_{\tilde{M}} : [\, 0\,; v_{mr}\,] \rightarrow [\, 0\,;1\,]$ und $R_{\tilde{N}} : [\, 0\,;\infty\,[\; \rightarrow \;]\,0\,;1\,]$

Diese sind nach Satz 5.5/5.7 in Verbindung mit der 1. und 3. Eigenschaft von Referenzfunktionen bijektiv und die Inversen besitzen die gleichen Eigenschaften. Also ist die Funktion $\overline{R}^{-1} : \,]\,0\,;1\,] \rightarrow [\, 0\,;\infty\,[$ nach Satz 5.9 streng monoton fallend und gemäß Satz 5.4 auch bijektiv ist, weil $\overline{R}^{-1}(1) = 0$ und $\lim_{\lambda \rightarrow 0} \overline{R}^{-1}(\lambda) = \infty$.

$\Leftrightarrow \overline{R} : [\, 0\,;\infty\,[\; \rightarrow \;]\,0\,;1\,]$ ist streng monoton fallend und bijektiv.[19] **(A.173)**

Fall b: $0 \in \chi_1$

Im Unterschied zu Fall a setzt man hier eine streng monoton fallende Referenzfunktion $R_{\tilde{N}} : [\, 0\,; v_{nr}\,] \rightarrow [\, 0\,;1\,]$ vor, die nach Satz 5.7 auch bijektiv sind. Die Imkehrfunktion ist ebenfalls streng monoton fallend und bijektiv.

$\Rightarrow \overline{R}^{-1} : [\, 0\,;1\,] \rightarrow [\, 0\,;\overline{v}_s\,]$, $\overline{v}_s := \dfrac{n_o\,\gamma\, v_{mr} - m_o\,\beta\, v_{nr}}{n_o\,(\, n_o + \beta\,)}$, ist mit Satz 5.9 streng monoton fallend und nach Satz 5.7 bijektiv, weil $\overline{R}^{-1}(1) = 0$ und $\overline{R}^{-1}(0) = \overline{v}_s$.

$\Leftrightarrow \overline{R} : [\, 0\,;\overline{v}_s\,] \rightarrow [\, 0\,;1\,]$ ist streng monoton fallend und bijektiv. **(A.174)**

Darüber hinaus ist $\overline{R}(\, v\,) = 0,\; v \geq v_s$, so daß die 2. Eigenschaft erfüllt ist.

Bei der divisionalen Verknüpfung der Äste erhält man für alle $x \geq x_r$ und $y \geq y_r$:

$v_m \geq v_{mr}$ und $v_n \geq v_{nr}$

$$\Rightarrow \frac{n_o\,\gamma\, v_m - m_o\,\beta\, v_n}{n_o\,(\, n_o + \beta\,)} \geq \overline{v}_s \qquad \textbf{(A.175)}$$

Außerdem erhält man:

---

19 Der Definitionsbereich der approximativen Funktion $\overline{R}$ muß auf den Bereich $\left[\, 0\,;\, -\dfrac{m_o}{n_o} \right[$ beschränkt werden. Vgl. auch die Rechnung zur exakten Referenzfunktion R.

$$\lim_{v_m \to \infty} \frac{n_o\,\gamma\, v_m - m_o\,\beta\, v_n}{n_o\,(n_o + \beta)} = \infty \text{ und } \lim_{v_n \to \infty} \frac{n_o\,\gamma\, v_m - m_o\,\beta\, v_n}{n_o\,(n_o + \beta)} = \infty$$

Mit (A.175) ergibt sich deshalb:

$\forall\ (v_m ; v_n) \in [\, v_{mr} ; \infty [\ \times\ [\, v_{nr} ; \infty [\ \ \exists\ v \in [\, \overline{v}_s ; \infty [$, für das gilt:

$$\frac{n_o\,\gamma\, v_m - m_o\,\beta\, v_n}{n_o\,(n_o + \beta)} = v \qquad \textbf{(A.176)}$$

Weiterhin existiert für jeden Wert $v \in [\, \overline{v}_s ; \infty [$ mindestens *ein* 2-Tupel $(v_m ; v_n)$ mit $(v_m ; v_n) \in [\, v_{mr} ; \infty [\ \times\ [\, v_{nr} ; \infty [$, so daß $\frac{n_o\,\gamma\, v_m - m_o\,\beta\, v_n}{n_o\,(n_o + \beta)} = v$ gilt. **(A.177)**

Mit der stetigen, streng monoton steigenden und divergenten Funktion $F : [\, v_{mr} ; \infty [\ \to \mathrm{R}$, die mit $F(v_m) := \frac{n_o\,\gamma\, v_m - m_o\,\beta\, v_{nr}}{n_o\,(n_o + \beta)}$ gegeben ist, findet man nach Satz 5.6 genau *ein* 2-Tupel $(v_m ; v_{nr})$ mit $v_m \in [\, v_{mr} ; \infty [$, für das $F(v_m) = v$ gilt.

Wegen $R_{\tilde{M}}^{-1}(\{0\}) = \{\, v_m \mid v_m \geq v_{mr} \,\}$ und $R_{\tilde{N}}^{-1}(\{0\}) = \{\, v_n \mid v_n \geq v_{nr} \,\}$ ergibt sich aus (A.142), (A.176) und (A.177): $\overline{R}^{-1}(\{0\}) = \{\, v \mid v \geq \overline{v}_s \,\}$

$$\Leftrightarrow \overline{R}(v) = 0,\ v \geq \overline{v}_s \qquad \textbf{(A.178)}$$

Zur 3. Eigenschaft:

Fall a: $0 \notin \chi_1$

Nach Satz 5.8 gilt:

$$\lim_{\lambda \to 0} \overline{R}^{-1}(\lambda) = \infty \quad \Leftrightarrow \quad \lim_{v \to \infty} \overline{R}(v) = 0$$

Fall b: $0 \in \chi_1$

Die Eigenschaft folgt aus (A.178).

Im 2. Schritt zeigt man:

$$\mu_{\tilde{M} \div \tilde{N}}\left(\frac{x}{y}\right) \approx \overline{R}\left(\frac{x}{y} - \frac{m_o}{n_o}\right),\ \frac{x}{y} \geq \frac{m_o}{n_o}$$

$$\mu_{\tilde{M} \div \tilde{N}}\left(\frac{x}{y}\right) = 1,\ \frac{m_u}{n_u} \leq \frac{x}{y} \leq \frac{m_o}{n_o}$$

Für jedes 2-Tupel $(x/y) \in R^2$ mit $\mu_{\tilde{M}}(x) = \mu_{\tilde{N}}(y) = \lambda, \lambda \in \chi_1$ gilt nach Definition:

$$x \geq m_o \quad \wedge \quad y \geq n_o$$

Wegen Theorem 1.1 oder Theorem 2 folgt: $\mu_{\tilde{M} \div \tilde{N}}\left(\frac{x}{y}\right) = \lambda, \lambda \in \chi_1$

Andererseits erhält man mit (A.142): $\overline{R}\left(\frac{x}{y} - \frac{m_o}{n_o}\right) \approx \lambda, \lambda \in \chi_1$

$$\Rightarrow \mu_{\tilde{M} \div \tilde{N}}\left(\frac{x}{y}\right) \approx \overline{R}\left(\frac{x}{y} - \frac{m_o}{n_o}\right), \frac{x}{y} \geq \frac{m_o}{n_o} \qquad \textbf{(A.179)}$$

Weiterhin ist $\mu_{\tilde{M}}(x) = 1, m_u \leq x \leq m_o$ und $\mu_{\tilde{N}}(y) = 1, n_u \leq y \leq n_o$

Aus Theorem 1.1 folgt dann: $\mu_{\tilde{M} \div \tilde{N}}\left(\frac{x}{y}\right) = 1, \frac{m_u}{n_u} \leq \frac{x}{y} \leq \frac{m_o}{n_o}$

Wegen (A.172) und (A.179) kann man $\mu_{\tilde{M} \div \tilde{N}}$ in R wie folgt approximieren:

$$\mu_{\tilde{M} \div \tilde{N}}\left(\frac{x}{y}\right) \approx \begin{cases} \overline{L}\left(\frac{m_u}{n_u} - \frac{x}{y}\right) & ; \quad \frac{x}{y} \leq \frac{m_u}{n_u} \\ 1 & ; \quad \frac{m_u}{n_u} \leq \frac{x}{y} \leq \frac{m_o}{n_o} \\ \overline{R}\left(\frac{x}{y} - \frac{m_o}{n_o}\right) & ; \quad \frac{x}{y} \geq \frac{m_o}{n_o} \end{cases}$$

Man erhält folgende Näherungsformel:

$$\tilde{M} \div \tilde{N} = < m_u ; m_o ; \alpha ; \gamma >_{L_{\tilde{M}} R_{\tilde{M}}} \div < n_u ; n_o ; \delta ; \beta >_{L_{\tilde{N}} R_{\tilde{N}}}$$

$$\approx < \frac{m_u}{n_u} ; \frac{m_o}{n_o} ; 1 ; 1 >_{\overline{L}\,\overline{R}}$$

Die Referenzfunktion $\overline{L}$ kann man aufgrund von (A.144) und (A.165) wie folgt aus den Referenzfunktionen der unscharfen Zahlen $\tilde{M}$ und $\tilde{N}$ ableiten:

Fall a: $0 \notin \chi_2$

$$\overline{L}\left(\frac{m_u}{n_u} - \frac{x}{y}\right) \approx \left[\frac{n_u\,\alpha\,L_{\tilde{M}}^{-1}(\lambda) - m_u\,\delta\,L_{\tilde{N}}^{-1}(\lambda)}{n_u\,(n_u - \delta)}\right]^{-1}, \quad \frac{x}{y} \le \frac{m_u}{n_u}$$

Fall b: $0 \in \chi_2$

Berücksichtigt man zusätzlich (A.167) und (A.171), dann erweitert sich die Formel wie folgt:

$$\overline{L}\left(\frac{m_u}{n_u} - \frac{x}{y}\right) \approx \begin{cases} \left[\dfrac{n_u\,\alpha\,L_{\tilde{M}}^{-1}(\lambda) - m_u\,\delta\,L_{\tilde{N}}^{-1}(\lambda)}{n_u\,(n_u - \delta)}\right]^{-1} \\ \qquad \textit{wenn} \quad \dfrac{m_u}{n_u} - \dfrac{m_u\,y_l - n_u\,x_l}{n_u\,(n_u - \delta)} \le \dfrac{x}{y} \le \dfrac{m_u}{n_u} \\ 0 \qquad \textit{wenn} \quad \dfrac{x}{y} \le \dfrac{m_u}{n_u} - \dfrac{m_u\,y_l - n_u\,x_l}{n_u\,(n_u - \delta)} \end{cases}$$

Die Referenzfunktion $\overline{R}$ kann man aufgrund von (A.142) und (A.173) wie folgt aus den Referenzfunktionen der unscharfen Zahlen $\tilde{M}$ und $\tilde{N}$ ableiten:

Fall a: $0 \notin \chi_1$

$$\overline{R}\left(\frac{x}{y} - \frac{m_o}{n_o}\right) \approx \left[\frac{n_o\,\gamma\,R_{\tilde{M}}^{-1}(\lambda) - m_o\,\beta\,R_{\tilde{N}}^{-1}(\lambda)}{n_o\,(n_o + \beta)}\right]^{-1}, \quad \frac{m_o}{n_o} \le \frac{x}{y} < 0$$

Fall b: $0 \in \chi_1$

Berücksichtigt man zusätzlich (A.174) und (A.178), so erweitert sich die Formel wie folgt:

$$\overline{R}\left(\frac{x}{y} - \frac{m_o}{n_o}\right) \approx \begin{cases} \left[\dfrac{n_o\ \gamma\ R_{\tilde{M}}^{-1}(\lambda) - m_o\ \beta\ R_{\tilde{N}}^{-1}(\lambda)}{n_o\ (n_o + \beta)}\right]^{-1} & \textit{wenn}\ \ \dfrac{m_o}{n_o} \le \dfrac{x}{y} \le \dfrac{m_o}{n_o} + \dfrac{n_o\ x_r - m_o\ y_r}{n_o\ (n_o + \beta)} \\ 0 & \textit{wenn}\ \ \dfrac{x}{y} \ge \dfrac{m_o}{n_o} + \dfrac{n_o\ x_r - m_o\ y_r}{n_o\ (n_o + \beta)} \end{cases}$$

Ein Spezialfall ergibt sich, wenn zwei LR-Zahlen vom gleichen LR-Typ vorliegen. Also besitzen die Referenzfunktionen identische Gestaltfunktionen. Für die Umkehrfunktionen gilt:

$L_{\tilde{M}}^{-1} \equiv L_{\tilde{N}}^{-1}$ und $R_{\tilde{M}}^{-1} \equiv R_{\tilde{N}}^{-1}$

Für alle x, y $\in$ R mit $\mu_{\tilde{M}}(x) = \mu_{\tilde{N}}(y) = \lambda,\ \lambda \in \chi_2$, folgt nach Theorem 1:

$$\mu_{\tilde{M} \div \tilde{N}}\left(\frac{x}{y}\right) = \lambda,\ \lambda \in \chi_2$$

Für den linken Teilast erhält man mit (A.144): $L_{\tilde{M}}^{-1}(\lambda) \approx \dfrac{\dfrac{m_u}{n_u} - \dfrac{x}{y}}{\dfrac{n_u\,\alpha - m_u\,\delta}{n_u\,(n_u - \delta)}},\quad \dfrac{x}{y} \le \dfrac{m_u}{n_u}$

$$\Rightarrow L_{\tilde{M}}\left(\frac{\dfrac{m_u}{n_u} - \dfrac{x}{y}}{\dfrac{n_u\,\alpha - m_u\,\delta}{n_u\,(n_u - \delta)}}\right) \approx \lambda,\ \lambda \in \chi_2$$

Insgesamt gilt die folgende Abschätzung:

$$\mu_{\tilde{M} \div \tilde{N}}\left(\frac{x}{y}\right) \approx L_{\tilde{M}}\left(\frac{\frac{m_u}{n_u} - \frac{x}{y}}{\frac{n_u\,\alpha - m_u\,\delta}{n_u\,(n_u - \delta)}}\right), \quad \frac{x}{y} \le \frac{m_u}{n_u}$$

Analog rechnet man für den rechten Ast von $\mu_{\tilde{M} \div \tilde{N}}$. Man erhält folgende Annäherung in R:

$$\mu_{\tilde{M} \div \tilde{N}}\left(\frac{x}{y}\right) \approx \begin{cases} L_{\tilde{M}}\left(\dfrac{\frac{m_u}{n_u} - \frac{x}{y}}{\frac{n_u\,\alpha - m_u\,\delta}{n_u\,(n_u - \delta)}}\right) & ; \quad \dfrac{x}{y} \le \dfrac{m_u}{n_u} \\ 1 & ; \quad \dfrac{m_u}{n_u} \le \dfrac{x}{y} \le \dfrac{m_o}{n_o} \\ R_{\tilde{M}}\left(\dfrac{\frac{x}{y} - \frac{m_o}{n_o}}{\frac{n_o\,\gamma - m_o\,\beta}{n_o\,(n_o + \beta)}}\right) & ; \quad \dfrac{x}{y} \ge \dfrac{m_o}{n_o} \end{cases}$$

Es gilt die Formel:

$$\tilde{M} \div \tilde{N} = < m_u \,;\, m_o \,;\, \alpha \,;\, \gamma >_{L_{\tilde{M}} R_{\tilde{M}}} \div < n_u \,;\, n_o \,;\, \delta \,;\, \beta >_{L_{\tilde{N}} R_{\tilde{N}}}$$

$$\approx < \frac{m_u}{n_u} \,;\, \frac{m_o}{n_o} \,;\, \frac{n_u\,\alpha - m_u\,\delta}{n_u\,(n_u - \delta)} \,;\, \frac{n_o\,\gamma - m_o\,\beta}{n_o\,(n_o + \beta)} >_{L_{\tilde{M}} R_{\tilde{M}}}$$

Definiert man $L := L_{\tilde{M}}$ und $R := R_{\tilde{M}}$, so ergibt sich:

$$\tilde{M} \div \tilde{N} = < m_u \,;\, m_o \,;\, \alpha \,;\, \gamma >_{LR} \div < n_u \,;\, n_o \,;\, \delta \,;\, \beta >_{LR}$$

$$\approx < \frac{m_u}{n_u} \,;\, \frac{m_o}{n_o} \,;\, \frac{n_u\,\alpha - m_u\,\delta}{n_u\,(n_u - \delta)} \,;\, \frac{n_o\,\gamma - m_o\,\beta}{n_o\,(n_o + \beta)} >_{LR}$$

Anhang 12: Regelmenge zur Reihenfolgeplanung

Regelmenge zur Aggregation der 2. Hierarchieebene

1.	**WENN**	*Wertbindungsdauer*	hoch	
	und	*Kumulierte Kosten*	hoch	
	DANN	*Kapitalbindung*	hoch	(1)
2.	**WENN**	*Wertbindungsdauer*	hoch	
	und	*Kumulierte Kosten*	mittel	
	DANN	*Kapitalbindung*	hoch	(0,75)
3.	**WENN**	*Wertbindungsdauer*	hoch	
	und	*Kumulierte Kosten*	niedrig	
	DANN	*Kapitalbindung*	hoch	(0,5)
4.	**WENN**	*Wertbindungsdauer*	mittel	
	und	*Kumulierte Kosten*	hoch	
	DANN	*Kapitalbindung*	hoch	(0,75)
5.	**WENN**	*Wertbindungsdauer*	mittel	
	und	*Kumulierte Kosten*	mittel	
	DANN	*Kapitalbindung*	hoch	(0,5)
6.	**WENN**	*Wertbindungsdauer*	mittel	
	und	*Kumulierte Kosten*	niedrig	
	DANN	*Kapitalbindung*	hoch	(0,25)
7.	**WENN**	*Wertbindungsdauer*	niedrig	
	und	*Kumulierte Kosten*	hoch	
	DANN	*Kapitalbindung*	hoch	(0,5)

8.	**WENN**	*Wertbindungsdauer*	niedrig	
	und	*Kumulierte Kosten*	mittel	
	DANN	*Kapitalbindung*	hoch	(0,25)
9.	**WENN**	*Wertbindungsdauer*	niedrig	
	und	*Kumulierte Kosten*	niedrig	
	DANN	*Kapitalbindung*	hoch	(0)
10.	**WENN**	*Wertbindungsdauer*	hoch	
	und	*Kumulierte Kosten*	hoch	
	DANN	*Kapitalbindung*	mittel	(0,5)
11.	**WENN**	*Wertbindungsdauer*	hoch	
	und	*Kumulierte Kosten*	mittel	
	DANN	*Kapitalbindung*	mittel	(0,75)
12.	**WENN**	*Wertbindungsdauer*	hoch	
	und	*Kumulierte Kosten*	niedrig	
	DANN	*Kapitalbindung*	mittel	(0,5)
13.	**WENN**	*Wertbindungsdauer*	mittel	
	und	*Kumulierte Kosten*	hoch	
	DANN	*Kapitalbindung*	mittel	(0,75)
14.	**WENN**	*Wertbindungsdauer*	mittel	
	und	*Kumulierte Kosten*	mittel	
	DANN	*Kapitalbindung*	mittel	(1)

15.	**WENN**	*Wertbindungsdauer*	mittel	
	und	*Kumulierte Kosten*	niedrig	
	DANN	*Kapitalbindung*	mittel	(0,75)
16.	**WENN**	*Wertbindungsdauer*	niedrig	
	und	*Kumulierte Kosten*	hoch	
	DANN	*Kapitalbindung*	mittel	(0,5)
17.	**WENN**	*Wertbindungsdauer*	niedrig	
	und	*Kumulierte Kosten*	mittel	
	DANN	*Kapitalbindung*	mittel	(0,75)
18.	**WENN**	*Wertbindungsdauer*	niedrig	
	und	*Kumulierte Kosten*	niedrig	
	DANN	*Kapitalbindung*	mittel	(0,5)
19.	**WENN**	*Wertbindungsdauer*	hoch	
	und	*Kumulierte Kosten*	hoch	
	DANN	*Kapitalbindung*	niedrig	(0)
20.	**WENN**	*Wertbindungsdauer*	hoch	
	und	*Kumulierte Kosten*	mittel	
	DANN	*Kapitalbindung*	niedrig	(0,25)
21.	**WENN**	*Wertbindungsdauer*	hoch	
	und	*Kumulierte Kosten*	niedrig	
	DANN	*Kapitalbindung*	niedrig	(0,5)

22.	**WENN**	*Wertbindungsdauer*	mittel	
	und	*Kumulierte Kosten*	hoch	
	DANN	*Kapitalbindung*	niedrig	(0,25)
23.	**WENN**	*Wertbindungsdauer*	mittel	
	und	*Kumulierte Kosten*	mittel	
	DANN	*Kapitalbindung*	niedrig	(0,5)
24.	**WENN**	*Wertbindungsdauer*	mittel	
	und	*Kumulierte Kosten*	niedrig	
	DANN	*Kapitalbindung*	niedrig	(0,75)
25.	**WENN**	*Wertbindungsdauer*	niedrig	
	und	*Kumulierte Kosten*	hoch	
	DANN	*Kapitalbindung*	niedrig	(0,5)
26.	**WENN**	*Wertbindungsdauer*	niedrig	
	und	*Kumulierte Kosten*	mittel	
	DANN	*Kapitalbindung*	niedrig	(0,75)
27.	**WENN**	*Wertbindungsdauer*	niedrig	
	und	*Kumulierte Kosten*	niedrig	
	DANN	*Kapitalbindung*	niedrig	(1)

Regelmenge zur Aggregation der 1. Hierarchieebene

28.	**WENN**	*Bearbeitungszeit*	hoch	
	und	*Schlupfzeit*	nicht ausreichend	
	und	*Kapitalbindung*	hoch	
	DANN	*wähle Auftag j*		(0,6)
29.	**WENN**	*Bearbeitungszeit*	hoch	
	und	*Schlupfzeit*	nicht ausreichend	
	und	*Kapitalbindung*	mittel	
	DANN	*wähle Auftag j*		(0,4)
30.	**WENN**	*Bearbeitungszeit*	hoch	
	und	*Schlupfzeit*	nicht ausreichend	
	und	*Kapitalbindung*	niedrig	
	DANN	*wähle Auftag j*		(0,2)
31.	**WENN**	*Bearbeitungszeit*	hoch	
	und	*Schlupfzeit*	ausreichend	
	und	*Kapitalbindung*	hoch	
	DANN	*wähle Auftag j*		(0,4)
32.	**WENN**	*Bearbeitungszeit*	hoch	
	und	*Schlupfzeit*	ausreichend	
	und	*Kapitalbindung*	mittel	
	DANN	*wähle Auftag j*		(0,2)
33.	**WENN**	*Bearbeitungszeit*	hoch	
	und	*Schlupfzeit*	ausreichend	
	und	*Kapitalbindung*	niedrig	
	DANN	*wähle Auftag j*		(0)

34.	**WENN**	*Bearbeitungszeit*	mittel	
	und	*Schlupfzeit*	nicht ausreichend	
	und	*Kapitalbindung*	hoch	
	DANN	*wähle Auftag j*		(0,8)
35.	**WENN**	*Bearbeitungszeit*	mittel	
	und	*Schlupfzeit*	nicht ausreichend	
	und	*Kapitalbindung*	mittel	
	DANN	*wähle Auftag j*		(0,6)
36.	**WENN**	*Bearbeitungszeit*	mittel	
	und	*Schlupfzeit*	nicht ausreichend	
	und	*Kapitalbindung*	niedrig	
	DANN	*wähle Auftag j*		(0,4)
37.	**WENN**	*Bearbeitungszeit*	mittel	
	und	*Schlupfzeit*	ausreichend	
	und	*Kapitalbindung*	hoch	
	DANN	*wähle Auftag j*		(0,6)
38.	**WENN**	*Bearbeitungszeit*	mittel	
	und	*Schlupfzeit*	ausreichend	
	und	*Kapitalbindung*	mittel	
	DANN	*wähle Auftag j*		(0,4)
39.	**WENN**	*Bearbeitungszeit*	mittel	
	und	*Schlupfzeit*	ausreichend	
	und	*Kapitalbindung*	niedrig	
	DANN	*wähle Auftag j*		(0,2)

40.	**WENN**	*Bearbeitungszeit*	niedrig	
	und	*Schlupfzeit*	nicht ausreichend	
	und	*Kapitalbindung*	hoch	
	DANN	*wähle Auftag j*		(1)
41.	**WENN**	*Bearbeitungszeit*	niedrig	
	und	*Schlupfzeit*	nicht ausreichend	
	und	*Kapitalbindung*	mittel	
	DANN	*wähle Auftag j*		(0,8)
42.	**WENN**	*Bearbeitungszeit*	niedrig	
	und	*Schlupfzeit*	nicht ausreichend	
	und	*Kapitalbindung*	niedrig	
	DANN	*wähle Auftag j*		(0,6)
43.	**WENN**	*Bearbeitungszeit*	niedrig	
	und	*Schlupfzeit*	ausreichend	
	und	*Kapitalbindung*	hoch	
	DANN	*wähle Auftag j*		(0,8)
44.	**WENN**	*Bearbeitungszeit*	niedrig	
	und	*Schlupfzeit*	ausreichend	
	und	*Kapitalbindung*	mittel	
	DANN	*wähle Auftag j*		(0,6)
45.	**WENN**	*Bearbeitungszeit*	niedrig	
	und	*Schlupfzeit*	ausreichend	
	und	*Kapitalbindung*	niedrig	
	DANN	*wähle Auftag j*		(0,4)

Anhang 13: Multiplikative und subtraktive Verknüpfung zwischen einem Skalar und einem LR-Intervall

Es sei das unscharfe Intervall $\tilde{M} := < m_u ; m_o ; \alpha ; \gamma >_{LR}$ mit der Zugehörigkeitsfunktion

$$\mu_{\tilde{M}}(x) := \begin{cases} L\left(\frac{m_u - x}{\alpha}\right) & ; \; x \le m_u, \;\; \alpha > 0 \\ 1 & ; \; m_u \le x \le m_o \\ R\left(\frac{x - m_o}{\gamma}\right) & ; \; x \ge m_o, \;\; \gamma > 0 \end{cases}$$

und der Skalar $c \in \mathrm{R}$ gegeben. Unter Verwendung des ZADEHschen Erweiterungsprinzips erhält man die folgenden Formeln:

$$c \cdot < m_u ; m_o ; \alpha ; \gamma >_{LR} \;=\; < c \cdot m_u ; c \cdot m_o ; c \cdot \alpha ; c \cdot \gamma >_{LR}, \; c > 0$$

$$c - < m_u ; m_o ; \alpha ; \gamma >_{LR} \;=\; < c - m_o ; c - m_u ; \gamma ; \alpha >_{RL}$$

Multiplikative Verknüpfung

Man betrachte ein beliebiges $x' \le m_u$. Dann gilt nach Voraussetzung:

$$\mu_{\tilde{M}}(x') = L\left(\frac{m_u - x'}{\alpha}\right) = \lambda \quad \Leftrightarrow \quad x' = m_u - \alpha\, L^{-1}(\lambda) \qquad \textbf{(A. 180)}$$

Man erhält:

$$z := c \cdot x' = c \cdot m_u - c \cdot \alpha \cdot L^{-1}(\lambda)$$

$$\Leftrightarrow L\left(\frac{c \cdot m_u - z}{c \cdot \alpha}\right) = \lambda, \; z \le c \cdot m_u$$

Der Skalar $c \in \mathrm{R}$ entspricht der Zugehörigkeitsfunktion $\mu_{\tilde{c}}(y) = \begin{cases} 1 ; & y = c \\ 0 ; & \text{sonst.} \end{cases}$

Nach dem Erweiterungsprinzip gilt:

$$\mu_{\tilde{c}\cdot\tilde{M}}(z) = \sup_{y \cdot x = z} \left\{ \min \left\{ \mu_{\tilde{c}}(y), \mu_{\tilde{M}}(x) \right\} \right\} = \lambda$$

$$\Rightarrow \mu_{\tilde{c}\cdot\tilde{M}}(z) = L\left(\frac{c \cdot m_u - z}{c \cdot \alpha}\right) = \lambda, z \leq c \cdot m_u$$

Analog ergibt sich für jedes $x'' \geq m_o$:

$$\mu_{\tilde{c}\cdot\tilde{M}}(z) = R\left(\frac{z - c \cdot m_o}{c \cdot \gamma}\right) = \lambda, z \geq c \cdot m_o$$

Damit erhält man die Formel für die multiplikative Verknüpfung.

Subtraktive Verknüpfung

Man betrachte ein beliebiges $x' \leq m_u$. Mit (A. 180) errechnet man:

$$v := c - x' = c - m_u + \alpha \cdot L^{-1}(\lambda)$$

$$\Leftrightarrow L\left(\frac{v - (c - m_u)}{\alpha}\right) = \lambda, v \geq c - m_u$$

Nach dem Erweiterungsprinzip gilt:

$$\mu_{\tilde{c}-\tilde{M}}(v) = \sup_{y - x = v} \left\{ \min \left\{ \mu_{\tilde{c}}(y), \mu_{\tilde{M}}(x) \right\} \right\} = \lambda$$

$$\Rightarrow \mu_{\tilde{c}-\tilde{M}}(v) = L\left(\frac{v - (c - m_u)}{\alpha}\right) = \lambda, v \geq c - m_u$$

Analog ergibt sich für jedes $x'' \geq m_o$:

$$\mu_{\tilde{c}-\tilde{M}}(v) = R\left(\frac{(c - m_o) - v}{\gamma}\right) = \lambda, v \leq c - m_o$$

Damit erhält man die Formel für die subtraktive Verknüpfung.

Die anderen Verknüpfungen zwischen einem Skalar und einer unscharfen Zahl können analog hergeleitet werden, sind aber im Zusammenhang mit Abschnitt 6.3.3 nicht erforderlich.

Literaturverzeichnis

Adam, D. (1989): Planung, heuristische, in: *Szyperski, N.* (Hrsg.), Handwörterbuch der Planung , Stuttgart 1989, Sp. 1414 - 1419.

Adam, D. (1993a): Planung und Entscheidung, 3. Auflage, Wiesbaden 1993.

Adam, D. (1993b): Produktionsmanagement, 7. Auflage, Wiesbaden 1993.

Adam, S. (1989): Optimierung der Anlageninstandhaltung, Berlin 1989.

Ahlert, D. / Franz, K.P. (1992): Industrielle Kostenrechnung, 5. Auflage, Düsseldorf 1992.

von Altrock, C. (1991): Über den Daumen gepeilt, in: C`T: Magazin für Computer Technik, Heft 3, 1991, S. 188 - 206.

Ansoff, H.I. (1957): Strategies for Diversification, in: Harvard Business Review, September/ Oktober 1957, S. 113 - 124.

Ansoff, H.I. (1965): Corporate Strategy, New York u.a. 1965.

Ansoff, H.I. (1966): Management-Strategie, München 1966.

Asai, K. / Tanaka, H. / Okuda, T. (1977): On discrimination of fuzzy states in probability space, in: Kybernetes, Band 6, 1977, S. 185 - 192.

Bamberg, G. / Coenenberg, A.G. (1992): Betriebswirtschaftliche Entscheidungslehre, 7. Auflage, München 1992.

Bandemer, H. / Gottwald, S. (1995): Fuzzy sets, Fuzzy logic, Fuzzy methods, Chichester u.a. 1995.

Behringer, F.A. (1970): Konvexe N-Stufen-Max-Min-Optimierung, in: Zeitschrift für Operations Research, 14. Jahrgang 1970, S. 276 - 296.

Behringer, F.A. (1977): Lexicographic quasiconcave multiobjective programming, in: Zeitschrift für Operations Research, 21. Jahrgang 1977, S. 103 - 116.

Behringer, F.A. (1981): A simplex based algorithm for the lexicographically extended linear maxmin problem, in: European Journal of Operational Research, Band 7, 1981, S. 274 - 283.

Bellman, R.E. / Zadeh, L.A. (1970): Decision-making in a fuzzy environment, in: Management Science, 17. Jahrgang 1970, S. B-141 - B-164.

Berens, W. (1992): Beurteilung von Heuristiken, Wiesbaden 1992.

Bitz, M. (1981): Entscheidungstheorie, München 1981.

Bleymüller, J. / Gehlert, G. / Gülicher, H. (1985): Statistik für Wirtschaftswissenschaftler, 4. Auflage, München 1985.

Blohm, H. / Lüder, K. (1991): Investition, 7. Auflage, München 1991.

Bocklisch, S.F. (1987): Prozeßanalyse mit unscharfen Verfahren, Berlin 1987.

Bothe, H.H. (1993): Fuzzy Logic, Berlin u.a. 1993.

Bouchon-Meunier, B. (1992): Fuzzy logic and knowledge representation using linguistic modifiers, in: *Zadeh, L.A. / Kacprzyk, J.* (Hrsg.), Fuzzy logic for the management of uncertainty, New York u.a. 1992, S. 397 - 414.

Brunner, J. (1994): Interaktive Fuzzy Optimierung, Heidelberg 1994.

Charnes, A. / Cooper, W.W. (1961): Management models and industrial applications of linear programming, Band 1, New York • London • Sydney 1961.

Chen, S.J. / Hwang, C.L. (1992): Fuzzy multiple attribute decision making, Berlin u.a. 1992.

Correa-Guzman, E.J. (1984): Erweiterung des unscharfen linearen Programmierens bei Mehrfachzielsetzungen. Beschreibung und Anwendung auf Energiesystemanalysen, Jülich 1984.

Corsten, H. (1988): Zielbildung als interaktiver Prozeß, in: Das Wirtschaftsstudium, 17. Jahrgang 1988, S. 337 - 344.

Corsten, H. (1994): Gestaltungsbereiche des Produktionsmanagement, in: *Corsten, H.* (Hrsg.), Handbuch Produktionsmanagement, Wiesbaden 1994, S. 5 - 21.

Corsten, H. / Meier, B. (1983): Organisationsstrukturen und Innovationsprozesse, in: Das Wirtschaftsstudium, 12. Jahrgang 1983, S. 251 - 256 und S. 299 - 302.

Dantzig, G.B. (1966): Lineare Programmierung und Erweiterungen, Berlin u.a. 1966.

Delgado, M. / Moral, S. (1987): On the concept of possibility-probability consistency, in: Fuzzy Sets and Systems, Band 21, 1987, S. 311 - 318.

Demant, B. (1993): Fuzzy-Theorie oder Die Faszination des Vagen, Braunschweig • Wiesbaden 1993.

Dinkelbach, W. (1962): Unternehmerische Entscheidungen bei mehrfacher Zielsetzung, in: Zeitschrift für Betriebswirtschaft, 32. Jahrgang 1962, S. 739 - 747.

Dinkelbach, W. (1969): Sensitivitätsanalysen und parametrische Programmierung, Berlin u.a. 1969.

Dinkelbach, W. (1982): Entscheidungsmodelle, Berlin • New York 1982.

Dinkelbach, W. / Lorscheider, U. (1994): Entscheidungsmodelle und lineare Programmierung, München • Wien 1994.

Domschke, W. / Drexl, A. (1991): Einführung in Operations Research, 2. Auflage, Berlin u.a. 1991

Dubois, D. / Prade, H. (1980): Fuzzy sets and systems: theory and applications, New York u.a. 1980.

Dubois, D. / Prade, H. (1982): A class of fuzzy measures based on triangular norms, in: International Journal of General Systems, Band 8, 1982, S. 43 - 61.

Dubois, D. / Prade, H. (1983): Ranking fuzzy numbers in the setting of possibility theory, in: Information Sciences, Band 30, 1983, S. 183 - 224.

Dubois, D. / Prade, H. (1992): Fuzzy rules in knowledge-based systems, in: *Yager, R.R. / Zadeh, L.A.* (Hrsg.), An introduction to fuzzy logic applications in intelligent systems, Boston • Dordrecht • London 1992, S. 45 - 68.

Dunst, K.H. (1979): Portfolio Management, Berlin • New York 1979.

Dyckhoff, H. (1988): Zeitpräferenz, in: Schmalenbachs Zeitschrift für betriebswirtschaftliche Forschung, 40. Jahrgang 1988, S. 990 - 1008.

Eisenführ, F. (1978): Die Wissenschaft vom vernünftigen Handeln, in: Die Betriebswirtschaft, 38. Jahrgang 1978, S. 435 - 448.

Fischer, G. (1986): Lineare Algebra, 9. Auflage, Braunschweig 1986.

Forster, O. (1983): Analysis 1, 4. Auflage, Braunschweig • Wiesbaden 1983.

Forster, O. (1984): Analysis 2, 5. Auflage, Braunschweig 1984.

Geyer-Schulz, A. (1986): Unscharfe Mengen im Operations Research, Wien 1986.

Goguen, J.A. (1967): L-Fuzzy sets, in: Journal of Mathematical Analysis and Applications, Band 18, 1967, S. 145 - 174.

Gottwald, S. (1989): Fuzzy-Logik, Modellierung und Wissensverarbeitung mit unscharfen Begriffen zwischen Heuristik und Systematik, in: Wissenschaft und Fortschritt, 39. Jahrgang 1989, S. 213 - 217.

Grün, O. (1990): Industrielle Materialwirtschaft, in: *Schweitzer, M.* (Hrsg.), Industriebetriebslehre, München 1990, S. 439 - 559.

Gutenberg, E. (1983): Grundlagen der Betriebswirtschaftslehre, Band 1, Die Produktion, 24. Auflage, Berlin u.a. 1983.

Hackstein, R. (1989): Produktionsplanung und -steuerung (PPS), 2. Auflage, Düsseldorf 1989.

Hahn, D. / *Laßmann, G.* (1990): Produktionswirtschaft, Band 1, 2. Auflage, Heidelberg 1990.

Hamacher, H. (1978): Über logische Aggregation nicht-binär explizierter Entscheidungskriterien, Frankfurt am Main 1978.

Hanuscheck, R. (1986): Investitionsplanung auf der Grundlage vager Daten, Idstein 1986.

Heinen, E. (1991): Industriebetriebslehre als entscheidungsorientierte Unternehmensführung, in: *Heinen, E.* (Hrsg.), Industriebetriebslehre, 9. Auflage, Wiesbaden 1991, S. 1 - 71.

Helmstädter, E. (1983): Wirtschaftstheorie I , 3. Auflage, München 1983.

Henn, R. / *Opitz, O.* (1970): Konsum- und Produktionstheorie I, Berlin u.a. 1970.

Hering, T. (1995): Investitionstheorie aus der Sicht des Zinses, Wiesbaden 1995.

Hersh, H.M. / *Caramazza, A.* (1976): A fuzzy set approach to modifiers and vagueness in natural language, in: Journal of Experimental Psychology, Band 105, 1976, S. 254 - 276.

Hintz, G.W. (1987): Ein wissensbasiertes System zur Produktionsplanung und -steuerung für flexible Fertigungssysteme, Düsseldorf 1987.

Hintz, G.W. / Zimmermann, H.J. (1989): A method to control flexible manufacturing systems, in: European Journal of Operational Research, Band 41, 1989, S. 321 - 334.

Hoitsch, H.J. (1993): Produktionswirtschaft, 2. Auflage, München 1993.

Hwang, C.L. / Masud, A.S.M. (1979): Multiple objective decision making - methods and applications, Berlin u.a. 1979.

Hwang, C.L. / Yoon, K. (1981): Multiple attribute decision making, Berlin u.a. 1981.

Isermann, H. (1979): Strukturierung von Entscheidungsprozessen bei mehrfacher Zielsetzung, in: OR Spektrum, 1. Jahrgang 1979, S. 3 - 26.

Kappler, E. / Rehkugler, H. (1991): Kapitalwirtschaft, in: *Heinen, E.* (Hrsg.), Industriebetriebslehre, 9. Auflage, Wiesbaden 1991, S. 897 - 1068.

Kilger, W. (1986): Industriebetriebslehre, Band 1, Wiesbaden 1986.

Kirsch, W. (1988): Die Handhabung von Entscheidungsproblemen, 3. Auflage, München 1988.

Koch, H. (1982): Integrierte Unternehmensplanung, Wiesbaden 1982.

Kraft, M.L. (1979): Vage Konzepte in der Ökonomie, Paderborn u.a. 1979.

Kreikebaum, H. (1991): Strategische Unternehmensplanung, 4. Auflage, Stuttgart • Berlin • Köln 1991.

Kruschwitz, L. (1995): Investitionsrechnung, 6. Auflage, Berlin • New York 1995.

Kupsch, P.U. / Marr, R. / Picot, A. (1991): Innovationswirtschaft, in: *Heinen, E.* (Hrsg.), Industriebetriebslehre, 9. Auflage, Wiesbaden 1991, S. 1069 - 1156.

Lai, Y.J. / Hwang, C.L. (1994): Fuzzy multiple objective decision making, Berlin u.a. 1994.

Leberling, H. (1981): On finding compromise solutions in multicriteria problems using the fuzzy min-operator, in: Fuzzy Sets and Systems, Band 6, 1981, S. 105 - 118.

Leberling, H. (1983): Entscheidungsfindung bei divergierenden Faktorinteressen und relaxierten Kapazitätsrestriktionen mittels eines unscharfen Lösungsansatzes, in: Schmalenbachs Zeitschrift für betriebswirtschaftliche Forschung, 35. Jahrgang 1983, S. 398 - 419.

Luhandjula, M.K. (1982): Compensatory operators in fuzzy linear programming with multiple objectives, in: Fuzzy Sets and Systems, Band 8, 1982, S. 245 - 252.

Männel, W. (1981): Eigenfertigung und Fremdbezug, 2. Auflage, Stuttgart 1981.

Marr, R. / Picot, A. (1991): Absatzwirtschaft, in: *Heinen, E.* (Hrsg.), Industriebetriebslehre, 9. Auflage, Wiesbaden 1991, S. 623 - 728.

Mayer, A. / Mechler, B. / Schlindwein, A. / Wolke, R. (1993): Fuzzy logic, Bonn u.a. 1993.

Meffert, H. (1986): Marketing, 7. Auflage, Wiesbaden 1986.

Mertins, K. / Albrecht, R. / Steinberger, V. (1992): Werkstattsteuerung - Werkstattmanagement, München • Wien 1992.

Milling, P. (1982): Entscheidungen bei unscharfen Prämissen - Betriebswirtschaftliche Aspekte der Theorie unscharfer Mengen, in: Zeitschrift für Betriebswirtschaft, 52. Jahrgang 1982, S. 716 - 734.

Milling, P. (1993): Moderne Produktionsstrukturen auf dem Weg zur "Fabrik der Zukunft", in: *Milling, P. / Zäpfel, G.* (Hrsg.), Betriebswirtschaftliche Grundlagen moderner Produktionsstrukturen, Herne • Berlin 1993, S. 9 - 19.

Müller-Merbach, H. (1977): Quantitative Entscheidungsvorbereitung - Erwartungen, Enttäuschungen, Chancen, in: Die Betriebswirtschaft, 37. Jahrgang 1977, S. 11 - 23.

Nahmias, S. (1978): Fuzzy variables, in: Fuzzy Sets and Systems, Band 1, 1978, S. 97 - 110.

Nickels, W. (1990): Ein wissensbasiertes System zur Produktionsplanung und -steuerung in der Papierindustrie, Düsseldorf 1990.

Paysen, N.H. (1992): Unternehmensplanung bei vagen Daten, Frankfurt am Main u.a. 1992.

Pedrycz, W. (1993): Fuzzy control and fuzzy systems, 2. Auflage, New York u.a 1993.

Perridon, L. / Steiner, M. (1995): Finanzwirtschaft der Unternehmung, 8. Auflage, München 1995.

Plachky, D. (1981): Stochastik II, Wiesbaden 1981.

Plachky, D. / Baringhaus, L. / Schmitz, N. (1983): Stochastik I, 2. Auflage, Wiesbaden 1983.

Rabetge, C. (1991): Fuzzy sets in der Netzplantechnik, Wiesbaden 1991.

Ramik, J. / Rimanek, J. (1985): Inequality relation between fuzzy numbers and its use in fuzzy optimization, in: Fuzzy Sets and Systems, Band 16, 1985, S. 123 - 138.

Reichwald, R. / Dietel, B. (1991): Produktionswirtschaft, in: *Heinen, E.* (Hrsg.), Industriebetriebslehre, 9. Auflage, Wiesbaden 1991, S. 395 - 622.

Reiter, G. (1995): Zielkonflikte und ihre Operationalisierung im unternehmerischen Entscheidungsfeld, in: Wirtschaftswissenschaftliches Studium, 24. Jahrgang 1995, S. 262 - 267.

Rödder, W. / Zimmermann, H.J. (1977): Analyse, Beschreibung und Optimierung von unscharf formulierten Problemen, in: Zeitschrift für Operations Research, 21. Jahrgang 1977, S. 1 - 18.

Rollberg, R. (1996): Lean Management und CIM aus Sicht der strategischen Unternehmensführung, Wiesbaden 1996.

Rommelfanger, H. (1994): Fuzzy decision support-Systeme, 2. Auflage, Berlin u.a. 1994.

Rommelfanger, H. / Hanuscheck, R. / Wolf, J. (1989): Linear programming with fuzzy objectives, in: Fuzzy Sets and Systems, Band 29, 1989, S. 31 - 48.

Rosenberg, O. (1975): Investitionsplanung im Rahmen einer simultanen Gesamtplanung, Köln u.a. 1975.

Schmidt, G. / Jacob, E. / Lahl, B. / Meyer, J. (1993): Fuzzy logic für die reaktive Fertigungssteuerung, in: Zeitschrift für wirtschaftliche Fertigung und Automatisierung, 88. Jahrgang 1993, S. 81 - 83

Schneeweiß, C. (1991): Planung 1 - systemanalytische und entscheidungstheoretische Grundlagen, Berlin u.a. 1991.

Schumann, J. (1992): Grundzüge der mikroökonomischen Theorie, 6. Auflage, Berlin u.a. 1992.

Schwab, K.D. (1983): Ein auf dem Konzept der unscharfen Mengen basierendes Entscheidungsmodell bei mehrfacher Zielsetzung, Frankfurt am Main 1983.

Schwarze, J. (1990): Grundlagen der Statistik I, 5. Auflage, Herne • Berlin 1990.

Schweitzer, M. (1990): Industrielle Fertigungswirtschaft, in: *Schweitzer, M.* (Hrsg.), Industriebetriebslehre, München 1990, S. 561 - 696.

Seicht, G. (1990): Industrielle Anlagenwirtschaft, in: *Schweitzer, M.* (Hrsg.), Industriebetriebslehre, München 1990, S. 331 - 437.

Smets, P. (1982): Probability of a fuzzy event: an axiomatic approach, in: Fuzzy Sets and Systems, Band 7, 1982, S. 153 - 164.

Sombé, L. (1992): Schließen bei unsicherem Wissen in der künstlichen Intelligenz, Braunschweig • Wiesbaden 1992.

Strebel, H. (1981): Zielsysteme und Zielforschung, in: Die Betriebswirtschaft, 41. Jahrgang 1981, S. 457 - 475.

Szyperski, N. / Winand, U. (1974): Entscheidungstheorie, Stuttgart 1974.

Thole, U. / Zimmermann, H.J. / Zysno, P. (1979): On the suitability of minimum and product operators for the intersection of fuzzy sets, in: Fuzzy Sets and Systems, Band 2, 1979, S. 167 - 180.

Turksen, I.B. (1992): Fuzzy expert systems for IE / OR / MS, in: Fuzzy Sets and Systems, Band 51, 1992, S. 1 - 27.

Wäscher, G. (1993): Logistikorientiertes Layout von Fertigungssystemen, in: *Milling, P. / Zäpfel, G.* (Hrsg.), Betriebswirtschaftliche Grundlagen moderner Produktionsstrukturen, Herne • Berlin 1993, S. 77 - 104.

Warnecke, H.J. (1984): Der Produktionsbetrieb, Berlin u.a. 1984.

Werners, B. (1984): Interaktive Entscheidungsunterstützung durch ein flexibles mathematisches Programmierungssystem, München 1984.

Wolf, J. (1988a): Lineare Fuzzy-Modelle zur Unterstützung der Investitionsentscheidung, Frankfurt am Main 1988.

Wolf, J. (1988b): Zur Integration vager Größen in LP-Ansätze: Das δ-niveaubegrenzte Fuzzy-Modell, in: Zeitschrift für Betriebswirtschaft, 58. Jahrgang 1988, S. 952 - 962.

Zadeh, L.A. (1965): Fuzzy sets, in: Information and Control, Band 8, 1965, S. 338 - 353.

Zadeh, L.A. (1968): Probability measures of fuzzy events, in: Journal of Mathematical Analysis and Applications, Band 23, 1968, S. 421 - 427.

Zadeh, L.A. (1972): A fuzzy-set-theoretic interpretation of linguistic hedges, in: Journal of Cybernetics, 2. Jahrgang 1972, S. 4 - 34.

Zadeh, L.A. (1973): Outline of a new approach to the analysis of complex systems and decision processes, in: IEEE Transactions on systems, man, and cybernetics, Volume SMC - 3, Januar 1973, S. 28 - 44.

Zadeh, L.A. (1987a): A theory of approximate reasoning, in: *Yager, R.R. / Ovchinnikov, S. / Tong, R.M. / Nguyen, H.T.* (Hrsg.), Fuzzy sets and applications: selected papers by *L.A. Zadeh*, New York u.a. 1987, S. 367 - 412.

Zadeh, L.A. (1987b): The concept of a linguistic variable and its application to approximate reasoning, in: *Yager, R.R. / Ovchinnikov, S. / Tong, R.M. / Nguyen, H.T.* (Hrsg.), Fuzzy sets and applications: selected papers by *L.A. Zadeh*, New York u.a. 1987, Teil 1: S. 219 - 269, Teil 2: S. 271 - 327 und Teil 3: S. 329 - 366.

Zäpfel, G. (1982): Produktionswirtschaft, Berlin • New York 1982.

Zäpfel, G. (1989a): Strategisches Produktionsmanagement, Berlin • New York 1989.

Zäpfel, G. (1989b): Taktisches Produktionsmanagement, Berlin • New York 1989.

Zeleny, M. (1984): On the (ir)relevancy of fuzzy sets theories, in: Human Systems Management, 4. Jahrgang 1984, S. 301 - 306.

Zimmermann, H.J. (1979): Zur Darstellung und Lösung schlecht strukturierter Entscheidungsprobleme, in: Das Wirtschaftsstudium, 8. Jahrgang 1979, S. 72 - 77 und S. 125 - 129.

Zimmermann, H.J. (1983): Using fuzzy sets in operational research, in: European Journal of Operational Research, Band 13, 1983, S. 201 - 216.

Zimmermann, H.J. (1984): Fuzzy sets in Operations Research - Eine Einführung in Theorie und Anwendung, in: Operations Research Proceedings 1984, S. 594 - 608.

Zimmermann, H.J. (1987): Die Formulierung und Lösung schlecht-strukturierter Entscheidungsprobleme, in: *Gal, T.* (Hrsg.), Grundlagen des Operations Research, Band 3, Berlin u.a. 1987, S. 340 - 368.

Zimmermann, H.J. (1991a): Fuzzy set theory and its applications, 2. Auflage, Boston • Dordrecht • Lancaster 1991.

Zimmermann, H.J. (1991b): Hybride Systeme zur Planung und Steuerung in der Fertigung, in: *Busch, R.* (Hrsg.), Operations Research und wissensbasierte Systeme, Berlin u.a. 1991, S. 91 - 115.

Zimmermann, H.J. (1992a): Fuzzy set theory, in: OR Spektrum, 14. Jahrgang 1992, S. 1 - 9.

Zimmermann, H.J. (1992b): Methods and applications of fuzzy mathematical programming, in: *Yager, R.R. / Zadeh, L.A.* (Hrsg.), An introduction to fuzzy logic applications in intelligent systems, Boston • Dordrecht • London 1992, S. 97 - 120.

Zimmermann, H.J. (1992c): Fuzzy Technologien - Entscheidungsfindung auf neuen Wegen, in: ist - Intelligente Software-Technologien, 1992, Heft 1, S. 5 f.

Zimmermann, H.J. (1993a): Fuzzy Technologien, Düsseldorf 1993.

Zimmermann, H.J. (1993b): Fuzzy-Verfahren als Grundlage für flexible Produktionsorganisation, VDI-Bericht 1035, 1993, S. 1 - 23.

Zimmermann, H.J. / Gal, T. (1975): Redundanz und ihre Bedeutung für betriebliche Optimierungsentscheidungen, in: Zeitschrift für Betriebswirtschaft, 45. Jahrgang 1975, S. 221 - 236.

Zimmermann, H.J. / Gutsche, L. (1991): Multi-Criteria Analyse, Berlin u.a. 1991.

Zimmermann, H.J. / Zysno, P. (1980): Latent connectives in human decision making, in: Fuzzy Sets and Systems, Band 4, 1980, S. 37 - 51.

Zimmermann, H.J. / Zysno, P. (1985): Quantifying vagueness in decision models, in: European Journal of Operational Research, Band 22, 1985, S. 148 - 158.

MIX
Papier aus verantwortungsvollen Quellen
Paper from responsible sources
FSC® C105338

If you have any concerns about our products,
you can contact us on
ProductSafety@springernature.com

In case Publisher is established outside the EU,
the EU authorized representative is:
Springer Nature Customer Service Center GmbH
Europaplatz 3, 69115 Heidelberg, Germany

Printed by Libri Plureos GmbH
in Hamburg, Germany